近代日本最初の「植民地」沖縄と旧慣調査
1872-1908

平良勝保
Taira Katsuyasu

藤原書店

近代日本最初の「植民地」沖縄と旧慣調査　1872-1908　目次

凡例

一　史料引用にあたっては、旧漢字は新漢字にあらため、筆者の解釈を明確にするため句読点または中黒を付した。なお、句読点が付されている活字史料の引用にあたっても、筆者の解釈によってあらたに句読点・中黒を付したり、あるいは削除したりして変更を加えたところもある。また、新聞資料の引用にあたっては、濁点を付した。

二　未活字史料の引用にあたっては、損欠等による判読不能部分は□で示し、□□□でその推定される字数を示した。

三　著作（論考）の引用にあたっては、原則として旧漢字は新漢字にあらためた。しかし、場合によっては、著作の時代性に配慮してそのまま生かしたものもある。また著作名は、各章の初出以外は略記した場合もある。

四　先学の論文引用にあたっては、煩雑さを避けるために著者の敬称を略した。言及された先学には、ご海容をお願いしたい。著者名も初出以外は略記した。

五　新旧対照については、當間論『新舊対照暦』（一九七一年）を活用した。

六　ルビは、原則としてひらがなで表記し日本語的な読み方によった。しかし、一部ウチナー（沖縄）口によるルビもふっている。この場合、カタカナ表記とした。

七　引用文中の／は、原文改行を示す。〔　〕は著者による補足を示す。

八　本書において、「資料」とは、収集側の視点に立った表記であり、「史料」とは、これを利用する側の視点に立った表記である。

近代日本最初の「植民地」沖縄と旧慣調査　1872-1908

長じて、自由をインドに約束していた運動に身を投ずるようになってからは、私はインドのことばかりを思いつめるようになった。私をとらえ、私を招きよせ、漠然とはしているがしかしわれわれの心の底深く横たわっている願望を現實のものたらしめるように私をかりたてたインドとは、そもそも何であったか。〔中略〕インドは私の血液の中にあり、インドには本能的に私の血を沸きたたせる多くのものがあった。しかもなお私は、私の見た過去の遺物の多くに對すると同様、現在に對しても嫌悪にみちた、ほとんど異邦の批判者の眼を以ってインドに近づいて行ったのであった。ある程度まで私は西洋經由でインドに近づいた。そして好意的な西洋人のような仕方でインドを眺めた。私はインドの外見や體裁を變え、それに近代的な装いをさせたくてやきもきしていた。

J・ネルー『インドの発見』上（岩波書店、一九五七年）、五三―五四頁

まえがき——本書の視座・課題・旧慣とは何か・構成

本書の視座と課題

本書は、第Ⅰ部「近代沖縄の成立と地域社会」と第Ⅱ部「近代沖縄の旧慣・内法調査」から構成されている。時期的には主に、一八七二（明治五）年の琉球藩王の冊封から一八七九（明治十二）年の沖縄県設置（琉球国の併合）を経て、沖縄県及島嶼町村制が施行される一九〇八（明治四十一）年までが対象の中心となっている。

沖縄は、一六〇九年薩摩藩の侵攻によって、国王が薩摩に連行され王国崩壊の危機に瀕したが、王国内の自立性回復努力によって明・清との朝貢関係も継続され、明治政府による琉球国の併合までは国家的機能を維持してきた。しかし、アヘン戦争を起点とするヨーロッパ勢力の軍事力を伴った東アジア進出以後、伝統的な東アジアの国際秩序が動揺し、崩壊・再編されていく過程で、琉球／沖縄は、「万国公法」の論理に呑み込まれ、「ミカドの国」の一部にされていった。

沖縄県の設置（琉球国の併合）以後、沖縄が明治国家体制に組みこまれていく過程は、他県とはおおきく変わっていた。その大きな特徴として、いわゆる「旧慣温存」がなされ、沖縄固有の社会が維持されたことをあげることができる。すなわち、近代日本とは異なった「法域」が設定されたのである。沖縄における日本近代法の受容過程は、他府県と大きく違い、それはあたかも植民地のごとき様相に彩られていた（なお、異法域をめぐる問題については、高江洲昌哉「地方制度の整備――『内地』のなかの『異法域』」（『沖縄県史　各論編第五巻　近代』第三部第一章、二〇一一年）を参照されたい）。

沖縄の歴史（琉球史）の時期区分は、一般的に、古琉球、近世琉球、近代沖縄、戦後沖縄に時期区分されており（豊見山和行編『琉球・沖縄史の世界』吉川弘文館、二〇〇三年）、一六〇九年の薩摩藩による琉球侵略から一八七九年の沖縄県の設置までを近世琉球と時期区分し、それ以降を近代沖縄としている。本書では、「琉球／沖縄という主体」から近代沖縄史をとらえ直すことを研究の視座に、琉球藩王冊封から沖縄県設置に至る過程（一八七二―一八七九年）を、近代日本の権力行使に着目して、新たに「近代琉球」として時期区分し、「近代琉球」を「近代沖縄の成立」の過程と位置づけた。

第1章は、波平恒男の「『琉球処分』再考――琉球藩王冊封と台湾出兵問題」に触発されたものであるが、琉球／沖縄という主体から歴史を見直すという視座の形成にあたっては、屋嘉比収が提起するところの、「パトリオティズムの思想」に共感したことも大きい。屋嘉比は、『〈近代沖縄〉の知識人　島袋全発の軌跡』（吉川弘文館、二〇一〇年）のなかで、「『琉球民族意識』という主観的要因に根ざした全発のパトリオティズムの主張は、琉球や沖縄という実体や本質に依拠した主張ではなく、近代日本のナショナリズムとの関係から学び直して主張されたものだ。その背景には、近代日本国家に対する沖縄の歴史認識が存在する」と述べ、また「沖縄、土地の記憶――パトリオティズムの思想」（新崎盛暉他『沖縄を読む』情況出版、一九九九年）のなかで、「沖縄のパトリオティズムは、これからの日本とアジアの接点としての沖縄の位置を考えるうえでも、重要な意義をもっている」とも述べている。さらに、新崎盛暉の「脱北入南」の思想の提起（『「脱北入南」の思想を――湾岸戦争と戦争体験　沖縄同時代史第五巻〈一九九一―一九九二〉』凱風社、二〇〇四年新装版、初版は一九九三年）にも格別の示唆を受けた。

筆者にとって沖縄近代史研究は緒についたばかりであり、本書が対象とした沖縄「旧慣期」の考究は、今後も既知の史料の読み直しや新たな史料の発掘によって継続していかなければならないと考えている。また、「旧慣期」の史料は近年多く発掘されており、「法」と「民衆」を見ていくためには、新史料を活用した旧慣調査・内法史料の綿密な校訂作業（信頼できるテキストの作成）が必要である。課題として取り組んでいきたい。さらに、本書では農村の支配体系に着目し、旧慣統治機構がなくなる一八九七（明治三十）年までを「旧慣期」と称した。「旧慣温存期」という用語は、土地整理事業の終わり（一九〇三年）までを一般的にさしているが、一八九八年からは土地整理事業がはじまっており、「旧慣」はどれだけ存在していたか、「旧慣」は「温存」されたのか「残存」したのか、「存置」と何が違うか、一八九八年以降に残った「旧慣」をどう考えるべきか、検討を要する課題である。「旧慣温存期」の再検討は筆者にとってこれからの課題であるため、過渡的な用法として「旧慣期」を使用した。

マクロ的な課題は、歴史学研究の立ち位置（物の見方・考え方）をどこに据えるか、という課題である。近年マルクス主義の影響を受けた「戦後歴史学」の思想がゆらぎ、「冷戦以後」の歴史学研究の方法論が模索されている（歴史学研究会編『戦後歴史学再考――「国民史」を超えて』青木書店、二〇〇〇年）。本書には、特に意識された方法論といえるほどのものはない。近年のポストコロニアル批評に基づく論考を引用または参照したが、琉球／沖縄という主体の視座から、シンプルに史料を読み解くという実証史学の方法が基本となっている。今後は、旧植民地研究に学び「冷戦以後」の方法論を視野に入れ、そのうえで近代日本の沖縄経験を東アジアの広域的秩序のなかで理解することを課題としたい。また、ローカルな視点を大事にしつつも、グローバルな視野を持つことは大切であり、いわゆるグローカルな研究をめざしていきたい。

近年グローバルな視点や方法論から植民地や沖縄を含む辺境域を対象とした、すぐれた「近代日本」研究が発表されつつある。これら多数の著作をすべて列挙することはできないが、たとえば、『岩波講座 「帝国」日本の学知』

全八巻（二〇〇六年）をその代表として、石原俊『近代日本と小笠原諸島――移動民と島々と帝国』（二〇〇七年）、高橋孝代『境界性の人類学――重層する沖永良部島民のアイデンティティー』（二〇〇七年）、浅野豊美『帝国日本と植民地法制――法域統合と帝国秩序』（二〇〇八年）、高江洲昌哉『近代日本の地方統治と「島嶼」』（二〇〇九年）などをあげることができる。本書の骨格ができあがったあとでこれらの著作の存在を知ったことに加え、筆者の非才のために本書では十分な言及はできなかったが、本書を編む過程で、必然的に境界域にとって国家とは何か、近代とは何かを考えさせられる契機を与えられた。今後の研究に生かしていきたい。本書の骨格は、第Ⅰ部を除けば、二〇〇七年一月にできあがっていた。本書刊行にあたって内容を再点検し加筆修正を行ない、本書に直接的につながる近年の研究については、十分であるとはいえないかも知れないが、できるだけ反映するよう努力をした。

旧慣とは何か

本書のメインテーマは、旧慣・内法《ないほう》の調査の研究である。「内法」とは、沖縄県外の読者にはなじみの薄い用語である。単純化していえば、日本の法体系とは別の間切（現在の市町村に相当）や村レベルの民衆生活の基《もとい》を律する法といってよい。第Ⅱ部第4章で述べているように、本書では、内法の成文化過程も、一種の旧慣調査としてとらえている。そこで「内法」（成文化過程）を含むタームである「旧慣」の語義と成立の背景について筆者の理解を示しておきたい。

「旧慣」という用語は、近代沖縄のなかで生まれた用語ではなく、近代日本の法制のなかで生まれた用語である。一八六八年九月二十二日（陰暦八月七日付）の太政官布告に「旧慣ニ仍リ」と見える（奥田晴樹『地租改正と地方制度』山川出版社、一九九三年）。明治十年、司法省刊行の『民事慣例類集』の凡例でも、「旧慣」の用語が見える（手塚豊・利光三津夫編著『民事慣例類集　附　畿道巡回日記』慶應義塾大学法学研究会）。また、一八七八（明治十一）年から一八七九年にかけても調査が行なわれ、一八八〇（明治十三）年に『全国民事慣例類集』が同じく司法省から刊行された。この調査の発端をつくったのは、御雇い外国人ヒルの提言であったといわれている。竹内治彦は、ヒルの提言を次のように要約している（「明治期慣行調査にみる『慣行』と『近代』――民事慣例類集調査と調査者生田精の思想を中心に」川合隆男編『近代日本社会調査史（Ⅰ）』慶應通信、一九八九年）。

①日本にはローマでのように法律の完成した学問はまだないかもしれないが、裁判官が各種の訴訟に与えた以前からの裁決録があるだろう。これは当時の慣習、風俗、交際等を知ることができ、日本の慣習を理解するのに頼ることができるものである。②さらに近時の裁決録が必要である。③特に明治元年以来の指令及び布告は、金銀、貸借、財産譲渡等の約定に関係し民法編纂の際もっとも重要な資料であり必要なものである。④③については、すでに改正されたものあるいは廃止されたものを除いて分類して纂集すべきである。⑤上に述べてきたように指令及び慣習法等を纂集し、その全部から一つの簡明な日本帝国の完備した法律書を編集することができたら、日本で法学科に志す人にそれに従事するための基本を与えることができる。⑥編纂方法等、細かくは順次組み直すこともできるのでまず基本的なことから始める、といったような内容であった。

若干の補足をすれば、ヒルの提言にはローマ法の編纂にならうべきことが強調されている。すなわち、「紀元五百年代羅馬帝『ジユスニヤン』カ命令ノ下ニ編纂シタル羅馬法ヲ用ヒ参考ニ備ヘントス。〔中略〕当時ノ法律ノ景状ヲ観ルニ至ツテハ、稍ヤ日本ノ今日ニ同シキヲ観ルニ足ル可シ」とある（手塚豊「司法省御雇外国人ヒルの意見書」手塚／利光・前掲『民事慣例類集』）。

明治国家は、「府県物産表」（明治三年開始）、「戸口調査（本籍人口調査）」（明治五年）、明治六年七月公布の地

租改正条件にもとづく「全国土地調査」などの調査を、近代国家として体制を強化していくために行なっていった（川合隆男「近代日本社会調査史研究序説」前掲、川合編『近代日本社会調査史（Ⅰ）』）。このような調査や「日本帝国の完備した法律書を編集する」ことは、日本が「万国公法」の論理を受け入れていくために、必要なことであった。このような状況について、小森陽一は、「自国の領土を確保するために、国内の制度・文化・生活慣習、そして何より国民の頭の中を、欧米列強という他者に半ば強制された論理によって、自発性を装いながら植民地化する状況を、私は、〈自己植民地化〉と名付けたいと思う」と述べている（『ポストコロニアル』岩波書店、二〇〇一年）。

黒木三郎は、『民事慣例類集』のような調査は、「近代法の下においては、それはあくまでも旧慣であった」と述べている（『南島村内法』解説）。一八七五（明治八）年の太政官布告第一〇三号裁判事務心得は、第三条に「民事ノ裁判ニ成文ノ法律ナキモノハ習慣ニ依リ習慣ナキモノハ条理ヲ推考シテ裁判スヘシ」とあり（『日本近代法発達史　1』勁草書房、一九五八年）、近代法と対置する用語として「旧慣」という用語が生まれたと考えられる。『民事慣例類集』の調査が近代民法の成立にほとんど影響を及ぼすことがなかったのは、「旧慣」は「自己植民地化」の過程で克服されなければならない課題でもあったからであろう。しかし、近代化の摩擦を少なくするという意味では日本社会でも「旧慣」の調査は必要とされた。そして、沖縄、旧植民地、占領地においても「旧慣調査」は行なわれた。そのような意味では、山室信一の「国民帝国」論（「『国民帝国論』の射程」山本有造編『帝国の研究――原理・類型・関係』名古屋大学出版会、二〇〇三年）を念頭におけば、「旧慣調査」は、日本という国民帝国成立のキーワードになりうるのではないかと思う。

沖縄近代史研究においては、一九七七年から一九七八年にかけて、いわゆる「旧慣温存論争」といわれる安良城盛昭と西里喜行との間で論争が起きたことはよく知られているところである。西原文雄は論争の内容を「①なぜ、明治政府は旧慣温存（存続）策をとったのか――旧慣温存（存続）策は、〈最善の策〉だったのか、それとも〈次善の策〉だったのか、②旧慣温存（存続）策は、沖縄統治のための明治政府の一貫した基本方針であったのか否か、③旧慣温存（存続）策は何を招来したか――明治政府の民衆収奪的体質は旧慣温存（存続）期の沖縄でも十分に発現されたか否か」が主な争点であったと要約している（『沖縄大百科事典』「旧慣温存論争」）。この論争は、単純化していえば経済的得失に重点が置かれた論争であったが、十分な結着をみないまま、その後旧慣温存期に関しては、長く研究の焦点があてられることはなかった。

沖縄県の「旧慣」については、いわゆる「琉球処分」以前の一八七八（明治十一）年十一月に「該地士民、旧来ノ慣習トナルモノハ、勉メテ破ラサルヲ主」とする方針が定められており（『琉球処分下』）、また、「琉球処分官」松田道之、沖縄県令心得木梨精一郎連名の第二十六号告諭（一八七九年三月二十七日）にも「勉メテ旧来ノ慣行ニ従フノ御主意」とある（『沖縄県史』第二十一巻）。一八七九（明治十二）年六月二十五日の沖縄県甲第三号布達は、「諸法度之儀、更ニ改正ノ布告ニ及ハサル分ハ、総テ従前ノ通相心得可申、此旨布達候事」とあり（同前『県史』）、税制のみならず「諸法度」すべて、すなわち統治システムそのものが旧慣のままとされた。このことから、『旧慣』とは旧来の農民統治・収取体系の総称」と理解されている（『沖縄県史』第二巻）。

「旧慣」は、近代日本が形成されていく歴史的過程で生まれた用語であるが、戦後に成立した「法社会学」でもよく用いられてきた。矢野達雄は、法社会学研究者の立場から、沖縄史研究における「旧慣」について、次のように述べている（『研究報告書　沖縄における近代法の形成と現代における法的諸問題』二〇〇五年）。

『沖縄県史』第一巻で検討されている「旧慣」とは、近世琉球王府支配時代における「旧慣」であり、その内容は、地割などの土地制度、租税制度、県庁および地方統治体制などの統治機構、旧王府支配階級の「家禄」

などを含むものであった。これはさきの法社会学的調査における慣行あるいは旧慣のイメージと大いに異なる。すなわち、純然たる民衆の慣行だけを指すものではなく、中央権力機構から末端の被支配人民の慣行まで旧琉球王国下の統治機構・統治体制の全体を指していたといえよう。

いわゆる「旧慣温存期」の問題には、多くの切り口がある。旧慣温存期の沖縄においては、日本の法体系とは違う「旧慣」や「内法」が社会を律していた。本書では、「近代琉球（琉球藩期）」と「旧慣期」前後の時期を射程に、経済的得失とは異なった観点からこの時期を理解し、民衆世界にせまる作業として、明治政府＝沖縄県による旧慣調査と内法の成文化過程とその展開について検討した。

本書は、旧慣調査や内法の成立過程をメインに、内法的社会の実相にかかる論考を第Ⅰ部として配置した。本来なら、これまでの内法研究史を丹念に整理して、本書の研究史的意義を記述すべきであろう。しかし、これまでの内法研究史については、管見の論文を紹介するだけにとどまっている（本書第Ⅱ部第6章を参照）。これまでの研究蓄積の内容にほとんど言及しなかったのは、これまでの研究は筆者が発掘した史料を対象にしておらず、いわば違う土俵（史料）で展開されているため、かみ合う議論が成立しにくいと考えたからである。

第Ⅰ部の構成と内容

第1章　近代沖縄の成立——琉球国併合としての沖縄県設置　本章は、これまで琉球・沖縄史を日本史の枠組みのなかで理解してきたことに、自戒を込めて書いた。近代日本による権力作用が及んでいることに着目し、「近代琉球」の時期区分を提起し、宮古島春立船の台湾への漂着・遭難問題や近代琉球における琉球人意識、版籍奉還なき琉球処分論を中心に、琉球・沖縄という主体から「近代沖縄の成立」の過程、すなわち侵略と併合の過程を考察した。

第2章　旧慣期の村《むら》と民衆　本章のテーマは、研究蓄積の多い分野である。特に「旧慣期初期の民衆と吏員の不正」は多く論じられてきたが、これらの問題を明治政府・沖縄県の旧慣調査や内法成文化の流れのなかで理解すべきことを述べた。また、これまであまり論じられてこなかった「窮民救助費」をめぐる民衆の運動があったことを取り上げ、人頭税廃止運動に対しては、平良士族と農民の対立が廃止運動の大きな要因であり、人頭税廃止運動の必然性とともに皇民化運動の側面があることを指摘した。

第3章　地域から見た近代沖縄――西原間切（村《そん》）を中心に　本章は、『西原町史　第一巻　通史編　I』に執筆した「近代」の項を一部加筆修正して収録した。地域からの視点とはいえ、近代沖縄を通観した点では、琉球／沖縄近代史入門となっているのではないかと思う。

第II部の構成と内容

第4章　近代沖縄の旧慣調査とその背景　本章では、一八七二年から一八九六年までの旧慣・内法調査を俯瞰した。「原（もと）顧問応答書」の意義、編纂課の設置と旧慣調査展開の過程をふまえ、代表的な旧慣調査史料である「沖縄県旧慣租税制度」と「沖縄旧慣地方制度」以外にも未活字史料の「明治十七年旧慣調査書」や「沖縄県貢納雑書」（明治二十六年）などがあること、また、ほとんど言及されてこなかった「沖縄県収税一班」があることを紹介し、旧慣・内法調査の歴史的意義と背景について論述した。

第5章　一八八四（明治十七）年の沖縄県旧慣調査とその背景　本章は、先に述べた未活字史料の一つである「明治十七年旧慣調査書」の伝存状況や概要を整理しつつ、その歴史的背景を検討した。「明治十七年旧慣調査書」成立の背景には、明治十六年、沖縄県に編纂課が設置され、旧規調査が企図されていること、明治十七年一月に明治政府から沖縄県に宮田直次郎が派遣され、租税問題に関する調査を行なったことがある。また、全国的に三新法の制定に伴う村規約の整備が加速していったこと、不動産登記法の制定の議論が行なわれていたことが、「明治十七年旧慣調査書」成立の歴史的背景としてあり、調査の一部に全国的な課題が反映されていること等を論述した。さらに、司法省が行なった明治九年から明治十三年の『民事慣例類集』『全国民事慣例類集』調査と「明治十七年旧慣調査書」の類似性を指摘し、法学分野の観点から研究の必要性があることを指摘した。

第6章　内法の起源と近代の内法調査・届出（成文化）　本章では、内法の語義や起源に言及しつつ、調査・届出の過程を検討した。明治十八年の内法の調査・届出の沖縄県達以前に、村規約や内法の部分的成文化作業があったこと、明治十八年達に基づく初期内法の調査・届出には、村内法と間切内法の区別はなかったこと、同年以後も内法の調査・届出は行なわれ、複数回にわたって改定され、内法の調査・届出（成文化）過程に近代法思想が反映されていること等を論述した。

第7章　内法史料の伝存状況と内法の史料的性格　本章では、内法史料の伝存状況を整理し、時代的特徴、地域的特徴を検討した。内法史料は、調査・届出の年代ごとに変化しており（成立年差）、また地域によって調査・届出の様式に違いがあり（地域差）、したがって、それぞれの史料的性格を考慮しないと単純な比較はできないことを述べた。旧慣や内法は、沖縄の静態的（伝統的）村落を語る史料としてしばしば引用されてきたが、近代に入ってから支配者の都合によって記録・成文化されてきたことを見逃してはならない。そこには、日本社会との文化接触による動態的変化もある。旧慣・内法史料は、静態的側面と動態的側面の両面から検討が必要であると思われる。静態的側面をみるにあたっても、静態的側面を「沖縄県」（明治政府）が残すことを選択した（同意した）という一面があること等を論述した。

第8章　内法と地域社会（村《むら》）——生成する内法と制裁処分　本章では、実際に内法がどの様に機能し、制裁措置が行なわれたかを「内法処分明細表」に基づき検討した。また、村レベルの内法は、流動的で生成・消滅する性質をもっていることを明らかにした。また、明治十八年から同二十三年にかけて成立した成文化内法がどれだけ機能したかがよく分からず、処分事例と内法の条文が一致しない(あるいはない)こともしばしばであり、内法は、時にルーズに、そして時に厳格に機能したこと等を論述した。

第9章 旧慣調査と東アジア――旧慣・内法調査の意義 本章は、近代沖縄の旧慣・内法調査全体を総括し、内国植民地論や帝国日本の東アジアにおける旧慣調査を紹介して、その類似性を指摘し、近代沖縄は、日本近代法学のフロンティアであり、フロンティアが拡大していく過程が植民地の獲得過程であったことを論述した。また、植民地研究は、近代日本の姿を映す鏡としての機能を持っており、近代沖縄の旧慣・内法調査と近代日本の東アジア植民地・占領地における慣行調査との比較研究の必要性を論じた。

第Ⅰ部

近代沖縄の成立と地域社会

第1章

近代沖縄の成立

——琉球国併合としての沖縄県設置

はじめに――独立主体としての近世琉球

近世琉球を考える時、いつも想起されるのは、伊波普猷の「私は、琉球処分は一種の奴隷解放だと思っている」ということばである。(1) また、伊波は次のようにも述べている。(2)

〔尚寧王は〕帰ってみると、島津氏の殖民地に身を寄す旅客のやうな心地がしたといふことだ。抑々島津氏の琉球征伐の動機は、利に敏い薩摩の政治家が、当時の日本は鎖国の時代であつて、長崎以外の地では一切貿易が出来なかつたに拘はらず、琉球の地位を利用して密貿易を営まうとしたのにある。だから島津氏は折角戦争には勝つたが、琉球王国を破壊するやうなことをせず、「王国のかざり」だけは保存して置いて、之を密貿易の機関に使つたのである〔引用文中、傍点は原文のまま〕。

戦後の沖縄史研究者である仲原善忠は、伊波の「奴隷解放」説を史実に基づいて批判しつつも、「王国という飾りを残した島津氏の支藩化した新しい琉球が出現した」と述べている。(3) 戦前および戦後直後の琉球／沖縄史研究では、島津氏による琉球国の侵略後の琉球社会について、琉球国の自立性を考察する姿勢は弱く、また「戦後歴史学」のもとで学んだ研究者の間でも、一九六〇年代後半以降の沖縄県民の「復帰願望」という時代思潮にも大きく影響され、「琉球国」の独立性・自立性を研究する視点は弱かった。近世琉球への関心の弱さに比べ、いわゆる「琉球処分」をめぐる論争が「民族」の統一という琉球併合時存在しなかった「民族」概念に基づいて盛んになった。

近世琉球の琉球国（国家）としての独立性・自立性が実証・研究されていくのは、一九七二年の「日本復帰」以後に琉球／沖縄史研究に取り組んだ豊見山和行や真栄平房昭[4]らの研究成果によるところが大きい。豊見山は、近世琉球について、次のように述べている[5]。長いが、引用させていただく。

一六〇九年以後、琉球王国は島津氏の制圧下に置かれ、上位権者としての島津氏と従属的な外交関係を取り結ぶことになったが、旧来説かれてきたような「傀儡」王国ではなく、王権を制約されながらも政治体制を保持した存在であった。そのことは、以下の点において示されている。すなわち、①島津支配の開始直後において、尚寧政権は島津氏から日明勘合斡旋交渉を突きつけられたが、琉球側はそれを拒否する外交行動を取り、自国の直面する外交課題である対中国関係の一〇年一貢を旧制の二年一貢へ復旧することに傾注していた。②遷界令撤廃（一六八一年）後、清朝の要請する遭難民の福州直送を琉球側は島津氏に伺うことなく、単独の判断で受諾した。その結果、長崎を中心とした幕藩制国家の送還システムから離脱することになった。③琉球統治初期から裁判権への介入が見られ、その最大の事件は一六六〇年代に発生した北谷・恵祖親方一件であったが、島津氏側は処罰の言い渡し権を持つのみで、刑罰執行権は琉球側に存していた。さらに、その後、同様の事件発生においては、琉球国は裁判権へ介入されないよう回避行動を取るようになる。④一七二〇年代における島津氏の年貢増徴要求問題に対して、琉球は冊封使渡来に伴う国内の疲弊状況等を理由に対薩交渉に臨み、一定程度の譲歩を引き出していた、等々。

このように、一六〇九年、薩摩島津氏の侵攻によって従属的な外交関係を取り結ぶことになり、琉球国は、石高に基づく知行制の施行や中国との冊封関係を除く海禁政策が行なわれるなど、幕藩制国家の影響下にあったが、琉球国の自立性（自己決定権）回復の努力によって、国家としての機能を失うことはなかった。まさに琉球王府最後の官僚であった喜舎場《きしゃば》朝賢《ちょうけん》が「琉球は日清両国に隷属たりと雖も、古往今来、法令・禁制の如きは自ら管治する所にして宛《あたか》も独立不羈《ふき》の容《かたち》を為せり」と矜持をもって語るゆえんである。(6)

十九世紀になると東アジアの大国中国がアヘン戦争でイギリスに敗北し、黒船（ペリー艦隊）の来航という現実のまえに、日本そのものの国家体制がゆらぎ、その後の日本社会は明治維新という「革命」を成し遂げるなど、東アジアにも近代の波濤が押し寄せてきていた。その影響は琉球国にも及び、明治国家による琉球藩王の冊封という歴史的画期に遭遇、一八七九年、沖縄県設置（琉球国の併合）によって「日本」に組み込まれていった。

時期区分「近代琉球」の提起とオリエンタリズム

時期区分としての「近代琉球」の提起

これまでの沖縄近代史研究では、一八七二年の琉球国王尚泰の明治天皇による冊封をもって、「琉球藩の設置」または「琉球藩設置」と表記し、一八七九年の沖縄県の設置を「廃藩置県」と表記してきた。近年では、「廃藩置県」に代えて「廃琉置県」という表記も見られるようになってきた。本章では、後述の波平論文に学び、筆者がこれまで使ってきた「琉球藩の設置」に代えて、「琉球藩王の冊封」と表記し、また「廃藩置県」に代えて「沖縄県の設置（琉球国の併合）」と表記したい。しかし藩王冊封から琉球国併合までの時代をどう表記すべきか、あるいは呼ぶべきかという問題が残る。

「琉球藩王の冊封」後にあっても、「琉球国」は東アジアの国際秩序のなかでは紛れもなく存在したが、近世のままの姿ではない。琉球王府にも明治政府の権力作用が及び、その体制にも変化があった。

①一八七二（同治十一＝明治五）年、鹿児島県管轄から外務省管轄となり、一部に明治政府の新貨幣が流通するようになる。
②一八七三年、東京に親方一人が在勤するようになる。
③一八七四年、外務省管轄から内務省管轄となる。
④一八七五（光緒元＝明治八）年、松田道之の命を受け、摂政《せっせい》職が廃止された。この年から東京・那覇間の定期船が就航するようになる。
⑤一八七六年、明治政府が裁判権を行使するようになる。またこの年、熊本鎮台沖縄分遣隊が現那覇市古波蔵に駐留するようになる。

このように、近代日本による「琉球国」の植民地化は進んでいったが、この時期、王府は機能しており、清国との関係でも「琉球国」の国家機能は失われていない。

筆者は、この時期を「琉球藩期」と称してきたが、本書では「近代琉球（琉球藩期）」と表記したい。この時期を「近世琉球」に区分することは、この時期に明治政府による権力作用が着々と及んでいたこと（「琉球国」植民地化の進行）を軽視することにならないか、また近代奄美においても大蔵省が作成した「琉球藩雑記」と酷似した「南島雑集」が成立しており（本書第Ⅱ部第4章）、近代奄美をも視野に入れて「琉球藩」と称された時代性を考える必要性があるのではないか、さらに、王府首脳は「万国公法」に基づく「両属の論理」を展開していること（本書第Ⅱ部第9章）などを考え、「近代琉球」という時期区分を作業仮説として提示した。「近代琉球」という語法は、森宣雄「琉球は『処分』されたか――近代琉球対外関係史の再考」でも用いられている[7]。しかし、同論文では単に時代を示す表現として用いられ、時期区分としての意味では用いられてはいない。

波平恒男「『琉球処分』再考」を読む

「近代琉球」の時期区分を提起したのは、波平恒男の近年の論文「『琉球処分』再考――琉球藩王冊封と台湾出兵問題」[8]、「琉球処分の歴史過程・再考――『琉球藩処分』の本格化から『廃藩置県』へ」[9]の問題提起に学ぶところが大きかったからである。波平は「琉球藩の設置」という表記が不適切である理由について、次のように述べている。[10]

「藩王冊封」を「琉球藩設置」と呼ぶこと、正確には、呼び代えることは、以下の二つの理由で不適切であると筆者は思っている。一つは、そのことによって「藩王冊封」それ自体の歴史的意味を問うという、「琉球処分」を研究・記述していく上で決定的に重要な事柄が不問に付されるからである。〔中略〕／「琉球藩設置」が不適切である第二の理由は、その表現が、当時あたかも日本の国家主権がすでに琉球に及んでいたかのような含意を有しており、その限りで誤解を導きがちなことである。

さらに波平は、一九七二年前後の沖縄近代史研究に対し、「それ〔われわれの歴史認識を根底で規定している政治性やイデオロギー性への無反省という問題〕は端的に言って、明治以降の『国民国家』形成の過程で一般に流布した（沖縄からすれば押し付けられた）皇国史観や日本型オリエンタリズムが、われわれの歴史理解、ここでは近代沖縄史理解を今なお呪縛しているという問題性である」とも述べる。[11] ここではとりあえず「皇国史観」については留保するが、「日本型オリエンタリズム」とは、近代日本自体がオクシデント（西洋）であり、もはやオリエント（東洋）ではなく、そのうえで「オリエント」は劣ったものであるという偏見や優越感にもとづくアジアの他者（他国）に対するまなざしのことである。「日本型オリエンタリズム」の呪縛があるとする波平の近代沖縄史研究に対する理解は、筆者が考えてきた「復帰運動史観」と通底するものがある。

一九七二年前後の近代沖縄史研究は、「戦後歴史学」の成果をふまえた理論と実証に満ちた多くの研究成果を生み出したが、日本復帰運動（願望）という「琉球の民＝沖縄県民」の期待に応えていこうとする「復帰運動史観」ともいうべき歴史認識を内在しており、時代思潮の影響を強く受けざるを得なかったと、筆者は考えてきた。それはまた、伊波普猷以来の啓蒙主義の影響もあると思われ、極論すれば近代化（成長／進歩）＝善という歴史観で描かれてきたように思う。すなわち、こうした復帰運動史観、啓蒙主義史観を克服し、琉球・沖縄史研究を日本という他者から見るのではなく、琉球／沖縄という主体から見直すべきであるという視点と、波平の「日本型オリエンタリズムが、〔中略〕近代史理解を今なお呪縛している問題性」があると捉える視点には共通性がある。

琉球藩王の冊封と宮古島春立船の台湾への漂着・遭難

明治天皇による琉球藩王の冊封

一八七二年七月二十九日（陰暦六月二十四日付）、鹿児島県は「王政御一新」を祝うため使節を東京へ派遣するよう促している。(12)これに応えて琉球国は、八月二十八日、慶賀使節として正使尚健《しょうけん》、副使向有恒《しょうゆうこう》、賛議官向維新《しょういしん》らを派遣、一行は鹿児島を経由して、十月五日、東京に着いた。

十月十六日（陰暦九月十四日）、琉球の慶賀使節一行は、明治天皇に謁見することになるが、これは明治天皇による琉球藩王冊封の儀礼として準備されていた。「琉球使臣参朝次第」には、「勅語ノ写」が二通含まれている。(13)

①　琉球ノ薩摩ニ附庸タル年久シ、今維新ノ際ニ会シ上表且方物ヲ献ス。忠誠無二。之ヲ嘉納ス。

②　汝等入朝シ能ク汝ノ主ノ意ヲ奉シテ失ナシ、自ラ方物ヲ献ス。深ク嘉納ス。臣健等謹白ス、臣寡君ノ命ヲ奉シ天朝ニ入貢ス。今寡君ヲ封シテ藩王トナシ且華族ニ班《つらな》セシム

この勅語では、「寡君」という言葉が明治天皇による言葉として使用されている。「寡」には徳が少ないという意味があり、寡君とは本来、外国の者に対し臣下の者が自らの主君を謙遜して使う言葉である。その意味では、勅語には「琉球国王」に対する侮辱が込められている。このような勅語に対し、琉球国の使節等は「聖恩重渥恐感ノ至リニ勝《た》ヘス、臣健等代テ詔命ノ辱ヲ拝ス」と最大級の謝恩の言葉で答えている。(14) しかしながら、注目すべきことは、琉球国の使者は、賛議官／向維新、副使／向有恒、正使／尚健と唐名で答えていることである。

十四日に受けた明治天皇の詔書は、次の通りである。(15)

朕上天ノ景命ニ膺《あた》リ、万世一系ノ帝祚ヲ紹《つ》ギキ、奄《ここ》ニ四海ヲ有《たも》チ、八荒ニ君臨ス。今、琉球近ク南服ニ在リ。気類相同ク、言文殊ナル無ク、世々薩摩ノ附庸タリ。而シテ爾《なんじ》尚泰能ク勤誠ヲ致ス。宜ク顕爵ヲ予《あた》フヘシ。陞シテ琉球藩王ト為シ、叙シテ華族ニ列ス。咨爾《ここに》尚泰、其レ藩屏ノ任ヲ重シ、衆庶ノ上ニ立チ、切ニ朕カ意ヲ躰シテ、永ク皇室ニ輔タレ。欽《つつし》メ哉。

この文書に続き、琉球国（藩）王や国王婦人、使者、その部下たちへの贈答品と贈答者名が記されている。王と王夫人、使者の部下たちを除き、使者名に着目すると、次のような琉球名の表記になっている。

正使／尚健　→　正使伊江《いえ》王子

副使／向有恒　→　副使宜野湾《ぎのわん》
賛議官／向維新　→　賛議官喜屋武《きやん》

このような表記の相違からも、琉球国の「唐名」表記にこだわる論理と明治政府の「唐名」表記を拒否する論理の確執があったことが読み取れる。

明治天皇による琉球国王に対する藩王としての冊封儀礼は、一六〇九年の島津侵攻後行なわれていた琉球使節の江戸上りと同様な儀礼であったため[16]、琉球王府の官僚たちは、この冊封によって「琉球国」が消滅したとは考えていなかった。また、藩王冊封の翌年（一八七三）八月十四日、与那原親方（良傑）らは「御国体・御政体、永久不相替」との言質を副島外務卿らから得ていた[17]。さらに九月二十日には、外務省六等出仕伊地知貞馨・外務大丞花房義質の連名により伊江王子に対し次のように説明している[18]。

藩王閣下、昨年特命ヲ以テ冊封ヲ賜リ、永久之藩屏ト被仰出候ニ付テハ、朝廷ヘ抗衡《こうこう》或ハ残暴《ざんぼう》ノ所業アリテ、庶民離散スル等ノ事アルニ非サルヨリハ、廃藩之御処置ハ固《もとよ》リ有之間敷候。

すなわち、朝廷へ抗衡《こうこう》（対抗）したり、残暴《ざんぼう》（住民を虐げる）するようなことがなければ、琉球藩が潰されることはない、と述べている。このような明治政府首脳の発言により、琉球王府の首脳は「従属的二重朝貢国」[19]としての「琉球国」には変化がないと認識していたのである。古琉球における日琉関係では国王について「世主」との表記があり、近世初期においては「国司」との表記が強制された時期もあったが[20]、対中国との関係には影響はなかった。明治天皇による琉球藩王冊封の時点でも、清国を中心とした東アジア国際秩序のなかでは「琉球国」は健在であったため、琉球側は「藩」とか「藩王」という名称の変更に重要な意味を見いださず、日本（明治政府）との関係では、「琉球藩」「琉球藩王」と名乗ることになったというレベルの認識であったと思われる。それは、「従属的二重朝貢国家」の「勝つことはできないけれども負けない」[21]という外交戦略の一環であったともいえる。

宮古島春立船の台湾への漂着・遭難

同じ頃、台湾で遭難した上国船の生存者十二人が那覇港に帰ってきた。一八七一年十一月三十日、平良《ひらら》の頭、忠導氏《ちゅうどうじ》玄安ら六十九人を乗せた春立船が、那覇港を出発し、宮古島に向かう途中、十二月十七日台湾南部の高山族の住む地域に漂着し、玄安を含め五十四人が殺害されるという遭難事件が起きた。溺死した三人を除く、難をのがれた残りの十二人は、一八七二年七月十二日、福州を経由して那覇港に帰還したのである。[22]この事件当時、外務大丞兼少弁務使柳原前光が日清修好条規改訂交渉のため中国の天津に滞在しており、五月十九日付の書簡で同事件を外務卿副島種臣宛に報告した。[23]外務省首脳は、この事件を宮古島の遭難民が帰還する前に知っていたわけである。琉球経由で鹿児島県から外務省に台湾遭難事件の情報がもたらされたのは、九月十六日であった。同時に、鹿児島県参事大山綱良は、問罪（責任追及）のために軍隊を派遣したいと、政府に軍艦の借用を申し出ている。[24]

いわゆる琉球藩の設置は、台湾出兵のための国際法的根拠を示すための準備措置であったと、これまでの研究では理解されてきた。[25]近年では、毛利敏彦は「日本政府が尚泰を琉球藩王に任命する方針を決定した時点において台湾出兵を意図していたとは信じがたい」と述べており、[26]波平恒男も、台湾出兵正当化のための口実として琉球藩が設置されたのではなく、台湾出兵とはまったく関係のないものであったと強調している。[27]

琉球藩王の冊封によって、形式的には日本国家の中に組み入れられたように見えるが、当初「琉球藩」の管轄は外務省であった。管轄が内務省になったのは、台湾出兵（一八七四年五月）をめぐる中国との交渉に大久保利通が全権大使として出発（同年八月）の直前、一八七四年七月十二日であった。[28]「琉球国」は、一八六九年に鹿児島県が設置された後も琉球館に役人を詰めさせており、那覇にも鹿児島県の「琉球在番」が存在した。琉球館からの役人引き揚げ命令があったのは、一八七二年十二月十日である。[29]鹿児島県の琉球在番福崎助七（季連）が外務省出仕に命ぜられたのは、同年十月三十一日であった。[30]いずれも、尚泰が琉球藩王に冊封され華族に列せられたあとである。

台湾出兵に反対する王府

琉球王府は、台湾出兵には反対であった。一八七二年十月六日（陰暦九月四日付）、琉球王府は、「去年宮古嶋行春立馬艦船が、台湾府のうち生番《せいばん》と申す所に漂着し、乗込のものどもが暴殺に逢ったことについて、朝廷が聞き及び、『御征罰』に行くという世評があるが、なにとぞ御征伐はお取り止め願いたい」という趣旨の文書を鹿児島県宛てに出している。[31]琉球藩王冊封（十月十六日）の直前である。台湾出兵後の一八七四年七月、台湾において遭難者の遺族による墓参・慰霊祭を実施するようにとの明治政府の命令についても、琉球王府側は混乱をもたらすと、撤回要請を行なっている。[32]同年九月にも、台湾墓参・慰霊祭の指示がされているが、その文中には「霊魂を慰するのみならず朝廷（日本）の御趣意も貫徹す[33]」とあり、墓参の手配が日本の都合で行なわれていることを示している（結局台湾墓参は実現しなかった）。

鹿児島県からの問罪（責任追及）のために軍隊を派遣したいとする申し出を受け、政府は、一八七二年十月六日、福州に領事館を設置、樺山資紀《すけのり》に清国台湾視察を命じ、樺山は十月九日、現地調査に向かった。[34]また、清国留学中であった黒田季備と水野遵にも台湾踏査を命じており、[35]明治政府の「台湾征討」への強い意志が見られる。ロバート・エスキルドセンは、日本で植民地獲得計画が策定されていたことを明らかにし、台湾出兵の「事務局は『蕃地事務局』と呼ばれたが、英語の翻訳書には『植民地局』（Colonization Office）と記されたうえ、事務局長大隈重信は『植民地大臣』（Minister of Colonization または Minister of Colonies）と記されている[36]。

台湾遭難事件について、宮古側の同時代史料である「宮古島在番記」（以下「在番記」という）には、事件概要について「一八七一年、春立船に頭以下の役々や部下など関係者六十九人が乗り、宮古島に向かって帰る途中の海洋で逆風にあい、台湾府へ漂着し、船が破損したこと」と記され[37]、顛末については、五人は助かり、五十四人は行方が分からないとあり、先住民に殺害されたとは記されていない。「台湾遭難者日記」には「都合殺サル者五十四人ナリ」とあり[38]、一八七二年四月の王府から鹿児島県への報告にも「五十四人ハ逢殺害」と記されているが[39]、台湾の先住民を責めるくだりは見られない。すなわち、一般的な「遭難事件」（事故）と認識していたと読み取れる。ところが、同年七月、大山参事が台湾征討の意志を示し、政府に軍艦貸与を申し出た文書で「琉球属島宮古島人が去年の冬台湾に漂流し、舟中六十人ノ中、別紙報告のように、暴殺された。残虐の罪は、暫くも許すことができない[40]」と事件を認識するようになると（起草は七月二十八日であるが政府に届けられたのは九月十四日であった）、同年九月には王府も「右通り暴殺の仕業誠に悪事」と「遭害事件」へと事件認識を変えている[41]。王府は、大山の台湾征討の意志が政府に届けられる前に鹿児島県の琉球館または那覇の琉球在番から、台湾征討情報を得ていたのであろう。

一八七二年七月以降、事件の認識は、大きく変わっていく。月日は不明だが、「在番記」の一八七二年部分には、次のように記されている[42]。

去年、宮古島の春立《はるだて》馬艦《マーラン》船が、台湾に漂着し、乗組員が殺害されたことは、苦々しいしだいである。これにより、天久崎において〈御祭〉（供養祭祀）をしていただき、供養祭祀のみならず、公用で唐（中国）・大和（日本）・両先島やそのほか、諸浦（港）航海にさいして破船し溺死や行方不明になった乗組員も、〈祈祭〉（供養祭祀）をしていただいた。おのおのの子孫たちは、ありがたく承るように仰せ下す。

この記事は、前年の記事と較べて事件の認識に大きな転換がある。記事は、「苦々しいしだいである」と台湾先住民に対して敵意をもった表現になっており、春立船のみならず、その他琉球全域の遭難者に対し供養祭祀を行なうとするなど、遭難者に対しこれまで以上に丁重なあつかいとなっている。遭難者に対するこのような手厚い供養は、近世琉球の事例には見られない。大山参事（実質的な県令）は同年七月の文書で「上には皇威を海外に張り、下には島民の怨魂を慰めんと欲す」と記しており[43]、鹿児島県ないし明治政府の意向に沿った事件認識へ転換している。「在番記」の一八七二年の記事は、一八七二年七月以降の鹿児島県ないし明治政府の事件認識を受けて「遭難事件」から「遭害事件」へと認識転換を半ば強制されたことを示していると思われる。

宮古島の船の台湾漂着は、記録に残っているだけでも、一六七三（康熙十二）年、白川氏十一世恵和らが漂着しており、一七四五（乾隆十）年にも英俊氏恒道らが漂着している。いずれの漂着事件でも原住民と遭遇しおそわれており、台湾漂着の際に上陸するということがいかに危険であるか、知っていたはずである[44]。台湾の先住民を非難することは、「琉球国」には出来なかった。「琉球国」は南蛮人が漂着したときの対応について、次のように定めている[45]。

一、万一、思いもよらない行動をすることがあれば適切な措置をし、南蛮人を捕え船籠に入れてつれてくること。
一、南蛮人を斬り殺し、死体が続かない者は首をまず集めて、塩詰めにして持ってくること。

※原文は「南蛮人打果死体不相続者も是を第一取集、塩詰ニいたし可差渡事」とある。筆者の解釈では、「南蛮人を討ち果たし、死体が続《つ》がない者（ばらばらな者）は、是を取り集め（以下略）」となる。

実際に討ち果す事件も起きている。[46]「琉球国」も自らの社会の安全のためには、漂着民を討ち果すこともあったのである。明治政府の植民地獲得の意図が、事故を「遭害事件」へと認識転換をさせた。宮古島民の台湾への漂着・遭難は、「在番記」の当初の事件認識のように、「遭害事件」ではなく「遭難事件」（事故）と認識すべきである。「遭害事件」と認識することは、植民地獲得の目的で台湾出兵が行なわれたことや台湾での西郷軍の蛮行を批判的にとらえる視点を弱めてしまうことになる。

台湾出兵については、大山参事の問罪（責任追及）上申のあと、政府は、厦門領事を勤めたアメリカ人ル・ジャンドルに台湾占領計画を立案させる。政府内では賛否両論の議論があったが、一八七四年二月、「台湾蕃地処分要略」が閣議決定され、西郷従道《つぐみち》（西郷隆盛の弟）を都督に任命し、四月二十七日の運送船有功丸をかわきりに「征討」軍は次々と出発した。西郷従道も、五月二十二日には台湾に着き、六月三日には「生蕃」を平定した。[47]都督に任命された従道は、「長崎から隆盛の許《もと》に人を送って、壮兵を募集したが、隆盛は喜んでこれを斡旋し、約三百人を徴集して長崎に送った」という。[48]

台湾出兵は、近代日本最初の海外出兵であり、その余波はその後の内政や東アジアをめぐる国際政治に重大な影響を及ぼすことになる。中国の歴史家呂万和は、「台湾侵略戦争はその規模が大きくないにもかかわらず、後の日本軍国主義の侵略拡張と軍事冒険主義の原型を提供した」と述べている。[49]

琉球人意識と沖縄県の設置（琉球国の併合）

近代琉球（琉球藩期）の国家意識

一八七五年七月十日、内務大丞松田道之が来琉した。松田は、琉球は日本専属であることを強調したうえで、①清国への朝貢禁止、②清国より冊封を受けることを禁止、③明治の年号を使用すること、④刑法を琉球に施行するため取調担当を三名東京に派遣すること、⑤藩政改革、⑥学事修業のため少壮の者を一〇名ほど派遣すること、⑦福州にある琉球館の廃止、⑧謝恩のため琉球国王を上京させること、⑨鎮台分営の設置（軍隊の常駐）を要求してきた。[50] これに対し、琉球国側は、清国と日本は父母の国であるとして松田の要求を撤回するように求めている。[51] なかでも、藩政改革に対する反論では、「政府直管になっても国体・政体を変えないと約束したではないか」と反論しているが、ここにきて王府の首脳部も、明治政府の約束は空手形であったことを明確に認識することになる。

松田は、「琉球国」に約二カ月滞在したが、王府首脳を説得するにはいたらず、九月十一日、三司官の池城安規や与那原良傑、幸地朝常らをともなって帰京した。同じ頃、東京では年頭使の高安親方らが「琉球国」の存続を請願していたが、三司官池城安規らも加わって東京を舞台に請願活動を展開していった。しかし、一八七六年になると、東京での請願活動に「琉球国」存続の可能性を見いだすことはできないことが明確になり、清国に渡航し、北京を舞台に「琉球救国運動」が展開される。[52]

この時期の、「琉球民族の自己認識」については、西里喜行が「琉球＝沖縄史における『民族』の問題」という論文のなかで詳述しており、「清国政府当局への請願書のなかで、道の島から先島に至る琉球列島全体を琉球国の固有の領土と絶えず確認していることから窺われるように、琉球の士族層は『琉球』の国家・民族としての一体性、不可分性を認識していた」と述べている[53]。また最近、渡辺美季は、近世琉球の自意識について、「小国ながら中・日への御勤を担うことに対する自尊心を高めると同時に、中国との関係の中で養った中国的教養（特に儒教）によって日本に対する御外聞を支えようとする国家的自意識の存在がうかがえる」と述べ、薩摩藩も「国家的自意識の存在」を積極的に許容したことを明らかにしている[54]。

明治天皇による琉球藩王の冊封後、琉球国は明治政府から「琉球藩」と呼ばれるようになる。また、琉球国側も対日本との関係では「琉球藩」を名乗るようになる。「琉球国王」を「琉球藩王」として一方的に冊封し、「琉球国」に対し一方的に「琉球藩」と名乗るよう強制したのは明治政府であり、「琉球国」側も対日本（明治政府）との関係に限ってしか「琉球藩」を名乗らなかった。対中国との関係では、「琉球国」は健在であった。琉球藩王冊封の二年後（一八七四）には、清国へ進貢使節を派遣している[55]。また一八七七年、清国から「同治帝崩御の白詔、光緒帝登極の紅詔」も届いていた[56]。すなわち東アジア国際秩序（冊封体制）のなかでは、「琉球国」は機能していたのである。もちろん、当時の王府官僚も「琉球国」を国家として認識している。幸地親方（朝常）から与那原親方（良傑）に宛てられた手紙には、「一朝之怒リニ其国（琉球国）ヲ忘レ其身ヲ忘レ、抗スルノ志操ヲ出ス可カラス」[57]とあり、下手に抵抗すると「琉球国」の消滅を招きかねないと慎重な言動を求めている。

一八七三年、宮古島の貢納船がアメリカ船キウシウとリューヒー号の連繋により救助されるという事件が起きた[58]。リューヒー号は、貢納船曳航の際、船の甲板や艀を破損し、その曳航費用や修理代をめぐり、当時の日本上海領事が交渉にあたった。当時、琉球藩の国際的位置は、微妙な位置にあった。副島外務卿は、次のように述べている[59]。

琉球藩は、日本の「内属」で、他の府県に準じるべきである。しかし昨年初めて「直管」になったが、未だ外務省の所轄であるうえ、清国との交通も断絶に到っていない。琉球藩の船が清国に漂着した場合は、清国はなにくれとなく親切ていねいに扱い、救助費用は中国が負担してきたいきさつがある。「同（琉球）藩所置《ママ》」が落ち着くまでは、特別措置で日本がすべて費用を負担し、船の売却代金は琉球の船主へ渡すことにした。

貢納船乗員一行十八名は、その後長崎に送られ、鹿児島を経由して琉球に着いた。翌年二月頃のことと思われる。二月付の与那原親方の外務省宛書簡によれば、日本政府への感謝が述べられるとともに、「御礼ならびに銀子(費用)」の返上について相談したい、と記されている。(60)この書簡の存在から、琉球王府側には、日本政府が費用負担するのは当然だとする（完全な日本帰属）意識はないことが読み取れる。しかし、王府の負担の申し出は認められなかった。(61)

沖縄県の設置（琉球国の併合）過程と尚泰の上京

首里城の接収と文書の引き継ぎ

一八七九年三月二十五日、内務大書記官松田道之は警察官百六十名余と「参謀益満大隊長、大隊長波多少佐等、分遣隊半大隊」（前年十二月の案では「分遣隊増員三百余名」とある）(62)を引き連れて那覇港に着いた。(63)松田にとって三度目の来琉であった。松田は渡琉の前三月十一日付で、太政大臣三条実美より「旧藩王ヨリ県令ニ対シ土地人民及ヒ官簿其他諸般引渡ノ手続ヲナサシム事」との命を受けており、国王や琉球国の官吏が今般の処分を拒んで、首里城を退出せず、土地・人民・官簿の引き渡しを拒んだ場合には警察官による拘留や、拒否が凶暴な所為におよんだときには兵力で鎮圧することを許可されていた。(64)警察官と分遣隊を加えると四六〇名余の軍事力を擁しており、琉球出兵ともいうべきものであった。三月二十七日、首里城に乗り込んだ松田は、三月三十一日正午の出発までに嫡子尚典の邸宅へ移ることを冒頭に記した命令書を国王の代人に交付した。(65)同時に、沖縄県令心得木梨精一郎名による「琉球藩ヲ廃シ更ニ沖縄県ヲ被置」と沖縄県の設置を布達した。[66] 首里城の接収はスムーズに進み、三月二十九日、尚泰一族が退去し、[67] 三月三十一日に終わったが、[68]「官簿其他諸般引渡」は遅れた。四月九日の時点で、引き継ぎの猶予の願いが出ており、[69] 引き継ぎがほぼ完了したのは、五月十一日であった。[70]

土地・人民の「引渡ノ手続」　帳簿の引き継ぎは、遅れがありながらも大きな混乱はなく進んだが、土地・人民の「引渡ノ手続」（傍点は引用者）が行なわれた形跡はない。四月二日松田は、「先ツ第一ニハ土地人民ヲ引渡ス以前ニ於テ旧藩王ヨリ旧管民ニ対シ廃藩置県ノ事ヲ告ケ」るよう求めていた。[71] 四月四日には早速、「旧管民へ布達ノ案分」の遅れを催促し、[72] 同九日、与那原親方は「旧主ヨリ旧管民へ布達」はすこぶる困難であり、「旧主ヨリ布達スルニ忍ヒサル情実アルアリ」と容赦願いを出している。[73] 四月二十九日になって、旧藩王命でなく、「旧三司官」名で、首里・泊・久米村・那覇・諸間切・両先島宛の文書案を提出、これを松田は「文意ハ之レニテ可ナリ」と了解した。その文面は次の通りである。[74]

> 清国ヱ朝貢等之事件断絶候儀、難黙止、太政官へ数回歎願為仕候処、今般ニ至テハ命令不恭之旨ヲ以、廃藩置県之御処分被仰付、士民等ニ対シ申分無之込入《こまりいり》居候得共、此際疑迷ヲ懐キ候テハ不相済候条、宜敷方向ヲ定、新県ノ命令ニ従ヒ候様、可致注意候。内務大書記官松田道之殿ヨリ御達モ有之候付、士民一般へ可申渡旨御沙汰有之、此段広告候事

無念さが伝わる文章であるが、松田は了としている。布達者は、「旧藩王」名とはなっていない。松田は、「土地人民ヲ引渡ス以前」に「旧藩王ヨリ旧管民ニ対シ廃藩置県ノ事ヲ告ケ」させることを命令されてきている。議論していてはいつまでも埒が明かないので、三司官名の布達を「旧藩王」名に代替する既成事実として扱いたかったの

であろう。松田は、この文書をその後「旧藩王ヨリ旧管民ヘノ布達」として記述している[75]。

尚泰の上京と抵抗　尚泰上京に到る過程を丹念に追ってみたい。松田は、先に四月十三日に尚泰と面談し、東京への出発は十八日と通知した[76]。その際、親里親雲上から二、三カ月の出発延期願いが行なわれた。四月十五日には、尚泰より直接「前陳ノ病状ニ不得止延期奉願候」と四、五カ月の上京延期の願いが出された[77]。翌日には、有力士族の連名で、九十日間の上京延期願いが出されている[78]。与那原親方は、「成ル可ク四五ヶ月ト願ヒ度ナレ共、再三ノ御説諭ニ対シ、恐入ルニ付九十日ト縮メテ願出テタルナリ」と理由を述べている[79]。

九十日の延期が困難とみると、四月十八日、旧官吏連名で八十日の延期に変更し[80]、その翌日尚泰名でも八十日の延期と代わりに嫡子尚典を上京させたい旨の願いが出された[81]。再三の延期願いは効を奏し、翌日、尚泰の上京は、松田に同行していた侍従富小路敬直によって八十日の延期が認められ、尚典の上京は「四月二十三日、当港出帆ト決定」となった[82]。しかし、五月十八日になって、松田は八十日間の上京延期を撤回し、「明十九日ヨリ一周日以内ヲ以テ出発ノ期日」とした[83]。これに対し旧官吏らは、二十日、三週間の延期を願い出たが[84]、松田は二日だけ譲り、「明二十一日ヨリ一周日間即チ来ル二十七日ト定ムヘシ」と返答した[85]。旧官吏らはこの期日を変更することができず、尚泰が東海丸によって那覇を去ったのは二十七日であった[86]。

見えない版籍奉還　沖縄県の設置（琉球国の併合）過程を史実に則して見ていくと、版籍奉還に類似するような土地・人民の「引渡ノ手続」を確認することはできない。それ以前の段階で終わっている。川畑恵は、「琉球処分には、琉球＝沖縄史における版籍奉還が、もしくはそれに代替するものが求められており、政府の側からそれを強く演出した。すなわち、琉球処分＝沖縄の版籍奉還＋廃藩置県なのである」と述べている[87]。川畑論文の「すなわち」以前は歴史的事実の把握であり、「すなわち」以降は、歴史解釈である。歴史的事実の把握は、歴史家らしく史実を冷静に見ている。しかし、歴史解釈においては、史実にもとづかない「日本」という侵略者の行為を肯定するものとなっている。明治政府の側からの強い演出は、琉球＝沖縄という歴史の主体から見るならば、強制である。川畑も言及している我部政男の「廃藩置県」＝「版籍奉還説」も、明治政府が「版籍奉還を尚泰に演じてもらうことを意図した」ことを指摘したうえで、「国内的に見るならば」という断りを加えたうえでの説である[88]。すなわち、現実に日本社会の枠組みにあることを前提として、日本史としてはつじつまが合わないことから生まれた図式的解釈である。これまで見てきたように、尚泰の上京を既述の史実に則し、琉球という主体から認識するならば、あきらかに拉致である。金城正篤は、すでに三五年前、「いやがる『藩王』尚泰を東京へ拉致し、天皇政府への忠誠を強要する」と指摘している[89]。尚泰は、拉致されるまで上京を欲していない。尚泰が、いわゆる「廃藩置県」を肯定したのは、一八七九年十月の富川親方宛の手紙が最初であり[90]、拉致以後である。

版籍奉還の代替に近い行為があったとすれば、旧三司官名による旧官吏への「廃藩置県ノ事ヲ告ケ」た布達であるが、明治政府は、この行為を尚泰による土地・人民の「引渡ノ手続」の以前になすべき行為として位置づけており、代替行為はなかったと考えるのが論理的であろう。沖縄県設置の時点で「土地人民〔中略〕引渡ノ手続」は行なわれていない。一八九九年公布された「沖縄県土地整理法」第二条で、「その村において地割する土地は地割により、その配当を受けた者、またはその権利を継承した者の所有とする。但し、その配当を受けるべき者多数の協議により、この法律施行の日より一年以内に地割替をなすことができる[91]」と土地所有権の処分が村に託されている。琉球国王より明治天皇への「版籍奉還」がなされていないことを明治政府は認識していたため、国家権力による地租改正や土地処分を行なわず、村に処分権を与え、それを追認しつつ権利関係を確定していく形をとったと考えられる。

近年の廃琉置県論（琉球処分論）と版籍奉還なき廃藩置県論

一八七九年の沖縄県の設置（琉球国の併合）について、これまでは「廃藩置県」と表記されてきた。西里喜行は、一九九二年に発表した「琉球処分と樺太・千島交換条約」という論文のなかで廃藩置県という用語に代えて、はじめて「廃琉置県」という用語を用いた(92)。その後『清末中琉日関係史の研究』では、「明治政府の『内政問題』としての琉球併合過程を廃琉置県処分」と称している(93)。「廃藩置県」に代わる用語として「廃琉置県」を用いたことは、琉球という主体からの視点を強調するためだと思われるが、本書では「過程」を含まない用語として「沖縄県の設置（琉球国の併合）」を用いた。

「廃琉置県」という用法は、前掲森論文「琉球は『処分』されたか」でも用いられた(94)。森は、「琉球建藩から廃藩置県まで」を「廃琉置県過程」、廃藩置県から公同会運動（旧琉球国支配層が特権的地位を確保するため県知事を尚家の世襲制にすることを求めた運動）の終結（一八九七年）までを「琉球併合過程」と位置づけている。「琉球併合過程」の終期をもって公同会運動の終結ととらえる視点は、「琉球王国の政治権力が琉球社会の総意として初めて国家日本による琉球併合に同意し」たことに大きな意義を見いだしているからである。「琉球王国の政治権力」という主体の動向に着眼したことは慧眼であるが、「琉球併合過程」の終期を公同会運動の終結に求める論理は受け入れがたい。なぜなら、「琉球王国の政治権力」の動向のみに着目することは、日本による軍事的侵略という側面を隠蔽する論理に転換しかねない危険性をはらんでいるからである。

「併合」とは、そもそも琉球国の意志を無視して強権（軍事）的威圧によって行なわれたということを意味するのであって、沖縄県の設置そのものが琉球国の併合であり、その後は併合に対する抵抗過程である。琉球／沖縄を主体として考えるならば、併合に対する抵抗と甘受の過程は今日まで続いていると考えるべきであろう(95)。

安良城盛昭は、「琉球処分論」のなかで「沖縄においては、廃藩置県の歴史的前提ともいうべきこの版籍奉還の歴史的過程を欠如したまま、廃藩置県が強行されたところに、琉球処分の第一の特質が存在する」と述べている。[96]「旧藩王ヨリ県令ニ対シ土地人民〔中略〕引渡ノ手続ヲナサシム事」との太政大臣の命令は、琉球の王に対し「版籍奉還」に相当する手続きをとらせるように、と読み解くことができる。しかし、すでに述べたように「旧藩王ヨリ県令ニ対シ土地人民〔中略〕引渡ノ手続」がなされた形跡はない。版籍奉還という歴史的過程を欠いているという安良城の史実認識はきわめて妥当である。しかし、版籍奉還の歴史的過程の欠如を「琉球処分の第一の特質」ととらえる解釈には疑問がある。日本史という枠組みで歴史を見るならば、特質といえるかも知れないが、琉球の「異国性」すなわち琉球＝沖縄という歴史の主体から見るならば、「版籍奉還」がないのは当たり前であって、「特質」として把握することには重要な意味はない。しかし、安良城説は「版籍奉還」という概念を琉球・沖縄史に適用することによって、逆説的なとらえ方を提供した（明治政府による強権的併合をはからずもえぐり出した）という点で学説史的意義は大きい。

後田多敦は「琉球国の前史を踏まえると、あえて日本の廃藩置県のなかで位置づける必要はないであろう。〔中略〕『琉球処分』の本質は『版籍奉還』がないことであり、琉球の同意なく武力を用いて琉球の国権（主権）を接収したことである」と明快に述べている。[97] まさに、後田多が述べるごとく「版籍奉還」がないことは、単なる特質である以前に、まさに「琉球処分の本質」なのである。

おわりに

本章は、波平恒男の「皇国史観や日本型オリエンタリズムが、われわれの歴史理解、ここでは近代沖縄史理解を呪縛している」という指摘に触発され、琉球・沖縄という歴史の主体から、明治国家＝天皇による琉球藩王の冊封、宮古島春立船の台湾への漂着・遭難、琉球人意識、版籍奉還と沖縄県の設置（琉球国の併合）をめぐる問題を素材に、明治政府から「琉球藩」と呼ばれた時代を考察し、近代沖縄成立の過程としてとらえ直してみた。

近年、西里喜行は、普天間基地の移転問題と副島外務卿の「御国体・御政体、永久不相替」との言質が反故にされたことをオーバーラップさせつつ、松田道之について次のように述べている。「〔松田道之は〕自ら作成した『処分方案』のなかで『処分』の理由を次のように説明している。――『外務卿の任にあった時の副島の約束は、全く効力がないというわけにもいかないので、今、突然の変革を行なうには適当な理由が必要である。琉球が対清関係断絶の命令に従わず、各国公使に救国請願を行なったことを理由とすべきである』と。／要するに松田は因果関係を転倒させ、副島の『約束』を反故にする理由を、琉球側のせいにしたのである」[98]と。過重基地負担を典型とした復帰後も変わらない「日本」による抑圧構造のなかで、沖縄における「日本民族」意識は揺らいでいる。

このような現代に到る歴史の文脈に即して沖縄県の設置を考えると、それは「琉球国」の廃国であり、明治政府（日本）の侵略による「琉球国」の併合であると考えざるを得ない。このような観点を早くから述べていたのは井上清である。井上は、一九五五年に刊行した『条約改正』のなかで、沖縄県の設置について、「琉球の併合は、乱暴な手段であるが、日本の民族統一であろうか、それとも侵略であろうか。わたしは侵略的統一とでもいうほかないと思う」[99]と述べている。また、金城正篤は、島津氏の琉球侵攻を「侵攻」もしくは「侵略」と呼ぶことに異論をはさむ人は少ないが、「いわゆる『琉球処分』をもって、『侵略』とすることに、異論をとなえる学者は少なくない」と述べつつ[100]、「〔「琉球処分」は〕明治政府の権力的恣意が一方的に独走し、貫徹して、実現された。国家による『民族統一』が、そのまま他国侵略と結びつき、しかも、民衆の自主的意思や働きによって導かれていない時、それを手放しに『進歩』とか、また『解放』とか、と評価しうるだろうか。また、真の民族統一と呼べるであろうか」と述べている[101]。ほかにも「琉球処分」をめぐる論争は多数あるが、日本史の視点から「琉球国」の併合を正当化するための論理構成が多い(102)。波平恒男のことばを借りていえば、日本型オリエンタリズムの呪縛から解放されていない。

注

(1)喜舎場朝賢『琉球見聞録』東汀遺著刊行会、一九五二年再刊、序文。
(2)『伊波普猷全集』第一巻、平凡社、一九七四年、四九一頁。
(3)『仲原善忠全集』第一巻、沖縄タイムス社、一九七七年、二七一頁。
(4)真栄平房昭の論文は、かなりの量にのぼるが、ここでは以下の論文を紹介しておきたい。「近世日本の境界領域─琉球の視点を中心として」『近世地域史フォーラム1　列島史の南と北』(吉川弘文館、二〇〇六年)、「近世琉球の対中国外交──明清動乱期を中心に」(『地方史研究』三五巻五号、地方史研究協議会、一九八五年)、「薩摩藩の海事政策と琉球」(『日本水上交通史論集』第五巻、文献出版、一九九三年)「琉球王国における海産物貿易」(『歴史学研究』六九一号、歴史学研究会、一九九六年)。
(5)豊見山和行『琉球王国の外交と王権』吉川弘文館、二〇〇四年、二九九─三〇〇頁。
(6)前掲、注(1)喜舎場『琉球見聞録』凡例。
(7)森宣雄「琉球は『処分』されたか──近代琉球対外関係史の再考」『歴史評論』第六〇三号、校倉書房、二〇〇〇年。
(8)波平恒男「『琉球処分』再考──琉球藩王冊封と台湾出兵問題」『政策科学・国際関係論集』第十一号、琉球大学、二〇〇九年。
(9)波平恒男「琉球処分の歴史過程・再考──『琉球藩処分』の本格化から『廃藩置県』へ」『政策科学・国際関係論集』第十二号、琉球大学、二〇一〇年。
(10)前掲、注(8)波平論文、六頁。
(11)前掲、注(8)波平論文、七頁。
(12)『那覇市史』資料篇第二巻中の四、那覇市役所、一九七一年、一一二頁。
(13)前掲、注(12)『那覇市史』資料篇第二巻中の四、一一八頁。
(14)同前。
(15)同前、一一九頁。
(16)真栄平房昭「幕藩制国家の外交儀礼と琉球──東照宮儀礼を中心に」『歴史学研究』六二〇号、青木書店、一九九一年。後に桑原真人・我部政男編『幕末維新論集9　蝦夷地と琉球』吉川弘文館、二〇〇一年に収録。
(17) 前掲、注(12)『那覇市史』資料篇第二巻中の四、一二六頁。
(18) 同前。
(19) 豊見山和行は、「両属」という概念を琉球側から主体的に捉え直すべきだとして「宗主国の側からではなく琉球の視座から捉え直す方法のひとつとして、本章では朝貢システムに着目する。中国（明清）・日本（薩摩藩）と琉球の関係は、一種の二重朝貢と規定することができるが、両国への朝貢は同質でも同レベルでもなかった。中国（明清）への朝貢が平時において樹立された関係である一方、日本（薩摩藩）への朝貢は、薩摩軍勢の琉球出兵という戦争を契機として成立したものである。また、朝貢のあり方も大きく異なる。明清への朝貢は、貿易を随伴するものであったため琉球側は積極的であったが、他方薩摩藩へのそれは敗戦の結果、強制を余儀なくされた朝貢であった。このように両国への二重朝貢は、相対的に規制力の弱い中国への朝貢と大幅に王権を制約された薩摩藩への従属的朝貢という特徴を持っている」と述べている（『琉球王国の外交と王権』二六四頁）。
(20) 紙屋敦之「琉球国司考」『幕藩制国家の琉球支配』校倉書房、一九九〇年参照。
(21) 豊見山和行「敗者の戦略としての琉球外交——『唐・大和の御取合』を飼い慣らす」『史苑』通巻一八三号、立教史学会、二〇一〇年、四六頁。
(22) 「台湾遭難者日記」前掲、注(12)『那覇市史』資料篇第二巻中の四、一〇七—一〇八頁。
(23) 毛利敏彦『台湾出兵』中央公論社、一九九六年、三頁。
(24) 同前、八頁。
(25) 『沖縄県史』第一巻、沖縄県教育委員会、一九七六年、四七頁。
(26) 前掲、注(23)毛利『台湾出兵』一八頁。
(27) 前掲、注(8)注(9)波平論文。
(28) 『沖縄県史』第十二巻、琉球政府、一九六六年、九一—九二頁。
(29) 『琉球処分　上』（横山學編『宝玲叢刊　第二集　琉球所属問題関係資料』第六巻、本邦書籍、一九八〇年）一九七—一九八頁。
(30) 前掲、注(28)『沖縄県史』第十二巻、二九頁。
(31) 前掲、注(12)『那覇市史』資料篇第二巻中の四、一一六—一一七頁。

(32) 西里喜行『清末中琉日関係史の研究』京都大学学術出版会、二〇〇五年、二八九頁。
(33) 前掲、注(12)『那覇市史』資料篇第二巻中の四、一三三頁。
(34) 安岡昭男『明治前期日清交渉史研究』巌南堂書店、一九九五年、一〇〇頁（領事館設置の日付は同書年表による）。
(35) 同前および伊藤潔『台湾』中央公論社、一九九三年、五六頁。
(36) ロバート・エスキルドセン「明治七年台湾出兵の植民地的側面」明治維新史学会編『明治維新と東アジア』吉川弘文館、二〇〇 年、八一頁。
(37)『平良市史』第三巻、平良市教育委員会、一九八一年、一二二頁。原文は、以下の通り。「仝年、春立船へ頭以下役々従ノ者共并便人船中人数六十九人乗合帰帆ノ砌、洋中逢逆風、台湾府へ漂着、乗船破損ノ事」。
(38) 前掲、注(12)『那覇市史』資料篇第二巻中の四、一〇六頁。
(39) 前掲、注(29)『琉球処分　上』一四頁。
(40) 同前、一三頁。
(41) 前掲、注(12)『那覇市史』資料篇第二巻中の四、一一七頁。
(42) 前掲、注(37)『平良市史』第三巻原文は、以下の通り。「去年、宮古島春立馬艦船台湾漂着、乗込人数ノ内逢殺害為申由、苦々敷次第ニ候。依之、於天久崎御祭被成下、右外御用ニ付唐・大和・両先島、其外諸浦往還破船致溺死候者又ハ行衛不相知船々乗込人数モ、祈祭被成下候条、各子孫共難有奉承知候様被仰下候事」。
(43) 前掲、注(29)『琉球処分　上』一三頁。
(44) 前掲、注(37)『平良市史』第三巻、一八二—一八四頁。同事件については、島尻勝太郎「近世における琉球と台湾」（『新沖縄文学』第六〇号、一九八四年）でも紹介されている。ほか、慶世村恒任『宮古史伝』（南島史蹟保存会、一九二七年、なお使用テキストは一九七六年復刻版）一四七—一四九頁、平良勝保「英俊氏平良親雲上恒道」（『平良市史』第八巻（考古・人物・補遺）の項、参照。
(45) 石垣市史叢書四『進貢・接貢船、唐人通船、朝鮮人乗船、日本他領人乗船、各漂着并破船之時、八重山島在番役々勤職帳』石垣市役所、一九九三年、三六頁。
(46)「八重山島年来記」の一六九七（康熙三十六）年の記事には、「一、本年七月、川平へ異国の小船が一艘、数十人乗り込んで漂着した。水や飯米などを提供し、出船するよう手真似で促したが、言語・文字も通じず、かえって敵対してきたので、是非なく十人とも討ち果たした」という記事がある（『沖縄県史料　前近代１　首里王府仕置』沖縄県教育委員会、一九八一年、二八八頁)。
(47) 安岡昭男『幕末維新の領土と外交』教育社、一九八〇年、一八七頁。
(48) 清沢冽『外政家としての大久保利通』中央公論社、一九九三年、八九頁。
(49) 呂万和『明治維新と中国』六興出版、一九八八年、一五四頁。
(50)『琉球処分　中』(横山學編『宝令叢刊　第二集　琉球所属問題史料』第六巻、本邦書籍、一九八〇年) 五一―六八頁。
(51) 前掲、注 (50)『琉球処分　中』二一七―二二〇頁。前掲、注 (12)『那覇市史』資料篇第二巻中の四、一五一―一五二頁。
(52)「琉球救国運動」については、注 (32) 西里『関係史の研究』、後田多敦『琉球救国運動――抗日の思想と行動』(出版舎Mugen、二〇一〇年) に詳しい。
(53) 西里喜行「琉球＝沖縄史における『民族』の問題」高良倉吉・豊見山和行・真栄平房昭編『新しい琉球史像――安良城盛昭先生追悼論集』榕樹社、一九九六年、一九一頁。
(54) 渡辺美季「近世琉球の自意識」『歴史評論』第七三三号、二〇一一年五月号、校倉書房、八一頁。
(55) 前掲、注 (28)『県史』第十二巻、一二五頁。
(56) 前掲、注 (1) 喜舎場『見聞録』一三頁。
(57) 前掲、注 (52) 後田多『琉球救国運動』一五三頁。
(58) 前掲、注 (29)『琉球処分　上』二九一―三〇七頁。
(59) 同前、三〇五―三〇六頁。
(60) 同前、三〇六―三〇七頁。
(61) 前掲、注 (28)『県史』第十二巻、二四九―二五一頁。
(62)『琉球処分　下』(横山學編『宝令叢刊　第二集　琉球所属問題関係資料』第七巻、本邦書籍、一九八〇年) 一四二頁。
(63) 同前、一五六―一五七頁。
(64) 同前、一四六―一四八頁。
(65) 同前、一六六―一七二頁。
(66) 同前、一七八頁。太政大臣三条実美名による沖縄県設置の布告は、四月四日付となっている (前掲、注 (28)『県史』第十二巻、三一六頁)。
(67) 前掲、注 (62)『琉球処分　下』一九七頁。

(68) 同前、一九九頁。
(69) 同前、二一六頁。
(70) 同前、三四四頁。
(71) 同前、二〇四頁。
(72) 同前、二一三頁。
(73) 同前、二一七頁。
(74) 同前、三三六―三三七頁。
(75) 同前、三四一頁。
(76) 同前、二三〇頁。
(77) 同前、二四四頁。
(78) 同前、二八〇頁。
(79) 同前、二九二頁。
(80) 同前、三一〇頁。
(81) 同前、三二二頁。
(82) 同前、三二七頁。
(83) 同前、三六四頁。
(84) 同前、三七三頁。
(85) 同前、三七七頁。
(86) 同前、三九一―三九二頁。
(87) 川畑志『書陵部紀要』第五十号、宮内庁書陵部、一九九九年、五二頁。
(88) 我部政男「日本の近代化と沖縄」岩波講座『近代日本と植民地１　植民地帝国日本』岩波書店、一九九二年、一〇四―一〇五頁。
(89) 金城正篤『琉球処分論』沖縄タイムス社、一九七八年、九五頁。
(90) 前掲、注（12）『那覇市史』資料篇第二巻中の四、二〇五頁。
(91)『沖縄県史』第二十一巻、琉球政府、一九六八年、六〇三頁。

(92) 西里喜行「琉球処分と樺太・千島交換条約」荒野泰典・石井正敏・村井章介編『アジアのなかの日本史Ⅳ　地域と民族《エトノス》』東京大学出版会、一九九二年。
(93) 前掲、注(32)西里『関係史の研究』二九六頁。
(94) 前掲、注(7)森論文。
(95) 終戦直後の沖縄および在京の沖縄出身者のなかでは、独立を希求する者が圧倒的に多かったという歴史的事実がある。この点については、新崎盛暉『戦後沖縄史』(日本評論社、一九七六年)、小熊英二『〈日本人〉の境界――沖縄・アイヌ・台湾・朝鮮　植民地支配から復帰運動まで』(新曜社、一九九八年)および林泉忠『「辺境東アジア」のアイデンティティポリティクス――沖縄・台湾・香港』(明石書店、二〇〇五年)を参照。また、戦後の独立論を継承する思想は今日まで潜在的底流として存在している(仲地博「沖縄自立構想の歴史的展開」『日本法学』第七十二巻二号、日本大学法学会、二〇〇六年)。
(96) 安良城盛昭『新・沖縄史論』沖縄タイムス社、一九八〇年、一七五頁。
(97) 前掲、注(52)後田多『琉球救国運動』八五頁。
(98) 西里喜行「『琉球処分』という負の遺産」『環』四三号、藤原書店、二〇一〇年、一一七頁。
(99) 井上清『条約改正』岩波書店、一九五五年、三〇頁。
(100) 前掲、注(89)金城『琉球処分論』九五頁。
(101) 同前、一〇三頁。
(102) 詳しくは、前掲、注(89)金城『琉球処分論』および前掲、注(34)安岡『明治前期日清交渉史研究』の巻末に掲げられた研究論文を参照されたい。

第2章

旧慣期の村《むら》と民衆

はじめに

日本における明治国家の成立や廃藩置県という近代の波濤は、沖縄に「琉球藩王の冊封（いわゆる琉球藩の設置）」という転機をもたらした。[1] その後、琉球国は、明治政府から「琉球藩」と呼称されるようになる。これについて河《かわ》原《ら》田《だ》盛美《もりはる》の『琉球紀行』（明治九年）には、那覇・鹿児島間を往来する商人たちにより与論島（鹿児島県）では「一新ノ良政」が敷かれたという風聞が流れている、と記されている。[2] 民衆にとって、明治政府による「琉球藩王の冊封（琉球藩の設置）」はほとんど生活上の変化をもたらすことはなかったが、前近代的な制度のなかにあっても交通や情報量の増加とともに、民衆も時代の転換期を肌で感じていたことがうかがえる。沖縄県の設置（琉球国の併合）後の民衆は、後述するように旧慣支配層である間切や村の役人の不正を糾弾するなど、支配に対し抵抗する姿を見せるようになる。

本章では、一八九七（明治三十）年に「沖縄県間切島吏員規程」が成立するまでの旧慣期[3]の「むら」[4]社会（農村）を中心に、農民の抵抗（旧慣役人の不正糾弾）や内法の成立、人頭税廃止運動を検討しつつ、旧慣期の民衆と沖縄県（明治政府）や地方役人層の拮抗関係を見ていきたい。

近代琉球（琉球藩期）の真宗法難事件と民衆

一八七二年十月五日、「琉球藩王の冊封（琉球藩の設置）」が行なわれた。「琉球藩王の冊封（琉球藩の設置）」は明治政府が台湾出兵のための準備措置として、大急ぎで準備されたといわれている。[5] 一八七五（光緒元＝明治八）

年、内務省の係官として琉球藩に赴任した河原田盛美の『琉球備忘録』『琉球紀行』から近代琉球（琉球藩期）の民衆像を摘記してみたい(6)。

・商売は婦人のみが業としており、その婦人は貧窮な者が多い。
・平民は慣習で学校に入ることを許されず、婦人は学問をすることを厳禁されている。そのために、農民で字を知る者はいない。
・下級役人は欲深く、百姓を搾取し虐待しており、病み衰えきわめて貧しい者が多い。
・役人は「百姓というものは卑劣なもの」と脳髄にたたき込まれており、百姓は自主の権がないため、奴隷心から解放されることがない。

以上のように民衆の悲惨な生活状態が描かれている。明治政府の役人として琉球王府の施政を批判的にとらえようとしていることを割り引かなければならないが、下級役人の横暴を指摘している点は着目に値する。当時は、一八七三年三月からの旱魃で窮民が急増していた。一八七三年に外務省から派遣された伊地知貞馨《いじちさだか》も、「窮士農ニ至ツテハ、府県窮民ノ比ニ非ス。矮小ノ茅屋ニ屈居、身ニ全衣ヲ纏ハス。足ニ草鞋ヲ着セス。土間住居セル者多ク、愍然（憐れみ）ノ情ヲ起サヽルヲ得ス(7)」と、下層民の生活状況を記している。

近代琉球（琉球藩期）の民衆をめぐる特徴的な事件として、一八七七（光緒三・明治十）年に起きた「真宗法難事件」を取り上げてみたい。近世琉球でも真宗（一向宗）は禁止されていた。薩摩における禁制が琉球に適用されたためであるが、琉球では一六五九（順治十六）年に禁止令が出されている(8)。一八五五（咸豊五）年には、真宗を信仰・普及した仲尾次政隆が八重山に流罪となる事件が起きている(9)。仲尾次の門弟であった東村の備瀬筑登之は、仲尾次の流罪後もひそかに信仰を続けていたが、一八七六年に東本願寺派の僧侶田原法水が来琉したことにより信者が一気に拡大した(10)。琉球王府の首脳は真宗の布教を問題視し、一八七七年十月、備瀬筑登之らが逮捕・投獄された。[11]一八七八年一月、琉球王府は裁判権を行使し、信徒に対し判決を下した。流罪や罰金など刑罰を受けたものは三六九名に及んだ。すでに一八七六年八月一日より内務省沖縄出張所は、「民刑裁判」を開始していた。[12]内務省沖縄出張所は、真宗の取り締まりは琉球藩（王府）の権限であるが、裁判権は内務省にあるとの見解を示したが、[13]判決を阻止することはできなかった。その後、東本願寺と琉球王府の談判が何度も行なわれ、一八七八年十二月に、流罪は赦免、罰金は返還して、関係者を寺入二〇日とすることで落着した。[14]「真宗法難事件」は、その裁判権をめぐる問題が絡んでおり、琉球王府の歴史的位置を考える上で、重要な事件である。

琉球藩王の冊封（「琉球藩」の設置）があり、直後に外務（内務）省出張所が設置されるという社会が不安定な時代にあって、民衆の間に「一向宗を信仰すれば持病全快、後生は極楽往生」と信仰は広まっていった。信徒の多くは、備瀬の居住する那覇の人々であったが、読谷山《よみたんざん》間切（現、読谷村）や兼城《かねぐすく》間切（現、糸満市）など地方の人々も多く含まれている。[15]信者が急速に拡大し、都市部のみならず、農村部にまで及んでいるのは、近世末期からの相次ぐ天災で、民衆が窮地に追い込まれていたという時代的背景とも無縁ではないと思われる。他方で、「琉球処分」研究という観点からは、「この事件は、藩庁独自の最後の司法権行使となり、かつ、それをくつがえされたことにおいて『琉球処分』のゆくえを暗示する事件でもあった[16]」。

旧慣期初期の民衆と吏員の不正

沖縄県の設置（琉球国の併合）直後の農村と士族層

一八七九（明治十二）年三月二十七日、沖縄県の設置がなされ、王府レベルの統治機構は解体されたが、地方レベルの統治組織は残されることになった。松田処分官は、同日付の「旧琉球藩下一般ノ人民ニ告諭ス」（以下「人民ニ告諭ス」）のなかで、「士民一般ノ身上・家禄・財産・営業ノ上ニ於テモ苛察ノ御処分無之、勉メテ旧来ノ慣行ニ従フノ御主意ナルノミナラス、却テ旧藩政中苛酷ノ所為又ハ租税諸上納物等ノ重斂ナルモノハ、追テ詮議ノ上相当ノ寛減ノ御沙汰可有之」と述べ[17]、「旧慣」を主意とする旨を達し、翌二十八日には、首里・那覇・久米・泊の町方役人と諸間切の役人に対し、「旧職名ヲ以テ現在ノ職務」に就くことを命じている。地方レベルの統治機構を温存したのは、「旧慣」を主意とする政策の延長線上にあることはいうまでもないが、一方で、従来の統治機構を含む「旧慣」を温存せざるを得ない事情があった。明治政府の対沖縄政策は、「①対清外交への配慮（対外的要因）、②日本資本主義育成に必要な財源確保への配慮（対内的要因）、③沖縄の旧支配階級（＝士族層）の動向への配慮（沖縄内部の要因）、④沖縄「併合」の経済的基盤確立への配慮（沖縄の国際市場への結合）という四つの視点から総合的に決定された」と言われる[18]。加えて、統治の円滑な遂行のために言語の問題があり、据え置かざるを得ない事情もあったのではないか、と思われる。

松田処分官は、「琉球処分案」（一八七八年）のなかで、「最モ困難ナルハ、士民字ヲ知ル者少ナク、言語通セサルヲ以テ、政令ヲ布キ、政治ヲ施スニ、皆士族以上ノ者ヲ用ヒテ之カ媒介ヲナサシメサルヲ得ス（傍点は引用者）[19]」と、施政にあたって言語の問題を危惧している。また、同十二年十二月一日付内務大蔵両省宛ての「沖縄県上申」にも、「内地ト稍語言風俗ヲ異ニス。因テ、各間切諸島ニ至テハ、必其土人ヲ採用スルニ非レハ、毎事弁スル能ハス[20]」とあり、さらに翌十三年五月の「本県下各間切各島地頭代以下役俸給与之儀上申」にも、「当県下各間切各島地頭代等相唱ヘ候者ハ、元来租税徴収ノ事務ハ勿論、一切ノ公務ニ関係致候村吏ニ有之、置県ノ際該役務ニ従事セシモノハ悉皆採用セサレハ、旧来慣行弁シ難ク」とある[21]。すなわち、明治政府＝沖縄県には、地方レベルの行政組織を解体してしまうと言語的な問題で民衆を掌握できなくなってしまう、という危惧があった。上地一郎は、一八七八年に制定されたいわゆる三新法（「郡区町村編成法」「府県会規則」「地方税規則」）を起草したのは、琉球処分官として、沖縄県の設置（琉球国の併合）を強行した松田道之であることを指摘しつつ、「琉球処分と旧慣存置政策は、地域住民を国民国家の下に摩擦なく包摂しようとする三新法体制の延長線上に位置づけられるべきものである」と興味深い指摘を行なっている[22]。三新法は、各地域の固有の慣習をふまえた地方自治制度を作り、実施することが政局の安定につながると考えた大久保利通の意向によって制定されたといわれる[23]。

かくて、間切・島レベルの旧慣統治機構が残されることになった。置県後、農民の負担は、相対的に軽減されたといわれる。西原文雄は、①砂糖と鬱金《うこん》の買い上げ価格が引き上げられたこと、②その他の収納物を銅銭勘定としたことにより、文替りによって実質的に引き下げられていた価格が復旧したこと、③地頭層の手形入や加勢金という収奪がなくなったこと、④夫役（労働力の徴発）が軽減ないし廃止されたこと、⑤月税の徴収を西暦（陽暦）で行なったことにより、旧暦（陰暦）の閏月分が軽減されたこと、⑥余勢米などの一部が間切・島に還元されたこと、⑦米穀等の代金納を認めたこと、⑧買上糖の価格が引き上げられたこと、⑨旧慣税制が行なわれていたために、松方デフレ[24]の影響がほとんどなかったことを軽減要因として指摘している[25]。このような農民の負担軽減策とともに、換金作物としてのサトウキビ栽培が増加し[26]、農民の生活は相対的には向上していった。

一方、士族のうち、地頭層の有禄士族は「人民ニ告諭ス」でも家禄の保障が明言され、一八七九（明治十二）年十月に「従来ノ禄高ハ不相変廩米ニテ御賜給相成候様[27]」にと、沖縄県から政府に申請がなされ、許可されている[28]。無禄士族は、一部はその地位によって金禄を得た者もあったが、端役の者はわずかの一時金を補償されただけであった[29]。下級無禄士族は、「商業ヲ営マンカ運転スヘキ資ナシ。農業ヲ為サンカ耕作スベキ地ナシ。仰テ父母ヲ養フノ力ナク、俯シテ妻孥《さいど》ヲ育スル道ナシ[30]」という状態であり、農地を求めて中北部に移住したり、都市部下層労働者になる者も多かった[31]。また、沖縄県による政策的な士族授産事業として、久米島開墾事業や沖縄県織工場が設置された[32]。

置県後も温存された地方の旧慣統治機構は、間切の旧来の地方役人層によって占められていた。近世においては、これらの役人層は扶持を得るかたわら担税者であり、いわば被支配層を構成する一部であった。しかし、琉球王府が消滅し、地頭層が間切の経営（支配）権を失い、地頭と間切役人の間に立って徴税事務の一端を担っていた「心付役」がいなくなると、間切役人の徴税権力が結果として増大した。このような支配形態は、一八八〇年代に入ると、担税側の農民と徴収する側の間切役人との間で、軋轢を生むことになる。

沖縄県の設置（琉球国の併合）直後の間切吏員の不正と民衆

沖縄県の設置（琉球国の併合）後は、旧慣が据え置かれたため間切・島や村レベルの統治機構が残され、旧慣統治機構と民衆の摩擦が多発した。旧慣統治機構と民衆との摩擦については、一九六〇年〜七〇年代に編集された『沖縄県史』のなかでも多くの言及がなされてきたが[33]、「粟国島騒動」など、すでに言及されてきた間切吏員の不正をめぐる問題についても、若干の言及を行ないたい。

粟国島騒動　一八八一（明治十四）年七月二十六日の「沖縄県日誌」には、粟国島の民衆が「旧久米島番所」（久米島役所）からの租税賦課に対し「重上納《かさみ》」ではないかと疑問を呈していることや村吏（夫地頭・首里大屋子以下の在地役人）に対する民衆の「紛紜」が起きていることが記されている[34]。ここで着目すべきは、村吏が糾弾の対象となっていることである。村吏は久米島役所からの徴税通知をチェックする側ではなく、民衆へ押しつける側となっている。この事件は、翌年まで引き続く。翌年七月二十日の「沖縄県日誌」によれば、「岸本ら総代が『重上納』を訴えるにあたって余計に費用を徴収し、私用していると、村人数百名が岸本外五名の居宅に押し寄せ、金品の掠奪や集会を行なった」と記され[35]、村吏の不正を糾弾したはずの村頭が、集めた費用を私用したと糾弾されている[36]。

宮古島の村騒動　一八八二（明治十五）年には、宮古島の長間村、荷川取村でも同様な騒動が起きている。「宮

古島役所沿革小誌」には、次のように記されている。(37)

〔明治十五年〕四月二日　長間村ノ人民山中ニ集合シテ村吏ノ命ニ応セス。／長間村ノ人民警察署ニ訴フル所アリト称シ、山中ニ群集シ、村吏ノ命ニ応セサル由、村吏ヨリ開申《もうしひらき》ニ及ヒタルヲ以テ、真島役所長直ニ現場ニ出張セシニ、人民訴フル所或ハ執〔頑カ〕迷ニ属スル者アリ。或ハ村吏ノ所為不正ニ属スル者アルニ因リ、是非ヲ□別シテ懇諭ヲ加ヘタリ。人民等大ニ悟ル所アリテ、直ニ分散ス。後チ、荷川取村ノ人民モ亦長間村ノ人民ト類似ノ所為アリ、所員ノ説諭ニ服シ、解散ス。

長間村と荷川取村では、村吏の不正を警察へ訴えるため村人が集合した。一部は誤解にもとづくものであったが、一部は正当であったとしている。「宮古島役所沿革小誌」に記される日付「四月二日」が太陽暦の日付だとすれば、太陰暦では二月十五日で、おそらく「正頭惣取〆帳」作成に当たっての紛糾だとも考えられる。(38)

吏員更正セサルノ件　上杉県令は、一八八二（明治十五）年五月十九日付で作成した「吏員更正セサルノ件」の第一付属書二で、自己の政策の正しさを証明するための素材としてではあるが、「吏員は、毎年七月・十二月に、附届と唱えて間切内から魚獣その他の物品を徴発している。たとえその額がわずかであっても、数十名の吏員が行なえば数百円となる。また、自己の田畑の耕作を人民や婢僕を使役して耕作させており、さらに、租税・民費も余分に徴収し、自己のものとし、公務を装っての飲食など、間切・村吏員の恣意的使役と不正はかぎりがない」と指摘している。(39) また、本部《もとぶ》間切、中城《なかぐすく》間切、渡名喜《となき》島で村吏の不正について訴えがあったことを述べている。(40)

「東汀随筆続篇」には、沖縄県設置後の間切・村吏員の不正が多く記されている。(41)

人世変遷に随て、資格選挙の弊害を生じ、職務不当の人物相出来、且六十歳の久しき在職致し候故、自然と放肆に相成、村民の共有金穀取扱ひ方に於て、屡々不明瞭の仕形有之、去る明治何年、村民一般協議を以て村頭等が金穀取扱の権を免じ、人選を以て更に組頭五名を設立し、各組内の上納金穀の出納を掌らしめ、当分村頭あり、組頭ありて、各当前の事務を分担す。然れども、漸々資格の権益々盛に相成り、祖親以来代々村頭相続する者多く罷在り、僅か百二三十戸の一村落に於て、猶ほ邦国貴族政治の政柄《ママ》を掌握するが如くして、門閥貴権の様に自認し、他の人民を軽蔑し、村中の事務権を擅にして不正の事甚だ多し。

以上は、西原間切末吉村の事例であるが、「民間の状況を具状して丸岡知事に上る書《たてまつ》」(42)には、「方今、県下捌理《さばくり》の不正、人民の不平は、島尻より中頭《なかがみ》は甚だし、中頭より国頭は甚だし、国頭より久米島は甚だしきなりと聞く」と記されるほか、一八八六（明治十九）年には今帰仁《なきじん》間切各村、一八八八（明治二十一）年には越来《ごえく》間切越来村など、各地の間切・村吏の不正が指摘されている。これらは、具体的な年代が特定されていないケースも多いが、沖縄県設置直後からの間切・村吏員の実態を指摘していると考えられる。

租税滞納をめぐる問題と旧慣調査・内法

役人の不正と明治十七年旧慣調査

間切・村吏の不正が相次ぐなか、一八八四（明治十七）年四月二十日、明治政府から大蔵省租税局の宮田直次郎が派遣され、「賦税収税及徴税費ニ関シ」調査を行ない、「至急に改めるべき事」として「旧慣据置ノ処〔中略〕旧法ノ欠所ニ乗ジ〔中略〕租税ヲ滞納スルモノ多ク」、「村吏等ニ於テ租税ヲ私ニ流用シ為メニ未納ヲ醸スモノ少ナカ

ラズ」と指摘した。(43)

全国的には、同年三月に地租条例の公布があり、五月には、「戸長役場の管轄区域の拡大、戸長選任方法の改正、区町村会法の改正、区町村費などの滞納者処分など、一連の地方制度の改革が行なわれ」(44)、いわゆる三新法の旧慣・自治尊重的原理が修正された。三新法の修正は、松方デフレにより枯渇した地方財源の確保と自由民権運動の激化にともなう農民の政治的機運を抑圧するためのものであったといわれる。(45)同年七月頃、沖縄県では各間切で旧慣調査が行なわれ、その記録が残っている。(46)この調査は、問答形式でおおむね二八項目からなるが、そのうち、「貢租取扱ノ部」「租税未納ノ事」「上納金穀或ハ共有金穀ヲ私用スル事」「地所ノ事」は、宮田直次郎の指摘や「地租条例」の制定、三新法の修正の動向が反映されたものだと思われる。安良城盛昭は、「沖縄は、松方デフレによる激しい農民収奪を経験しなかった全国唯一例外の県である」(47)と述べているが、租税滞納や上納金穀流用などの調査は、全国的な松方デフレの影響を受けた地方財源確保の動きと無縁ではない。

この旧慣調査における質問や応答は、間切によって多少違いがあるが、当時の沖縄県が「吏員上納金穀ヲ私用」について重大な関心を持っていたことがわかる。また、処分規定の存在から、間切・村吏員の不正等があったことが推測される。しかし、間切役人に対し慣例の調査を行なっていることから、実質的な処分権は、間切の筆頭役人たる地頭代にあったと思われる。喜舎場朝賢《きしゃばちょうけん》は、「各間切を管理するは大宰各役所長の任荷なれども、実地に施行するは間切捌理《さばくり》役なり（地頭代、惣耕作〔当脱カ〕、首里の大屋子、西掟、南風掟、大掟、是を捌理役と謂ふ）」と述べている。(48)したがって、この慣例に基づく処分が実際に行なわれていたかどうかについては疑問が残る。

一八八六（明治十九）年三月に、県達甲第二十号により「各間切地頭代職務章程」が制定され、四月に「沖縄県租税領収心得」、五月に「沖縄県租税領収心得細則」などの租税取扱要領が制定されているのは、(49)間切・村吏員の不正や私的流用を防ぐ意図もあったのであろう。

租税の滞納問題と内法の成文化

「明治十七年旧慣調査」を受けて、同年に「未納税徴収内法取調書」（以下「明治十七年内法」と称す）が成立している。「明治十七年内法」は、与那城《よなぐすく》間切（明治十七年十一月四日）、北谷《ちゃたん》間切（十一月二十五日）、浦添《うらそえ》間切（九月二十四日）のものが残っており、[50] 居住人（住居人）と地人（百姓）の租税滞納の際の対応方法が記されている。末尾には、「右記載之通、慣行相違無御座候也」とあり、地頭代から中頭郡役所に報告されている。

「明治十七年内法」の滞納処分は、本人の財産はもとより親類の財産までも取り上げて「公売」することになっており、近世よりも強化されている。一八五四（咸豊四）年の「恩納《おんな》間切締向条々并諸上納物割付定」には、「『禍福盛衰は運数』であり、援助することは当然である。上納物が足りない者は、無利子で貸し付け、返済は頃合いを見て受け取り、生計が成り立つように下知せよ」とある。[51]「恩納間切締向条々并諸上納物割付定」には内法制定の必要性も記されていることから、未納者に対しての取り扱いは、内法制定以後に厳しくなっていったのであろう（内法の語義と成立の背景については本書第Ⅱ部第6章）。これまでの研究史は、近世末期農村の疲弊状況を明らかにしているが、[52] 未納者に対する取り扱いの変化は、そのような近世末期琉球一円の農村の疲弊を反映しているのであろう。

近世の滞納処分と「明治十七年内法」との相違点としては、第一に、一定の猶予期間をおいて家財が押収され、公売に付されていること、[53] 第二に、家財の押収が親類に及ぶこと、第三に、近世では想定されていた「身売り」がなくなっていることがあげられる。親類の家財押収が規定されており、近世より強権的な処分となっているが、「身売り」が想定されていないのは、人身売買が一八七二（明治五）年の太政官布告第二九五号によって禁止されており、沖縄でも一八八二（明治十五）年に村規約で禁止されているからであろう。[54]

しかし、後述する明治十八年達に基づく初期内法では、身売りが想定されていた地域もあった。一八八六（明治十九）年九月十日の小禄間切の内法（『沖縄内法取調書』[55]所収）の貢租の滞納処分の条項には、「家財畜類引揚ケ売払、未納差向ケ、残余アレハ本人ニ返付シ、若シ不足ヲ生スルトキハ妻子ヲ為売、親類ニ及ホシ、夫レニテ不足スルトキハ、与中・村中・間切中ニ及ホシ」とある。一八九〇（明治二十三）年に確定した「小禄間切各村内法」では、「若シ不足ヲ生スルトキハ妻子ヲ為売」が、「若シ不足ヲ生スルトキハ妻子ヲ雇ニ差遣ハシ又親類ニ及ホシ」[56]と変更され、近代法との整合性が図られている。近代になって滞納処分が、このような親類の連帯責任を厳しく問う内法や妻子の身売りや雇い（実質的身売り）という苛酷な内法に変化していったのは、租税の滞納問題が県治の重要課題になっていたからであり、沖縄県の強い意志が働いたと見るべきであろう。

「明治十七年内法」のあと、一八八五（明治十八）年十一月九日、沖縄県乙第七十七号達が発され、沖縄県全域において内法の調査・届出（成文化）がはじまった[57]。

内法の成文化（届出）は、「本法ニ照シ処罰スルトキハ、番所ヲ経テ所轄役所ノ許可ヲ得テ執行ス。／但、第三条第四条第六条原番札渡付ノ処罰ハ、此限リニアラズ」（「小禄間切各村内法」[58]）と末尾にあるように、内法的世界（村落共同体）を役所（沖縄県）が掌握していくためのものであった。そして「番所内法」から「間切内法」「村内法」へと変化していくように、実質的な内法制定作業でもあった。村内法では、道徳律的なものまで科罰の対象となっている。小禄間切の「各村内法」では、村のなかを歌を唄い通行する者、ユタ業をしたりユタ買いをする者、平日（祭日以外）に歌・三線をする者、牛馬売買交渉成立時の祝いなどが禁止されている。このような科罰規定が、厳格に運用されていたかどうかは、疑問とせざるを得ない。

内法の成文化（届出）は、役人の不正（租税の私的流用）や村人の租税滞納問題が発端となっている。内法の成文化は、実質的に内法の制定であり、下層民衆にとっては、厳しい税の取り立てと遊興制限を意味した。また、これ以降は、旧慣支配層の地方役人と村人の利害対立が顕著になっていく。したがって、成文化内法そのものを単なる旧慣の踏襲とみることはできない。喜舎場朝賢は、「凡そ自己に利益なるものは、百姓の利不利を問はず、旧慣と称して郡役所に伺ふ。自己に便利ならざるものは、善美の旧制と雖（も）、置て言はず[59]」と、間切・村吏員を指弾している。

窮民救助費と人頭税廃止運動

窮民救助費と民衆

内法成文化の作業が行なわれた一八八六（明治十九）年は、気候が不順で、降雹・旱魃・風災などの自然災害が続いた年であった。一八八七（明治二十）年三月の「窮民救助之儀ニ付伺」によれば、前年は三回の暴風雨で、県下の諸作物の損害は大きく、特に庶民の常食であるサツマイモは、ほとんど収穫がない凶作であった。そのために、食料が欠乏し、救助を願い出る者が次々と後を絶たなかった。特に首里地区は無禄士族が多く、平素から生活が苦しいところに天災が襲い、またコレラ・天然痘も流行したため、困窮を極めていた。庶民の食事は、蘇鉄・蔬菜のみの一日一食あるいは二食で、饑餓は差し迫り、救助を願い出る者は二千数百人にも及んだ。このうち、黙視しがたい貧窮者は六〇〇～七〇〇人にも達した。沖縄県は、貧窮者のうち労役に耐え得る者は、起工中の与那原街道の工事に従事させ、老人など体の弱い者を優先して、沖縄県設置の際に各間切から供出し積み立ててきた共有金を取り崩して救助に充てた。その後も窮民は増加し、四月から六月までの間にその数は四万八二八二人にも及んだ。

当時、沖縄県には備荒貯蓄として設けられた「特別共同貯蓄」があった。また王府時代からの備荒貯蓄「部下米・余勢米」等（「雑部金」）があった。沖縄県は、七月七日付で「救助金壱万八千七百円至急御下渡」を政府に請う。

沖縄県の飢饉対策は、七月三十日までに、「特別共同貯蓄」と「雑部金」から救助金を支給し終了していた。救助金の給付は、八月十五日に決定し、実際に救助金が届いたのは十一月であった。そこで、沖縄県は一万六三一一円余を「雑部金」へ戻入《れいにゅう》し、残りの二三八八円余を予備金へ繰り入れた。これで、窮民救助の件は、一旦完結したかに見えたが、これを処置した大迫、福原両知事は、後任の丸岡知事（一八八八年九月に就任）の代になって、会計検査院長により、救助金のうち一万六三一一円余を「雑部金」へ戻入した会計処理は不適当であったと指摘をうけ、その結果、両知事とも譴責処分を受けている。

このような窮民対策は、民衆自身の請願がもたらしたものであった。「沖縄県窮民救助費処分ノ件」をめぐる一連の文書には、「当時民間種々ノ苦情ヲ鳴ラシ官ノ救済ヲ促スニ立至リ、其勢黙視スルヲ得サル場合ニ際シタリ」、「救助出願之者接踵相絶ス」、「此際ニ方リ、官ノ救助無之ヲ以テ民間種々ノ苦情ヲ鳴ラシ、或ハ旧慣ヲ唱ヒ、或ハ官ノ不仁ヲ訴ヱ、以テ頻リニ救助施行ヲ促シ、勢ヒ黙視シ難キ場合ト相成リ候」と、「官ノ不仁ヲ訴ヱ」る民衆の姿が映し出されている。[60]

人頭税廃止運動

一八九三（明治二十六）年、宮古島で、いわゆる「人頭税廃止運動」が起きた。人頭税廃止運動は、旧慣期に組織的な行動を民衆が展開した事件として、特筆すべき事件であった。[61]

人頭税廃止運動の機運は、一八八七（明治二十）年頃からあった。「沖縄県宮古島々費軽減及島政改革請願書」は、「島民一般ハ重税ノ苦痛ニ堪ヘサルヲ以テ、既ニ数年以前ヨリ島役所ヘ向テ、其負担ノ軽減ヲ歎願シ、且ツ人頭税ヲ廃シテ金納トセンコトヲ懇願セシコト幾回ナルヲ知ラス」、「沖縄県庁ヘ出頭シテ哀願セシコトモアリ」と記す。[62]

一八八七年は、先述のように、前年からの天災による飢餓が沖縄全県を覆った年でもあった。それは、先島でも同様であったと思われ、人頭税廃止運動は窮地に追い込まれた農民の行動であった。

農民の運動が活発になるのは、一八九三（明治二十六）年三月十八日、奈良原知事が「名子・御陰米・宿引女・耕作仮筆者廃止外数件[63]」の内訓を発した後である。これに対し、士族層は特権が失われると騒ぎだし、県庁に代表団を送り、内訓の撤回を請願した。農民は、奈良原知事の内訓を歓迎していたが、士族層の請願を知って、「改正断行」の請願を行なっている。士族層請願の効果もあって、内訓はしばらく猶予となった。農民は不服を唱えたが、吉村貞寛役所長の説諭で落着した[64]。しかし、六月十日に役所長吉村が解任されたこと[65]によって、農民の動きは再び活発になる。笹森儀助が漲水港に着いた七月六日は、後任役所長の太田鎌吉が赴任した日である。太田と笹森は同じ船で来島したのであろう。笹森が船から降りて最初に見たものは、「該所〔蔵元〕数百ノ吏員ト人民ノ重立タル者数百人ト群集シ、立錐ノ余地ナシ[66]」という民衆の混乱振りであった。当時の高級士族層の一人亀川恵寛が記した「廃藩時代実況」によれば、吉村は、「誰（唯）常ニ改正ノ道ヲ好メ（ミ）、士族中ノ活計（生活）上ヲ困難」にさせる人物と評価されており[67]、また『南島探験』には、「平民ノ為メヲ計リタル先役所長ハ免職トナリ、〔中略〕新役所長ハ士族吏員ノ党ナレハ」と農民の言い分が紹介されている[68]。農民の運動の活発化と吉村役所長の解任問題は密接に絡んでいた。「廃藩時代実況」には、人頭税廃止運動について、次のように記されている[69]。

役所・蔵元交々説諭スルニ依リ、漸ク静謐ニナリタル処ニ、日本人仲村《（ママ）》十作及琉人城間正安ト言者下島シ、色々言迷シ、自分等へ総代人ノ内両三人ヲ添、上京歎願セバ、上納モ減耗シ、何事カ採用ナラサル事ナシト言ケリ（レ）バ、各村中洩ナク聞へ、夫ヨリ惣代共ハ、日増シ奢驕テ屡集会シ（割注省略）協議スルハ、士族ヲ廃シ役人ヲ減少シ、地方上納シ、上納ハ上男女ニテ三俵宛収入、反布上納ヲ廃シ（セ）ントノ決議ニテ〔中略〕各村平民共ガ奢驕テ暴乱ヲ起シ、上下ノ区別ナクシテ与士与百姓〔士と百姓と〕各威勢ヲ争、士族ノ活計上ヲ困

難セントノ慮（計略）アル

当時の宮古島の支配層は、おおむね人頭税廃止運動の実態をつかんでおり、この動きが士族層の地位を脅かすものであることを認識している。「地方上納シ」は、「土地を基準に納税をする」という意であろう。

農民の運動はその後も盛り上がり、中村十作《じゅうさく》を案内人として西里鎌、平良真牛、城間正安ら代表団を上京させる。代表団が東京に着いたのは、十一月三日であった。[70] なお、同年十一月二十八日の第五回帝国議会において「宮古島々費軽減及島政改革」（川満泰奉外二名）が提出されているが、[71] 人頭税廃止運動との関連はよくわかっていない。川満泰奉らの請願は、会期の幕切れで採択されなかったが、一八九四（明治二十七）年六月二日の第六回帝国議会で採択された。[72] 代表団らの請願は、「琉球の佐倉宗五郎上京す」などと東京の新聞などで大きく紹介された。[73] この請願は、一八九五（明治二十八）年一月八日の第八回帝国議会で採択された。[74] 請願の大綱は、次の通りである。[75]

島政ヲ改革シテ役員ヲ減シ、以テ負担ヲ軽減スルコト
人頭税ヲ廃シテ地租ト為スコト
物品ヲ以テ納税スルヲ廃シテ、貨幣ヲ以テ納税スルコト

この内容は、宮古島役所が課題としていた内容と大きな差はない。役所長太田鎌吉は、一八九三年九月の「宮古島将来ニ就テノ見込書」のなかで、「第一　蔵元番所及吏員改廃ノ事／第二　貢租公費賦課法改正ノ事／第三　貢反布廃止ノ事」をあげている。内容は不明であるが、「廿五年十二月十五日付先島改良ニ就テノ御意見書」もあったという。総代らは、一八九三（明治二十六）年九月九日付で宮古島役所に対し「御願」という文書を提出し、村

吏員の減員と所遣費の減額を要求している。[76]

このような流れを見ていくと、農民の要求について宮古島役所は一定の理解を示しているように見える。国会請願にまでいたったのは、農民らが太田役所長に対して「新役所長ハ士族吏員ノ党」と見て、十分に信頼していなかったことに加え、改革のスピードを速める意図が大きく働いたからであろう。役人の減員は、一八九七（明治三十）年の「沖縄県間切島吏員規程」の成立によって漸くかなえられるが、地租への転換と物納（粟と貢布）の廃止は、一九〇三（明治三十六）年の土地整理事業の終了を待たなければならなかった。

「沖縄県宮古島正租軽減理由書」には、「粟上納ノ制度ハ、甘蔗栽培ノ業ニ転スル事ヲ制限スルカ故ニ、島民ハ其不利ナルヲ知リツヽ」、やむを得ず痩せた土地に粟を栽培し、肥えた土地を放棄しており、これに乗じてのキビ作のために沖縄本島から移住して来た人々が肥えた土地を集積しサトウキビ栽培を行なっている、このままでは肥えた土地は沖縄本島から移住してきた人々に「占領」されかねないと、危機感が記されている。[77] つまりは、粟作を廃止してキビ作を自由に行ない、これを換金することによって税金を納めたいということである。

人頭税廃止運動を指導した中村十作は、単なる人情家ではなかった。真珠養殖で一攫千金を夢見て宮古島に来島したのであり、日本近代法の揺籃期に東京で法を学び近代社会の仕組みを体得した人物であったがゆえに、換金作物としてのサトウキビの価値に着目している。[78]「廃藩時代実況」には、「皆共髪ヲ切リ、各々村へ帰リ村中ノ面々番所へ呼集メ、色々演説シテ曰、是迄我等ガ歎願ノ条々ハ、弟（第）一切髪シバ何事ガ不採用事ナシト言迷シケン（レ）バ、同意ノ者ハ則ニ切取シ」とあり、断髪運動を伴っていた。[79] また、『隠れたる偉人――城間正安伝』には、天皇の名において腐敗士族を糾弾する次のようなくだりがある。[80]

昔の野蛮時代には、君等がやつてゐる様な暴戻無道な、振舞があつたことは聞いた。然るに今日……畏くも天皇陛下から四民平等であるぞと、仰せ出された有難い御代に、無智な良民を苦るしめるとは……何事だきさま達は、人間の皮を被つた獣だ……

人頭税廃止運動は、旧慣支配層への抵抗運動である一方で、近代的資本主義の論理と皇民化の論理が織りこまれて展開されている。人頭税廃止運動に加わった農民リーダーの多くは、後に大土地所有者に成長したことが近年明らかにされているが、(81) リーダーたちは人頭税廃止運動に参加する中で近代社会の仕組みを学んだのではないだろうか。

おわりに

沖縄県の設置（琉球国の併合）によって、王府時代以来の支配層である按司・地頭層は、権力の地位から退いたが、間切・村の地頭代を筆頭とする奉公人層は残された。先島の場合、先島の旧慣支配層は、近世の姿そのままであった。奉公人とは、直接的には地方の士族、地方役人を指し、王府への奉公人の意であるが、ここでいう奉公人層とは歴代の地方役人を輩出する家柄の子弟を含めた特権階層を指す。喜舎場朝賢は、「昔は村頭を勤めるような者は、たいてい不正などしなかったので、甚だしい支障はなかった」と、当時の人材登用の不適切さを指摘している。(82) 間切吏員の不正が多かった背景には、忠誠を尽くすべき琉球国王がいなくなり、旧慣支配層にとって按司・地頭層というくびきもなくなったことがあったと思われる。

これまで見てきたように、間切吏員の不正をめぐる問題は、沖縄県の設置後に頻出し、間切や村においては民衆の怒りが噴出し行動に出ることもしばしばあった。このような農民（民衆）の不満と誠実に向き合う姿勢は、沖縄県には乏しく、もっぱら民衆を説得する側にまわっていた。吏員の不正が頻出したにもかかわらず、民衆が沖縄県の説得に応じた背景には、先に述べたように、沖縄県の設置後、相対的には農民の負担は軽減したということがあろう。また、「内法」という名の制裁措置が準備されていたこと、不満の対象が同じ間切・村に住む身近な吏員であったことも要因であろう。

先島（宮古）で、人頭税廃止運動が起き、国会請願という爆発的なエネルギーを生み出したのは、旧慣支配層が農民とともに生活の基盤を農村に置く階層でなかった（平良五箇という町方に住む平良士族であった）ことが大きな要因であろう。中村十作の知略と城間正安の胆力がそれを支えたのはいうまでもない。

間切吏員定数の減少策は、一八八二（明治十五）年に上杉県令によって上申されていた[83]。しかし、上杉県令の改革案は、受け入れられず更迭される。上杉県令の更迭は、岩村会計検査院長の進言によるものであるが[84]、岩村は沖縄県視察にあたって、旧慣存置を眼目とする「参考条件」を太政大臣から付されており[85]、旧慣存置策への転換は、岩村個人に帰すべきものではなく、むしろ明治政府の方針によるものであろう。明治維新から明治二十年代に至る時期の「地方統治の第一の特徴は、短期間に度重なる制度改正や統治方針の変革が行なわれた事であ」り、一八七八（明治十一）年の「三新法」の制定は、「固有の旧慣との乖離を反省して、地方の実情をふまえた組織化へと方向転換を図った」結果とされる[86]。三新法の制定以降、明治政府は村レベルの統治策を旧慣尊重的な政策基調へと転換していった。だが、三新法の旧慣・自治尊重的な政策基調も、松方デフレや自由民権運動の興隆にともない修正を余儀なくされる[87]。このような全国的流れのなか、沖縄では旧慣調査と内法の成文化（届出）が行なわれた。成文化内法は以前にも増して租税滞納問題に苛酷な対処を迫るものであった。

一八九六（明治二十九）年十二月二十八日付の内務大臣から発せられた「沖縄県間切吏員規程ノ件」は、間切吏員について「現に職にある者は、姑息な取り繕いで時間を空費し、事務渋滞が甚だしいのみならず、貢租公費を無駄遣いし二重に賦課したり、不正の帳簿を作成して、定数外の徴収を行なうなど、その弊害は増加するばかりである」と断罪している。[88] 政府側の見解であることを割り引いても、「沖縄県間切島吏員規程」の成立まで不正や事務渋滞は解決されていなかったと思われる。この時期、日本は朝鮮問題をめぐって中国と緊張関係にあり、沖縄県内部での「琉球問題」の勃発を懸念していたことも、間切吏員の不正や事務渋滞が放置された要因であろう。間切島吏員規程には、第四条に「間切長、収入役、書記、村頭ハ沖縄県知事之ヲ任免ス」[89]とあり、人事権を沖縄県知事が掌握している。これは、旧来の旧慣役人の世襲的システムが崩壊したことを示している。

注

(1) 本章で言う、琉球／沖縄にとっての「近代」の起点は、琉球藩が設置された一八七二（明治五）年を考えている。琉球藩の設置そのものに明治政府の権力が行使され、琉球国王は「琉球藩王」となり、華族に列せられていることを重視したからである。したがって、本章で「近世」という場合、一八七二―一八七九年のいわゆる「琉球藩期」は入らない。「琉球王府」という場合、一八七九年の沖縄県設置までの統治機構をさす。

(2)『沖縄県史』第十四巻、琉球政府、一九六五年、二三八頁。

(3)「旧慣期」の呼称をもちいた研究に、西原文雄「旧慣期の売買地価」（『沖縄史料編集所紀要』第一〇号、沖縄県沖縄史料編集所、一九八五年）、渋谷義夫「旧慣期沖縄における農民的経営の展開――甘蔗糖業に中心を据えて」（三好正喜教授定年退官記念事業会編『小農の史的分析＝農史研究の諸問題』財団法人富民協会、一九九〇年）、福岡政行「旧慣期沖縄県における徴兵制度成立過程の分析――沖縄警備隊と沖縄警備隊区設定の論理」（『沖縄文化研究』第二十七号、法政大学沖縄文化研究所、二〇〇一年）などがある。

(4) 大島美津子『明治のむら』教育社、一九七七年参照。

(5)『沖縄県史』第二巻（琉球政府、一九七〇年）、一一四頁および『沖縄県史』別巻（沖縄県教育委員会、一九七七年）、五七八頁。なお、毛利敏彦は「日本政府が尚泰を琉球藩王に任命する方針を決定した時点において台湾出兵を意図していたとは信じがたい」と述べている（『台湾出兵』中央公論社、一九九六年、一八頁）。

(6) 前掲、注（2）『県史』第十四巻、二〇三―二三八頁。

（7）『琉球処分　中』（『琉球所属問題資料』第六巻、本邦書籍、一九八〇年）二七六頁。旧漢字は、新漢字に直した。また、適宜句読点や並列点（中黒）を付した。以下史料引用のとき、同じ。
（8）島尻勝太郎『近世琉球の社会と宗教』三一書房、一九八〇年、二五三―二五四頁。
（9）伊波普猷「浄土真宗沖縄開教前史」（『伊波普猷全集』第九巻、平凡社、一九七五年）および島尻勝太郎「仲尾次政隆の配流日記」（前掲、注（8）島尻『社会と宗教』）、長間安彦「薩摩・琉球の真宗取締と伝播――水主と傾城」（『浦添市立図書館紀要』第十五号、二〇〇四年三月）参照。
（10）前掲、注（8）島尻『社会と宗教』一七八頁。鹿児島県では、同年に信教の自由が保障された。
（11）菊山正明『明治国家の形成と司法制度』御茶の水書房、一九九三年、二七九頁。
（12）『沖縄県史』第十二巻資料編2、琉球政府、一九六六年、二〇二頁。
（13）前掲、注（11）菊山『明治国家の形成と司法制度』二七九頁。
（14）前掲、注（12）『県史』第十二巻、三〇八頁。前掲、注（8）島尻『社会と宗教』一八二頁。
（15）前掲、注（12）『県史』第十二巻、二六七―三〇四頁。
（16）金城正篤『琉球処分論』沖縄タイムス社、一九七八年、一七二頁。
（17）『琉球処分　下』（『琉球所属問題関係資料』第七巻、本邦書籍、一九八〇年）一七五頁。
（18）『沖縄県史』第三巻、琉球政府、一九七二年、一三四頁。
（19）前掲、注（17）『琉球処分　下』九六頁。
（20）前掲、注（12）『県史』第十二巻、三八三―三八四頁。
（21）同前、五一五頁。
（22）上地一郎「沖縄明治期の旧慣存置政策に関する一考察」『早稲田大学法学会誌』第五三巻（二〇〇三年）、一一頁。
（23）大島美津子『明治国家と地域社会』岩波書店、一九九四年、一〇八頁。
（24）「西南の役」や地方士族の不満に対処するため、明治政府は大量の紙幣を発行し極度なインフレーションを招いた。一八八一（明治十四）年、大隈重信に代わって大蔵大臣に就任した松方正義は、紙幣整理と併行して正貨準備の増大をはかるというインフレーション対策を行ない、激しいデフレーションを招いた。このデフレ政策により、ときに農村では地租滞納が大量に発生し、疲弊した（大石嘉一郎『日本資本主義百年の歩み――安政の改革から戦後改革まで』東京大学出版会、二〇〇五年）を参照。

(25) 西原文雄「『琉球処分』と農村経済」(『新沖縄文学』第三八号、沖縄タイムス社、一九七八年)。引用テキストは、西原文雄『沖縄近代経済史の方法』ひるぎ社、一九九一年、六―一一頁。
(26) 前掲、注(3)渋谷論文「旧慣期沖縄における農民的経営の展開――甘蔗糖業に中心を据えて」を参照。
(27) 前掲、注(12)『県史』第十二巻、三五九頁。
(28) 前掲、注(5)『県史』第二巻、一九四―一九五頁参照。
(29) 同前、二〇六―二〇九頁。
(30) 『沖縄県史』第十三巻、琉球政府、一九六六年、七五八頁。
(31) 波平勇夫「沖縄の近代化と社会構成の変動(1)」『近代初期南島の地主層』第一書房、一九九九年所収。初出は『沖縄国際大学文学部紀要　社会科学編』第十二巻第一号(一九八四年)および『沖縄県史』第一巻、沖縄県教育委員会、一九七六年、二一一―二一二頁。
(32) 前掲、注(31)『県史』第一巻、二一三―二一四頁。
(33) このようなテーマに関しては、前掲、注(31)『県史』第一巻、前掲、注(5)『県史』第二巻、『沖縄県史』第三巻〔経済〕(琉球政府、一九七二年)、前掲、注(5)『県史』別巻などに多くの記述がある。
(34) 『沖縄県史』第十一巻、琉球政府、一九六五年、三四一頁。
(35) 同前、六一一頁。
(36) 「栗国島騒動」については、注(31)『県史』第一巻通史編、第三章・第一節「世替り」と旧慣温存の「四 旧慣の矛盾と変革の胎動」二二四―二二五頁、前掲、注(5)『県史』第二巻政治編、第三章第三節「旧慣」の矛盾と変革主体の形成の「一 農村統治と地方役人層　二 地方制度の矛盾」二三一頁、前掲、注(5)『県史』別巻、「栗国島騒動」三頁などを参照。
(37) 『平良市史だより』第二一号、平良市史編さん事務局、一九八八年、一〇頁。
(38) 「富川親方宮古島規模帳」(一八七四年)によれば、「諸村正頭取惣〆帳、正男女、病者、片輪、致差引位付ニテ三月五日限勘定座差出」とある(『沖縄県史料　前近代6　首里王府仕置2』沖縄県教育委員会、一九八九年、三七二頁)。
(39) 前掲、注(12)『県史』第十二巻、八〇四頁。
(40) 同前、八〇六頁。
(41) 喜舎場朝賢「東汀随筆続篇」『琉球見聞録』東汀遺著刊行会、一九五二年、二四九頁。
(42) 同前、二六五―二七四頁。

(43) 前掲、注(30)『県史』第十三巻、五二四頁。
(44) 山中永之佑『日本近代国家の形成と村規約』木鐸社、一九七五年、一二〇頁。
(45) 前掲、注(23)大島『明治国家と地域社会』一五六―一七一頁、および神谷力『家と村の法史研究』御茶の水書房、一九九三年、三四五頁、色川大吉『自由民権』岩波書店、一九八一年、一三六頁など参照。
(46) この調査については、拙稿「明治十七年の沖縄県旧慣調査とその背景」(『沖縄文化研究』第三十五号、二〇〇九年三月)で詳しく検討した。本書第Ⅱ部第5章。
(47) 安良城盛昭『新・沖縄史論』沖縄タイムス社、一九八〇年、二三六頁。
(48) 前掲、注(41)喜舎場『琉球見聞録』二六五頁。
(49) 前掲、注(30)『県史』第十三巻、五四八頁。
(50)『近世地方経済史料』第十巻、吉川弘文館、一九五八年、一六三―一六五頁。
(51)『近世地方経済史料』第九巻、吉川弘文館、一九五八年、三一九―三二〇頁。
(52) 金城正篤「『琉球処分』と農村問題」、前掲、注(16)『琉球処分論』所収。他に、田港朝昭「近世末期沖縄農村についての一考察」『琉球大学教育学部紀要』第八集(琉球大学教育学部、一九六五年)、同「近世末期沖縄農村の構造と変容(一)」『沖縄歴史研究』第十一号(沖縄歴史研究会、一九七四年)を参照。先島については、拙稿「近世末期先島名子の増大をめぐる諸問題」『地域と文化』第二〇号(ひるぎ社、一九八三年)および「『子年の飢饉』に関する覚書」『沖縄文化』通巻六十六号(沖縄文化協会、一九八六年)を参照。
(53) 地人の項に「公売」はないが「引揚決算致し」とあり、北谷間切の「未納徴税内法取調書」に「夫々公売」とある。
(54) 明治十四年三月成立の親川村(羽地間切)の規約に人身売買を禁止する条項がある(『沖縄の村落共同体論』至言社、一九七九年、三〇―三一頁)。
(55) 沖縄県立図書館蔵。
(56) 前掲、注(2)『県史』第十四巻、二六〇頁。
(57)『沖縄県令達類纂』上巻、一三五―一三六頁。同書によれば乙第七十七号は、「各間切島及ヒ村方ニ於テ、旧藩中執行候内法或ハ村約束等ノ義、詳細取調、過料等ニ係ル米銭遣払ニ至ル迄都テ、取捨増減ナク列記シ、迅速可届出、此旨相達候事」となっている。
(58) 前掲、注(2)『県史』第十四巻、二六一頁。

(59) 前掲、注(41) 喜舎場『琉球見聞録』二〇九―二一〇頁。
(60) 前掲、注(30)『県史』第十三巻、五六〇―五六八頁。
(61)「人頭税」の語義について、本稿ではとりあえず、研究史の成立以前に宮古島では「人頭税」と呼ばれていたという事実に着目し、「近世から近代まで先島に存在した税制」と定義し稿を進めていきたい。「人頭税」の呼称をめぐる問題については、拙稿「『人頭税』の呼称と『頭懸』の起源」(『沖縄文化』通巻第八十二号、沖縄文化協会、一九九五年)で詳細に論じたことがある。また、以下の拙稿「私論・人頭税を考える視点」(『地域と文化』第七三号、ひるぎ社、一九九二年)、「人頭税をめぐる諸問題」(『宮古郷土史研究会会報』一九九三年)、「人頭税廃止運動の周辺」(『宮古新報』一九九三年九月十一日〜十月九日まで二一回連載)、「古琉球先島の租税制度(覚書)」(『沖縄県立芸術大学附属研究所紀要』第九号、一九九七年)、「近世初期先島の石高と貢租――古琉球租税制度近世的転換・再編をめぐる覚書」(『近世琉球の租税制度と人頭税』日本経済評論社、二〇〇三年)を参照。
(62) 前掲、注(2)『県史』第十四巻、六一三―六一四頁。城間正八・佐久本嗣宗『隠れたる偉人』(玻名城印刷所、一九三二年四月)にも、「既に数年前より島役所に向て、其の負担の軽減を嘆願したる事幾度なるを知らず〔中略〕土人の総代等は沖縄県庁まで出頭して、哀願せし事すらあり」とある(九三頁)。
(63) 前掲、注(2)『県史』第十四巻、五七五頁。
(64) 以上の記述は、「一木書記官取調書」、前掲、注(2)『県史』第十四巻、五七七頁。
(65) 田中十夏「史料紹介――那覇市歴史資料室横内家資料『宮古島将来ニ就テノ見込書』について」『あしびなぁ』第十五号、沖縄県地域史協議会、二〇〇四年、六七頁。
(66) 笹森儀助・東喜望校注『南島探験 1』平凡社、一九八二年、一七三頁。
(67)「廃藩時代実況」『平良市史』第八巻、平良市役所、一九八八年、八二二頁。
(68) 笹森儀助・東喜望校注『南島探験 2』平凡社、一九八二年、一〇四頁。
(69) 前掲、注(67)『平良市史』第八巻、八二一―八二五頁。
(70) 前掲、注(62)『隠れたる偉人』一二八頁。「中村十一郎日誌」には、十一月四日に「久敷琉球へ罷越シアリリシ兄十作、宮古島々民総代三名ヲ率ヒテ、同島人頭税廃止ノ請願ヲ為サン為昨夜着京」とある(『城辺町史』第一巻、城辺町役場、一九八五年、三一〇頁)。
(71)『平良市史』第一巻、平良市役所、一九七九年、二八七頁。

(72) 前掲、注(70)『城辺町史』第一巻、二五八―二五九頁。
(73) 東京の新聞で報道されたものは、同前に収録(二八三―三〇〇頁)。
(74) 同前、二六〇―二八三頁。
(75) 前掲、注(2)『県史』第十四巻、六一四頁。
(76) 前掲、注(65)田中「史料紹介――那覇市歴史資料室横内家資料『宮古島将来ニ就テノ見込書』について」六七―七二頁。
(77)『平良市史』第四巻、平良市役所、一九七八年、六二頁。
(78) 中村十作は、一八六七年新潟県の生まれで、東京専門学校(現早稲田大学)で学んだのち、真珠養殖を夢見て宮古島に来島した。人頭税廃止運動に関わった後、奄美大島で実際に真珠養殖を行ない一定の成功を収めたが、太平洋戦争勃発により経営は行き詰まり、晩年は不遇であったといわれる。山内玄三郎『大世積綾船――人頭税廃止と黒真珠にかけた中村十作の生涯』(言叢社、一九八三年)を参照。
(79) 前掲、注(67)『平良市史』第八巻、八二三頁。
(80) 前掲、注(62)『隠れたる偉人』六八頁。
(81) 波平勇夫「明治二十年代宮古島地主層と人頭税廃止運動」『南島文化』第十七号、沖縄国際大学南島文化研究所、一九九五年。後に同『近代初期南島の地主層――近代への移行期研究』(第一書房、一九九九年)に収録。
(82) 前掲、注(41)喜舎場『琉球見聞録』二四九頁。
(83) 前掲、注(12)『県史』第十二巻、七八八―八一三頁。
(84) 上杉県令のもとで大書記官であった池田成章の「過越方の記」(山形大学図書館蔵)によれば、岩村会計検査院長は「政治ハ旧慣保存の国是なるに、政府の允可を経すして旧慣を変更したるハ職権を越へたるものなり」と上杉県令を叱責したという(『那覇市史』資料篇第二巻中の四、那覇市役所、一九七一年、六四七頁)。
(85)『沖縄県史料』近代3(尾崎三良・岩村俊通関係史料)沖縄県教育委員会、一九八〇年、八六頁。
(86) 前掲、注(23)大島『明治国家と地域社会』二、一〇八頁。
(87) 山中永之佑『日本近代地方自治制と国家』弘文堂、一九九九年、一二〇―一四四頁、および大石嘉一郎『近代日本の地方自治』東京大学出版会、一九九〇年、二四頁参照。
(88) 前掲、注(30)『県史』第十三巻、六六四頁。
(89) 同前、六六五頁。

第3章

地域から見た近代沖縄

——西原間切(村《そん》)を中心に

明治維新と近代琉球

明治国家の成立と琉球

一八六七年十一月九日（慶応三年十月十四日）、江戸幕府第十五代将軍徳川慶喜《よしのぶ》が大政奉還の上表を朝廷に提出、一八六八年一月三日（慶応三年十二月九日）、王政復古の大号令が発せられた。これによって、徳川政権と将軍職が廃止され、同時に天皇家を支えてきた摂政《せっしょう》・関白の職も廃止になり、皇族有栖川宮熾仁親王《ありすがわのみやたるひとしんのう》を総裁とする雄藩連合政権が誕生した。これを受けて、一八六九年三月二日（明治二年一月二十日）に薩摩・長州・土佐・肥前の有力四藩が「版籍奉還」（土地と民を天皇へ帰すこと）を申し出、同年八月一日（明治二年六月二十四日）に維新政権がすべての藩に版籍奉還を命じる五月までには、ほとんどの藩が版籍奉還を申し出るにいたった。そして、一八七一年八月二十九日（明治四年七月十四日）には廃藩置県が開始された。

日本における国民国家の成立と廃藩置県は、琉球国をいやおうなく、国際外交の舞台に登場させた。廃藩置県直後の一八七一年十月、大久保利通《としみち》は岩倉具視《ともみ》あてに「琉球」問題への関心を示す書簡を送っている。同年十二月の岩倉具視を全権とする米欧回覧使節は、重要な調査事項として「琉球」問題を含む樺太《からふと》など領土・外交問題を取り上げていた。琉球側は、鹿児島の琉球館を介して、「日本御変革」について認識しており、琉球の管轄が変更される可能性があることを王府は察知していた。その対応策の眼目として、従来どおり薩摩の附庸《ふよう》とされるよう願い、ひそかに「大島五島」（奄美《あまみ》諸島）の琉球への返還を期待している。明治政府内部での琉球国の処遇をめぐる議論は、一八七二年七月五日（陰暦五月三十日）、大蔵大輔井上馨が、琉球国王に版籍奉還をさせ、琉球国を解体してすべて「内地」と同じ制度を適用すべきだとする国内化案が提起されたことに始まる。同年七月七日（陰暦六月二日）、琉球国の処遇について正院から諮問を受けた。左院は「琉球を封じて王国となすも、侯国《こうこく》となすも、日本が欲する所のままであるから、藩号を除き、琉球王と名乗ろうが我が帝国（日本）の所属であることに妨げはない。〔中略〕冊封を受けることを許し、明確に両属と看做すべきである」と進言した（琉球国使者接待並其国ヲ処置スルノ儀）。政府内で琉球問題が議論されているなか、同年七月二十九日（陰暦六月二十四日）、鹿児島県は「王政御一新」を祝うため使節を東京へ派遣するよう促している。

宮古島春立船《はるだてぶね》の遭難事件と琉球藩王の冊封《さくほう》

一八七一年十一月三十日、宮古島平良の頭、忠導氏玄安ら六九人を乗せた春立船が、那覇港を出発し宮古島に向かう途中、十二月十七日台湾南部の高山族の住む地域に漂着し、玄安を含め五四人が殺害されるという事件が起きた。一八七二年七月十二日、台湾で遭難した宮古島の春立船の生存者十二人が那覇港に帰ってきた。琉球経由で鹿児島県から外務省に台湾遭難事件の情報がもたらされたのは、同年九月十六日であった。同時に、鹿児島県参事大山綱良は、問罪（責任追及）のために軍隊を派遣したいと、政府に軍艦の借用を申し出ている。

こうした琉球国の処遇や春立船遭難事件への対応が政府内で議論されているなか、琉球の慶賀使節一行は、一八七二年八月二十八日、那覇港を出発、鹿児島を経由して、十月五日、東京に着いた。そして、十月十六日「陞《しょう》シテ琉球藩王ト為《な》シ、叙《じょ》シテ華族ニ列ス」と明治天皇から詔書《しょうしょ》を授けられた（天皇による琉球藩王の冊封＝君臣関係の成立）。その待遇は、西洋各国の使節と同様に接待することはできないが、国内地方官が朝廷に参集するケースと同じようにすべきではない、とする大蔵省案が採用され、接待は外務省が担当した。琉球は、鹿児島県の設置後も琉球館に役人を詰めさせており、那覇にも鹿児島県の「琉球在番」が存在した。琉球館からの役人引き揚げ命令があったのは、一八七二年十二月十日である。

琉球藩王の冊封によって、琉球国は対明治政府との関係では、琉球藩と呼ばれるようになった。形式的には日本国家に組み入れられたが、当初、琉球の管轄は外務省で、管轄が内務省になったのは、台湾出兵をめぐる中国との交渉に大久保利通が全権大使として出発する直前、一八七四（明治七）年七月十二日であった。琉球藩王の冊封（琉球藩設置）は、通説では台湾出兵のための国際法的根拠を示すための準備措置であったと理解されているが、直接の関係はないとする説も有力である。

琉球藩雑記に見る西原間切の村《むら》

村《むら》と人口・反別　一八七三年に大蔵省がまとめた「琉球藩雑記」によれば、西原間切《まぎり》の村《むら》は**表3－1**の十八か村

表3-1　近代西原の村と地頭

（単位：石）

ムラ名		備考		
		地頭	家禄	作得
1	幸地村	幸地親雲上（惣地頭）	80	38
2	内間村	〔内間里之子親雲上〕		
3	安室村	安室親方	40	8
4	小波津村	小波津親方	80	11
5	掛保久村	〔掛福親雲上〕		
6	小那覇村	〔小那覇親雲上〕		
7	翁長村	翁長親雲上		7
8	小橋川村	小橋川親雲上		6
9	津花波村	〔津花波親雲上〕		
10	棚原村	棚原里主	30	12
11	嘉手苅村	奥本親雲上		5
12	石嶺村	伊志嶺親方	40	14
13	我謝村	〔我謝里之子親雲上〕		
14	与那城村	兼浜親雲上		7
15	桃原村	桃原（親方カ）	20	14
16	末吉村	末吉親方	40	7
17	平良村	平良親方	50	26
18	呉屋村	呉屋親雲上		3

注記：地頭職のうち〔　〕内は、「琉球藩雑記」には、記されていない。『氏集　首里　那覇』（那覇市企画部那覇市史編集室）や『沖縄県姓氏事典』（角川書店）を参照して、仮に示してみた。

である。「琉球藩雑記」には城村《グシク》も記載されているが、「事々抜書」には、「現在はない」と記されている。「事々抜書」は、一七四二〜六四年の村名を反映した史料であると考えられている。

「琉球藩雑記」の村々も「事々抜書」と同様に十八世紀中ごろの村名を反映していると考えられ、城村は十八世紀中期以前の村で、家禄は当時のものであろう。城村は、棚原《タナバル》村にまとめられたとも、幸地村にまとめられたともいわれる。

「琉球藩雑記」では西原間切の人口は、男八七九人、女八八一人、計一七六〇人となっているが、この数値も十八世紀中期の人口であると思われる。「明治十三年統計概表」によると、一八八〇年当時の西原間切の人口は一万一七四七人であり、約六・七四倍に増加している。この大きな差異は、①十八世紀中期の屋取（無禄士族層の人々が農村地帯に形成した集落）人口が含まれていないこと、②十八世紀中期以降の屋取人口の増加、③十八世紀中期以降に大きな自然増加があったことなどが考えられる。

「琉球藩雑記」の成立当時の人口は、実際には一万人ほどであったと推定される。

「琉球藩雑記」に見る西原間切の反別（田畑の面積）・石高（生産見積高）・貢租（租税）は、**表3-2**のとおりである。田畑の総反別は二七一町余、石高は二六六二石余、貢租は口米（事務費に相当し一石に対し二升付加）・諸出米（本租以外に付加された税）を合わせ一一七一石余となっている。

これは、「名寄帳」（王府時代の土地台帳）の反別であると思われる。一八九三（明治二十六）年に作成された「沖縄県旧慣租税制度　参照壱」に収録されている「名寄帳反別ト竿入帳反別トノ比較」によれば、反別と地目内訳は**表3-3、4**のとおりである。「名寄帳」は慶長検地（一六一一年）の反別、「竿入帳」は元文検地（一七三六―一七五〇年）の反別を表していると考えられている。

「琉球藩雑記」と「名寄帳反別ト竿入帳反別トノ比較」では、前者の畑が一一八九反であるのに対し、後者の名

表 3-2　西原間切の反別・石高と貢租

	反別（単位:反）	石高（単位:石）	貢 租	口 米	貢租計
田	1522.94	2152.20424	944.39686	18.88794	963.28480
畑	1189.95	510.01919	89.70340	1.79407	91.49747
	諸出米 (荒欠地出米・御賦米・牛馬出米・在番出米・新盛増出米・浮得出米)				117.21663
計	2712.89	2662.22343	1034.10026	20.68201	1171.99890

出典：「琉球藩雑記」より作成

表 3-3　1893 年　西原間切の「竿入帳各種土地ノ反別」

（単位：反）

	百姓地	地頭地	ヲヘカ地	ノロクモイ地	仕明地	請地	仕明知行	払請地	合計
田	1395	384	158	14	141	241	556	0	2,892
畑	2095	654	197	32	140	516	122	0	3756
計	3490	1041	355	46	281	757	678	0	6648

出典：「沖縄県旧慣租税制度 参照壱」より作成

表 3-4　1893 年　西原間切の「名寄帳反別ト竿入帳反別トノ比較」

（単位：反）

	竿入帳反別	名寄帳反別	差
田	2,892	1,522	1,370
畑	3,756	1,237	2,519
計	6,648	2,759	3,889

出典：「沖縄県旧慣租税制度 参照壱」より作成

寄帳反別の畑は一二三七反で若干の違いがある。また、名寄帳反別に対し、竿入帳反別では、畑の反別は二倍以上に達している。さらに言えば、琉球藩と呼ばれた頃（一八七二―七八年）の実際の反別は、この竿入帳の反別以上の数値であったと思われる。そもそも「琉球藩雑記」の反別・石高・貢租は、十八世紀中期の高であるが、租税賦課にあたっては、名寄帳が理念型として機能していたものと推定される。租税はこのほかに、惣地頭や地頭の作得米、地頭代を筆頭とする間切役人の俸給や間切費・村費が、別に徴収された（詳しくは「地割制下の西原の村」を参照のこと）。

沖縄県設置（琉球国併合）前夜の民衆

一八七五（明治八）年、琉球を訪れた河原田盛美は、「税法は不公正で、均一ではない。租税の割合は、だいたい五公五民という。しかし、労働力の徴発や作物の徴発および地頭の役夫などが多く、下層民は疲弊・困窮をきわめ、衣服や住居の酷さは見るにたえない。過酷な行政による虐げは、実に憐れむべきことである。くわしく調べれば、租税の割合は、七公三民になるかも知れない」と記している（「琉球備忘録」なお、引用文は原則的に現代語に訳した。以下同）。明治政府の役人として「琉球藩」（琉球王府）の施政を批判的にとらえようとしていることを割り引かなければならないが、役人の横暴を指摘している点は着目に値する。一八七三年に外務省から派遣された伊地知貞馨《いじちさだか》も、「貧乏な士族層や農民に至っては、他府県の貧しい民よりもひどい。小さな茅屋に屈んで住み、身全体を覆う衣はない。草鞋を履くこともなく、土間に住んでいる者が多い、憐れみの情を起さざるを得ない」と下層民の生活状況を記している（『琉球処分』上）。一八七二年の冬から翌年の三月までの旱魃で、庶民の食料であるイモの苗も枯れ、窮民が急増していた（本書第Ⅰ部第2章）。

このような時期、一八七七年、「真宗法難事件」が起きた。近世琉球では、真宗（一向宗）は禁止されていたが、一八七六年東本願寺派の僧侶田原法水の来琉により信者が一気に拡大した。琉球藩（王府）の首脳は真宗の布教を問題視し、一八七七年十月、備瀬筑登之《びせちくどぅん》らが逮捕・投獄された。一八七八年一月、琉球藩（王府）は裁判権を行使し、信徒に対し判決を下した。流罪や罰金など刑罰を受けた者は三六九名に及んだ。信徒の多くは、備瀬の居住する那覇の人々で、西原間切からの逮捕者は出ていないが、逮捕者には近隣間切の浦添間切や中城間切、宜野湾間切、読谷山間切や兼城間切など地方の人々も多く含まれており、転換期の不安な民衆の心情を反映した事件といえよう。

一八七六年八月一日より内務省沖縄出張所は、「民刑裁判」を開始していた。琉球藩（王府）による真宗の取締りに対し、明治政府は、真宗の取締りは琉球藩の権限であるが裁判権は内務省にあるとの見解を示したが、琉球藩（王府）による判決を阻止することはできなかった。その後、東本願寺と琉球藩（王府）の談判が何度も行なわれ、一八七八年十二月、判決はくつがえされ、流罪は赦免、罰金は返還して関係者を寺入二〇日とすることで落着した。

沖縄県の設置（琉球国の併合）と西原間切

琉球藩王の冊封以後、明治政府は琉球の管轄を外務省から内務省に移管し、一八七五（明治八）年七月と一八七九（明治十二）年一月、内務省は内務大丞松田道之を派遣し、「沖縄県設置」の準備を刻々と進めていた。一八七九（明治十二）年三月、松田は軍隊と警察官を引き連れて三度目の来琉をし、同二十七日、琉球藩の廃止と沖縄県の設置を宣告した。沖縄県の設置は、同時に「琉球国」の併合であり、「琉球国」の廃国であった。一八七九（明治十二）年三月二十九日、木梨精一郎県令心得により「従来の通り相勤め申すべし」という布達があり、同年四月二日、松田処分官より「新県令の命令に従うべき旨」の布達があった。

沖縄県の設置とともに、各間切番所に「在勤官」が沖縄県より派遣され（先島へ派遣された県官については王府時代の「在番」という呼称が用いられた)、間切事務を監督することになった。同時に、戸籍の編成事業も行なわれたが、遅々として進まず、翌年七月、さらに「戸籍調査手続」が布達された。同年六月には、中頭役所が設置され、在勤官は廃止された。旧藩(王府)官僚の抵抗によって、間切行政はしばらく不能になった。県官は早くから各間切に赴き、間切吏員の説得にあたっている。西原間切の説諭にあたった県官の四月二十九日付の復命書には、次のように記されている(『琉球処分』下)。

どの間切も、いろいろな言い逃れを準備して、沖縄県からの辞令書や御達などを受けることを拒んだが、むりじいはせずていねいに諭した。そのため、動揺している様子は見えなかった。しかし、西原間切では、下知役・検者が説諭の途中で立ち上がり、間切役人を連れて帰った。後日、西原間切に赴いたが、下知役・検者は首里に戻っていた。間切役人の言い分は、大同小異で、沖縄県の説諭に従うことはできないという点で一致している。似たような言い分になるのは、首里城より連絡またはそれとなく指示があったのであろう。建前は、旧来の行政を主張しているが、実際は「新政」を望んでいるように見える。

県庁役人の言葉であるから、額面通りに受けとるわけにはいかないが、西原間切のハプニングを除けば、説諭にあたって大きな混乱はなかったことがうかがえる。首里城で沖縄県の設置を宣言して翌日から行動に移っている。下知役《げちやく》・検者《けんじゃ》は、首里王府から派遣された役人であり、沖縄県の設置と同時にその地位を失う者であったから、間切役人より強い抵抗を示したのは当然のことであった。

旧慣支配層の非協力という抵抗にあい、沖縄県はウチナーンチュ(沖縄人)の密偵を雇い、方々に派遣し、情報収集につとめている。そのなかに、沖縄県の設置と直接関係ないと思われる事件が紹介されている(『琉球処分』下)。

五月の中ごろ、西原間切我謝村の婦人が、首里城内に入り牛を売った。帰る途中、どういう訳かわからないが、筑佐事（当時の琉球の警察官）に捕らえられ、牢に入れられた。

このような事件まで報告されている。事件性は大きくないが、西原間切の民衆にとって首里地域は、現金を得る商いの場であったことが分かる。また、沖縄県の設置で右往左往する支配層を尻目に、しっかり商いを行なう民衆の姿をかいま見ることができる。

地割《じわり》制下の西原の村《むら》

上杉県令と岩村会計検査院長の西原間切視察

二代目県令上杉茂憲《もちのり》は、一八八一（明治十四）年十一月八日、島尻を皮切りに沖縄本島全域を視察した。このときの記録が「上杉県令沖縄本島巡回日誌」および「上杉県令巡回日誌　附録」として残されている。前者は、県官秋山桂蔵が筆記したもので、後者は三俣元三郎が筆記したものである。

秋山桂蔵筆記の「上杉県令沖縄本島巡回日誌」は、弁ヶ嶽付近から見た西原間切の景観について、次のように詩情豊かに表現している。ここでは原文を紹介しておきたい。

行コト数丁ニシテ、二山相対ス。其間、湾ヲナシ、海水瀰漫シ、岸ヲ涵ス。豆腐小坂ヲ下ル。七折九回、羊腸ノ如シ。嶮峻、尤甚シ。又、山ニ向ツテ上ル。畝々、処トシテ蕃蔗ナラサルハナシ。纔ニ水田ヲ山間ノ低処ニ見ル。坂ヲ下リ尽セハ、甘蔗繁茂シ、其外ハ海ニ接ス。適微雨至リ、斜ニ輿窓ニ透リ、手帳ニ洒ク。墨痕模糊トシテ湿フ。又、水田漠々ノ中ニ秧針ノ緑リナルアリ。

現代語に訳すると次のようになる。

行くこと数百メートルにして、二つの山が相対し、その間は湾をなし、海水があふれるように、岸を浸している。豆腐《トーフ》小坂《グワービラ》を下る。七折九回、まるで羊の腸のようだ。険しさは、最もはなはだしい。〔下り終えると〕また、山に向って登る。畝々は、所としてサトウキビを植えていないところはない。わずかに水田を山間の低い所にみることができる。坂を下りつくせば、サトウキビが生い茂り、その外は海に面している。たまたま、かすかな雨が降り、斜めの輿の窓をとおり、手帳に注ぎ、墨の跡がにじみ、文字がぼんやりして湿っている。また、水田一面に稲の若い葉の緑が美しい。

翁長村の間切番所に着いた上杉県令は、間切役人に対し、近況や農作物の生産高を質問している。その問答から、以下のような一八八一年時点での西原間切の景況が分かる。

・稲作は、前年の寒さと雨により、不作気味であるが、二千石程の生産がある。
・サトウキビは、前年並み。どちらかというと、良い方であり、十万坪の作付制限があるが十六万斤（二一万六〇〇〇キログラム）程の生産高である。
・西原間切は、他間切に較べれば経済的には中以上である。それは、首里という身近な市場があるため、農作物を売りさばきやすいからである。

・学校はまだ設立されていない。

このほかにも、上杉県令の質問には「旧藩の時に較べて、民間の景況はどうか」という質問が含まれている。役人は、王府役人による「諸雑物や労働力の徴発がなくなり、以前より生活は楽になった」と答えている。他の間切では、このような「旧藩の時」と比較した質問はない。「上杉県令巡回日誌　附録」には、参考として「西原間切は、田地が多く、中頭地方はもちろん、沖縄本島全体でも第一の位にある」と記している。一八八三（明治十六）年の耕地面積は、中頭地方でも中位であり、人口比を考慮しても中の上というところである。消費地首里の近郊に立地しているため、経済的に豊かであるということを述べているのであろう。

上杉県令が西原間切を訪れた翌年、八月十一日、沖縄県巡察使尾崎三良が内間御殿を訪れ、九月四日にも西原間切番所を訪れているが、多くのことを記してはいない。

また、その翌一八八三年二月十二日、岩村通俊《みちとし》会計検査院長が西原間切を訪れ、問答録を残している。

・西原間切吏員が来たので面会する。

・吏員はいう。西原間切の請地（個人に払い下げられた土地）と仕明地（開墾した私有地）は、首里の者が耕作して、租税は間切が取り立て、上納してきた。ところが最近、上納に際し、首里士族はなんやかんやと言い訳をもって、上納物を出さないため、はなはだ困っている。どうか、旧藩の通り県庁が直接取り立ててもらいたい。

・また、旧地頭地を地頭が他人への質物に入れ、その地租は質権者が上納するはずだと言い逃れるため、質主に催促したところ、質主は旧地頭が払うべきものだという。そこでまた、旧地頭に催促したところ、また質主が払うべきであると主張している。どこから取り立てるべきか一向に分からず、困っている。これまた、県庁が直接取り立ててもらいたい。

・前日同様の地所にかかる叶米（惣地頭・地頭作得分）取り立てについて、いろいろもつれて差し支えがあるため、地所は村方へ御下しをしてもらいたい。
・院長は、文子《てくご》（下級役人）の数に不足はないか、と聞いた。
・文子は、以前は五十人いたが現在は九人になり、せめてあと五人は欲しい。
・院長は、学校の件はどうなっているか、苦情はないか、と聞いた。
・西原間切は、昨年は生徒三十名に四拾銭ずつ給与した。今年は、生徒が九十名に増えているが、その手当ができず、対応についてはまだ協議していない。学校についての苦情の有無は、いまだ調べていないので、答えられない。
・院長は、身売人はいないのか、と聞いた。
・身売りで、尾類《ジュリ》（芸子）になった者が、およそ二二〇人おり、そのほか雇いや奉公に出ている者が、一五〇人いる。
・院長は、身売りはどのような事情で起きるのか。
・凶作などに際し、上納物が不足するため、身売りが起きるようになった。

後で見るように、間切協議費が、一八八二（明治十五）年の三四二一円余から一八八九（明治二十二）年には一五七六円へと半減しているのは、上杉県令の来訪から岩村会計検査院長の来訪までのあいだに、文子（下級吏員）が五分の一以下に減らされていることが影響していると思われる。上杉県令は、中頭・国頭地方の文子について、一八八二年十二月、各役所の意見を聞きながら減員を命じている。岩村会計検査院長の質問は、上杉県令の旧慣改革を検証する意図で質問したのであろう。また、上杉県令に対する「他間切に較べれば経済的には中以上である」という模範的回答と較べてみると、身売り人が約三七〇名もいると答えざるを得ず、本当に他間切に比して経済的に優位であったのか、考えさせる設問内容となっている。西原間切の一八八三（明治十六）年の一人当たりの耕地面積は、中頭十一間切のうち五位であり、中位以上ではあるが決して人口に比して生産力が高いとはいえない（**表3－5**）。

表 3-5　1883 年　中頭地方耕地面積

（単位：反）

間切名	田	畑	計	人口	1人当たりの耕地面積	順位
西原間切	2,868	3,705	6,573	11,774	0.558264	5
越来間切	1,644	8,036	9680	5,140	1.883268	1
浦添間切	932	1,906	2,838	8,160	0.347794	8
北谷間切	1,598	7,085	8,683	9,029	0.961679	3
美里間切	2,450	6,583	9,033	11,234	0.804077	4
読谷山間切	726	11320	12,046	10,076	1.195514	2
勝連間切	180	1,028	1,208	5,039	0.239730	11
中城間切	1,350	2,075	3,425	13,789	0.248386	10
宜野湾間切	1,279	3,212	4,491	8,568	0.524160	6
具志川間切	859	3,419	4,278	12,160	0.351809	7
与那城間切	321	1,293	1,614	6,002	0.268910	9

出典：『沖縄県統計書』『沖縄県史』第20巻より作成

旧慣期史料に見る西原の村

間切と村の人口　一八八〇（明治十三）年の「統計概表」と一九〇三（明治三十六）年「沖縄県統計書」の西原間切の村ごとの人口は、**表3－6**のとおりである。

一八七九（明治十二）年、沖縄県設置時の村は、十八か村であったが、一九〇六（明治三十九）年、平良村が首里区に編入された。

その際、平良村の後原・中福原一帯は西原間切の石嶺村に編入され、西原間切の石嶺村のうち一部の地域は、首里区石嶺となった。西原間切の石嶺村は、一九〇八（明治四十一）年の「沖縄県及島嶼町村制」の施行により西原村字石嶺となった後、一九二〇（大正九）年、首里区に編入された。同時に、字末吉も首里区に編入された。

表3-6　近代初頭の西原間切の人口（男女別）

	ムラ名	明治13年男女別人口			明治36年男女別人口		
		戸数	性別	人口数	戸数	性別	人口数
1	幸地村	139	男	347	181	男	478
			女	321		女	486
2	内間村	58	男	153	116	男	325
			女	143		女	325
3	安室村	77	男	167	89	男	245
			女	181		女	213
4	小波津村	147	男	411	161	男	515
			女	382		女	513
5	掛保久村	43	男	116	68	男	129
			女	101		女	150
6	小那覇村	255	男	669	213	男	162
			女	662		女	162
7	翁長村	151	男	355	193	男	502
			女	346		女	536
8	小橋川村	67	男	193	96	男	152
			女	170		女	247
9	津花波村	36	男	88	47	男	120
			女	81		女	131
10	棚原村	128	男	331	169	男	438
			女	378		女	454
11	嘉手苅村	62	男	160	67	男	179
			女	136		女	171
12	石嶺村	305	男	599	233	男	572
			女	612		女	557
13	我謝村	330	男	604	304	男	642
			女	536		女	669
14	与那城村	49	男	127	72	男	825
			女	124		女	849
15	桃原村	66	男	169	89	男	219
			女	164		女	247
16	末吉村	138	男	362	182	男	421
			女	327		女	471
17	平良村	487	男	974	491	男	975
			女	937		女	1,120
18	呉屋村	52	男	150	72	男	204
			女	171		女	200
		男計		5,975	男計		7,103
		女計		5,772	女計		7,501
		男女計		11,747	男女計		14,604

出典：『明治13年　沖縄県統計概表』・『明治36年　沖縄県統計書』より作成

西原間切（村）の昭和初期までの人口推移は、**表3－7**のとおりである。平良村や石嶺村の首里区編入、字末吉の首里区編入によって、人口が次第に減少していく様子が窺われる。また、首里・那覇への人口流出などの影響も考えられる。

間切と村の耕地面積　一八八三（明治十六）年の耕地面積は、**表3－8**のとおりである。竿入帳の六六四八反（**表3－4**）よりわずかに減少しており、この数値が当時の反別を反映しているかどうかは、再検討の余地がある。

一八八五（明治十八）年一月、沖縄県は「地租検査手続」を発布し、無税地と有税地の把握を行なっている。それによると、西原間切の有税地は六六四八反、無税地は一〇二一反で、計七六六九反となっている。一九〇二（明

表3-7　近代西原間切・村《そん》の人口の推移

西暦	日本元号	西原の人口	沖縄県全人口	全人口比	備考
1879年	明治13年	11,747	360,770	3.26%	
1883年	明治16年	11,774	361,805	3.25%	
1890年	明治23年	12,986	409,386	3.17%	
1891年	明治24年	13,232	414,830	3.19%	
1892年	明治25年	13,227	423,288	3.12%	
1893年	明治26年	13,284	425,521	3.12%	
1903年	明治36年	14,604	475,932	3.07%	
1913年	大正2年	13,065	537,081	2.43%	平良村・石嶺村の一部、明治39年首里区編入
1920年	大正9年	10,615	571,572	1.86%	末吉村・石嶺村、大正9年首里市編入
1925年	大正14年	10,059	557,622	1.80%	
1930年	昭和3年	9,927	572,485	1.73%	
1935年	昭和10年	10,427	592,463	1.76%	

出典：『沖縄県統計書』より作成

表3-8　1883年　西原間切の田畑反別

（単位：反）

間切名	田	畑	計
西原間切	2,868	3,705	6,573

出典：『沖縄県統計書』より作成

表 3-9　1902 年 西原間切の耕地面積総反別

（単位：反）

間切名	田	畑	計
西原間切	833	11,890	12,723

出典：『沖縄県統計書』より作成

表 3-10　1903 年　西原間切の土地整理後の地目構成と反別

（単位：反）

	民有地総反別	田	畑	郡村宅地	池沼	山林	原野	雑種地
末吉村	517.401	0.519	331.316	69.709	0.409	69.201	44.924	1.113
平良村	1522.110	81.311	1245.310	106.925	0.416	16.122	69.818	1.928
石嶺村	1055.623	0.213	941.001	45.527	0.208	41.318	26.209	1.007
幸地村	1794.026	182.300	1329.910	104.303	0.617	25.626	145.201	5.929
翁長村	989.001	91.318	732.300	70.213	0.325	26.808	66.104	1.723
棚原村	1772.825	201.120	1146.925	126.622	0.707	88.610	202.823	5.808
呉屋村	424.020	0.000	357.507	18.928	0.108	5.526	41.018	0.723
津花波村	300.010	21.510	203.807	18.022	0.026	0.000	55.823	0.612
小橋川村	413.519	0.000	299.329	29.325	0.111	0.000	84.002	0.612
内間村	670.920	12.119	413.419	29.118	0.126	0.520	214.809	0.528
掛保久村	325.912	0.228	274.315	20.228	0.125	0.000	30.407	0.329
嘉手苅村	138.326	4.600	108.516	19.400	0.014	5.323	0.000	0.403
小那覇村	1592.200	139.521	1331.415	96.418	0.003	0.000	24.005	0.628
与那城村	666.116	4.606	627.027	21.908	0.008	0.211	10.819	1.327
我謝村	1146.928	28.702	914.520	77.313	0.214	6.911	110.610	8.518
安室村	962.816	15.120	709.917	29.526	0.014	50.404	152.601	5.024
桃原村	629.911	34.026	378.323	29.125	0.129	30.013	155.220	2.725
小波津村	654.722	12.604	547.512	70.524	0.222	0.215	21.512	1.923
統計表合計	15577.016	830.307	11892.929	983.904	4.412	367.229	1456.325	41.700
実計算合計	15576.386	829.817	11892.369	983.134	3.782	366.808	1455.905	40.860
差	0.630	0.490	0.560	0.770	0.630	0.421	0.420	0.840

出典：『沖縄県統計書』より作成

治三十五）年の耕地面積総反別は、**表3―9**のようになっている。

この時期の統計表を全面的に信頼する訳にはいかないが、耕地面積は、一八八三（明治十六）年統計に較べて約二倍に増加しているが、先の統計に較べて田の面積の減少が著しい。明治十六年統計の数値的な疑いを除いたとしても、田＝稲作の減少は認めてよい。田から畑の地目転換は、サトウキビの増産が影響していると思われる。一八九四（明治二十七）年に沖縄を訪れた大蔵省の一木書記官は、田の反あたりの生産高は、約一石で金銭に換算して約七円、サトウキビは反当たり五、六挺（黒糖の単位）で金銭にして二十円内外の収入となると述べている。しかし、一木書記官のサトウキビ反収をそのまま〳〵のみにするわけにはいかない。一八八一（明治十四）年ごろまでは、農民の大部分はサトウキビを担保に鹿児島県の商人から前借りをしており、高い利子と引き替えに低い価格で砂糖を売っていた。市場のあり方によっては、サトウキビ生産は、必ずしも利益をもたらすものではなかった。だが、このような事情は、一木書記官が沖縄県に来たころには、いくばくか改善されていたかもしれない。

土地整理後の地目構成と反別を**表3―10**に示した。西原間切の人々約一万三千人は、田と畑を加え約一万三〇〇〇反の耕地で、生計を立てていた。

地割と租税

地割と県庁貢納　地割の対象となる土地は、百姓地である。百姓地は、元文検地（一七三七―五〇年）では、三四九〇反で、総反別の五二％である。課税は、置県後も一六二九（崇禎《すうてい》二）年に作成された「名寄帳」に基づいて行なわれていた。「名寄帳」の百姓地反別は不明だが、一一七一石余が貢租となっている。このほか、日用銭《ひようせん》・請《うけ》地夫銭《ちぶせん》・領地夫銭が県庁へ納められた。

西原間切の日用銭・請地夫銭・領地夫銭の金額の内訳は、**表3―11**のとおりである。

表 3-11　西原間切の貢租外県庁への納入銭

（単位：円）

日用銭	請地夫銭	領地夫銭	計
476.498	3.786	29.200	509.484

出典：『沖縄県統計書』より作成

表 3-12　1890 年　西原間切の田畑代押入（納税率）

（単位：1 石に対する千分の 1 の割合）

	百姓地		地頭地		オエカ地				仕明請地			ノロクモイ地	
	田	畑	田	畑	田		畑		田		畑	田	畑
内間村	338	196	350	195	364	325	195	165	325	—	195	325	195
棚原村	500	160	520	160	500	—	160	—	500	—	—	500	160
幸地村	505	180	514	180	535（533）	506（496）	187（185）	180（168）	500	—	180	500	180
小橋川村	353	182	388（350）	195（187）	534	—	170	—	325	—	175	—	—
安室村	489	160	498	180	430	—	160	—	500	—	160	—	—
我謝村	430	160	440	195	430	—	160	—	430	—	160	—	—
小波津村	466	173	510	181	511	505	187	169	500	430	—	500	170
与那城村	430	160	430	195	462	—	171	—	430	—	160	—	—
掛保久村	346	198	—	—	325	—	195	—	325	—	—	—	—
翁長村	503	181	510	180		—	—	—	533	500（430）	180	—	—
呉屋村	409	175	416	170	—	—	—	—	400	—	—	—	—
末吉村	429	162	450	180	—	—	—	—	430	408（346）	180（160）	533	170
嘉手苅村	355	196	406	195	350	325	195	—	325	—	—	—	—
平良村	460	180	470	190	460	—	180	—	530	460	170（180）	—	—
津花波村	430	170	—	—	450	—	170	—	—	—	—	—	—
儀保（石嶺）村	511（500）	190（180）	509	182	—	—	—	—	500	—	180	500	180
小那覇村	340	196	350	195	331	—	195	—	430（362）	339（329）	195	—	—
桃原村	474	160	510	180	—	—	—	—	490	430	—	—	—

出典：『沖縄県収税一班』（明治 23 年）より作成

一八八二（明治十五）年の石代相場は、十円十一銭である。本租との比較を容易にするため、石高に換算すると、三十六石余となる。

一八九〇（明治二十三）年に刊行された「沖縄県収税一班」によれば、「田畑代押入」は、**表3-12**のとおりである。一石に対する千分の一の割合を示したものと思われる。

ノロクモイ地は、内間村、棚原村、幸地村、小波津村、末吉村、儀保（石嶺）村に見える。『琉球国由来記』によれば、幸地ノロは幸地村と翁長村、小波津ノロは小波津村と呉屋村・津花波村、我謝ノロは我謝村と安室村・与那城村・桃原村、内間ノロは内間村と嘉手苅村・掛保久村・小那覇村、棚原ノロは棚原村、平良ノロは平良村、末吉ノロは末吉村を管掌しているが、おおむねノロクモイの管掌村とノロクモイ地は対応している。しかし、我謝ノロクモイと平良ノロクモイには対応する土地がない。また、儀保（石嶺）村には、ノロクモイ地が見えるが、対するノロクモイが存在しない。

一九〇三（明治三十六）年に土地整理事業が終わるまで、沖縄の村には「地割」があった。地割は、村内における土地（百姓地）の割替・再配分の慣行である。地割は、一七三四（雍正十二）年の「農務帳」によって一旦禁止されたが、近世末期の「恩納間切仰渡日記」では、貧富の格差是正と貢租確保のために、積極的に地割を行なうべきであると指示している。このようなことから、地割は貧富の格差をなくし安定的に貢租を確保していくために行なわれた慣行といえよう。

地割の方法は、村によりさまざまであった。地割は、一般的には次のように説明されている（『沖縄県史』別巻）。

①地割の対象となる土地　部落耕地の主要部分を占める百姓地が地割の対象となるのは全部落共通しているが、地頭地・オエカ地などを地割から除く部落もある。

②地割の年限　毎年地割を行なう部落から、三〇～三五年の間隔をおく部落まであり、その間に、二・三・四・五・

九・一〇・一二・一五・二〇・二五年とまさに千差万別の割替期間がみられる。

③地割配当をうける者　集落の本来の構成員である百姓＝地人が原則であって、居住人を含めるのは全く例外的な稀な場合である。居住人とは、屋取の人々を含む無禄士族層で農村に居住している人々のことである。

④地割配当の単位　地割の対象となる耕地は、たとえば、集落の総耕地一四四地というように、「地」を単位に測られており、地人はそれぞれ、次の⑤の基準にしたがい、地割に際しては、三地・二地五分・一地二分五厘・一地・七分五厘などのごとく「地」で測られた耕地の配当をうける。「地」は、単純に一定面積を示す場合と肥えた土地と痩せた土地、耕作の便否を勘案した「叶米」＝小作料で測られている場合の両者がある。

⑤地割配当基準　これも集落によって千差万別の状況であって、人頭割・貧富割・貧富及耕耘力割・貧富人頭割・貧富勤功割に五大別され、さらにその細部にはさまざまな差違がみられる。

西原間切では、人頭割と貧富割・貧富勤功割の事例が確認できる（『琉球共産村落の研究』）。

人頭割の事例　人頭割であるが、地人の年齢を考慮せず、単に、人口の多い少ないを標準（基準）として、村で協議し、各人の持地を決定する（西原間切の一部の村）。

貧富割の事例　貧富により、一分二厘五毛、二分五厘、三分七厘五毛、五分、六分二厘五毛、七分五厘、八分七厘五毛、一地、一地一分二厘五毛、一地二分五厘、一地五分、二地の十二段階に区分し、抽選をもって耕作の場所を定める。ただし「公家者」（村役人または豊かな家族のことか）は一地の四分の一を割り付ける（棚原村）。

貧富勤功割　この方法は、貧富の程度を標準として地割するとともに、村佐事・蔵当・組頭・組代など、村内において公共のために無報酬で勤めている者に、その報酬として土地割替の際、特に配当する方法。貧富割と同じく、段階を設け、各戸の持地を評定し、勤功の度合いにより土地割替の際、いく分かの配当をする。配当数については、一定の決まりはなく、その時々の村の協議により決定する。勤功により配当を受けた土地については、職を去った

表 3-13　西原間切の村の地割基準

基　準	ム　ラ　名	備考
貧富割	棚原・翁長・呉屋・津花波・小橋川・内間・掛保久・与那城・安室・桃原・小波津	11 村
貧富及人頭割	幸地・嘉手苅・小那覇・我謝	4 村
貧富及勤功割	末吉・平良・石嶺	3 村

出典：「地割基準一覧」より作成

あとも次の地割までは持続して保有し、配当を受けた土地のいく分かを新しく職についた者に配当するが、すべての土地を取り上げることはない。ただし、分家する者に与える土地は、その家の持地より分与するが、次の土地割替のときは他の村人と同等の資格で配当を受ける。二十五歳以下の分家者に対しては、その限りではない（末吉・平良・石嶺村）。一八八三（明治十六）年の「地割基準一覧」によれば、西原間切の村《むら》の地割基準は**表３－13**のとおりである。

この表では、田村浩が指摘する人頭割の村は見えない。明治になっても、地割制度は固定的なものではなかった可能性がある。

協議費・間切費　村人の負担は、土地配当に基づく王府への貢租だけではなく、協議費または公費と呼ばれる間切への負担金があった。その賦課形態は、間切によってさまざまで、五一の間切・島（間切相当の行政単位）の賦課形態を整理すると**表３－14**の

表 3-14　1882 年　協議費の負担方法

	賦課形態	間切・島の数
A	戸数割	0
B	分割割	5
C	地価割	0
D	段別割	8
E	人頭割	10
F	その他	12
G	段別割／その他	6
H	段別割／人頭割	4
I	戸数割／その他	1
J	時価割／その他	1
K	戸数割／分限割	1
L	戸数割／段別割	3
計		51

出典：「沖縄県統計書」より作成

表3-15　1889年　公費の負担方法

	賦課形態	間切・島の数
A	戸数割	
B	分轄割	
C	持地割	4
D	貢納高割	
E	人頭割	8
F	その他	
G	戸数割／貢納高割	16
H	戸数割／貢納高割／人頭高割	3
I	戸数割／分限割／貢納高割	5
J	戸数割／持地割／貢納高割／その他	1
K	戸数割／分限割／持地割／貢納高割	1
L	分限割／貢納高割／人頭高割	10
M	戸数割／持地割	3

出典：『沖縄県統計書』より作成

ようになる。

西原間切の協議費は段別割（所持耕地面積に応じた負担）で、明治十五年度の賦課金は三二四一円余であった。これも先述の石代相場に換算すると、三二〇石余となる。一八八九（明治二十二）年になると、協議費は公費と呼ばれ、賦課方法にも変化が見られるようになる（**表3－15**）。同年の西原間切の公費は一五七六円で半減している。一八八二（明治十五）年の協議費は、沖縄県全体で六万五〇九一円余、一八八九（明治二十二）年は八万九三九五円で、沖縄県全体では増加しているが西原間切では減少している。また、公費徴収の方法も、さらに複雑化している。おそらく、段別割が持地割へ、地価割が貢納高割へと呼称が変わったと思われるが、賦課方法の組み合わせが多くなっている。西原間切は、段別割から戸数割／貢納高割へと変わっている。

一八九四（明治二十七）年と一八九五年の公費は、持地割・正頭割・人口割・貢租高割・戸別割と基本項目がかわり、その複数の組み合わせによるものとなっている。西原間切は、一八八九年の戸数割／貢納高割から石高割／戸別割の組み合わせに変化しているが、実質的に変更はなく、貢納高割が石高割へ、戸数割が戸別割へと呼称が変わっただけだと思われる。西原間切の間切費推移は、**表3－16**のとおりである。

間切費などとは別に、「救助米」「共同貯蓄」が王府時代から村人（地人）に賦課されていた。また間切は、かつて首里から派遣されていた下知役・検者の給与相当分を間切吏員の協議により置県後も賦課・徴収していた。一八八一（明治十四）年十月、間切に残されてきた下知役・検者の給与相当分の金穀を「特別共同貯蓄」とし、以後も徴収することになった。

村屋《ムラヤー》における租税賦課と徴税　一八九四（明治二十七）年の記録によれば、村屋の機能は、おおむね以下のようなものである。実際上の最初の役所（納税機関）である。村掟が賦課・徴収の事務を取り仕切ることになっているが、組頭・総代・総聞などとよばれる人々が協議し、賦課・徴収の事務を行なっている。

租税の賦課は、次の順序で行なわれる。最初に納額（賦課）の県知事訓令が各役所長あてに送られ、各役所長は各間切の納額を間切番所に通知する。金納の場合「徴税令書」といい、物納の場合「徴税切符」という。間切は「地租台帳」（以前は「収納帳」または「本立帳」をもとにした）にもとづき各村に配分し、「収納帳」を作成して各村掟に伝令書を交付する。当時の制度では、村を最終の税負担者としているため、村内でどのような方法で賦課徴収をすべきか、定めはなかった。一八九三（明治二十六）年三月の県令第七号で「国税徴収法施行細則」を定め、村が伝令書を受けたときは、「一人別帳」を作成して、「上納告知書」を負担者に交付、負担者が掟に納付するときは「上納証」を添え、掟は領収証を交付することにした。しかし、村の慣行に介入することは、旧慣温存策に反することから、九月には、元に戻した。

実際の賦課徴収にあたっては、王府時代から

表3-16　西原の間切費の推移

対象年	金額（円）
明治15年	3,241.430
明治22年	1,576.000
明治27年	2,464.000
明治28年	2,019.000
明治33年	8,222.134
明治33年	5,740.508
明治34年	9,131.469
明治35年	14,116.577
明治36年	7,016.468
明治37年	5,439.000
明治38年	5,246.000
明治39年	6,108.633
明治40年	7,666.053

出典：『沖縄県統計書』より作成

の「横帳」が使用された。この横帳は、県の職員には秘密の帳簿であった。それでも、県の職員は、「横帳」を提出させ内容をチェックしようとしたが、何を意味しているのかまったくわからないと音をあげている。このような状態であったから、沖縄県が村レベルの行政に介入すること自体が不可能であった。

地方制度の変遷と旧慣温存

間切・村《むら》の統治機構と地方制度

沖縄県の地方（間切）支配は、沖縄県設置の直前、一八七九（明治十二）年三月二十七日に出された「旧琉球藩下一般の人民に告諭す」のなかで、置県後も旧来の慣行にしたがっていくことが明言されている。同月二十八日の沖縄県令心得木梨精一郎から首里・泊・久米・那覇・諸間切の役人宛に出された文書には、「官吏一般」（王府の官僚）については廃止するが、首里・泊・久米・那覇・諸間切の役人は、そのまま従来の仕事に就くようにと指示し、同年六月二十五日の沖縄県達甲三号によって、これまでのすべての法令は改正の布達がない限り、有効で変わることはない、と布達した。首里・泊・久米・那覇・諸間切の行政組織は、旧来のまま残されることになったが、王府官僚だけでなく、間切役人の抵抗も思ったより強かったため、四月九日には、「しいて拒めば、やむを得ず諸間切の役人を廃止することもある」と強硬な姿勢もちらつかせている。

沖縄県の設置と同時に設けられた地方在勤官は、翌年六月廃止され、王府時代の各「方」（首里・島尻・那覇・中頭・国頭）と各「島」（久米島・伊平屋島・宮古島・八重山島）に役所がおかれ、西原間切は中頭役所の管轄となった。新たな役所の設置は、直接間切経営に手をつけず、監督を強化していくことを目的としたのであろう。中頭役所は、当初は美里間切に置かれたが、翌年宜野湾間切に移転し、一八八六（明治十九）年、首里役所に統合された。

この役所は、法的性格が曖昧であるが、曖昧なまま役所を設置するに至ったのは、間切官僚の執拗な抵抗が背景にあった。一八九六（明治二十九）年、「沖縄県郡編成法」により、四月一日付をもって沖縄県の各地方が郡に編成された。これにより沖縄県は、首里・那覇・島尻・中頭・国頭・久米島・伊平屋・宮古・八重山（九行政区）に分かれた。首里・那覇には、沖縄県区制により、区役所が置かれた。島尻・中頭・国頭には郡役所が置かれた。区制の成立以前にも、那覇役所・首里役所があった。島尻・中頭・国頭にも郡制の以前から役所があった。先島には、郡制以前には島役所があったが、郡制により島役所は、島庁となった。久米島には、郡制以前には久米島役所があった。

新県政にとって重要課題である治安機構は、一八七九（明治十二）年七月、沖縄県の内部機構として警察本署が設けられ、首里と那覇に分署が置かれた。同年五月、警察の所轄変更があり、島尻と中頭警察分署が置かれたが、西原間切は、首里警察署の管轄となった。首里警察署の所轄は、西原のほか、首里・浦添・宜野湾・南風原・真和志・大里であった。

沖縄県による旧慣期の間切・村支配は、**表3−17**のような間切・村吏員の構成で行なわれていた。**表3−17**は、一八九三（明治二十六）年に作成された「沖縄旧慣地方制度」をもとに西原間切の吏員数を示したものであるが、いつの時点を反映しているのか明確でない。参考に、一八八五（明治十八）年の「具志川間切内法」と「小禄間切内法」に見える吏員を○印で示した。一八八一（明治十四）年の「各間切島馬番其他免夫銭調書」には、これらの役人のほかに、馬番十二人、村佐事二三人、惣山当免夫一人、島文子六人が見える。

一八八二（明治十五）年十二月、沖縄県は文子の減員を命じており（前述）、間切の統治機構にもわずかな変化があった。翌年四月、上杉県令に代わって会計検査院長兼務のまま沖縄県令に就任した岩村は、五月、「乙十八号によって文子を減少させたため、事務に差し支えがある間切は、役所を経由して増員を願い出てもかまわない」と達を出している。上杉県令は、間切文子の減員や間切吏員の登用について、改革をはかっているが、上杉県令の改革は岩村によって批判され、そのほとんどがくつがえされた。

表 3-17　間切・村吏員の構成

役職名		人数	具志川間切内法に見る役人名	小禄間切内法に見る役人名
地頭代		1		○
惣耕作当		2	○	○
惣山当		1	○	○
加勢惣耕作当		1		
夫地頭		3		○
首里大屋子		1		
大掟		1		
南風掟		1		
西掟		1		
掟		9	○	○
大文子		6		
相附文子		6		
仮文子		5		
寄文子		18		
文子		31		○
村レベルの役人	耕作当	30		
	山当	14		
	頭		○	○
	与頭		○	○
合　計		131		

出典：『沖縄旧慣地方制度』

間切・村の集会と予算協議会の成立から間切会へ

一八八八（明治二十一）年、丸岡莞爾知事は、各村総代による「間切村歳入出予算協議会」設置の訓令を出し、間切や村に自治的機能の一部を付与した。間切や村には、古くからみんなで集まって、さまざまな問題について集会をもって話し合う慣行があった。たとえば、「仁尾主税官復命書」（一八九四年）にも、「行政のあらゆることは、間切で処理し、あたかも自治が行なわれているようである」と記されている。また、一八七三年の国頭羽地間切の風水関係文書では、「村惣中吟味」という語句が見える。「村惣中吟味」とは、村中の地割の配当を受ける地人による協議と考えられ、王府時代から村レベルの地人（各戸）集会があったことがわかる。

中頭地方では、毎月一定の日に、総頭・頭などを番所に集め、県からの令達を伝え、村では地人を村屋に集め、百姓地の配分や村の祀りごとを協議していた。予算協議会は、このような間切や村の自治的な制度を活用し、制度化したものである。その制度のあらましは、①間切総代を各村から二名を選挙で選出し、村総代を三名ないし五名選出する、②選挙権を持つ者は満二十五歳以上で、選ばれる対象となる者は満三十歳以上の男の戸主であり、村に家と宅地を持つようになってから満一年を超える者にかぎる、③総代人の任期は二年とし、再任も可能である、というような内容であった。しかし、総代はかつて耕作当、山当などの任を勤めた者が多く、選挙とはいっても旧来の村支配層が大きくかわることはなかった。

予算協議会の設置は、一八八二（明治十五）年ごろからひんぱんに起きた、間切や村のもめごとや旧慣役人の不正を改善していこうとする目的もあったが、日本社会における一八八四（明治十七）年の地方自治の改定や一八八八（明治二十　）年の市制・町村制、これに続く一八九〇（明治二十三）年の府県制・郡制の成立と連動した施策であったと考えられる。日本社会ではこの時期、村の自治に官（明治政府）が積極的に介入していき、村の自治的機能が弱められ、大規模な町村合併によって村の解体が強行されたといわれている。予算協議会の設置は、王府時代以来の村の自治的機能を解体していく過程の一つであり、ある意味で、沖縄における新しい「明治の村」創設でもあった。王府時代から続く村機能は、沖縄県の設置以降、村吏員の不正を生み出す事例が多かったことが、新しい制度を生む要因となったことも見逃してはならない。

一八九七（明治三十）年、「沖縄県間切島吏員規程」が公布、翌年施行され、間切番所は間切役所と名称を変え、地頭代は間切長となった。この規程によって、従来の地方役人は撤廃され、間切長のほか、収入役、書記、村頭が置かれ、その人事権もすべて県知事が掌握することになった。従来の村掟や夫地頭に代わって設けられた村頭は、複数の村を管轄することもできた。これによって、旧慣役人の数は減少し、地方行政は大きく変わったが、役人への登用は伝統的な筆算稽古人（旧慣役人の子弟）からなされた。

このとき、沖縄本島周辺の島々は、「島」という間切と同等の行政単位となり、島長が置かれた。「沖縄県間切島吏員規程」に続いて、一八九八（明治三十一）年、「沖縄県間切島規程」が公布、翌年一月一日をもって施行され、間切は法人となり、国や県の監督を受けつつ法律または慣例によって事務を行なうようになった。また、予算協議会に代わって間切会が設置され、議員が選ばれたが、その選挙方法は「従前の例による」とされ、予算協議会の総代が議員に代わっただけであった。「沖縄県間切島吏員規程」や「沖縄県間切島規程」は、間切や村の自治的機能をある程度保障しているが、税の滞納処分に関しては、「国税に関する例による」と国権が作用するようになっていた。すなわち、全国的な動向と同じく、村の自治的機能を制限し、官治的な機能が強化されていった。

末吉村の騒動と吏員の不正

一八九〇（明治二十三）年一月、末吉村で騒動が起きた。喜舎場朝賢が末吉村の人々に依頼されて、県知事宛に出した請願書には、次のように書かれている（『琉球見聞録』）。

末吉村の頭役は、以前は十二名であった。頭役は、六十歳以下の者が毎年一月ごとに一名交代し、事務を行なっていた。交代の時は、祖先の村頭の功績または耕作当やそのほかの公役（大美御殿御係など）などを勤めたことがあるなど実績を見合せて採用し事務を行なってきた。また、以前の村頭は、おおかた正直で誠実な者であったため、はなはだしい不都合は起きなかった。ところが、時代が移り変わるにしたがって、村頭にふさわしい資質をもった者が選任されなくなってきた。しかも、六十歳まで長く勤めているので、わがまま勝手に共有金穀を取り扱い、しばしば不明瞭な事が起きている。明治のある年、村民一般協議をもって村頭などが金穀を取り扱うことを止め、組頭五名を選び、各組内の上納金穀取り扱いの事務を行なわせることになり、それから村頭と組頭で、それぞれの事務を分担するようになった。

しかし、このやり方も次第しだいに職務の権益が増えたため、村頭を親から子へと引き継ぐ者が増えてきた。わずか百二三十戸の村で、貴族政治のような特権階級が形づくられ、特別な門閥のようにふるまい、他の人民を軽蔑し、村中の事務を自分勝手に行なっているため、不正が横行している。もっとも、筆算稽古の実績をもって村頭に選ぶことが慣例化しているため、村頭は他の村人の子弟が筆算稽古人になることを嫌い、自分の子弟のみを筆算稽古人にさせている。今年の百姓地割直しの件でも、不公平があったため、村人らは不平を唱えたけれども、押し切られてしまった。このように、村の行政事務は、村頭たちの勝手しだいで、他の村人は関与すべきではないと言い張り、横暴も甚だしい事態となっており、村人の苦しみは耐え難いきわみにある。

村頭は、その人格・品性の善し悪しが村人の苦しみや村のおとろえに密接に関連する重要な職務である。立派な人物を選ばなければならず、これまでのように筆算稽古の功績のみで選んでは、人物の人格・品性の判断がうまくいかない。しかも、任職の期間が長期になるため、間違って不適切な人物を選んでしまうと期間内に退職させることはたやすいものではない。ことに、これまで組頭が上納金穀の取り扱い事務の大部分を行なってきており、村頭の事務はほとんどない、ということを考えれば村頭十二名というのは多すぎる。明治のある〔明治二十一年〕年、各間切の職制を定め、各村一名の総代がこれまでの村頭の事務を行なうとする規定ができた。しかし、末吉村では十二名の村頭を据え置いて、十二名の内の一人を総代として届け出、実際の事務は一月交代でこれまでの村頭が勤めており、間切の定めを実施していない。

そこでこのたび、間切の定め通り、村人の投票で総代人一人を選び、村頭の事務を行なわせ、十二名の村頭を辞めさせ、従来の弊害をなくそうとしたが、村頭らは同意していない。察するに、現行のままでよいとする四一名は、現在の利権を失うことを恐れ、村役人の縁者という私情に引きずられているため、村の多数意見を聞き入れるに至っていない。これまで、何回も現状の善し悪しや利害を議論してきたが、少しも承知せず、困っている。どうか、彼らを呼び出して、我ら八七名の協議のとおりに従うよう説得してもらいたい。以上を願いたてまつるものです。

明治二十三年一月

一九〇三（明治三十六）年の末吉村の本籍戸数は、一七四戸である。西原間切の一八九〇（明治二十三）年と一九〇三（明治三十六）年の戸数を比較してみると、一八九〇年は一九〇三年の約八四%であることから、一八九〇年の末吉村の戸数を約一四六戸と推定することにする。同請願書には、末吉は「百二三十戸の村」と述べているが、古い体制を守っていこうとする者は、四一名、改革していこうとする者は八七名で、計一二八名である。戸数推定と大きな差がないことから、一二八名は、地人の数であると思われる。地人とは、土地の配分とその協議に参加できる村人のことである。

公式には、村の行政は村掟が仕切っていた。「沖縄県旧慣租税制度」の村屋に関する説明には、「実際においては、最初の機関となるものとして、掟と称する村長類似のものの名をもって賦課徴収の事を行ない、その実際は組頭・総代・総聞等と称する各村内の重立ちたるものの協議により、事務を行なう所」とある。この請願書で問題となっている村頭は、先に紹介した役人の一覧には見えない。沖縄県設置後、村の自治的な機能のなかで発生した役割だと思われる。一八八五（明治十八）年、内法の届け出が通達されたときには、ほとんどの村には置かれており、税金の取立が主な仕事だったようである。西原間切の内法には、「地人」が税金や小作料を未納したときは、村から組（与）へ取立を依頼し、組が本人に督促することになっている。組は、小さな共同体であり、最終的には組の負担となるため、督促は困難であったとみられる。このような状態を解消するためと村掟の業務軽減のために村頭が生まれたのではないだろうか。置県以前にあっては、村の自治的機能を監督するため惣地頭や地頭が存在したが、沖縄県設置にともなって免職となっていた。そこに村頭が誕生（役人を増設）する隙が生まれたのであろう。あるいは、一八八二（明治十五）年、間切番所の文子が減らされたとき、村の自治的機能を借りて村頭を創設したのかも知れない。宜野湾間切や読谷山間切の内法では「掟・頭々」どもがその役割を担っている。西原間切の内法に村頭は見えないが、実際には存在していた。このように生まれた村頭は、次第に権力を増し、特権的階層にまでなっていたのであろう。そして、その分、村人の負担が増えた。この問題を解決しようと立ちあがったのが末吉村の村人であり、これに協力したのが知力に優れた喜舎場朝賢という人物であった。

末吉村のトラブルは、すぐには片付かなかった。この次は、地割（耕作地の配当）をめぐって、トラブルが起きた。喜舎場は、再び末吉村の村人に代わって、次のような文を起草している。

末吉村の地割の対象となる百姓地の配分方法は、他の村とやり方が違う。村頭や村掟、またサバクリ役となる者は「十分地」、筆算稽古人ならびに諸公役についている者（大美御殿御係及び若者頭のたぐい）は「五分地」を受けることができる。しかも子や孫にまでおよんで、「二分五厘」ずつ、しだいに減らすようになっている。これは、自己の功労や祖先の功労で、耕作地を多く受けることができるようになっている。他の村人には、一分二厘五毛を授け、配当地のバランスが悪く不平等である。百姓地は、かつての王府から授けられたものであり、村の共有物である。平等に配当してこそ百姓地＝地割の制度の目的を達することになる。しかしながら末吉村の祖先たちは、なぜ、このような不平等な制度にしたのか理由はよく分からない。

思うに、社会の法制は、昔と今では適正が異なってくることもあり、経営は常に利益があるものとはかぎらず、始めは利益があっても後は害（損）が出てくることもある。昔は良かったことも、今の時代には適しないことがある。末吉村の地割の慣行も王府時代は何の弊害もなく、苦情もなかった。しかし時代が変わり、地割配当の不平等や生活の不平等を嘆く者が多い。まして、昨今の土地割り直しのときは、村人が言い争い、議論がもつれもめごととなり、和解できなかった。そのため、間切番所や中頭役所、警察や県庁の裁定によって、ようやく平穏になった。

その間、村人は畑仕事も手につかず、心苦しい日々を過ごすこと一年、お金をムダに減らし、各家庭はすっかり困ってしまっている。もっとも大きなことは、古くから日常生活をともにし、良いときも悪いときも助け合って、病気などの困難にさいしても、お互い気づかい、それぞれの恩情は一家のようであったものを失い、お互いの情を損なったことである。そこまでいたった嘆きは、とても深い。

これは、祖先たちの残した慣習が悪かったためであったかも知れない。しかし、われわれが、古い慣習にこだわり、変化のチャンスをフイにしてしまった。いま、性根をかえ、新しい道を歩まなければならない。誰かをとがめてはならない。しかし、古い慣習にこだわれば、のちのちこのような争いが起きることは明白である。そのために、今度、村人（地人）全員の集会を催し、協議をして、現在のもっとも良い方法を定め、地割の名をもって過去の制度を変更する。その方法は、別紙に記したとおりであり、後日、異議を唱えないとみんなで誓約した。誓約を今後も守っていくため、村人はみんな署名した〔誓約の内容と署名は不詳〕。

明治二十三年

地割をめぐるもめごとが一年も続いたということは、地割を行なった年は、一八八九（明治二十二）年であろう。もめごとが解決して、契約書にサインしたのが翌一八九〇年で、その間村人は互助精神を忘れていた。同時に、貧困におちいってしまった。末吉村の地割は「貧富及勤功割」であるが、これはそれ以前の状態を指しているのであろう。契約書によって、どのような地割配当が行なわれたか不明であるが、先の文言からすると、「勤功割」に問題点があったようである。

地割の方法については、村が貢租を完納しているかぎり王府は「公平に分配せよ」と原則論をいうだけで、干渉することはなかった。しかし実際には、地割のあり方には不公平が生じていた。王府時代は、土地の配当を多く受けることは、同時に税金や地頭層の徴発が多くなることを意味していたため、村役人層といえども土地の確保に決して積極的とはいえなかった。しかし、沖縄県の設置後、しだいに貢租を納めるだけになり、無用な地頭層の使役や徴発から解放され、作目に制限もなくなってきて、自由に土地利用ができるようになったことが、地位や権威を利用して配当を多く受けようとする動機となった。末吉村騒動の事例は、たまたま記録が残されているため、やや詳しくわかるが、多かれ少なかれ、他の村も似たような問題を抱えていたのであろう。

一八八六（明治十九）年三月に、「県達甲第二十号」により「各間切地頭代職務章程」が制定され、四月に「沖縄県租税領収心得」、五月に「沖縄県租税領収心得細則」などの租税取扱要領が制定されている。これは、間切・村吏員の不正や流用を防ぐ意図もあったと思われるが、こうした要領は村レベルでは十分に機能していなかったことを示している。末吉村の事例にかぎらず、「民間の状況を具状して丸岡知事に上る書」には、「方今、県下捌理の不正、人民の不平は、島尻より中頭は甚だし、中頭より国頭は甚だし、国頭より久米島は甚だしきなりと聞く」と記されるほか、「今帰仁間切各村」、「越来間切越来村」など、各地の間切・村吏の不正・不公平が指摘されている。これらは、沖縄県の設置直後からの間切・村吏員の実態を指摘していると考えられる。

旧慣と内法

間切・村吏員の不正が相次ぐなか、一八八四（明治十七）年七月ごろ、沖縄県では各間切で旧慣調査が行なわれ、記録が残っている。この調査は、問答形式でおおむね二八項目からなるが、そのうち、「貢租取扱ノ部」「租税未納ノ事」「上納金穀或ハ共有金穀ヲ私用スル事」「地所ノ事」などの調査が行なわれている。質問や応答を見ていくと、間切・村吏員の不正などがあったことが推測され、当時の沖縄県が「吏員上納金穀ヲ私用」について重大な関心を持っていたことがわかる。喜舎場朝賢は、「各間切を管理するは大宰各役所長の任荷なれども、実地に施行するは間切捌理役なり（地頭代、惣耕作〔当脱カ〕、首里の大屋子、西掟、南風掟、大掟、是を捌理役と謂ふ）」と述べている。

喜舎場は、「およそ自己に利益なるものは、百姓の利不利を問わず、旧慣と称して郡役所に伺い、自己に不利なものは知らない振りをしている」と、間切・村吏員を指弾している。一八八四（明治十七）年の税滞納や上納金穀流用などの調査を中心とした旧慣調査は、全国的な松方デフレの影響を受けた地方財源確保の動きと軌を一つにするものであろう。一八八一（明治十四）年に大蔵大臣に就任した松方正義は、紙幣整理と併行して正貨準備の拡大をはかるなどのインフレーション対策を行ない、激しいデフレーションを招いた。そのため、全国的に農村では租税滞納が大量に発生するなど深刻な疲弊におちいった。

同じころ、「未納税徴収内法取調書」(以下「明治十七年内法」という)が成立している。「明治十七年内法」は、与那城間切(明治十七年十一月四日)、北谷間切(十一月二十五日)、浦添間切(九月二十四日)のものが残っており、西原間切のものは残されていないが、居住人(住居人)と地人(百姓)の租税滞納の際の対応方法が記され、地頭代から中頭郡役所に報告されている。西原間切も、同時期同様な内法が制定されたと考えるべきであろう。「明治十七年内法」の滞納処分は、本人の財産はもとより親類の財産までも取り上げて「公売」することになっており、近世よりも強化されている。

「明治十七年内法」のあと、一八八五(明治十八)年十一月九日、沖縄県乙第七十七号達が出され、沖縄県全域において内法の調査・届出(成文化)がはじまった。内法の成文化(届出)は、内法的世界(村落共同体)を役所(沖縄県)が掌握していくためのものであった。西原間切の内法で「沖縄県旧慣間切内法」に収録されているのは、「地税怠納者処分ノ部」のみであるが、奥野彦六郎がまとめた『南島村内法』には「村方ノ下知又ハ約束等違犯者処分ノ部」「密淫ノ部」「喧嘩口論之部」の三項目が、一八八五(明治十八)年十二月二十五日付で提出され、翌年六月十七日付で追加調査され、「村方ノ下知又ハ約束等違犯者処分ノ部」に罰金の額と但し書きが追加されている。「地税怠納者処分ノ部」は、「明治十七年内法」と構成が酷似しており、これを修正して提出したのであろう。

ところで、中頭地域の内法は、他の地域に較べて大きな特徴がある。中頭地域の内法を項目と残存状況について整理すると、**表3-18**の通りである(具志川間切を中心に整理した)。すべての間切に共通するのは、最初の「地税怠納者処分ノ部」である(タイトルは一様ではない)。

西原間切の内法も、もともとは約二十の分類項からなっていたのではないだろうか。なぜ中頭地域の内法には、

表 3-18　中頭地域の内法構成

分類項（具志川）	浦添			与那城			美里			読谷山			越来			中城			西原			北谷			勝連			宜野湾		
1 租税未納之部	◎	○	◎ ○		○		○	○		○	○			○			○			○	○		○			○			○	
2 田畑取締ノ部			○				○																							
3 山野取締之部							○																							
4 竹並同之子菓物取締之部																														
5 原勝負取締之部							○			○																				
6 砂糖取締ノ部							○																							
7 百姓地並私有地叶罫（掛）ノ部													○																	
8 喧咜口論之部				○						○			○			◎ ○			○			○			○					
9 淫行取締ノ部				○						○			○			○			○			○			○		○			
10 杣山取締之部																○														
11 吏員取締ノ部																														
12 間切御物私用候者取扱ノ部				◎		○	○			○																		◎		
13 婚姻之部				◎			○			○			○			○			○			○			○					
14 模合法様ノ部																														
15 居住人牛馬羊口米銭之部	○																													
16 金貸付ノ部							◎																							
17 人身買入之部	○			○			◎			○			○					○			○									
18 村方ノ下知又ハ約束等違反者処分之部	◎ ○		○																◎ ○									◎		
19 遊興取締ノ部										○																				
20 仮称〈地割〉													○																	
21 葬礼之時合力ノ部																○														

凡例（1）各間切の 1 列目は、『南島村内法』。二重丸は追調の部分があることを示す。
（2）2 列目は、「沖縄県旧慣間切内法」。
（3）3 列目は、「裁判事務規程」。二重丸は重複を示す。

租税の滞納処分のみが共通し、まとまった内法史料が存在しないのか。またなぜ、一八八五（明治十八）年以降改定された形跡がないのか。中頭地域の内法には、よくわからないことが多い。

西原間切の内法も、もともとは二十一（またはそれ以上）の分類項からなっていたと仮定すると「喧嘩口論之部」や「遊興取締ノ部」や道徳律的なものまで科罰の対象となっている。このような科罰規定が、厳格に運用されていたかどうかは、疑問とせざるを得ない。一八九四年～九六年にかけての「内法処分明細表」では、①「口張糖をなす」（樽底に質の悪い品を入れること）、②「原勝負〔後述〕ノ際仕立不足により」、③「立茅を刈り取り」、④「甘蔗を採食し及び田野の産物を密かに採取」、⑤「他人の原野において草を採取」などが主な処分例となっている。

内法の成文化（届出）は、役人の不正（租税の私的流用）や村人の租税滞納問題が発端となっている。内法の成文化（届出）は、実質的に新たな内法の制定であり、下層民衆にとっては、厳しい税の取立と遊興の制限のための内法が課されていく過程でもあった。

原勝負

原勝負は、原山勝負とも記され、年二回春秋、田畑の耕作・生育状況を村ごとに競い、負けた村には罰金が課された。原勝負の起源は不明であるが、最も古い記録では、一七七三（乾隆三十八）年の記録に見える。原勝負も科罰規定を持つ内法である（前述）。十八世紀末、豊見城間切の地頭代座安親雲上が生産性向上のため、原勝負を取り入れて成功し、近世末期に琉球一円に広まっていった。近代に入って、租税滞納問題や内法の成文化に伴い、さらに盛んになっていった。一八九四（明治二十七）年に沖縄を訪れた内務官僚の一木喜徳郎（後に著名な憲法学者となる）は、内法と近代法との整合性に疑問を呈しながらも、「内法のうち現実に適応しているものは、風俗や道徳教育におおいに効果がある」と述べており、当時の沖縄県の役人も同様な認識であったと思われる。

「内法処分明細表」では、三年にわたって負けた村に対し春秋二回の罰金が課されており、西原間切（村）では明治以降も盛んな行事であった。一九〇〇（明治三十三）年十月二十九日の『琉球新報』には、原勝負の結果が「一番東、二番南、三番西にて、例の通り負けの方は、勝の方へ負け御辞儀をなさしめ、かくて褒償として、一番焼酎六升、二番焼酎五升、三番四升を授与し、又石嶺村は無疵の褒賞として焼酎一升を授与」したと紹介している。一番は東で、南と西から礼を受け、南は最下位の西から礼を受けた。間切を東西南に分けて勝負をしていた。東は、津花波村・小那覇村・小橋川村・掛保久村・嘉手苅村・内間村からなり、西は幸地村・翁長村・石嶺村・平良村・末吉村・棚原村、南は我謝村・小波津村・与那城村・桃原村・呉屋村・安室村からなっていた。一九〇三（明治三十六）年と一九〇六（明治三十九）年の原勝負では、焼酎（泡盛）の授与に併せて科銭も村ごとに与えられたことが記されている。

土地整理と農村

地割の廃止

地割は、村ごとに方法や年期も多様である（前述）。このような地割慣行を廃止し、近代的所有権を確立していくため、一八九八（明治三十一）年、臨時沖縄県土地整理事務局が設置され、翌年、「沖縄県土地整理法」が公布され、土地整理がはじまった。土地整理は、百姓地のみならず、沖縄県の土地すべてが対象となった。近代日本の画期をなす「版籍奉還」は、『政権』にとどまらず、土地と人民に関わる支配権能の一切が天皇に帰属すると主張されている。（中略）版籍奉還を機に、諸大名の『領地』に関わる権能の一切が名目上天皇に帰属することとなり、実質的にも国家統治機能への吸収が始まった」とされる（奥田晴樹『日本の近代的土地所有』）。しかし、琉球の場合、版籍奉還がないまま沖縄県の設置（琉球国の併合）が強行された。

沖縄における土地所有権の認定は、日本社会における地券の発行やそれに続く地租改正と同じではなかった。「沖縄県土地整理法」第二条では、「その村において地割する土地は地割により、その配当を受けた者、またはその権利を継承した者の所有とする。但し、その配当を受けるべき者多数の協議により、この法律〔沖縄県土地整理法〕施行の日より一年以内に地割替をなすことができる」と土地所有権の処分が村に託され、「地租改正」ではなく「土地整理事業」と称された。「版籍奉還」がなされていないことが、村による最終地割に基づく土地整理事業となったと思われる。

土地整理事業は、開始の一八九九（明治三十二）年四月一日から終わりの一九〇三（明治三十六）年三月三十一日まで、満四年をかけて終了した。これによって、沖縄県民は自前の土地（近代的所有権）を得たのであるが、土地整理事業で能吏として活躍した俵孫一は、土地整理事業により土地の所有権を得て、にわかに自分の富が増えたと錯覚し、浪費に走り、土地を売り、家屋を売って土地整理以前よりも貧しくなることを戒めている。俵の危惧のとおり、土地を手放し没落していく農民がふえていった。土地整理は、近代ウェーキ（富裕層）が登場する歴史的背景の一つといえる。

糖業の発展と流通

サトウキビの生産は、西原間切では王府時代から行なわれていたが、盛んになっていったのは近代に入ってからである。安次富松蔵は「旧琉球藩ニ於ケル糖業政策」のなかで近代琉球（琉球藩期）の資料とみられる間切ごとの貢糖および買上糖を紹介している。これによると、西原間切は貢米（地割に基づく貢租）一一一石相当分、二万九七七〇斤を納めている。また、買上糖も五万八五二八斤納めている。買上糖は、同書によれば「雑石納代価と相殺

表3-19　西原間切および中頭・沖縄県のサトウキビ生産高

（単位：作付面積＝町／収穫高＝千斤／反収＝百斤）

	西　原			中頭郡			沖縄県		
	作付面積	収穫高	反収	作付面積	収穫高	反収	作付面積	収穫高	反収
1883年（明治16）	55.6	250	4.5	645.3	2,555	4	1938.7	71,593	36.9
1890年（明治23）	91.8	946	10.3	963.3	2,353	2.4	2641	188,469	71.4
1891年（明治24）	99.8	10,505	105.3	1031	17,038	16.5	2861.3	193,821	67.7
1892年（明治25）	85.9	549	6.4	1085.4	5,293	4.9	4110.3	306,700	74.6
1893年（明治26）	89.1	65,414	734.2	1168.6	719,544	615.7	3034.4	798,273	263.1
1894年（明治27）	101.4	※	※	1348	※	※	3410.8	※	※
1895年（明治28）	112.1	※	※	1441	※	※	3629.1	※	※
1896年（明治29）	112.5	※	※	1443.4	※	※	3736.9	※	※
1897年（明治30）	※	※	※	…	…	…	3951.9	…	…
1898年（明治31）	※	※	※	※	※	※	4143.7	※	※
1899年（明治32）	※	※	※	…	…	…	6839.3	…	…
1900年（明治33）	※	※	※	2879.3	※	※	6839.3	※	※
1901年（明治34）	269.3	※	※	2713.7	※	※	6180.6	※	※
1902年（明治35）	308	※	※	2617.7	※	※	5818.6	※	※
1903年（明治36）	254.1	20,752	81.7	2755.8	217,442	78.9	6426	577,862	89.9
1904年（明治37）	242	19,603	81	2990.6	166,020	55.5	7180.9	418,321	58.3
1905年（明治38）	255.9	40,485	158.2	2233.7	218,097	97.6	7743.3	617,709	79.8
1906年（明治39）	102.6	23,613	230.1	3147.5	316,417	100.5	7743.3	581,493	75.1

出典：『沖縄県統計書』より作成。
注記：※印はその値の項目がないもの。…はその年次の統計書が確認できないもの。

する性質を有する一種の貢糖もどきもの」であるとされ、買上糖を石高に換算すると、約二一九石になる。西原間切の王府時代の貢租額は一一七一石余であり、貢糖と買上糖によって貢租の約二八％が納められていたことになる。

沖縄県のサトウキビ栽培は、置県後急速に拡大していく。一八八三（明治十六）年以降、西原村の誕生直前までの西原間切と沖縄県全体のサトウキビ作付面積は**表3-19**のとおりである。

沖縄県の設置以降、全県的にサトウキビの生産高が増加しており、西原間切におけるサトウキビ生産も全県的な動向と同様である。一九〇一（明治三十四）年、日清戦争後の旺盛な財政需要に伴い、「砂糖消費税法」が施行され、砂糖百斤につき一円が課税された。砂糖消費税は消費者が負担するのであるが、糖商たちは買上価格を低くしたため、実質的に生産者が負担する形となり、農家の窮乏化をまねいた。しかし、同年、沖縄県は糖業改良補助費を要請し、糖業振興十年計画を立案、糖業の振興を図ったことや他に有力な換金作物もないことから、サトウキビの作付面積は拡大していった。

一八九八（明治三十一）年六月十一日付の『琉球新報』には、「第十八回砂糖審査会」で西原間切の津花波、翁長、我謝、小波津、呉屋、棚原、小橋川各村から「第二等の部」で表彰者が出たことが記されている。一九〇三（明治三十六）年の砂糖審査会でも、一等賞（津花波）、二等賞三名、功労賞二名と表彰者の過半数を西原間切の農民が占めている。このような糖業の発展に支えられて、一九〇七（明治四十）年、西原間切への沖縄県糖業改良事務局の設置や翌年の大型製糖工場（沖縄県糖業改良事務局附属製糖工場）の建設が決まり（一九〇八年竣工）、サトウキビ増産に拍車がかかった。

土地整理（地割の廃止）は、サトウキビ生産の増大をもたらしたのみならず、金銭の流通を盛んにし、換金が容易なイモや豆、豆腐などの生産も盛んにした。「沖縄県統計書」の一八九五（明治二十八）年と一九〇五（明治三十八）年には、これらの作物のほか、かんしょ（甘藷）、麦類、豆類、大麦、裸麦、小麦、小豆、えんどう豆、そら豆、葉藍・山藍、工芸作物類などの生産物が見える。また、一九〇〇（明治三十三）年の中頭郡重要物産品評会には、米、大豆、蚕豆、粟、澱粉、備後藺（三角藺）、反物、苧麻、芭蕉が西原間切から出品されている。換金（商品）作物の生産が、増大していったことがうかがわれる。

換金作物の生産増加は、次第に農村生活を変えていった。比嘉春潮は「翁長旧事談」のなかで、次第に貨幣経済の渦のなかに巻き込まれつつある村人の生活の様子を次のように描写している（原文を現代仮名遣いに変え句読点を追加した）。

村に店がないから日用の種々の品物は、大抵首里や那覇の市場で買って来た。日用品を買うためには、芋や大豆や卵などを売って金を作らねばならないのだが、これが農村内では買手がない。皆供給者で需用者はいない。買手のいる那覇や首里、与那原の市場まで持って行かねばならない。首里へ一里、那覇へ二里、与那原へ半里の路を、女は頭に男は天秤棒で、芋や豆を運んで行った。市場に行く男女が天気でさえあればいつでも二、三十人はあった。

だから村内に店屋は発達しなかった。しかし、市場行はそう度々でないから、又種々の物売りが絶えず部落を訪れて来て、住民の需要を充たした。

・豆腐　毎日来るものとしては、まず豆腐や《ママ》と肉や《ママ》であった。豆腐売りはどういう訳か「居住人」の仕事であった。〔中略〕翁長の村にも豆腐屋が二軒あったが、一軒は村内に住むふるい居住人、他の一人はまだ屋取（部落外の住宅）にいる居住人であった。この二人が毎朝豆腐を並べた板を頭に乗せて、「豆腐買んそーらにー」（豆腐買い召されぬか）と未《いま》だに残って居る都会風の調子で呼び歩いた。八十戸位の此村で一日に二十丁の豆腐が消費された訳である。

このほか、牛豚肉、石油、煙草、魚類、塩などを売り歩く、行商人の姿が描かれている。一九〇三（明治三十六）年八月二十九日の『琉球新報』は、「時勢の強迫に逢って社会の事情が大きく変化した。変化するたびに、それに伴って種々新しく必要なものが出てきて、知らず識らずの間に必要品の数が十倍にもふえてきたのである」と、農村社会の変化を記している。

新聞資料に見る明治の西原

沖縄で初めて発行された新聞は、一八九三（明治二十六）年九月十五日に発刊された『琉球新報』である。親日派で尚家にゆかりの深い閨閥を中心として刊行された。その後、寄留商人を中心とした『沖縄新聞』（一九〇五年）や那覇や郡部の有力者を中心とした『沖縄毎日新聞』（一九〇八年）が刊行された。以下は、『西原町史』第二巻資料編一「西原の文献資料」に収録された西原関係記事のなかから、興味深い記事を追いつつ間切時代の西原の側面を見ていきたい。

徴兵適齢者の自傷　『琉球新報』一八九九（明治三十二）年五月十九日付「中頭郡徴兵適齢者の欠点」という記事によれば、中城間切添石村の士族某は、飼い馬に前歯を蹴られ三枚欠け、同間切和宇慶村の士族某は鎌で左人差し指を切断し、西原間切小波津村の平民某、飼い馬に右人差し指をかみ切られ、宜野湾間切我如古村の某も同様に馬に人差し指をかみ切られたとある。『琉球新報』は、これらは事故によるものではなく「血税の義務を免れる」ためにわざとやったのではないか、と疑問を呈している。

沖縄県では、一八九八（明治三十一）年に初めて徴兵令が施行されたといわれているが、日露戦争においても多くの沖縄人兵士が従軍し戦死していることが知られている。他方で、実質的徴兵忌避行為も行なわれていたことを同記事は示している。前年、六月十七日の記事には、事故で一名、行方不明五名、徴兵忌避で入監中一名が徴兵検査に来なかったとある。

間切共有請地の競売　『琉球新報』一八九九（明治三十二）年十二月二十五日付には、西原間切棚原山内の「間切共有請地」の競売（入札）の広告が載っている。広告主は西原間切役場で、担当者は「西原間切役場長」となっている。旧来の間切番所と地頭代は、前年の「沖縄県間切吏員規程」によって「間切役場」と「間切長」に改められ、その任免権は県知事が持っていた。

「請地」とは、もともとは百姓地であったものを個人（士族）に払い下げたものといわれるが、「間切共有請地」という名称はほとんど見られない。おそらく、百姓地でない間切共有の土地（山）という意味であろう。いずれにしても、土地整理が始まったころに間切の共有地が売却されている、という事実が重要であり、間切の共有地は「間切役場」の設置とほぼ同時に民間に払い下げられていったのであろう。

農工銀行借入金の資金使途　『琉球新報』一九〇〇（明治三十三）年五月十三日付には、借り主は不明であるが、農工銀行より連帯保証人二十人をつけて貸し出した資金の返済が滞っており、農工銀行は訴訟の準備を進め、これに中頭地域の人々は反対している、とする記事がある。借り主は、中頭地域の人であったのだろうか。この記事によれば、農事のために資金が使用されたかどうか、調べたところ、製糖機械と牛馬購入に充てた資金は効果があったが、肥料購入のために使った分はほとんど効果がなかったという。このことをさして、『琉球新報』は農事のためには使用していないと糾弾し、農工銀行の役人たちは訴訟のみを本務とせず、資金使途の結果を重視すべきではないか、と嫌みを述べている。

記事の内容を見る限り、目的外使途には見えないが、訴訟で農民の財産を取り上げようとする農工銀行の姿勢を批判したものであろう。沖縄県農工銀行は、一八九九（明治三十二）年四月に創業し、不動産を抵当として中小農民に殖産興業の資金を提供しようとして設立された。しかし、翌年には謝花昇ら農村部の代表者と都市部の代表者が役員選挙でもめて、農村部は敗れた。この記事は、そのような時代状況を反映している。

農工銀行が設立された年は、土地整理事業が開始されていたものの、まだ完了しておらず沖縄県に近代的所有権は確立していなかった。不動産担保は、不安定な手法であったと思われる。また、借りて間もなく滞納していることから、貸し出し審査のノウハウも未熟であったと思われる。

悪習慣（婚礼の馬代）　『琉球新報』一九〇〇（明治三十三）年八月二十九日付には、棚原村の女性が浦添間切西原村の男性の嫁になることが決まったとき、棚原村は馬代として六円二十銭を西原村の男性に請求したが、西原村の男性がこれを拒絶したのに対し、村人は激昂し、嫁宅に押しかけ乱暴を働いた、という記事が掲載されている。しかし、九月三日の記事では、馬代は旧慣により請求したことは事実であるが、嫁宅へ行き、乱暴を働いたのは事実無根であるという抗議の記事が掲載されている。

馬代の六円二十銭は、一九〇〇（明治三十三）年の米一石は八円八十銭四厘であることから、おおよそ一般家庭の一カ月分の生活費相当ではないだろうか。馬代の慣習は沖縄全域に存在し、婚姻の当事者とは関係ない村人が費消するものである。村共同体を維持していくために生まれた慣習かもしれない。

間切吏員の同盟辞職　『琉球新報』一九〇四（明治三十七）年一月十一〜二十七日（関連記事五件）付。一月七日、間切長への不信から間切の吏員および各村の村頭にいたるまで、つらねて辞表を提出するという事件が起きた。理由は、「間切長の圧政に耐えられない」というのみで、詳細は不明であった。収入役と書記二名は、一月十一日に免職となり、残りの雇いは二十四日、村頭は二十五日に免職となった。

免職　書記　宮里耕助
　　　雇　　呉屋蒲戸　新川吉儀
　　　村頭　一　石嶺村頭／呉屋賀永（小波津）
　　　　　　二　小波津・呉屋村頭／小波津嘉者
　　　　　　三　幸地村頭／呉屋善永
　　　　　　四　棚原村頭／城間義信

五　翁長村頭／宮平順造
六　津花波・小橋川村頭／呉屋定道
七　我謝・与那城村頭／新垣貞安
八　安室・桃原村頭／安谷屋長忠
九　末吉村頭／与那原長珊
採用　書記　小橋川我治（雇より昇任）
雇　金城盛保　呉屋賀近　比嘉加真

間切役場雇のうち残ったのは何名か不明であるが、内間・掛保久・平良・石嶺・小那覇の村頭は免職となっていない。「沖縄県及島嶼町村制」の施行後、激しい政争の時代を迎えることになるが、政争の芽はこのころに生じていた。

島嶼町村制の施行と地方自治

島嶼町村制と村会・青年会

村会と自治　一九〇七（明治四十）年三月、勅令四十六号によって「沖縄県及島嶼町村制（特別制）」（以下、「島嶼町村制」と記す）が公布され、翌年四月一日から施行されることになった。特別町村制の施行に先だって、勅令四十五号により同年一月一日をもって間切と島を町村に、村が字に改称された。これに伴い、間切役場は村役場、間切会も村会と改称した。島嶼町村制の施行によって従来の間切は「村《そん》」となり、地方自治体としての「西原村」

が誕生した。しかし、村長の任免権は県知事にあり、選挙により選ばれたのは村会議員のみであった。

村会議員の選挙権は「帝国臣民」で、戸主でかつ満年齢二十五歳以上の男子、なおかつ二年以上村の住民として村の負担を分担し、村に直接国税を納める者に与えられた。そして、選挙権がある者は被選挙権も与えられた。選挙権および被選挙権に一定の制限があったため、一九一〇年の時点の選挙権を有する者は一二％ほどで、住民の九割は選挙に参加できなかった。

青年会の活動　沖縄における青年会は、一八八六（明治十九）年、久米島の各部落で青年夜学会が結成されたのが、はじまりであるといわれる。その後、風紀改良の団体が各地で設置され、一九〇五（明治三十八）年ごろ、青年会へと発展していった。青年会は、学事奨励、殖産興業、風紀改良、共同作業、勤勉と節約・貯蓄を活動目標とした。

西原村においては、間切時代、島嶼町村制が施行される直前の一九〇七（明治四十）年六月に「西原間切青年夜学会」が結成された。十四、五歳から三十歳までの年齢で構成され、一五五人が会員となった。その後、各村でも青年夜学会が結成されていった。一九〇七（明治四十）年六月十六日の『琉球新報』には、小那覇村ですでに青年夜学会が結成され、嘉手苅村でも発会式が行なわれたことが報道されている。他の村でも、続々結成される予定だと同紙は述べており、十一月には我謝村、与那城村で青年夜学会が結成されている。青年夜学会は、大正初年ごろには青年会と呼称されるようになった。

青年夜学会（青年会）の結成は、「西原村」の誕生が目前となり、未来を担う青年が新しい時代に適応していこうとする気概を示している。各郡は、将来のリーダーを育成するため、青年会の中心的人物を夏季に約一週間の講習会や視察旅行に参加させたり、優良団体を表彰したりした。

新聞に見る島嶼町村制施行前後の西原

散髪店をめぐるトラブル　『琉球新報』一九〇八（明治四十一）年十二月二十七日／一九〇九（明治四十二）年二月二十四日、字小那覇の散髪店をめぐるトラブルの第一報は、散髪店が字の人々のボイコットにより、廃業せざるを得なくなったというものであった。そのいきさつは、字の組頭が、散髪店に値下げの交渉をしたが、採算が合わないことや同業者の協定をたてに応じなかったため、怒って字の人々にその散髪店に行かないよう、字の組頭を集め、字の者が散髪店に行くと罰金一円を科すと決めたため、散髪店は廃業せざるを得なくなった。そして、組頭たちは安くて散髪してくれる人を探し営業をさせた。しかし、これは字の人々の賛意を得ているわけでもなく、「内法」を乱用している組頭たちの横暴である、と伝えている。

第二報では、新しく開業した散髪屋が報道は事実無根である、と反論している。すなわち、散髪代を下げたのは、無学で同業組合規則を知らなかったためで、現在は組頭たちの了解を得て元の値段で営業しており、字の人々との不和はない、と述べている。

実際に罰金一円を科したかどうかは、報道だけでは分からない。しかし、島嶼町村制施行後も内法が新たに作られていることは、とても興味深い。島嶼町村制施行以前は村頭がいたが、施行とともに廃止となっている。組も法的根拠をもっていなかったが、事実上存在して組頭たちによる協議が村人の生活を拘束していた。この時点では、村議会もあり、字出身の議員もいたと思われるが、議員の影響力をうかがい知ることはできない。議員はかつての村頭とは違った存在になっていたからであろう。

婦人会と学校教育　『沖縄毎日新聞』一九〇九（明治四十二）年六月五日付では、西原婦人会の第三回総会の模様が報道されている。婦人会の総会は、六月一日（南組）、六月二日（西組）、六月三日（東組）と三日に分けて行なわれた。当時、西原尋常小学校の安江校長は、婦人会が結成されてから、児童の欠席や遅刻、早引きも少なくなっており、学業成績や行儀作法もよくなった、と婦人会の功績をたたえている。婦人会の総会では、小学校教員らによる講話があり、その内容は、児童のしつけ方について／学問の必要および学用品について／処世の心得／学事奨励談／各字婦人会の活動についての所感／衛生談および各字出席等級報告／国民の三大義務／裁縫用具について、などであった。

順調な成長から慢性的不況／昭和恐慌へ

産業の発達

土地整理事業が完了し、島嶼町村制が施行されると、沖縄県全域において商品作物の栽培も盛んとなり、商売に従事する人々があらわれ、経済活動も活発になっていった。西原村の場合、一九〇七（明治四十）年の沖縄県糖業改良事務局の設置や一九〇八（明治四十一）年の大型製糖工場竣工により、村外の人々が多く行き来するようになり、村の経済的な発展を側面からうながすことになった。

島嶼町村制施行前年からの主要な農作物の統計を整理すると、**表3－20**のとおりである。

主な換金作物であるサトウキビ生産農家は、砂糖消費税の施行と糖価の下落によって大きな打撃を受けたが、砂糖消費税の廃止を求めた運動や沖縄県の奨励策、一九〇九（明治四十二）年から「糖業奨励費」が奄美と同様に交付がはじまったこともあり、サトウキビ生産は拡大していく。しかし、一九一六（大正五）年から一九二一（大正十）年をピークに、一九二二（大正十一）年から大きく下降している。水稲（米）の栽培は、西原村のみの統計ではアンバランスが見られるが、サトウキビの栽培面積の拡大にともなって減少していった。しかし、沖縄県全域をみると、品種改良や肥培管理の発達によって、反収は明治期には一石内外であったものが大正期には一・五石内外

表 3-20　主要農作物の生産高

	砂　糖			サトウキビ			小　麦			豆　類		米		
	製造戸数	生産高（千斤）	生産高（百円）	作付面積（町）	収穫高（千斤）	反収（百円）	作付面積	収穫高	反収	作付面積	収穫高	作付面積	収穫高	平均反収
1907年（明治40）	1,837	247	81	245.6	23,295	94.8	1.7	6	353	114.6	311	2109	1914	195
1908年（明治41）	…	…	…	…	…	…	…	…	…	…	…	1341	1231	110
1909年（明治42）	…	…	…	…	…	…	…	…	…	…	…	1029	959	70
1910年（明治43）	1,907	2,582	155	273.3	26,885	98.4	3.3	12	364	149.6	464	1122	1073	49
1911年（明治44）	※	※	※	※	※	※	※	※	※	※	※	1405	1369	36
1912年（大正元）	1,905	3,400	3,054	310.8	29,700	95.6	0.7	2	286	110.2	551	2013	1931	82
1913年（大正2）	1,960	4,554	4,003	339.3	36,152	106.5	0.8	2	250	※	※	…	…	…
1914年（大正3）	1,571	4,234	2,662	367.6	33,509	91.2	※	※	※	※	※	…	…	…
1915年（大正4）	1,935	4,968	5,298	388.7	41,918	107.8	※	※	※	※	※	4343	4134	209
1916年（大正5）	1,983	7,777	9,047	395.2	54,629	138.2	※	※	※	※	※	※	※	※
1917年（大正6）	1,724	6,084	5,390	456	37,256	81.7	※	※	※	※	※	※	※	※
1918年（大正7）	…	…	…	…	…	…	…	…	…	…	…	※	※	※
1919年（大正8）	…	…	…	…	…	…	…	…	…	…	…	※	※	※
1920年（大正9）	1,410	7,860	10,952	431.3	37,637	87.3	※	※	※	※	※	※	※	※
1921年（大正10）	1,287	7,422	11,275	424	32,296	76.2	※	※	※			※	※	※
1922年（大正11）	1,246	1,394	2,370	424	26,816	63.2	※	※	※			※	※	※
1923年（大正12）	1,251	1,228	1,596	424.3	33,854	79.8	※	※	※			※	※	※
1924年（大正13）	1,375	1,321	1,433	411	25,860	62.9	※	※	※			※	※	※
1925年（大正14）	1,211	1,869	1,673	425	39,144	92.1	※	※	※			1943	1881	62
1926年（昭和1）	1,170	1,907	1,640	420	40,604	96.7	※	※	※			225	225	—
1927年（昭和2）	1,164	2,132	1,812	450	45,364	100.8	※	※	※					
1928年（昭和3）	1,219	2,405	2,045	450	44,545	99	※	※	※					
1929年（昭和4）	1,218	1,718	1,461	551.4	33,272	60.3	※	※	※					
1930年（昭和5）	1,284	2,043	1,538	405.1	34,679	85.6	※	※	※					
1931年（昭和6）	1,425	2,898	1,884	400	45,966	114.9	※	※	※					

出典：『沖縄県統計書』。注記は表 3-19 に同じ。

に増加した。また、豚を中心とした畜産業も盛んになっていった。一九一四（大正三）年、ヨーロッパで第一次世界大戦が勃発、砂糖の需給バランスが崩れたことや日本社会の好景気の影響をうけ、糖価は大きく値上がりし、サトウキビ生産農家はおおいに潤った。しかし、この現象は、沖縄の農業生産が世界経済に取り込まれていることを示すものであり、沖縄農業のサトウキビ・モノカルチャー化（農業生産の大部分がサトウキビに集中）していくことをもたらす結果となった。

このような糖業の好景気に支えられて、社会の基盤整備も進んでいった。一九〇二（明治三十五）年、西原間切平良村（一九〇六年首里区に編入）から普天間までの普天間街道が竣工、一九〇四（明治三十七）年には、那覇から山原船の寄港地である与那原までの佐敷（与那原）街道が竣工した。さらに、一九〇七（明治四十）年には、与那原と西原村を結ぶ西原街道も竣工した。一九一四（大正三）年、那覇・与那原間の沖縄県軽便鉄道も竣工し、同年十二月から営業を開始した。一九一六（大正五）年には、与那原と泡瀬を結ぶ沖縄馬車軌道が開通、翌年には、与那原と泡瀬間にバスも通るようになった。

教育と風俗改良の展開

西原における近代教育は、一八八一（明治十四）年五月、普天間神宮寺内に中頭小学校が創設され、中頭の各間切から二、三名を募り、開校したことに始まる。生徒は、各間切の文子たちで、旧慣支配層の子弟が主であった。生徒は、すべて普天間に寄宿し、間切が三円の手当を支給した。翌年、西原をはじめ中頭の各間切に小学校が設立された。一八八三（明治十六）年二月、会計検査院長岩村俊通が西原間切を訪れたときは、九十名の生徒が学んでいたが、生徒の数が前年の三十名から急激に増加し、生徒への給付金がまかなえなかった。一八八六（明治十九）年、「小学校令」が発せられ、尋常小学校は四年、高等小学校は四年となった。それまでは、尋常科三年、中等科三年、高等科二年であったが、一八八八（明治二十一）年、普天間に中頭高等小学校が設立され、中等科の生徒は普天間に通うようになった。一八九五（明治二十八）年、日清戦争で清国が日本に敗れると、就学児童も増加し、男子は約四五％、女子は約一七％が就学するようになった。

学校教育が普及すると、風俗改良が当面の課題としてあがるようになった。一八九五（明治二十八）年十二月の沖縄県私立教育会で議決された「将来教育改良施設案」には、次のような事項があった。

・普通語普及の目的をもって、口頭試験を課し、および高等小学校に談話会を設けること
・断髪、筒袖（和服で袂の部分のない筒形の袖＝和服）を励行すること
・平素、なるべく履き物を履かすこと
・規則を設けて、文具・服装および清潔を点検すること
・文身（いれずみ＝ハジチ＝針突）のよくない習慣を禁じること

言葉の問題については、県外の人と会話が通じないという実利的観点が強く説かれたが、国家統一のためには普通語の普及が重要だという皇民化政策とも結びついていた。断髪、筒袖の励行は、男子の場合、教育の普及とともに順調に進んだが、女子の場合はうまく進まなかった。そこで、女教師が率先して行なうべきだとする教育界の主張が展開された。女子の服装改革は、女教師から教員の家族、都市部の家庭へと少しずつ広まっていった。ハジチ（文身）は、一八九八（明治三十一）年、首里小学校女教師久場鶴子がハジチを取り除く手当を受けたことがきっかけとなり、師範学校の女生徒らが除去の手当を受けるなどの行動があったが、民衆レベルではなかなか進展しなかった。一八九九（明治三十二）年に、ハジチは法律で禁止されたが、禁止は逆に民衆のハジチをあおったといわれている。

西原出身の、呉屋亀子は、久場鶴子に次いで風俗改良運動に取り組んだ。呉屋は、師範学校女子講習科の第二回

卒業生で、卒業と同時に西原尋常小学校の教員に採用された。そして、服装改良に積極的に取り組み、教育会の表彰を受けている。

風俗改良運動は、沖縄県が設置された時点から行なわれていたともいえるが、明治三十年代に教育界のリードによって、全県的に広まっていった。そして、一九〇八（明治四十一）年に全国的に始まる地方改良運動ともかさなって、質素倹約、風紀取り締まりなど、戦前を通じて行なわれ、それは一方で同化政策・皇民化政策ともいわれている。

移民とソテツ地獄

移民　西原における移民の歴史は古く、一八九九（明治三十二）年に、ハワイへ渡った呉屋村出身の呉屋次良が最初である。『西原町史』第六巻 資料編五「西原の移民の記録」は、戦前の移民概要を次のように記している。

一九〇四年（明治三十七）から一九四一年（昭和十六）までの三八年間の西原村出身者の海外旅券下付数の合計をみると二五二四人を記録し、沖縄県内市町村のなかでも出移民数の多い村であることが判明する。（中略）西原村における海外旅券の第一回目のピークは、一九〇七年（明治四十）の二二一人であり、その前年にあたる一九〇六年（明治三十九）の二〇七人、翌一九〇八年（明治四十一）の一二一人も大台を記録する。その渡航先国はほとんどがハワイである。この時期は日本全国および沖縄県においても移民数の多い時期に相当し、ハワイ移民の最盛期であったといえよう。

第二回目のピークは一九一七（大正六）年の四〇五人であり、これは西原村の海外旅券下付数として歴史上最高を記録する。その翌一九一八（大正七）年の二〇五人と翌々一九一九（大正八）年の一二九人も西原村における海外移民数としては多い。この時期の渡航先国は大部分がブラジルとペルーの両国である。

第三回目のピークは一九二七（昭和二）年の九二人であり、前二回のピークよりは量的に少なくなる。翌一九二八（昭和三）年の七五人、翌々一九二九（昭和四）年の八九人も比較的多い。その渡航先国はペルーが大部分を占める。

移民の最初のピークは、土地整理（一八九九年〜一九〇三年）が行なわれた直後である。地割制下では、地人である村人に土地が配分されていたが、旧民法では、遺産は家督相続という形で長男子単独相続が原則であったため、二男三男に土地を分けることが容易にできなかった。このような事情も、初期移民を生み出した歴史的背景の一つであろう。第二回目のピークは、糖価がうなぎ登りに上昇している時期である。太田朝敷は、砂糖景気に浮かれて有頂天となっている沖縄県の状況を次のように描写している。

この二カ年間〔一九一九—二〇年〕は都鄙共〔町も田舎も〕にわけもなく景気に陶酔し、馬の糞でも犬の糞でも、買って置けば儲かるといわれた位いで、土地であれ、家畜であれ、盛んに思惑が行なわれ、一時は各所に小成金がうようよ出来たのである。

第二のピークの背景としては、経済的な影響よりも、初期移民の活躍や送金が広く知れ渡り、移民熱が増していったことが考えられる。意外にも、第一次世界大戦後の慢性的不況期には、移民は増加していない。第三回目のピークである一九二七（昭和二）年は、全県的な大干ばつに襲われた年で、慢性的不況から脱却できず糖価の下落傾向が続く時期で、慢性的不況から昭和恐慌へと続く中間点にあたる。

表3-21　1916年から1935年にかけての黒糖生産高と那覇市場の黒糖相場

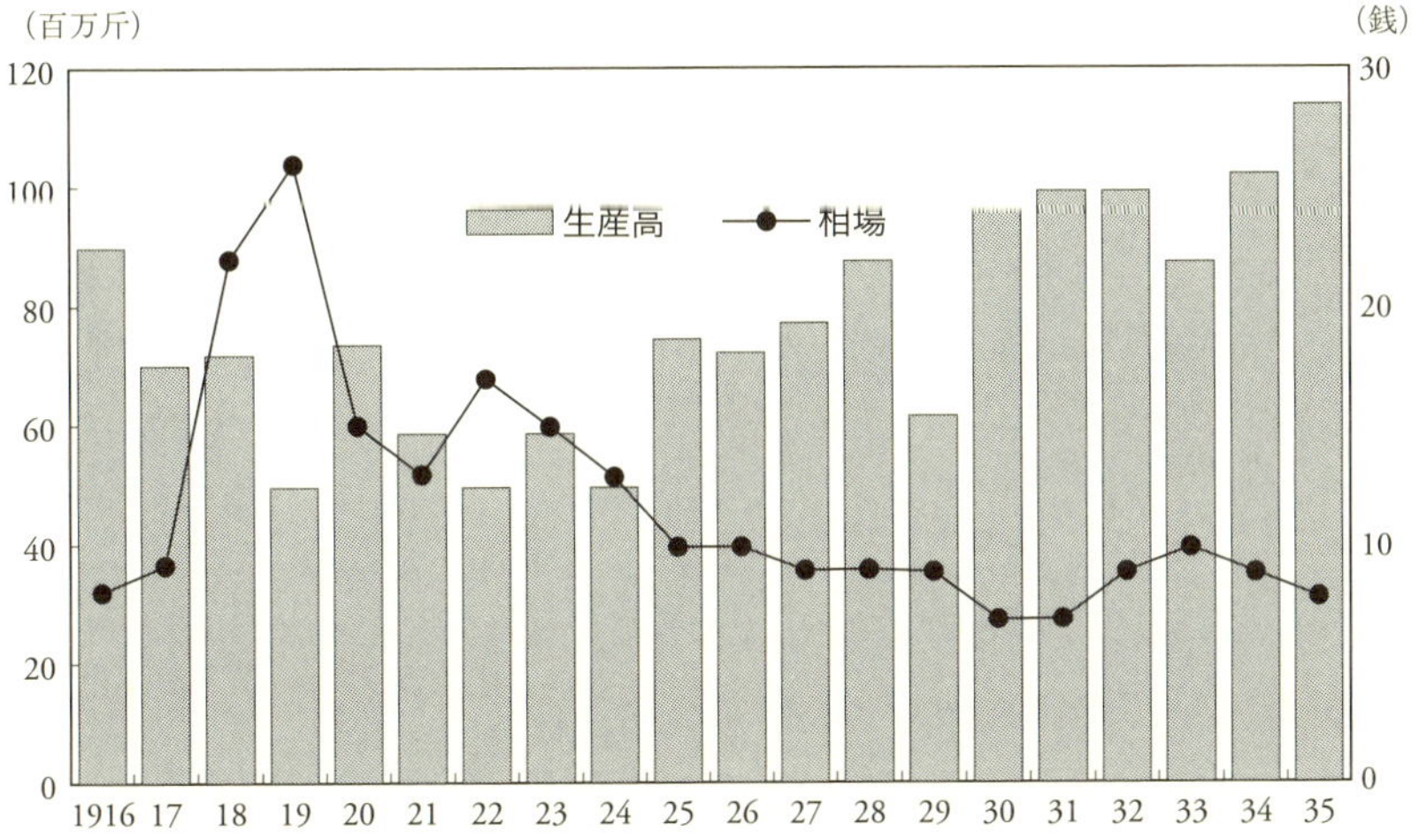

出典：川平成雄『沖縄・1930年代の研究』藤原書店、2004年（沖縄県農会編『糖業彙集』第1号・第4号より作成）。

ソテツ地獄と呼ばれた大不況　日本に好況をもたらした第一次世界大戦は、一九一八（大正七）年に終結、ヨーロッパ諸国が生産力を回復するにつれ、日本経済は過剰生産商品の販路を失っていった。そして、一九二〇（大正九）年三月、東京の株式市場が大暴落し、それに続いて金融機関の破綻が相次ぎ、いわゆる戦後恐慌におそわれた。政府の金融機関をはじめとしたあらゆる産業への救済融資によって、同年夏には底入れの傾向を見せるが、本質的な経済回復を果たすことなく、一九二三（大正十二）年の関東大震災や一九二七（昭和二）年の金融恐慌、一九三〇〜三一年の昭和恐慌などがおき、いわゆる慢性的不況へと時代は転換していく。

沖縄県の砂糖相場は、一九一九（大正八）年にピークを迎え、その後急激に下落し、一一年後には三分の一ほどの相場になっていた（**表3-21**参照）。砂糖相場の暴落は、沖縄県経済に大きな影響を与えた。一九二九（昭和四）年、元大阪毎日新聞経済部長の松岡正男は、砂糖相場下落後の沖縄県の状況を次のように記している（『沖縄救済論集』）。

沖縄においても、また大島においても、大正九年までは、農家は黒糖の生産によって多少の利益を挙げることができた。しかし、十年度からは全く食い込み一方の状態にある。即ち、十三年度の計算によれば、一反当たりの総収入は、沖縄県では七十円二十銭（一斤十三銭として）であって、生産費は七十四円四十三銭であるから、差引四円二十三銭の損失に当たり、〔中略〕黒糖の下落せる今日の現状では、消費税は消費者に転嫁せられずして、直税となって農民を苦しめている。

このような状況のなかで、困窮のあまり蘇鉄を食して死亡した事件もあって、マスコミでは「ソテツ地獄」と評した。砂糖消費税の消費者が負担している分も含めて砂糖価格が下落したため、農村の疲弊は大きなものとなった。このような状況は、昭和に入ってからも変わらず、慢性的な不況が続いた。

混迷する西原の政局と国策

全国および沖縄県の地方自治と参政権　全国的には、一八八八（明治二十一）年、法律第一号により地方自治がはじまり、一八八九（明治二十二）年に「日本帝国憲法」が発布、翌年七月に制限選挙ではあったが国政選挙が行なわれ、貴族院と衆議院による議会制度がスタートしていた。一九二五（大正十四）年には、普通選挙法の成立と治安維持法が成立した。普通選挙法の成立は、その根拠は民主主義にあるのではなく、「国民全体をして、我が金甌無欠〔国家が強固で外国の侵略や侮りを受けずに尊厳を保つこと〕の国体を擁護するため」であった。

沖縄では「島嶼町村制」施行の後、一九〇九（明治四十二）年に特別県制が施行される。また、県議会が設置され、同年五月には第一回県議会選挙が行なわれ、三十名の県会議員が誕生した。しかし、県議会議員の選挙権は区町村会議員のみに制限されていた。一九一二（明治四十五＝大正元）年になって、謝花昇らが求めていた国政参加が認められ、第十一回衆議院選挙において沖縄からも二名の国会議員が選出された。しかし、選挙権は納税額などにより制限されたものであったうえ、宮古・八重山は選挙権の対象から除かれていた（一九一九年から宮古・八重山にも国政への参政権が認められた）。一九二〇（大正九）年、特別県制であった沖縄県は、一般県制となり、島嶼町村制も撤廃され一般町村制となった。同年に行なわれた第十四回衆議院選挙から、選挙区が四分され、第一区（那覇）、第二区（島尻／宮古／八重山）、第三区（首里／中頭）、第四区（国頭）と現在の小選挙区に近い制度になったが、一九二八（昭和三）年の第十六回衆議院選挙からは、元の全県区に戻った。一九二五（大正十四）年成立の普通選挙法は、特別県制が撤廃されていた沖縄県にも自動的に適用された。

「島嶼町村制」施行直後の西原村政界　このような地方自治や選挙制度の制定・変更のなかで、沖縄県内各地では政争が激しくなっていく。「島嶼町村制」施行直後は、政争らしきものはほとんどない。一九一三（大正二）年の県議会選挙においては、中頭の他村では派閥争いがみられるが、西原村は新川三郎（三良ともいう）を一致して推している。新川三郎は、『沖縄毎日新聞』で当選後、「新川君は、数え三十歳で若く知名度も低い」が「村内有志と交遊し、真面目な青年として未来を期待されている」と評されている。

一九一七（大正六）年の県議選では、当時の『琉球新報』には、村議の票決によって、宮平我直、宮平盛繁、小波津正徳の三名のなかから宮平我直が統一候補となったと報道している。第六代目村長・宮平一一《かずいち》が記した『思い出の記』（町史編集事務局所蔵）には、新聞記事と名前が違うが内容的に酷似する次のような記述がある。

幸政（光清）氏の運動員はわたしであったが、十五名の内八名は、確かに幸政氏に投票して呉れるとの約束であったので、私は安心して予選場の翁長の民家に行ったのである。〔中略〕予選の結果は、幸政氏三票、我直氏七票、（小波津）清晃氏五票であった。それから、幸政、清晃両氏で相談して、我直のものは七票で半数に足らない。吾々二人のと合わせると過半数の八票ある二人の内から一人出すことにして、それが幸政氏に決まり、二人の代表として幸政氏を出すからと皆に呼び掛け初《マ》め《マ》たのである。勿論、我直氏も承諾する筈もなく、互いに相争ってそのまま選挙に持ち込んだら、二人とも落選したのである。／それから我直氏と幸政氏は、事々に反抗の立場になり、多数人民も加わり党派争いの形となり、それが激しくなって遂に幸政氏は自分の姉を犠牲にして仕舞ったのである（一部現代仮名遣いに変えた）。

『思い出の記』に記された内容の年代は不明であるが、新聞報道と事実関係は酷似している。当時は改名が珍しくなかったようであり、新聞の誤植の可能性もあることを考慮すれば、新聞と『思い出の記』は同じことを述べていると思われる。光清は、後に幸政と改名しており、新聞記事の宮平盛繁と同一人物ではないだろうか。同じく小波津正徳は、『思い出の記』の小波津清晃と同一人物で、かつ第十代村長小波津正光と同一人物ではないかと思われる。『思い出の記』に「自分の姉を犠牲にして仕舞った」とあるのは、宮平光清の姉は、宮平我直の兄嫁で政争に巻き込まれて離婚するはめになったという（『思い出の記』）。

西原村で政争が激しくなっていくのは、この時期からであったと考えられ、一九三〇（昭和五）年六月六日付の『大阪朝日新聞』には、「政争地として有名な西原村」と紹介されている。

新川雅清村長の辞職騒動　一九三〇（昭和五）年六月二日、助役の伊波康雄から「本村長新川雅清氏は、去月三十日村長を辞任した」とする報告書が県知事宛に届出されたことにより、騒動が起きた。新川村長は、その前後に県の地方課長に辞任の意志はないことを伝えており、報告書に押されている印も公印ではなく、私印であった。新川村長は、就任に際し一年後に円満に辞職すると自ら書いていたため、伊波助役はこれを受理していた。その後、新川村長は、辞職しない旨を「内容証明郵便」で伊波助役に送付していたが、これを無視し、村長辞職の報告書を提出したというのが、真相であった。

この争いの背景には、県政における政友会系と民友系の複雑な対立構図があると思われる。最初の第十一回衆議院選挙（一九一二年＝明治四十五）から第十四回選挙（一九二〇年＝大正九）まで、沖縄県は政友会系の国会議員がほとんどを占め、第十五回衆議院選挙（一九二四年＝大正十三）では、政友会を離脱した政友本党がすべてを占めた。一九二八（昭和三）年の第十六回衆議院選挙では、憲政会と政友本党が合流した民政会系が二議席、政友会系が三議席となった。議員すべてが入れ替わったので、選挙戦も激しくなった。翌年二月の県議会選挙では、政友会系は、十八議席と多数派を勝ち得たが、民政党系は前年の衆議院選挙の勢いのまま政友会一色であった県議会に十議席を送り込んだ（中立二議席）。当時の『大阪朝日新聞』（一九三〇年六月六日付）には、「村長の新川一派は、政友派代議士並びに民政一部の後援を得ており、伊波助役は民政党の代議士以下を応援者として二派おのおの秘策を授かり、相対して譲らぬ有様」と記している。この記事から見ると、村長と助役はどちらかというと共に民政系で、助役に村長を譲ることを約束していたが、村長を政友会系に取り込もうとする県政界の動きが問題を複雑にしたと思われる。

この争いの仲裁に入った県当局は、喧嘩両成敗を選び、村長と助役を同時に停職とし、西原村長職務代理に県属の当山清盛を任命した。

宮平村長の県による解任事件　一九四〇（昭和十五）年十月、沖縄県の懲戒審査委員会が開かれ、宮平光清村長が懲戒解職されるという事件が起きた。当時の新聞によれば「宮平前村長は周知の如く、米、肥料など重要物資の配給、租税の賦課などに関して幾多不当の処置が多かったので、県ではその都度反省を求めたがこれを是正せず、近くは認可なく県下に無断出張している。大政翼賛推進中、核たるべき村長が時局を認識せずいたずらに選挙対策、自己勢力扶植に専念するに時局下村長として実に不適当といわねばならない」と記されている。

宮平光清は、一九二四（大正十三）年から二五年にかけて五代村長となり、再び一九三一（昭和六）年から八・九代村長を務めていた。十代目村長には、一九四一（昭和十六）年三月、小波津正光が選任されたが、村長空白期間が約半年におよんでいる。一九二八（昭和三）年二月、普通選挙法に基づいて、第十六回衆議院選挙が行なわれ、多くの人々が選挙に参加するようになり、さらに政治意識が高まっていったことが政争激化を増幅させ、前述の新川雅清村長の辞任騒動や宮平光清村長の解任騒動の要因になったのではないだろうか。

新聞資料に見る大正・昭和初期の西原

大城式圧搾機　字小橋川の大城助素は、新しいサトウキビ圧搾機を開発し、一九一四（大正三）年四月十二日、試運転の模様を公開した。その結果は、従来の圧搾機とくらべ、歩留まりが約六％多く、時間的には五割早いと紹介されている。

『西原町史』第七巻（産業編）によれば、大城式圧搾機の特徴は、「第一に、それまでの圧搾機は直径二尺（約六〇センチメートル）の鉄車三個が軸になって回転するのに対し、大城式の場合、中央は従来のものと同じ直径の鉄車であるが、その両側のものが直径一尺の小さなものであった。これは従来の圧搾機に比べると、両側が小さくなった分、テコの原理で牛馬の負担が軽くなる。／第二の点は〔中略〕両側の小さな鉄車の軸の周囲を丸い鉄棒（ベアリング）で抱かせるようにしたことである」という。

新聞は、この新圧搾機が全県下に普及すれば、「実に二十五万九千二百円」の利益を生み出し、県民の幸福につながる発明であると賞賛している。残念なことに助素の発明は、他人に特許を横取りされてしまったという。助素は、失意のうちに一九一七年病死したが、西原村はその功績をたたえ村葬とし、村民に厚く弔われた。

暴風襲来と教化総動員　一九二九（昭和四）年四月、沖縄県全域を暴風が襲い、島尻・与那原署管内では、全壊家屋十一戸、半壊二二戸、負傷者一人、サトウキビは三割の被害、イモは一割の被害と報じている。翌年七月にも暴風が襲い、沖縄本島東海岸一帯は高波によって、農作物などに大きな被害があった。西原村の被害状況は不明であるが、新聞は近隣の与那原や中城村、与那城村の被害を伝えている。

一九二九（昭和四）年十月、陸軍省新聞班による「国防の本義と其強化の提唱」が発行され、中央のマスコミ界で議論が起きたが、沖縄でもこれに呼応するかのように、同年十月十四日、沖縄県教化連合会が発足した。日露戦争の勝利によって満州地域に権益を得ていた日本は、戦後もロシアと常に緊張関係にあった。一九一七（大正六）年、ロシア革命によってロシアが消滅し、代わってソビエト社会主義国連邦が成立すると、中国では一九一九（大正八）年の五四運動以降の反帝国主義ナショナリズムが成長し、日本の実質的な満州支配に対して抵抗運動が起き、「満蒙問題」は日本の生命線とまでいわれるようになっていた。「国防の本義と其強化の提唱」は、このような国際問題の緊張関係を受け、国防を中枢にすえ、全国民を国家的統制の下に動員していく必要を説いている。沖縄県教化連合会は、国家目的に対する総動員を中心に冗費節約を推進することを目的としており、その設立は一五年戦争へ向かう暗い道を示唆するものであった。

参考文献

安次富松蔵『校註・舊琉球藩ニ於ケル糖業政策』校註・「旧琉球藩に於ケル糖業政策」刊行会、一九七六年。

安良城盛昭『新沖縄史論』沖縄タイムス社、一九八〇年。

大石嘉一郎『近代日本の地方自治』東京大学出版会、一九九〇年。

大島美津子『明治国家と地域社会』岩波書店、一九九四年。

太田朝敷『太田朝敷選集　上巻』比屋根照夫・伊佐眞一編、琉球新報社、一九九三年。

沖縄県教育委員会編『沖縄県史　第一巻　通史』沖縄県教育委員会、一九七六年。

沖縄県教育委員会編『沖縄県史　別巻　沖縄近代史辞典』沖縄県教育委員会、一九七七年。

沖縄県教育庁文化課編『津堅島地割調査報告書　沖縄県文化財調査報告書　第六集』沖縄県教育委員会、一九七七年。

奥田晴樹『日本の近代的土地所有』弘文堂、二〇〇一年。

奥野彦六郎『南島村内法』至言社、一九七七年。

小野武夫編『近世地方経済史料　第九巻・第十巻』吉川弘文館、一九五八・一九六九年。

我部政男『明治国家と沖縄』三一書房、一九七九年。

川平成雄『沖縄・一九三〇年代の研究』藤原書店、二〇〇五年。

菊山正明『明治国家の形成と司法制度』御茶の水書房、一九九三年。

宜野湾市史編集委員会編『宜野湾市史　第一巻　通史編』宜野湾市教育委員会、一九九四年。

宜野湾市史編集委員会編『宜野湾市史　第四巻　資料編三　宜野湾市関係資料1』宜野湾教育委員会、一九八五年。

儀間淳一「首里王府の農政と原勝負」『南島文化　第三〇号　沖縄国際大学南島文化研究所紀要』沖縄国際大学南島文化研究所、二〇〇八年。

儀間園子「明治三十年代の風俗改良運動について」『史海　第二号』史海同人、一九八五年。

平良勝保「明治十七年の沖縄県旧慣調査とその背景」法政大学沖縄文化研究所編『沖縄文化研究　第三五号』法政大学沖縄文化研究所、二〇〇九年。

平良勝保「近代沖縄における旧慣調査とその背景」沖縄大学地域研究所『地域研究』第五号、二〇〇九年。

平良勝保「近代沖縄における内法の成文化と変遷」『沖縄近代法の形成と展開』田里修（沖縄大学）、二〇〇九年。

高江洲昌哉『近代日本の地方統治と「島嶼」』ゆまに書房、二〇〇九年。

田名真之『南島地名考』ひるぎ社、一九八四年。

田村浩『琉球共産村落の研究』至言社、一九七七年。

北谷町史編集委員会『北谷町史　第一巻　通史編』北谷町教育委員会、二〇〇五年。

豊見山和行編『日本の時代史18　琉球・沖縄史の世界』二〇〇三年。

仲吉朝助「琉球の地割制度」『史学雑誌　第三九編』五号・六号・八号、史学会、一九二八年。

波平恒男「『琉球処分』再考――琉球藩王冊封と台湾出兵問題」『政策科学・国際関係論集』第十一号、琉球大学法文学部、二〇〇九年。

名護市教育委員会文化課編『羽地真喜屋稲嶺風水日記』名護市役所、二〇〇六年。

名護市史編さん委員会編『名護市史・資料編1　近代歴史統計資料集』名護市役所、一九八一年。

那覇市企画部市史編集室編『那覇市史　資料篇第二巻中の四』那覇市役所、一九七一年。

西里喜行『清末中琉日関係史の研究』京都大学学術出版会、二〇〇五年。

西原町史編纂委員会編『西原町史　第二巻　資料編一　西原の文献資料』西原町役場、一九八四年。

西原町史編集委員会編『西原町史　第六巻　資料編五　西原の移民記録』西原町教育委員会、二〇〇一年。

西原町史編集委員会編『西原町史　第七巻　西原の産業』西原町教育委員会、二〇〇三年。

西原文雄『沖縄近代経済史の方法』ひるぎ社、一九九一年。

真境名安興『真境名安興全集　第二巻』ボーダーインク編、琉球新報社、一九九三年。

又吉盛清『日露戦争百年──沖縄人と中国の戦争』同時代社、二〇〇五年。

向井清史『沖縄近代経済史』日本経済評論社、一九八八年。

毛利敏彦『台湾出兵』中央公論社、一九九六年。

安岡昭男『明治維新と領土問題』教育社、一九八〇年。

安岡昭男編『近代日本の形成と展開』巖南堂書店、一九九八年。

山田龍雄他『日本農書全集　34』農山漁村文化協会、一九八三年。

山中永之佑『近代日本の地方自治制と国家』弘文堂、二〇〇〇年。

琉球政府編『沖縄県史　第二巻　各論編1　政治』琉球政府、一九七〇年。

琉球政府編『沖縄県史　第一一巻　上杉県令関係日誌』琉球政府、一九六五年。

琉球政府編『沖縄県史　第一二巻　資料編2　沖縄県関係各省公文書1』琉球政府、一九六六年。

琉球政府編『沖縄県史　第一三巻　資料編3　沖縄関係各省公文書2』琉球政府、一九六六年。

琉球政府編『沖縄県史　第一四巻　資料編4　雑纂1』琉球政府、一九六五年。

琉球政府編『沖縄県史　第一六巻　資料編6　新聞集成（政治経済1）』琉球政府、一九六七年。

琉球政府編『沖縄県史　第二〇巻　資料編10　沖縄県統計集成』琉球政府、一九六七年。

琉球政府編『沖縄県史　第二一巻　資料編11　旧慣調査資料』琉球政府、一九六八年。

『沖縄県令達類纂』上巻、沖縄縣知事官房文書係、一九〇六年。

『琉球処分　上中』横山學編『琉球所属問題史料　第六巻』本邦書籍、一九八〇年。
『琉球処分　下』横山學編『琉球所属問題史料　第七巻』本邦書籍、一九八〇年。

第II部

近代沖縄の旧慣・内法調査

第4章

近代沖縄の旧慣調査とその背景

はじめに

一八七二年の琉球藩王の冊封から近代初期の沖縄は、琉球／沖縄の政治的・外交的地位が琉球藩王の冊封（日本による植民地化の開始）、沖縄県の設置（琉球国の併合）とめまぐるしく変わった時期であり、はやい時期から政治・外交の側面から内外多くの研究者の注目を浴び、論文や著作も多い。(1)これらの研究は、琉球／沖縄史研究をアジア・東アジア史研究のなかに位置づけ、沖縄研究の世界史的意義を明らかにしてきた。一方で、近代沖縄における旧慣期の研究は遅れていたが、(2)一九七二年の本土復帰前後に行なわれた『沖縄県史』編集事業にともなって大きく進展した。安良城盛昭は、『県史』の旧慣存続期についての叙述は、〔中略〕『県史』刊行が推進力となって開拓された新たな研究領域における一つの積極的な成果でもあったのである」と述べている。(3)一九七七年から一九七八年にかけては「旧慣温存期論争」(4)といわれる論争も安良城盛昭と西里喜行との間で起きた。しかし、その後の沖縄近代史における旧慣期の研究は、決して活発とはいえない。(5)

明治期の旧慣調査については、高良倉吉が『沖縄県史』別巻の「沖縄研究」および『沖縄県史』第五巻の「歴史学」で整理し紹介している。(6)また、新城安善「沖縄研究の書誌とその背景」(7)、平敷令治「民族学・民俗学」(8)、田里友哲・石井孝行「地理学」(9)でも言及されている。最近では、輝広志が「『琉球史料』の史料学的研究」(10)のなかで史料学的立場から旧慣調査資料や丸岡莞爾知事時代の史料収集について詳しく言及している。

本章では、これらの研究に学びつつ、沖縄近代史における間切や村（地域）研究の基礎作業として、明治政府や沖縄県による官庁主体の旧慣調査に着目し、近代琉球（琉球藩期）を含む明治政府・沖縄県による官庁主体の旧慣調査を概観し、従来あまり着目されてこなかった史料を紹介しつつ、旧慣調査の歴史的背景と意義を検討してみたい。

「旧慣期」の調査資料は、官庁主体のものもあれば、私人としての調査（研究という語法が近い）もあり、またその両方を備えている場合もある。本章では、明確に官庁主体の調査を「旧慣調査」と称することにする。また、デスクワークによる文献調査・写本収集も「旧慣調査」の一環として捉えるべきであるが、これについては輝前掲論文があり、本章ではとりあえず論点を絞るため文献資料の調査は「旧慣調査」から外すことにする。しかし、文献資料調査に基づく再編集資料は、「旧慣調査」として取りあげることにする。

近代琉球（琉球藩期）の旧慣調査

琉球藩雑記と琉球藩諸調書

一八七二年十月十六日の琉球藩王冊封の直後、十月二十九日、外務省六等出仕伊地知貞馨と属吏二人、大蔵省吏員根本茂樹、小林好愛らが琉球藩に出張を命じられていることが東恩納寛惇『尚泰侯実録』に見える。[11]同書には、伊地知貞馨の琉球着は、翌年三月三日（太陰暦二月五日）であったと記されているが、[12]一方で、明治五年の記事には次のような記述もある。[13]

是の月（十一月）、戸籍寮七等出仕根本茂樹、内《マ》務《マ》省吏伊地知貞馨等と琉球へ出張の命を蒙りしが、月の二十八日、其の随員小林好愛、山崎潔等と共に着琉す、三司官等出でて之れを迎へ、其の待遇凡て、薩摩の在番奉行以下に準じたり。

「其の随員小林好愛、山崎潔等と共に着琉す」（傍点引用者）は、誤りであろう。「史料稿本（尚泰関係史料）」の一八七二年十一月二十八日（陰暦十二月二十八日）の項には、「今日風帆船壱艘相見得候付（中略）御使者根本茂樹殿、小林好愛殿、山崎潔殿御乗合、七ツ頭時分御入津有之候」とあり、[14] 十二月二十八日には伊地知を除く三人が来琉し、伊地知は翌年三月三日に来琉したと考えられる。

琉球藩王冊封後に成立したよく知られている史料には、「琉球藩雑記」、「琉球藩諸調書」（全五冊）がある。また、松田道之編『琉球処分』にも多くの民衆レベルの情報が含まれており、これも近代琉球（琉球藩期）の一種の旧慣調査といえる。これは活字化されており、政治外交の面から、琉球処分関係研究に多く活用されてきた。[15] このほか、大槻文彦『琉球新誌』（一八七三年）や小林居敬『琉球藩史』（一八七四年）、河原田盛美『琉球紀行』『琉球備忘録』（一八七五年）、伊地知貞馨の『沖縄志』（一八七七年）なども広い意味では近代琉球の旧慣調査にはいると思われるが、個人の著作として刊行されているのでとりあえず除いておく。[16]

「琉球藩雑記」には、「癸酉二月二十六日」「酉ノ二月」「癸酉五月」の文字が見えるが、「二月」は琉球王府官僚の時間認識（太陰暦）で、「五月」は明治政府官僚の時間認識（太陽暦）による表記であろう。ちなみに、二月二十六日は太陽暦で四月三日にあたる。「琉球藩諸調書」は、第一巻と第二巻が明治五年となっており、第三巻から第五巻は明治六年となっている（**表4-1**参照）。鹿児島県の在番奉行福崎助七が、琉球藩王冊封と同時に外務省九等出仕となっており、「琉球藩諸調書」は福崎の調査であろう。

「琉球藩雑記」は、大蔵省が作成した文書で『沖縄県史』第十四巻[17]に収録され、よく知られた史料である。「琉球藩諸調書」は、外務省が作成した琉球藩の調書であるが、『沖縄大百科事典』および『沖縄県史』別巻（沖縄近代史辞典）には立項されていない。この両書の構成は、**表4-1**のようになっている。

表4－1　「琉球藩諸調書」と「琉球藩雑記」比較表

琉球藩諸調書（外務省）	琉球藩雑記（大蔵省）
第一巻　右局　明治五年（一八七二） ＊外務省記録局の印あり 目録 ・八十歳以上 ・両先島八十歳以上 ・善行 ・孝子 ・貞婦 ・鰥寡孤独長病廃疾 ・両先島鰥寡孤独長病廃疾 **第二巻　右局　明治五年** ・法条 ・教条 ・農務 ・杣山法式 ・御褒美条例 **第三巻　明治六年** ・去年鹿児島藩よ里御免相成候拝借銀并先年拝領之鳩目又者去年よ里摂政、三司官知行高之内減少分其外知行役知ニ相懸候出米等借渡右之利足并去辰年よ里御免相成候部下米を以左之通救助 ・出物御米之儀（タイトルなし） ・当国内并所轄之島々よ里貢米其他之収品積来候船々運賃渡方之手続及島方之納期限者琉球国与区別之事	**琉球藩雑記一（人口　戸籍）** ㈠琉球藩職分総計（右之通相違無之候／癸酉二月二十六日） ㈡琉球藩戸籍総計（右之通相違無之候／癸酉二月二十六日） **琉球藩雑記二（段高　租税　物産）** ㈠甲号（琉球藩所轄郷村高並収納辻その他）（癸酉五月／小林権大属／山崎中属） ㈡乙号　琉球藩租税法其他市在制置調（亥〔癸〕酉五月／小林権大属／山崎中属） ㈢琉球藩管内物産表（癸丙〔酉〕五月／小林権大属／山崎中属） **琉球藩雑記三（家禄　官録）** ㈠琉球藩臣家禄記 ㈡琉球藩臣官禄記 **琉球藩雑記四（法条　褒美条例　約条）** （鹿児島よりの拝借銀等にて士民救助）〔酉二月〕 ㈠法条 ㈡褒美条例 ㈢約条 **琉球藩雑記五（雑事　学校医院　社寺）** ㈠琉球藩諸件調査冊 国王歴代及衣冠之事 城郭官舎市街村落之景況 官舎並事務局之法度 局々事務之法度並取扱等之順序

・塩田面積（仮称、タイトルなし）
・貢租の代納（仮称、タイトルなし）
・琉球の貢租、産物（仮称、タイトルなし）
第四巻　明治六年
・全部之制置
・社寺旧記祭典之式
第五巻　明治六年
・度量衡
・道法（里積）、その他

（納米）
全部之制置
（貢米其他収品納期限及運賃）
年中礼式
衣服之制限
兵備兵器之形様
船車之式
（度量衡）（酉ノ二月）
農具概略図
河流堤橋
（渡し船）
本琉球を始属島共湊津
学校医院
㈡学校之規則
㈢社寺旧記祭典之式

「琉球藩諸調書」は外務省が作成した資料であるが、大蔵省作成の「琉球藩雑記」と重なっている部分もある。「琉球藩」側が提出した資料をもとに作成されたため、一部は重なったのであろう。両書を比較すると「琉球藩諸調書」の第一巻は、「琉球藩雑記」にはほとんど反映されていない。第二巻は、「琉球藩雑記」四に反映されている。第三巻は、「琉球藩雑記二」に対応するものであるが、内容の豊富さについては、「琉球藩雑記」がすぐれている。第四巻と第五巻は、「琉球藩雑記」五に対応するが、これも「琉球藩雑記」のほうが内容が豊富である。「琉球藩雑記」の一と三は、「琉球藩諸調書」にはない。総じて、「琉球藩雑記」のほうが内容が豊富で史料的価値は高い。『沖縄県史』別巻（沖縄近代史辞典）には、「琉球藩雑記」について、次のように記されている。(18)

大蔵省が明治六年（一八七三）にまとめた琉球藩に関する調査記録（全五巻）。〔中略〕明治政府は台湾でおこった宮古島民遭難事件を契機にして、琉球問題を槓杆として国権を伸張することをめざしていたが、琉球の実情を十分に把握しえていなかった。そこで大蔵省は小林権大属と山崎中属の両官員を派遣して調査させ、それを全五巻にまとめさせたのである。それは殆んど琉球藩が提供した資料だけに依拠して編集されているので、この時期の史料として利用するには慎重な配慮が必要である。

ここに指摘されているように、「琉球藩雑記」は慎重な史料批判が必要な史料であるが、近代琉球（琉球藩期）の実態を伝えているものも含まれており、近代琉球史研究にとって貴重な史料である。「琉球藩雑記」は、「琉球藩諸調書」と較べて租税関係の調査が豊富であることが特徴である。これは当時の外務省と大蔵省の琉球政策とも密接につながっていると思われる。大蔵太輔井上馨は、一八七二年五月三十日付の文書で、琉球国への対応について「速ニ其版籍ヲ収メ、明ニ我所轄ニ帰シ、国郡制置租税調貢等、悉皆内地一軌ノ制度ニ御引直相成」[19]と述べ、琉球国の完全な国内化をめざしていた。これに対し同じ頃、副島種臣外務卿は、尚泰を「藩王」に封じて華族に列して外交をやめさせることを建議しており[20]、大蔵省に較べて外務省は、やや柔軟な対応をとろうとしていた。このような政策の違いが資料収集にも反映されていると思われる。

「琉球藩雑記」と類似する奄美の「南島雑集」

「琉球藩雑記」との関連で着目しておきたいのは、「琉球藩雑記二」の内容が同時期奄美諸島で行なわれた旧慣調査と内容や形式において酷似している点である。この旧慣調査は、「南島雑集」と呼称され、全八巻で構成される。[21]

各巻のタイトルは以下のとおりである。

一　高頭其外租税取調帳
二　雑科輯録（大島）
三　免本諸上納取調帳
四　（仮題）〔民費割之方法大略〕
五　各島村法
六　砂糖惣買上方法
七　物定帳
八　取調箇条（喜界嶋）

松下志朗は『南島雑集』について、「一八七三（明治六）年七月二十九日、大蔵省勧業大属青山純・同租税中属久野謙次郎等が命を受けて、大島・喜界島・徳之島・沖永良部島・与論島の諸島を十カ月間実地調査し、一行中の久野謙次郎が筆録して上申した報告書である。この租税寮役人の派遣は『一種独立国の如き』様相を呈していた鹿児島県（大山県政）と大蔵省との激しい攻防のうちに行なわれたものであった」と紹介している。[22] この時期、大蔵省は、同年四月地方官会同を開会し、地租改正法案を審議に付している。[23] 地租改正法は、その後、正院での検討を経て七月二十八日に公布された。この時期、松下が指摘しているように、奄美では鹿児島県士族の救済策として設立された「大島商社」をめぐり、島民とトラブルが起きていた。[24]

「南島雑集」は、中央における地租改正の議論と「大島商社」をめぐる問題がおきているさなかで成立している。近代琉球（琉球藩期）の調査資料は、琉球処分をめぐる鹿児島県や外務省、大蔵省の拮抗関係のなかで成立しており、「近代琉球（琉球藩期）」の歴史的位置づけは、奄美の近代を視野に入れつつ検討される必要があると思われる。

沖縄県顧問の応答書と編纂課の設置

原《もと》顧問応答書

一八七九年四月、沖縄県の設置（琉球国の併合）とともに、王府レベルの役人は解任となり、各所・各地で旧官吏の非協力や抵抗により混乱が起きた。[25] しかし、尚泰の上京を翌日に控えた五月二十六日には、旧三司官らは「従前ノ扶持禄及ヒ勤功アル輩ハ心附ノ役場ニ転スル等、都テ従前ノ通リ御取扱アル事」を条件に「殊力ヲ尽シテ説諭」することを約束している。[26] その後、八月二十二日、旧三司官の富川親方（盛奎）と浦添親方（朝昭）が沖縄県顧問に任命された。[27] 富川は、一八八二（明治十五）年五月に渡清（亡命）している。[28] 一八八二年七月、尾崎三良が沖縄を訪れたときは、「豊見城〔盛綱〕親方、小禄〔良休〕親方」が沖縄県顧問となっている。[29] 富川の亡命事件に連座して浦添も解任されたのであろう。

『近世地方経済史料』に収録されている仲吉朝助収集「琉球産業制度資料」（以下「産業制度資料」という）には、一八八一（明治十四）年十一月十一日から一八八三（明治十六）年六月九日にかけての「（明治十四年原顧問応答書）」や「（明治十六年三月三十日原顧問応答書）」などと記された応答書が収録されている。[30] これら一連の「原顧問応答書」は、先に述べた「沖縄県顧問」の存在から、旧三司官などの旧王府の高級官僚の応答書と見られる。記載内容を子細に見ると、応答書のタイトルはカッコで記され、応答文書には単に「顧問」と記されている。カッコ内の文書名は仲吉朝助の命名と考えられ、「原」は「もと」と読むことにする。なお、一八八三（明治十六）年十二月にも「顧問」から編纂課宛の回答がある。[31]

「原顧問応答書」が存在する「産業制度資料」の内容は多様であるが、沖縄の土地・租税制度を中心に構成されている。「原顧問応答書」は、体裁が調査報告となっておらず体系性もないが、旧王府高官の応答書であり、一種の旧慣調査資料といえる。一八八四年以降の旧慣調査の前史として着目に値する記録である。「原顧問応答書」は、租税課十一、裁判掛七、庶務課三、勧業課二、出納課一、不明一からの問い合わせに答えたものである。「原顧問応答書」の一覧は**表4-2**の通りである。

表4-2　原顧問応答書

No.	タイトル	副題	日付	質問先（回答先）
1	明治14年原顧問応答書	琉球形船積石数制度の事	10月11日	庶務課1
2	明治16年3月30日原顧問応答書	吏員貢租私用処分方の事	6月30日	庶務課2
3	原顧問応答書	上納物運漕律〔上納運漕船遭難の際に於ける処分の事〕	不明	不明
4	明治16年5月14日原顧問応答書	津口手形の事	5月24日	庶務課3
5	明治16年原顧問応答書	各間切毎村船舶制限有無の事	6月9日	租税課1
6	明治16年原顧問応答書	山林名称の事	9月11日	勧業課1
7	明治16年原顧問応答書	百姓地・地頭地使用に関する事	9月22日	裁判掛1
8	明治15年原顧問応答書	地頭地質入又は売却に関する事	9月1日	裁判掛2
9	明治15年原顧問応答書	小作地取戻に関する習慣の事	10月26日	裁判掛3
10	明治15年原顧問応答書	官有山野地開墾願出の節地頭代収入有無の事	11月11日	租税課2
11	明治15年原顧問応答書	作徳米滞納の際利子加算に関する事	6月30日	裁判掛4

12	明治15年原顧問応答書	仕明地并山野接続地に関する習慣の事	7月25日	裁判掛5
13	明治15年原顧問応答書	貢物搭載地船破損又は行衛不知の際、貢租の処分方の事	7月29日	租税課3
14	明治15年原顧問応答書	伊江島并喜屋武間切砂糖上納代米等の事	不明	租税課4
15	明治15年原顧問応答書	仕明請地の畠方・田方売買の際に於ける慣例の事	8月8日	裁判掛6
16	明治15年原顧問応答書	旧藩政中荒地起返賦税方法の事	8月8日	租税課5
17	明治15年原顧問応答書	百姓地売買禁止等に関する事	8月17日	裁判掛7
18	明治15年原顧問応答書	久高島夫役銭税免除理由の事	1月21日	租税課6
19	明治15年原顧問応答書	旧藩政中に於ける欠補糖の事	1月27日	租税課7
20	明治15年原顧問応答書	旧藩政中に於ける荒地減免租取扱の事	2月21日	租税課8
21	明治15年原顧問応答書	耕地割替未納金穀処分の事	3月10日	租税課9
22	明治15年原顧問応答書	有禄士族旧領地相対叶掛の事	3月6日	出納課1
23	明治15年原顧問応答書	各島文子給料に関する事	3月28日	租税課10
24	明治15年原顧問応答書	地目変換に関する事	3月29日	租税課11
25	明治15年原顧問応答書	甘蔗敷制限の事	3月25日	勧業課2

＊『近世地方経済史料』第十巻所収「産業制度資料」から抽出
＊日付は、一まとまりの最終日を示した。

一八八三（明治十六）年一月四日付の「事務章程」によれば、当時の沖縄県には、庶務課、勧業課、租税課、学務課、衛生課、会計課があった[32]。学務課と衛生課二課を除く、各課から問い合わせが寄せられている（出納課は会計課と同義に解釈）。

編纂課の設置と事務章程

前掲「事務章程」によれば、当時の沖縄県の各課には次の係があった。[33]

庶務課　常務係　職務係　戸籍係　記録係　受付係
勧業課　農務係　土木係　山林係　報告係
租税課　地租係　収税係　雑税係　地理係
学務課
衛生課
会計課　調査係　司計係　出納係　公債係　用度係

この「事務章程」は、上杉県令のときのものである。このうち、庶務課記録係の「事務章程」には、「県誌編輯ノ事」が任務として記されている。同年四月二十二日、上杉県令が更迭され、会計検査院長岩村通俊が沖縄県令兼務となった。岩村は、同年五月十日、丙第二十一号布達により、「編纂課」を設置するよう指示している。[34]

一八八三年五月二十四日付の編纂課の「事務章程」は、**表4－3**の通りである。[35]参考に、上杉県令時代の記録係の「事務章程」を併記した。[36]

庶務課から記録係を独立させたことが窺われる。特徴的なこととしてあげられるのは、第四条の「旧藩制度沿革及旧慣取調ノ事」である。編纂課による「旧藩制度沿革及旧慣取調」の開始は不明であるが、一八八三（明治十六）年十二月五日付編纂課から庶務課宛に「顧問」に対する照会が見える。[37]岩村の退任は同年十二月二十一日であり、[38]岩村県政の末期には開始されていたといえよう。一八八四（明治十七）年一月の沖縄県知事西村捨三名による「明治十七年沖縄県予算調書」には、「諸手当印刷費ハ、更ニ編纂課ヲ置キ専ラ旧規取調ヲナスカ為」とある。[39]旧慣の

表4−3 「編纂課事務章程」と「記録係事務章程」比較表

編纂課事務章程	参考（記録係事務章程）
本務係 第1条　庁中一切ノ文書ヲ編纂保存シ及書籍ヲ監守スル事 第2条　布告布達及県達報告ノ類ヲ印刷配賦スル事 第3条　本県布達等主務省ニ報告スル事 第4条　旧藩制度沿革及旧慣取調ノ事 第5条　県治沿革取調ノ事 第6条　県治統計表ノ事 第7条　県誌ヲ編纂スル事 第8条　各掲示場ニ係ル事務ノ事 第9条　出版ニ関スル願伺届ヲ受理スル事 第10条　書庫及印刷所ヲ監守スル事 記録係 第11条　諸公文ヲ浄書及発達スル事 第12条　上申下達ノ文書ヲ校合シ又ハ番号ヲ付スル事 第13条　庁中日誌ノ事 地誌編輯係 第14条　地誌編輯ノ事	記録係 第45条　官院省進達及庁局府県送達ノ文書ヲ浄書発達スル事 第46条　本県諸達及指令等ヲ浄書或ハ印刷発達スル事 第47条　官省其他ノ諸達報告類ヲ配賦スル事 第48条　官省ノ指令等ヲ収受スル事 第49条　官省及本県ノ諸達類改正アルモノヲ校正記入シ及索引ヲ編製スル事 第50条　各掲示場ニ係ル事務ノ事 第51条　県治統計表ノ事 第52条　県誌編纂ノ事 第53条　庁中一切ノ簿書ヲ纂輯及管守スル事 第54条　書籍ヲ管守スル事 第55条　庁中ノ日誌ヲ編纂スル事 第56条　本県ノ布達全書ヲ作ル事 第57条　印刷所ヲ監督スル事

調査は、岩村県政の時に開始されていたものであるが、西村県政による予算措置を伴うことによって本格的な旧慣調査、すなわち「明治十七年旧慣調査」が開始されたと考えられる。

沖縄県発足後の旧慣調査

旧慣調査概観

ここでいう「旧慣調査」とは、官庁主体の沖縄を対象にした旧慣調査をさす。筆者が確認することができた沖縄県設置後の中央官庁および沖縄県による旧慣調査を一覧にすると**表4-4**のとおりである。

表4-4　旧慣調査一覧表

	調査年月日	調査者	調査報告書名	備考
1	明治12・07・00	沖縄県	旧琉球藩慣行等弁解書	県史
2	明治12・08・19	旧三司官	仮称〔米粟旧琉球藩蔵方へ収納の方法〕	県史
3	明治12・10・07		旧琉球藩王及ヒ親族賄料並佐敷御殿大美御殿俸禄	県史
4	明治13・03・00	沖縄県	大美御殿中城御殿家禄調書	県史
5	明治13・04・00	沖縄県	本県下各間切夫地頭以下役俸調書	県史
6	明治13・08・00	沖縄県	神職禄高役俸調	県史
7	明治13・08・00	沖縄県	各間切各島のろくもい役俸	県史
8	明治13・08・00	沖縄県	寺院役知役俸飯米調書	県史1
9	明治13・12・00	沖縄県	仮称〔宮古八重山両島の頭以下役俸調書〕	県史
10	明治14・11・08	上杉茂憲	沖縄本島巡回日誌、同日誌附録	県史、県史料

11	明治14・00・00		旧琉球藩租税法	未活字
12	明治15・04・18	県令	貢納物品取扱順序並ニ置県後取扱順序	県史
13	明治15・07・10	尾崎三良	沖縄県視察復命書	県史料
14	明治15・08・16	上杉茂憲	先島巡回日誌	県史
15	明治16・01・28	岩村通俊	岩村会計検査院長沖縄県下巡回日記	県史料
16	明治16・03・20	沖縄県	公分田配置方法取調書	県史
17	明治16・03・20	沖縄県	地割制度	県史
18	明治16・03・00	沖縄県	地割基準一覧	津堅島調査
19	明治17・07・00	沖縄県	明治17年旧慣調査書	鳥越庶民史
20	明治17・09・13	石垣賢美	八重山島人民独身者多数之原因並結婚ノ旧慣調	県史
21	明治20・02・04		沖縄県税制概略	県史
22	明治21・07・09	宮古島役所	明治21年宮古島旧慣調査書	宮古島市史料
23	明治23・12・00	沖縄県収税部	沖縄県収税一斑	活字本
24	明治26・04・01		沖縄県旧慣地制	県史
25	明治26・06・15	沖縄県内務部第一課	沖縄旧慣地方制度	県史
26	明治26・00・00	祝辰巳（沖縄県収税部）	沖縄県旧慣租税制度	県史
27	明治26・00・00	祝辰巳（沖縄県収税部）	沖縄県旧慣租税制度参照1	県史
28	明治26・00・00	祝辰巳（沖縄県収税部）	沖縄県旧慣租税制度参照2	県史

29	明治26・00・00	塙忠雄	沖縄県貢納雑書	未活字
30	明治26・00・00	笹森儀助	沖縄本島取調書	未活字
31	明治26・00・00	笹森儀助	宮古島取調書	平良市史
32	明治26・00・00	笹森儀助	八重山島取調書（附録含む）	法政大沖文研
33	明治26・00・00		旧記書類抜萃	未活字
34	明治27・00・00	沖縄県	地方制度改正案	活字本
35	明治27・02・00	一木喜徳郎	一木書記官取調書	県史
36	明治27・02・04	仁尾主税官	仁尾主税官復命書	県史
37	明治27・03・15	遠藤利三郎	八重山島旧慣改廃取調書	未活字
38	明治27・03・28	祝辰巳・目賀田種太郎	沖縄法制史	大蔵省
39	明治27・05・10	丸山久男	船税及焼酎税書類	県史
40	明治27・10・14	新里善五郎	旧藩中租税ニ関スル事項	県史
41	明治27・11・12	丸山久男	輸出酒類ニ就キ内申	県史
42	明治30・07・31	村越正隆	沖縄県税制ノ急務ナル理由	県史

凡例

（1）琉球藩期の旧慣調査については、先に言及したのでこれに加えなかった。また、下限を明治30年とした。

（2）調査年月日は、沖縄県到着日または調査開始日を記した。不明な場合は、報告年月日を採用した。なお、史料との整合性を考慮し、元号表記とした。

（3）復命書タイプでは、「山県内務大臣沖縄諸島及五島対馬等巡回復命書並ニ南航日記」があるが、旧慣調査とは性格が違うので、一覧からはずした。

（4）年月日未詳のばあいは、00・00・00表記とした。

（5）備考は、活字本の有無を示した。

明治初期の旧慣調査を一瞥してみると、一八七九（明治十二）年の「旧琉球藩慣行等弁解書」がもっとも古い。これは、主に家禄の調査で、高級士族層の慰撫対策として調査されたものであろう。上杉県令の巡回日誌は、旧慣調査そのものを目的としたものではなく、いわば民情視察ともいうべき性格のもので、旧慣調査としては体系性がなく不十分なものであるが、間切・村レベルの旧慣把握に努めている。上杉県令の末期、「公分田配置方法取調」や「沖縄県旧慣地制」が調査されているが、これは岩村俊通会計検査院長あての報告となっている。沖縄県の旧慣調査は、岩村会計検査院長の来県が一つの画期をなすと思われる。岩村は、沖縄県視察にあたって、太政大臣より「一　士族家禄相対掛増高復旧処分之事／一　教育学制復旧処分之事／一　郡村吏員、監督ノ方法ヲ設ケ、下民ノ実情ヲ得テ、冤屈無ラシムヘキ事／一　士族家禄ハ、旧藩逓減ノ制度ニ由リ之ヲ支給スルノ積リヲ以テ、各戸逓減代数等ノ旧例ヲ調査シ、其永代禄ト看倣スヘキモノハ、即チ公債処分ノ積リヲ以テ、其各戸ノ家格禄高等ヲ調査スヘキ事／一　社寺保存方法調査ノ事／貢納米糖ノ類、各地方ニ於テ請取方方法取調ノ事」を付されていた（明治十五年十二月九日）[40]。岩村の旧慣復旧策は、岩村以前に準備されていたともいえる。

岩村は、一八八三（明治十六）年四月二十一日の山県有朋・山田顕義宛の視察結果の報告では、「県庁、旧慣ト事実ニ暗シ、（中略）該県令ハ何分此際、転任シカルベシ」と断言している[41]。沖縄の旧慣調査が体系的になるのはこの後で、岩村県令によって、企図された「明治十七年旧慣調査」が発端となって、沖縄県の体系的な旧慣調査が展開していく。

史料の発掘と若干の解説

活字化されている史料については、これまでの研究もあるため紹介を略し、筆者が収集した未活字史料を中心に簡単に紹介しておきたい。沖縄県の設置（琉球国の併合）以降、最も体系的な旧慣調査は、一八八四（明治十七）

年の旧慣調査で、沖縄県編纂課による最初の成果だと考えられる。この調査は、内法制定の先鞭を為す調査と考えられ、後掲「明治二十一年宮古島旧慣調査書」も同様な性格のものといえる。問答形式になっていることが大きな特徴である。いわゆる、届出の性格を有する内法と旧慣調査とは、この点で大きく違う。しかし、旧慣調査は内法制定と絡めて検討していく必要がある。

明治十七年旧慣調査書　一八八四（明治十七）年に県内各地において調査された旧慣問答書が残されている（これを「明治十七年旧慣調査書」と仮に呼ぶことにする）。[42]「明治十七年旧慣調査書」は、間切や村レベルの史料がほとんど残されていない今日、間切や村、特に村を照射する史料としてきわめて貴重である。この旧慣調査については、戦前から知られており、[43]田代安定は一八八六（明治十九）年頃、「明治十七年旧慣調査書」の一部を筆写している。現在、東京大学に所蔵されており、沖縄県公文書館沖縄史料編集室に架蔵されているハワイ大学東西センター所蔵のマイクロフィルムからの写真複写本がある。この調査は、翌年の内法調査のきっかけをつくったと考えられ、旧慣期および旧慣調査における一つの転換期ともいえる。

明治二十一年の旧慣調査　成城大学柳田文庫所蔵の「宮古島近古文書」のなかに、一八八八（明治二十一）年の「宮古島旧慣調査書」が収蔵されている。[44]この明治二十一年「宮古島旧慣調査書」は、七十八条の設問と回答からなる。目次はなく分類もされていないが、一部柳田の筆によると思われる分類項が記されている。これを参照しつつ、分類項を作成すると下記の通りとなる。

人身売買／寄替模合／金銭物品の貸借／印形の有無／拇印の習慣は／貸借の紛糾解決方法／仕明請地／小作の有無／間切・村と土地の境界／墓所の売買／婚姻の方法／養子の縁組・離縁／貯穀／屋敷地の貸借／家屋の貸借／隣地との境界／村持林／官林／借地内樹木の伐採権／租税滞納／私生児／屋敷地の広狭／村持林の利用

則／官林の利用則／瓦葺の制限の有無／分家／屋号／失踪者・死亡者の財産処分／船舶売買方法／屋敷地石垣破損の修繕の負担方法／士族男女の名前に美字を用いるか

以上の分類から、民事関係の慣習法を調査していることがわかる。末尾に「右ハ、廿一年七月九日、習第一号習慣法取調委員山下属ノ照会ニ対シ、仝月十二日、宮往第百八十二号ヲ以廻答相成候第一科丙号往復綴ヨリ抜萃ス」とあり、沖縄県からの照会に答えたものである。「山下属」は、明治二十二年三月末の『官員録』に見える「九等／山下光榮」であろうか（明治二十一年の『官員録』に山下姓はない）。設問内容から見て、「明治十七年旧慣調査書」の補完的なものであるが、明治二十一年の旧慣調査書は、いまのところ宮古島の例しか確認できない。また、全県的にこのような旧慣調査が行なわれたことを確認できる史料は見つかっていない。しかし、設問内容に宮古島独自のものはなく、このような照会は各島、各役所あてに出されたのではないかと思われる。同年は、旧民法の草案が完成した年であり、中央における民法典編纂事業との関係、即ち慣習と民法典との整合性の調査であった可能性も推察されるが、慣習法の調査は「習慣法取調委員」の存在から一八八四年以後も随時調査が行なわれていたことも考えられる。

旧琉球藩租税法　「旧琉球藩租税法」は、成立年は不明である。「代糖納之事」の項に、「但シ現今ハ、明治十年ヨリ仝十四年迄五ヶ年ノ年季中ナリ」とあり、明治十四年頃の成立ではないかと推定した[45]。末尾には、「本書ハ八重山島役所在勤中、仝役所ヨリ借用シテ之ヲ写ス／明治二十五年十一月五日　遠藤利三郎」とある。目次は、次の通りである。

地租之部

検地之事／田畑反別及草高之事／地租之事／掛増米穀之事／起先区別之事／重出米之事／口米雑石之事／畑方雑石之事／石代納之事／石代直段□方之事／代納糖之事／反布納之事／代真綿納之事／欠補雑穀及砂糖之事／俵□之事／納期之事／租税未納処分之事

雑税之部

夫賃米之事　夫役銭之事／船税之事　焼酎税之事／浮得税之事　硫磺納之事

内法調査　内法の調査は、沖縄県達に基づく地方の役所への届出という形をとった調査である[46]。旧慣調査が現地に赴いた問答記録や旧慣記録類を精査し再構成（行政的研究）した成果であるのに対して、内法は届出を原則としてその内容を吟味して認可（成立）する作業である。内法調査については旧慣調査一覧表には加えなかったが、認可にいたるまでの作業を広義には一種の旧慣調査と捉えることにしたい（内法調査については本書第Ⅱ部第６章〜第８章）。

沖縄県収税一斑　「沖縄県収税一斑」は、活字史料だがこれまでの研究史ではあまり着目されてこなかった史料である。一八九〇（明治二十三）年十二月に沖縄県収税部から刊行されている。一八八四（明治十七）年から一八八九（明治二十二）年までの税統計が中心であるが、租税関係の旧慣法が詳しく記されている。「沖縄県旧慣租税制度」との比較検討が必要だと思われる。目次の梗概は下記の通りである（第十欵「旧藩租税法」の部分は本文より作成）。

第一欵　国税
第二欵　石代相場

第三欵　反別
第四欵　内国税徴収費
第五欵　間切費村費
第六欵　〔職員／役所及番所蔵元／面積及間切村戸数／那覇船改所／酒類出港税犯則〕
第七欵　負担概表
第八欵　税率
第九欵　田畑算出表
第十欵　旧藩租税法
　百姓地ニ関スル事／官有地禁売ノ事／宅地ノ事／オエカ地ノ事／墓地ノ事／開墾地ノ事／砂糖其他敷地ノ事／共同仕明地ノ事／山林ノ事／返上地ノ事／地所変換ノ事／土地売買譲渡質入及荒地処分ノ事／免租ノ事／諸上納手続ノ事／重出米ノ事／浮得ノ事／夫役之事／硫磺之事／諸納期之事／石代納及穀物成換比例之事／八重山島貢布之事／宮古島並久米島貢布之事／製糖之事／買揚糖之事／砂糖密売禁之事／八重山島貢布運搬ノ事／宮古島並久米島貢租運搬ノ事／貢租賦課期限之事／貢租欠減処分之事／貢租決算之事／請地並仕明知行未納処分之事／宮古島八重山島未納処分之事／船舶之事／酒造営業之事／諸罰則／貯穀之事／人民救助ニ係ル事／雑件

八重山島旧慣改廃取調書　「八重山島旧慣改廃取調書」（石垣市立博物館所蔵）は、冒頭部に「旧慣改廃復旧等ニ関スル重ナルモノ、取調書　明治二十七年三月十五日」とある。内容は、一八七九（明治十二）年から日付順に、たとえば「本県達甲第一号」とあり、沖縄県の令達関係の研究にとって貴重な史料である。末尾には、「明治十二年廃藩置県後今廿七年三月マテ旧慣改廃ノ概況」と記されている。これは、八重山島役所の旧慣改廃に係る詳細な記録であるが、八重山に限らず沖縄県設置後の旧慣の改廃を俯瞰するうえで貴重な史料である。

沖縄県貢納雑書　「沖縄県貢納雑書」は、一八九三（明治二十六）年に成立した史料である。冒頭部に八重山島の貢納布関係の史料があるが、大部分が明治二十六年の「公費賦課帳」、「明治廿六年日用作得夫金浮得金棕梠縄代向定次渡帳」など伊平屋島番所文書の写しである。「島」（間切）レベルの史料の伝存状況は沖縄全体としては極めて悪いため、貴重な史料となっている（ここでいう「島」とはislandではなく「間切」と同等の行政単位である）。沖縄県公文書館沖縄史料編集室にコピー複製本があるが、今のところ史料の出所や原本の所在は不明である。これは、農商務省より沖縄県に出向していた塙忠雄が筆写した史料だと考えられる。「伊是名伊平屋両島巡回日誌草稿」によれば、塙忠雄は一八九三（明治二十六）年の十一月一日から翌年二月二十八日まで伊是名・伊平屋の調査を行なっている。(47)

旧記書類抜萃と琉球一件帳

「旧記書類抜萃」は、国立公文書館の所蔵にかかる史料である。(48)「旧記書類抜萃」は、末尾に「明治廿六年抜萃」と成立年が記され、内容的には主に近世文書からの抜き書きであり、琉球藩王の冊封から沖縄県設置に至る文書も含まれている。したがって、沖縄県成立後の文献調査に基づく再編集資料と位置づけられるべきものである。「旧記書類抜萃」の「一　琉球国諸件問答之事」の内容は、「琉球一件帳」に記される情報がかなり含まれており、近世の王府レベルの文書を抜書したものとなっている。(49)「琉球一件帳」は、『那覇市史』資料編第一巻二に収録されており、比較的早くから知られた史料である。「旧記書類抜萃」の一部は問答形式になっており、鹿児島弁による問答となっている。たとえば、石高に関する質問と回答は次のようになっている。

一　琉球ハ拾弐万石ト聞テ居り申スガ、扨大粧ニ違デをり申すが、とふしたもので御座り申ス。
一　御不審ハ御尤デ御座り申ス。本ハ大嶋・徳之島・鬼界・永良部島・与論島、此五島ハ琉球ヨリ支配仕申たそふニ御座り申所ガ、慶長拾五年之御竿入之時、大和之御支配被仰付申テ、右五島之高ハ、御目録より被召除申タそふニ御座り申ス。
一　此五島之惣高がどしこ御座り申スカト相糺申タ所ガ、大島ガ壱万四千四百五拾五石五斗、徳之島ガ壱万九石七斗、鬼界島ガ四千百五拾八石五斗、永良部島ガ四千百八石五斗、与論島ガ千弐百七拾弐石五斗御座り申ス。皆合シ申セバ、三万弐千八百弐拾八石六斗、御座り申ス。ヨッテ、九万四千弐百参拾石七斗七夕四才ニ合シ申セハ、拾弐万七千六拾五石六斗九夕四才御座り申ス。
一　扨委しい御申開キとんと得心いたし申た。御たしなみ之程別而感心致申候。

「御たしなみ之程別而感心致申候」とあるなど、琉球支配の当事者にしては、第三者的な発言も見られる。

梅木哲人は、「一　琉球国諸件問答之事」の部分は、「文政・天保のどこかの時期に作成された聞書書類を、約三十年後の文久二年平田直次郎（宗正）の子宗高が書き写したものである」と述べている。(50)

おわりに

本章では、琉球藩王の冊封から沖縄県設置初期までの旧慣調査のうち、あまり知られていない史料の紹介に努めたため、近代沖縄の代表的な旧慣調査である「沖縄旧慣地方制度」、「沖縄県旧慣租税制度」、「一木書記官取調書」

については、一覧表として紹介するだけになった。そこで「沖縄旧慣地方制度」と「沖縄県旧慣租税制度」について、少し言及しておきたい。

『沖縄県史』別巻（沖縄近代史辞典）には「沖縄旧慣地方制度」について、「一八九三年（明治二六）四月、沖縄県内務部第一課より刊行された琉球王府時代の地方制度（それはまた、いわゆる旧慣温存期であった明治二十六年当時の地方制度に、ほとんどそのままひきつがれていた）〔中略〕官公調査報告書のはしりということができる」、「沖縄歴史研究にとって、貴重な資料的価値をもって」いると紹介されている。[51] これまで明らかにしてきたように、「官公調査のはしり」ではない。「沖縄県旧慣租税制度」については、「一八九五年（明治二八）に沖縄県によって刊行された、琉球王府時代ならびにいわゆる旧慣温存期の租税制度についての、最も詳細な官公調査書。〔中略〕琉球社会を理解するためには欠くことのできない貴重な文献ということができよう」と紹介されている。[52] 両史料とも、「琉球社会を理解するためには欠くことのできない貴重な文献」であることは、大方が認めるところであろう。しかし、先行調査史料である「旧記書類抜萃」、「旧琉球藩租税法」、「沖縄県収税一斑」との比較検討も必要であり、また、間切や村レベルの徴租法に関しては、「明治十七旧慣調査書」や内法史料を組み合わせた検討が必要であると思われる。

このような近代日本国家による沖縄の伝統的秩序社会の旧慣調査は、「専門知」の集積であり、同時にそれは、沖縄社会の抵抗力を推し量る役割も担っていた。久保秀雄は、「異文化慣行についての専門知は、欧米に起源をもつ近代的秩序を新たに設定し植え付けようとする『法創設権力』＝占領権力の政治支配を実効化するため、独自の慣行をもつ文化的他者を飼い慣らせるよう『他者についての真理』を提供する役割を担うものであった」と述べている。[53]

旧慣調査は、「占領権力の政治支配を実効化」していったが、他方では旧慣改革と結びついており、西原文雄は、沖縄県の設置（琉球国併合）後、農民の負担は相対的に軽減されたことを明らかにしている。[54] しかし、農民の負担軽減策は、民利の増進にあったのではなく、「帰化服従せしむることに[55]」本質があった。旧慣期の諸問題は、ながい歴史のスパンからの検討も必要であると思われる。又吉盛清は、日本による琉球国の併合後の沖縄近代史について、「沖縄人は植民地支配と侵略戦争の近代日本史の中で、植民地帝国日本の構成員になり、地政学的な位置と植民地主義の国策の下で、植民地帝国を担う役割を果たすべく、同化と皇民化を受容し、植民地支配と侵略戦争の拠点と人的供給地という加害者の植民者に転落していく、このような歴史の非情さから教訓を汲みとらなければならない」と総括している。[56]「植民地支配と侵略戦争の拠点と人的供給地」として沖縄が搾取されていったという経済統計だけでは見えない問題を想起する必要があると思われる。

ところで、旧慣調査資料には、琉球国または琉球王国という文言はほとんど見あたらない。王府時代[57]の制度は、ほとんど「旧藩時代」と表記されている。すなわち、旧慣調査資料においては、「琉球国」の存在はなかったかのような記述しかされていないのである。ある意味では、「琉球藩」を過渡的に設置することによって、明治政府・沖縄県の官僚は「琉球国」の忘却に成功しているように見える。

注

（1）金城正篤『琉球処分論』（沖縄タイムス社、一九七八年）の巻末に掲げられた研究論文および安岡昭男『明治前期日清交渉史研究』（巖南堂書店、一九九五年）に掲げられた研究論文を参照されたい。代表的著作として、前掲書のほか、鹿島守之助『日本外交史』第三巻近隣諸国及び領土問題（鹿島研究所出版会、一九七〇年）、我部政男『明治国家と沖縄』（三一書房、一九七九年）、西里喜行『清末中琉日関係史の研究』（京都大学学術出版会、二〇〇五年）をあげておく。

（2）この時期は、通説的には、「旧慣温存期」と表記されるが、本章では「旧慣期」と表記する。「旧慣期」とは、農村の統治システムに着目し、沖縄県設置（一八七二年）から、「間切島吏員規程」の施行（一八九七年）までを考えている。この時期の呼称については、その後の土地整理事業の終了まで（明治三十五年末）を「旧慣温存期」と呼ぶことが一般的である。「旧慣温存期（傍点引用者）」という呼称は、管見では安良城盛昭の「『旧慣温存期』再評価」（一九七七年七月十三日、「沖縄タイムス」）で用いられたのが最初ではないかと思われる。安良城は、「明治十二（一八七九）年の「琉球処分」（沖縄県における廃藩置県）以後日清戦争が終了する明治二十八（一八九五）年までの約十数年間を、沖縄近代史研究ではこれまで「旧慣温存期」とよびならわしてきた」と述べている（『新沖縄史論』沖縄タイムス社、一九八〇年、二一二頁）。しかし、前掲安良城論文と同年に（一九七七年三月）発行された『沖縄県史』別巻〈沖縄近代史辞典〉（沖縄県教育委員会）には、「旧慣温存」は立項されているが、「旧慣温存期」は立項されていない。『沖縄県史』第三巻〈経済〉（沖縄県教育委員会、一九七二年）には「いわゆる『旧慣温存』の時期」という用法が見られる（一二一頁）。その後、安良城より批判を受けた西里喜行も「旧慣温存期」の呼称を積極的に受け入れた（『沖縄近代史研究』沖縄時事出版、一九八一年）ことによって定着したと思われる。近年、上地一郎は「旧慣温存策」という呼称にかえて「旧慣存置政策」という呼称を用いている（「沖縄明治期の旧慣存置政策に関する一考察」『早稲田大学法学会誌』第五三巻、二〇〇三年）。本章では、対象時期を一八七二（明治五）年の琉球藩王の冊封から一八七九（明治十二）年の沖縄県設置（琉球国の併合）までを「近代琉球」と称し（詳しくは第Ⅰ部第1章参照）、一八七九（明治十二）年の沖縄県設置（琉球国の併合）から一八九七（明治三十）年に「沖縄県間切島吏員規程」が成立するまでを便宜的に「旧慣期」と呼称することにする。なお、「旧慣期」の呼称をもちいた研究に、西原文雄「旧慣期の売買地価」（『沖縄史料編集所紀要』第一〇号、沖縄県沖縄史料編集所、一八九五年）や渋谷義夫「旧慣期沖縄における農民的経営の展開――甘蔗糖業に中心を据えて」（三好正喜教授定年退官記念事業会編『小農の史的分析＝農史研究の諸問題』財団法人富民協会、一九九〇年）がある。近年の研究では、福岡政行「旧慣期沖縄県における徴兵制度成立過程の分析――沖縄警備隊と沖縄警備隊区設定の論理」（『沖縄文化研究』27、法政大学沖縄文化研究所、二〇〇一年）があるが、明確な定義を行なっていない。

（3）前掲、注（2）安良城『新沖縄史論』三五五頁。

（4）安良城・西里論争とは、『沖縄タイムス』紙上に一九七七年七月十三日から十六日にかけて安良城盛昭が「『旧慣温存期』の評価――金城正篤・西里喜行氏の見解の吟味」というタイトルで、西里喜行および金城正篤の論考に批判を加えたことにはじまり、西里が同年八月二十三日から九月八日にかけて「沖縄近代史研究の視点と論点――安良城盛昭氏の問題提起に寄せて」と題して反論を加え、さらに安良城氏が一九七七年十月十一日から十一月二十七日にかけて再批判、さらにまた西里氏が一九七八年六月六日から十月一日まで再反論を展開したことをさしている。この論争の成果は、前掲、注（2）安良城『新沖縄史論』および西里喜行『近代沖縄史研究』（沖縄時事出版、一九八一年）として刊行された。この論争に関する論及には、渋谷義夫「旧慣期沖縄における糖業政策」『南九州大学園芸学部研究報告』第一九号（南九州大学園芸学部、一九八八年）、森宣雄「沖縄初期県政の挫折と旧慣温存路線の確立――旧慣温存論争の政治史面からの再検討」『待兼山論叢〈日本学篇〉』第三二号（大阪大学文学部、一九九八年）、今西一「沖縄の旧慣温存論争」『国民国家とマイノリティ』（日本経済評論社、二〇〇〇年）、秋山勝「初期沖縄県政と旧慣温存策」金城正篤他『沖縄県の百年』（山川出版社、二〇〇五年）などがある。

（5）中生勝美は「沖縄近代史では、安良城・西里論争があまりに激烈であったため、その他の研究者は静観して、この論争以降旧慣調査についての議論を避けてきたという」とする証言を紹介している（「沖縄の旧慣調査」『沖縄研究ノート　4』宮城学院女子大学キリスト教文化研究所、一九九四年、二頁）。

（6）前掲、注（2）『県史』別巻、および『沖縄県史』第五巻、沖縄県教育委員会、一九七五年。

（7）『沖縄県史』第六巻、沖縄県教育委員会、一九七五年。

（8）前掲、注（6）『県史』第五巻。

（9）同前。

（10）『琉球列島における社会的、文化的ネットワークの形成と変容に関する総合的研究』平成十三年度〜平成十五年度科学研究費補助金（B）（2）研究成果報告書、研究代表者安江孝司、一九九四年所収。

（11）『東恩納寛惇全集』第二巻、第一書房、一九七八年、三四一頁。

（12）同前。

（13）同前、三四二頁。

（14）『那覇市史　資料篇』第二巻中の四、那覇市役所、一九七一年、一二二頁。

（15）松田道之編『琉球処分』の概要については、金城正篤が前掲、注（2）『県史』別巻や『沖縄大百科事典』（沖縄タイムス社、一九八三年）で紹介している。

（16）この時期の調査や研究については、前掲、注（2）『県史』別巻、および注（6）『県史』第五巻にくわしい。

（17）『沖縄県史　雑纂1』第十四巻、琉球政府、一九六五年。

（18）前掲、注（2）『県史』別巻、五八〇頁。

（19）『沖縄県史』第十二巻、琉球政府、一九六六年、二頁。

（20）前掲、注（1）金城『琉球処分論』七四頁。

（21）松下志朗編『奄美史料集成』（南方新社、二〇〇六年）に収録されている。なお、同書では「南嶋雜集」となっているが、雑を新漢字になおした。
(22) 同前、九頁。
(23) 奥田晴樹『日本の近代的土地所有』弘文堂、二〇〇一年、六二頁。
(24) 弓削政己「初期明治政府の奄美島嶼に対する政策について」『沖縄民俗研究』第二十四号（沖縄民俗研究会、二〇〇六年）、原井一郎『苦い砂糖』（高城書房、二〇〇五年）を参照。
(25)『沖縄県史』第二巻、琉球政府、一九七〇年、一五一―一六二頁参照。
(26)『琉球処分　下』（『宝令叢刊　第二集　琉球所属問題関係資料　第七巻』本邦書籍、一九八〇年）三八八―三八九頁。
(27) 前掲、注（14）『那覇市史　資料篇』第二巻中の四、二〇三頁。
(28) 前掲、注（19）『県史』第十二巻、八四四頁。
(29)『尾崎三良日記』上巻、中央公論社、一九九一年、二〇三頁。
(30)『近世地方経済史料』第十巻、吉川弘文館、一九五八年、二二三―二二五頁。同文書について、拙稿初出論文では「原顧問」を原忠順ではないかと想定していた。初出論文発表後、中鉢良護氏より「原（もと）顧問」と解釈すべきではないかというご教示があり、『尾崎三良日記』に記載されている元三司官の沖縄県顧問の存在をご教示いただいた。改めて検討した結果、筆者の解釈は誤りであることがはっきりした。本書では、「原顧問応答書」の説明部分を全面的に書き改めた。指摘と情報提供をしていただいた中鉢良護氏に、記して感謝するものである。
(31)『沖縄県史』第十三巻（沖縄関係各省公文書資料1）琉球政府、一九六六年、一八五頁。
(32)『沖縄県史料　近代3』（尾崎三良岩村通俊沖縄関係史料）沖縄県教育委員会、一九八〇年、三四四―三五二頁。
(33) 同前。
(34) 同前、三三八頁。五月十六日の「編纂課事務章程」では、下記のようになっている（同前、三四三―三四四頁）。「本務係／第一条　庁中一切ノ文書ヲ編纂保存シ及庁中備付ノ書籍ヲ監守スル事／第二条　布告布達及県達報告ノ類ヲ印刷スル事／第三条　布告布達及県達ノ類改正アルモノ校正記入シ及索引ヲ編製スル事／第四条　旧藩制度及沿革等取調ノ事／第五条　県治沿革取調ノ事／第六条　県治統計表ヲ作ル事／第七条　県誌ヲ編纂スル事／第八条　本県ノ布達全書ヲ作ル事／第九条　書籍目録ヲ作ル事／第十条　出版ニ関スル願伺届受理スル事／第十一条　書庫及印刷所ヲ監守スル事／地誌編輯係／第十二条　地誌編纂ノ事」。
(35) 同前、三六四―三六五頁。

(36) 同前、三四七頁。
(37) 前掲、注(31)『県史』第十三巻、一八四―一八五頁。
(38)『沖縄県史』第一巻〔所収年表〕沖縄県教育委員会、一九七六年、五〇頁。なお、前掲、注(31)『県史』第十三巻には、明治十六年十二月二十二日付の「沖縄県令　岩村通俊」名の文書が見える(九六頁)。退任月日は、再検討の必要があると思われるが、退任月日を確認できる史料を発見することはできなかった。後考を俟つ。
(39) 前掲、注(31)『県史』第十三巻、二四二頁。
(40) 前掲、注(32)『県史料　近代3』八六頁。
(41) 同前、八八頁。
(42) 拙稿「明治十七年の沖縄県旧慣調査とその背景」法政大学沖縄文化研究所、二〇〇九年。本書第Ⅱ部第5章参照。
(43) 田村浩『琉球共産村落の研究』(至言社、一九七七年)にも「今帰仁間切旧慣地割ニ関スル問答書(明治十七年)」を含む五点の「問答書」が紹介され、鳥越憲三郎も一九四四(昭和十九)年に県庁の書庫を調査し「間切取調書」の一部を確認、後に刊行された『沖縄庶民生活史』(雄山閣、一九七一年)のなかに収録している。
(44)「明治二十一年旧慣調査書」については、本書第Ⅱ部第5章でも若干の解説を行なった。
(45) 同史料は、明治二十三年十二月に沖縄県収税部から刊行され、「沖縄県収税一斑」の巻末に収録されている「第十欸　旧藩租税法」と同じである。
(46) 内法の起源については、本書第Ⅱ部第6章を参照のこと。
(47) 齋藤政雄「塙忠雄氏の『〈伊是名伊平屋〉両島巡回日誌草稿』について(三)」『温故叢誌』第五一号、温故学会、一九九七年。
(48) 同史料は、二〇〇五年、糸満市教育委員会の金城善が、インターネット検索で見つけ、複写本を筆者に提供してくれた。記して感謝したい。
(49) 初出論文の発表後、法政大学沖縄文化研究所から『沖縄研究資料二七　旧記書類抜萃・沖縄旧記書類字句註解書』(二〇一〇年三月)が梅木哲人の編集により刊行され、「旧記書類抜萃」の全体像が紹介され、詳しい解説がある。梅木哲人の解説を受けて、文書の誤読と「旧記書類抜萃」の説明の誤りを訂正し改め、簡略にした。梅木氏に感謝する次第である。
(50) 同前、一六七頁。
(51) 前掲、注(2)『県史』別巻、七〇頁。執筆者は安良城盛昭。

(52) 同前、八七頁。
(53) 久保秀雄「近代法のフロンティアにおける「文化的他者」についての知（二）」『法学論叢』第一五三巻第四号、京都大学法学会、二〇〇三年、九八頁。
(54) 西原文雄「『琉球処分』と農村経済」『沖縄近代経済史の方法』ひるぎ社、一九九一年。
(55) 前掲、注(14)『那覇市史　資料篇』第二巻中の四、六四四頁。
(56) 又吉盛清『日露戦争百年——沖縄人と中国の戦争』同時代社、二〇〇五年、一〇六頁。
(57) ここでは王国と王府機構があった時代という意味をこめて、「王府時代」と呼称した。

第5章

一八八四（明治十七）年の沖縄県旧慣調査とその背景

はじめに

琉球藩王冊封（一八七二年）以降明治三十年代までは、旧慣調査というい く種類もの網が投網され、琉球・沖縄は近代日本に捕捉されていった。旧慣調査は、日本の旧植民地である台湾・朝鮮・南洋、実質的な植民地であった満州、占領地の中国華北農村でも行なわれている[1]。琉球藩王の冊封から沖縄県の設置を経て、明治三十年代までの旧慣調査は、近代日本の植民地旧慣調査の先鞭をなすものであり、近代日本の植民地経営に「沖縄経験」が生かされていることはよく知られているところである[2]。近代日本の植民地研究に「近代日本の経験をアジアの広域的秩序のなかで反芻する[3]」意義があるとすれば、近代沖縄旧慣期の研究、すなわち近代日本の「沖縄経験」にも同様な意義があると思われる。近代沖縄の植民地的側面を見逃してはならない。

近代沖縄の代表的な旧慣調査は「沖縄旧慣地方制度」、「沖縄県旧慣租税制度」、「一木書記官取調書」などがよく知られているが、その前後の、本章で検討の対象とする一八八四（明治十七）年に行なわれた全県的な旧慣調査や「旧記書類抜萃」、「旧琉球藩租税法」、「沖縄県収税一斑」などの旧慣制度調査資料があることは意外に知られていない[4]。また、一八八六（明治十九）年以降に成立した内法も実質的には旧慣調査の側面が濃い[5]。

一八八四（明治十七）年に県内各地において行なわれた旧慣調査は、その一部が記録として残されている（これを「明治十七年旧慣調査書」と仮に呼ぶことにする[6]）。旧慣調査の多くは琉球王府（藩）レベルの制度調査であった。これらの旧慣調査にくらべ、一八八四年の旧慣調査は間切・村《むら》（シマ）レベルの調査となっていることが大きな特徴である。本章では、間切や村を照射する史料として貴重な「明治十七年旧慣調査書」の残存状況や概要を明らかにしつつ、その歴史的背景を検討してみたい。

明治十七年旧慣調査書の概要

明治十七年旧慣調査書の残存状況と調査項目

一八八四（明治十七）年の旧慣調査については、戦前から知られていた。田代安定は、一八八六（明治十九）年頃、「明治十七年旧慣調査書」の一部を筆写している。また、田村浩『琉球共産村落の研究』[7]には、「今帰仁間切旧慣地割ニ関スル問答書」を含む五点の「問答書」の一部が紹介されている。さらに、柳田國男もその一部を筆写させている。鳥越憲三郎も一九四四（昭和十九）年に県庁の書庫を調査し「間切取調書」を確認、一九七一年に刊行された『沖縄庶民生活史』[8]のなかで、本部・名護・恩納・金武間切の「取調書」を紹介している。鳥越の「明治十七年旧慣調査書」は、ほぼ調査項目の全容を収録していると思われる。県内刊行の市町村史では、『沖縄市史』に美里間切調査の一部が田村浩の『琉球共産村落の研究』から抜粋収録され、[9]『伊江村史』下巻（鳥越憲三郎資料[10]）と『宜野座村誌』（田代安定資料[11]）に伊江島と金武間切のものが全文収録されている。

「明治十七年旧慣調査書」は、原本は残っていないが、ほぼ全容または一部が刊本収録や筆写本として十五間切（島）のものが残っている。それをまとめたものが、**表5―1**である。

十五間切（島）の「明治十七年旧慣調査書」の存在が確認できることから、この調査は沖縄全域にわたって行なわれたであろうと推測される。田村浩の『琉球共産村落の研究』末尾に収録されている「琉球史料」目録から、「明治十七年旧慣調査書」と推定される目録を抽出してみると、ほかに次のような旧慣調査書があったことがわかる。[12]

首里旧慣調　今西参事官　一八八四

表5－1　一八八四（明治十七）年旧慣調査書残存状況一覧

	史料名	収集者	残存状態	備考
No.1	沖縄島国頭地方旧慣問答書　第一冊	田代	写本	
No.2	沖縄附島伊江島取調書　第二冊	田代・鳥越	写本・活字	伊江村史、生活史
No.3	沖縄島恩納間切取調書　第三冊	田代・鳥越	写本・活字	生活史
No.4	名護間切取調書（冊数ナシ）	田代・鳥越	写本・活字	生活史
No.5	久志地方旧慣問答書　第四冊	田代	写本	
No.6	沖縄島大宜味地方旧慣問答書　第五冊	田代	写本	
No.7	沖縄島国頭地方金武間切各村取調問答録　第六冊	田代	写本・活字	宜野座村誌
No.8	沖縄島中城間切取調問答録　第七冊	田代	写本	
No.9	本部間切取調書	鳥越	写本・活字	生活史
No.10	美里間切旧慣地所ニ関スル問答書（明治十七年）	田村	活字	村落の研究
No.11	今帰仁地方旧慣地割ニ関スル問答書（明治十七年）	田村	活字	村落の研究
No.12	美里間切旧慣人身売買ニ関スル問答書（明治十七年）	田村	活字	村落の研究
No.13	今帰仁地方旧慣人身売買ニ関スル問答書（明治十七年）	田村	活字	村落の研究
No.14	明治十七年中頭郡読谷山村旧慣問答書	田村	活字	村落の研究
No.15	［仮称］宮古島旧慣調査書	柳田	写本	

凡　例

（1）ナンバーは、筆者が付した。
（2）名称は写本および活字本の通りとした。
（3）「田代」は田代安定、「鳥越」は鳥越憲三郎、「田村」は田村浩、「柳田」は柳田國男の略記。
（4）「生活史」鳥越『沖縄庶民生活史』の略記、「村落の研究」は、田村『琉球共産村落の研究』の略記。

島尻旧慣調　同　一八八四
中頭旧慣調　同　一八八四
国頭旧慣調　同　一八八四
旧慣問答書三冊　内務部　一八四四〔「一八八四」の誤植であろう〕

田村の調査は、一九二三（大正十二）年から一九二七（昭和二）年にかけて行なわれたと考えられる。「旧慣問答書三冊」が仮に、那覇、宮古、八重山のものだとすると、すべての地域の「明治十七年旧慣調査書」が大正末期までは残されていたことになる。

現存の「明治十七年旧慣調査書」は、十五間切（島）のものが残っているといっても、それぞれの間切（島）の全項目が残されているわけではない。内容（調査事項）の観点から残存状況を整理したものが**表5-2**である。残存史料のうち、鳥越本と田代本が重複するのは恩納間切、伊江島、名護間切であるが、項目数は一致しない。別々の写本を見たとしか考えられない。したがって、**表5-2**は「明治十七年旧慣調査書」の調査項目の全体像ではなく、あくまでも管見による現存調査項目一覧である。

「明治十七年旧慣調査書」は、調査当時の原本が残されていないため、真の意味では全調査事項は分からない。しかし、鳥越憲三郎の『沖縄庶民生活史』収録の「明治十七年旧慣調査書」がもっとも原本の調査事項を収録していると考えられる。『沖縄庶民生活史』をベースに調査事項を整理すると、貢租取扱ノ部／租税未納ノ事／地所ノ事／寄留人ノ事／所遣ノ事／村負債ノ部／地所並ニ墓地売買譲与ノ事／書入・質入・金銀貸借ノ事／上納金穀或ハ共有金穀ヲ私用スル事／砂糖取締ノ事／戒罰ノ事／吏員ノ事／農事ノ部／跡相続ノ事／模合ノ部／付届ノ部／礼ノ部〔冠・婚・喪・祭〕／人身売買／遊戯／旅立／官民有之山林ニ関スル栽培伐採ノ事／各農事勤惰賞罰並作物競争ノ

表 5-2　項目別残存状況

	項目名		国頭（田代）	伊江島（島）	伊江島（田代）	恩納（島）	恩納（田代）	名護（島）	名護（田代）	久志（田代）	大宜味（田代）	金武（田代）	中城（田代）	本部（島）	美里（田村）	今帰仁（田村）	読谷山（田村）	宮古島（柳田）	備考
1	貢租取扱ノ部											○							
2	租税未納ノ事			○		○		○				○	○	○				○	
3	地所ノ事			○		○		○				○	○	○	○	○			今帰仁は、「地割に関する問答書」となっている。
4	寄留人ノ事			○		○		○				○	○	○					
5	所遣ノ事			○		○		○				○	○	○				○	
6	村負債ノ部											○	○						
7	地所並ニ墓地売買譲与ノ事			○		○		○				○	○	○				○	
8	書入・質入・金銀貸借ノ事			○		○		○				○	○	○				○	
9	上納金穀或ハ共有金穀ヲ私用スル事			○		○		○					○	○				○	
10	砂糖取締ノ事			○		○		○				○	○	○					
11	戒罰ノ事			○		○		○				○	○	○				○	
12	吏員ノ事			○		○		○			○	○	○	○				○	
13	農事ノ部											○							
14	跡相続ノ事			○		○		○			○	○	○	○					金武間切には、「子弟分家ノ部」があるが、鳥越にしたがって、本項に入れた（中城同）。また、「人夫使役ノ部」があるが、空白。
15	模合ノ部			○		○	○	○			○	○	○	○			○	○	
16	付届ノ部			○		○	○	○			○		○	○				○	
17	礼ノ部	冠	○	○	○	○	○	○	○	○	○	○	○	○				○	
		婚	○	○	○	○	○	○	○	○	○	○	○	○				○	
		喪	○	○	○	○	○	○	○	○	○	○	○	○				○	
		祭	○	○	○	○	○	○	○	○	○	○	○	○				○	宮古島は、「祭」の分類項はないが、条目はある。脱字であろう。
18	人身売買			○		○	○	○				○	○	○	○	○			
19	遊戯			○		○	○	○				○	○	○				○	
20	旅立			○		○	○	○				○	○	○				○	
21	官民有之山林ニ関スル栽培伐採ノ事			○		○	○	○				○	○	○					「恩納（田代）」では、「杣山取締向ノ儀ニ付科定」は、別項のようになっているが、本項と判断した。
22	各農事勤惰賞罰並作物競争ノ事			○		○		○					○	○					
23	道路橋梁ノ修繕架設ノ事			○		○		○				○		○					
24	吏員旅費ノ事			○		○		○						○					
25	海岸船舶漁業等取締方ノ事			○		○		○				○	○	○					金武間切は、「難破船救助并船舶取締ノ部」とあり、末尾に「船舶取締手続ハ如何」があるが回答はない。

凡例　（1）項目の並びは、史料により若干違う。基本的にはもっとも量的に多い『沖縄庶民生活史』の順序に並べたが、一部金武間切によって修正してある。
（2）項目の名称も若干の違いが見られるが、前掲書にしたがった。

事／道路橋梁ノ修繕架設ノ事／吏員旅費ノ事／海岸船舶漁業等取締方ノ事の二十五項目が調査事項となっている。

田代安定資料

田代安定旧蔵にかかる「明治十七年旧慣調査書」が、現在、東京大学に所蔵されている。本稿では、沖縄県公文書館沖縄史料編集室に架蔵されているハワイ大学東西センター所蔵のマイクロフィルムからの写真複写本を使用した。田代安定収集の「明治十七年旧慣問答書」は、以下のとおりである。

沖縄島国頭地方旧慣問答書　第一冊
沖縄附島伊江島取調書　第二冊
沖縄島恩納間切取調書　第三冊
名護間切取調書　（冊数ナシ）
久志地方旧慣問答書　第四冊
沖縄島大宜味地方旧慣問答書　第五冊
沖縄島国頭地方金武間切各村取調問答録　第六冊
沖縄島中城間切取調問答録　第七冊

右記資料のうち、恩納間切と金武間切、中城間切の「旧慣調査書」は、明治十七年七月に成立したことが明らかである。たとえば「沖縄島恩納間切取調書」の末尾には、次のように記されている。

右ヶ条ノ通御座候御尋問ニ依り、此段御答仕候也。

明治十七年七月

西掟

伊芸安保／南風掟／金城厲登／大掟／金城栄秀／首里大屋子／新里全仕／惣耕作当／当山光蔵／惣山当／当山房太／仝／山城武夫

地頭代／長浜善用

これらの資料は、田代安定のオリジナルな収集にかかるものであろうか。それとも、既存の資料を筆写したものであろうか。若干の検討を加えておきたい。

田代安定と沖縄との関わりは、一八八二（明治十五）年四月、農商務省より沖縄出張を命じられたことにはじまる。長谷部言人によれば、西原の農事試験場で試験栽培されていた「規那樹」の苗を八重山に植栽するとともに、同時期来県していた尾崎三良に同行し先島を巡回したという[13]。田代は、その後一八八四年一月、農商務省御用掛となり、同二月「彼得府《ペテルスブルク》博覧会事務官」となってロシアに赴き、一八八五年二月に帰国している[14]。野口武徳は、「明治十七年、二十年と訪沖し、民俗全般にわたる調査を行ない」と述べているが[15]、一八八四年に沖縄に来た可能性は少ない。長谷部言人は、その後の田代安定と沖縄との関わりについて次のように述べている[16]。

途中（明治十八年二月ロシアからの）、仏・伊国境近くで、同車せる一仏人が手にせる新聞を示し、当時清国と対戦中の仏国がマジコ（八重山、宮古）諸島に海軍病院を建設する計画ありと語れるを聞いて深く感激し、帰朝匆匆同諸島防備の急務なるを指摘した建議書を提出した。これが工部少補渡辺洪基氏を動かし、内務大書記官西村捨三氏の沖縄県知事任命となった。六月沖縄県六等属兼任、八重山各島巡回申付られ、同各島殖民開拓及び旧慣制度改革の準備として、測量業監督を兼ね、地理・戸籍・田植・税刑法其他旧慣法及び山林原野等の調査に従事した。先島通として聞えた林太助を御用係に迎へ、結縄記標の検索もこの機会に行はれたのである。同諸島には、明治十九年五月に至るまで滞在し、六月東京に帰還、復命書三十八冊を農商務、内務両省に提出し、同諸島開拓改革に就て力説したが、時機未だ至らざる故を以て用ゐられなかつた。田代氏は、之を主として清国に対する斟酌に因るものと解釈していたやうである。そこで、十一月辞表を提出して退官、十二月廿三日付で帝国大学総長より南海諸島植物及び人類学上の取調を嘱託される事となつた。

南海諸島とは、琉球諸島のことである。長谷部は「この南海諸島といふのは当時普通に行はれていたらしいが、田代氏は之を海南諸島と改称するを適当なりとし、明治廿一年東京地学協会に於ける講演でもこのことを述べている」と記している[17]。田代は、一八八八（明治二十一）年七月九日付で調査書類と目録を提出しているが、そのなかに「海南諸島取調書類附図」が見える[18]。沖縄史料編集室には、「沖縄県取調附図」が先述のハワイ大学東西センターマイクロフィルム複写本で架蔵されているが、これが「海南諸島取調書類附図」であろう。目録に問答書は見えないが、「海南諸島取調書類附図」の一部であった可能性がある。

以上のことから旧慣問答書は、田代安定のオリジナル調査資料ではなく、田代安定が一八八七（明治二十）年末から翌年二月まで沖縄に滞在して既存の資料を調査収集し、一八八八（明治二十一）年七月九日に東京帝国大学に提出した書類の一部であると推定されるのである。高良倉吉は、「『国頭地方金武間切取調書』は、右の田代安定が金武間切を訪れ、おそらく間切役人などから直接聞き取った内容をまとめたものである[19]」と述べつつ、「田代出張の経過から見て、明治十年代後半（明治十五年〜二十年の間）のものと考えてさしつかえない[20]」と述べている。また比嘉道子は、「執筆年が記載されているのは、三冊目の『沖縄島恩納間切取調書旧慣問答《ママ》』と七冊目の『沖縄島中城間切取調問答録』で、両冊とも明治十七年七月の日付である。〔中略〕筆者の名は、金武間切の冊に田代安定が見える。八重山研究で有名な田代が旧慣調査で一八八四年には沖縄島に滞在していたことが分かる」と記している。[21]他の問答書を確認し、成立年を特定しているが、やはり高良同様に田代安定のオリジナルな調査による収集と見ている。しかし、先述の田代安定の動向から、一八八四年の田代来沖は不可能であり、田代安定研究の先駆者三木健も、一八八五年に再来沖したと記している。[22]「田代安定履歴書」（沖縄県立図書館所蔵）でも一八八四年の来沖は確認できない。「沖縄島国頭地方金武間切各村取調問答録」第六冊には、たしかに田代安定の名が見えるが、それは「田代安定　輯」と記されており、調査者の証にはならないと思われる。田代安定が「輯《あつ》」めた、と解釈すべきであろう。

田村浩資料と柳田國男資料

「明治十七年旧慣調査書」のうち田村浩の『琉球共産村落の研究』に見られるものは、次のとおりである。

美里間切旧慣地所ニ関スル問答書（明治十七年[23]）
今帰仁地方旧慣地割ニ関スル問答書（明治十七年[24]）
美里間切旧慣人身売買ニ関スル問答書（明治十七年[25]）
今帰仁地方旧慣人身売買ニ関スル問答書（明治十七年[26]）
明治十七年中頭郡読谷山村旧慣問答書[27]

田村浩は、一九二一（大正十）年沖縄県に赴任、視学官を振り出しに産業課長を歴任した。[28]その間「五年ニ亘リテ琉球本島及ビ各離島ヲ踏査シ記録的資料ト遺制・遺跡」[29]を調査し、一九二七（昭和二）年『琉球共産村落の研究』を岡書院から刊行した。その資料として、「明治十七年旧慣調査書」が活用されているのである。

「明治十七年旧慣調査書」の一つと推定されるものに「［仮称］宮古島旧慣調査書」がある。同資料は、成城大学柳田文庫所蔵の「宮古島近古文書」に収録されているものである。成立年は記されていないが、内容構成から明治十七年の調査書であることが明らかである。[30]真喜志瑤子は、「宮古島近古文書」は「大正十一年夏に当地（宮古島）に旅行したニコライ・ネフスキーの意見によって、収集されたものである」と述べている。[31]同文書末尾には、次のように記されている。

宮古島旧誌及旧慣帳三巻、此巻ハ旧誌ノ下半ニ属ス
現ニ平良警察署ノ蔵スル所借覧筆写ガ、一校了原本既ニ写字ノ誤多シ。島人ノ手ニ成ル者ハ殊ニ筆癖アリ。是レ寧ロ保存スルニタル故ニ強ヒテ改メス。此本一副本アリ。那覇ノ図書館ニ蔵セラル。蝕湿惨憺繙読スヘカラス。今ニ於テ複写ノ急ヲ認ト云フ。是レニコライネフスキー君ノ言也。

大正十四年十二月九日　柳田國男

ネフスキーは、一九二六（大正十五＝昭和元）年二度目の宮古島調査旅行を行なっている。[32]茂木明子「柳田國男とネフスキー」[33]を参照すると、両者の動向から考えて、一九二三（大正十二）年十二月から一九二五（大正十四）年七月までの間に、柳田國男とネフスキーは面談する機会があったのであろう。

鳥越憲三郎資料

一九七一（昭和四十六）年に刊行された鳥越憲三郎『沖縄庶民生活史』[34]に名護間切・本部間切・恩納間切・伊江島の「明治十七年旧慣調査書」が収録されている。同書の「まえがき」には、次のように記されている。

この調査はすべての間切に対して行なわれたものであるが、戦時下の昭和十九年に県庁の書庫を調べたところ、国頭郡の中でも「名護間切取調書」「本部間切取調書」「恩納間切取調書」「伊江島取調書」を含む一冊だけが見つかり、他は紛失していた。その中に「名護間切各村調書」「本部間切各村調書」「恩納間切各村調書」という、同じ内容のものではあるが、村役人との簡単な問答体になる調書も綴じられていた。／すべての間切にわたって調書が見つからなかったことは残念ではあるが、沖縄本島の中でも文化的におくれていた国頭郡の一部の調書があったことは、不幸中の幸いであった〔中略〕稿了にあたって強く脳裏を駆けめぐるのは、戦時下に鼠や虫にいたんだ原本を清記してくれた当時の第一高女の三人の娘さんのことである。三人とも学徒出陣し、二人は洞穴の中で歌をうたいつつ死んで行き、姫百合の塔にその名を刻まれている。はじめのころの数日だけ手伝ってもらったので、名前を忘れたが、他の一人は生き残った〔以下略〕。

伊江島の「明治十七年旧慣調査書」は、『伊江村史』下巻[35]にも収録されている。底本は沖縄史料編集室所蔵の鳥越憲三郎旧蔵資料であるという[36]。沖縄史料編集室蔵のコピー複製本で確認したところ、二百字詰め原稿用紙に清書されており、枠外に鳥越憲三郎の印字がある。また、校正の跡が見える。清書原稿には表題の次に、以下の記述がある。

当島ノ儀ハ、五ケ村連絡、他間切ノ一村ノ如シ。只、砂堂ノミ一里バカリ隔リ居レドモ、是ハ近年移転シタルモノ、由ニテ、習俗等些モ相異ルモノナシ。素ヨリ一応取調ハ致候得共、右様ノ次第ニテ、只重複ニ渉ル迄ノ事ニ付、各村調ハ省略候。

この部分は、『沖縄庶民生活史』には収録されていないが、『伊江村史』下巻に収録されている。しかし、原稿と数カ所の違いがあるうえ『伊江村史』下巻には「現近代慣習法ノ根源ヲナシテイル」との記述があるなど、若干の違いが見える。

明治十七年旧慣調査の歴史的背景

沖縄県の旧規調査と酒税問題

「明治十七年旧慣調査書」成立の直接的契機は確認できない。岩村通俊は一八八三（明治十六）年四月二十一日の山県有朋・山田顕義宛の報告で、「県庁、旧慣ト事実ニ暗シ、〔中略〕該県令ハ何分此際、転任然ルベシ」(37)と述べているが、沖縄の旧慣調査が体系的になるのはこの後である。一八八四（明治十七）年旧慣調査は、沖縄県の業務として行なわれていた可能性が高い。一八八三年四月二十二日、上杉県令が更迭され、「旧慣ト事実ニ暗シ」と断言した会計検査院長岩村通俊が沖縄県令兼務となった。岩村県令は、同年五月十日、丙第二十一号布達により、「編纂課」を設置するよう指示しており、(38)五月十六日付で庶務課を編纂課に改めている。(39)一八八四年一月の沖縄県知事西村捨三名による「明治十七年沖縄県予算調書」には、「諸手当印刷費ハ、更ニ編纂課ヲ置キ専ラ旧規取調ヲナスカ為(40)」とあり、「旧規」の調査が予告されている。西村捨三は、赴任早々から「旧規」調査を企図していたことがわかる。旧慣の調査は、岩村県政の時に準備されていたものであるが、西村県政による予算措置を伴うことによって本格的な旧慣調査が開始されたと考えられる。

一八八四年一月、沖縄の泡盛に税が課されていないために沖縄産の泡盛が鹿児島の焼酎醸造業を圧迫しているとして、泡盛を鹿児島に輸入するときは輸入税を課したいとする願書が鹿児島県から大蔵省に出されている。(41) その後、明治政府は宮田直次郎を派遣し、「賦税収税及徴税費ニ関シ」調査を行なっている。報告のなかで宮田は、「急施ヲ必要ト相考候事」として「租税ヲ滞納スルモノ多ク」、「村吏等ニ於テ租税ヲ私ニ流用シ為メニ未納ヲ醸スモノ不少」と指摘している。(42)「明治十七年旧慣調査書」の調査項目のうち、「貢租取扱ノ部」「租税未納ノ事」「上納金穀或ハ共有金穀ヲ私用スル事」は、宮田直次郎の指摘が反映されている。

一八八四年に旧慣調査が構想された背景には、行政の便宜のみならず裁判の判決資料としての必要性もあったのではないだろうか。これを示唆する史料に、「原顧問応答書」がある。「原顧問応答書」は、『近世地方経済史料』第十巻に収録されており、一八八一（明治十四）年十一月十一日から一八八三（明治十六）年六月九日にかけての応答書がある。「原顧問応答書」は、県庁各課からの照会に答えたもので、租税課一一、裁判掛七、庶務課三、勧業課二、出納課一、不明一となっている。(43) 当時、那覇地方裁判所判事は県令の兼務職であり（明治二十五年まで兼務）(44)、裁判掛からの照会があることが注目される。原顧問とは、沖縄県の設置とともに旧三司官が沖縄県顧問に就任しており、「原《もと》」の沖縄県顧問であろう（本書第Ⅱ部第4章参照のこと）。「原顧問応答書」が確認できなくなる時期の後に、旧慣調査と編纂課設置が企図されている。

「明治十七年旧慣調査書」は、一定の様式により作成されている。しかし、質問のなかには、間切独自のものがあれば、さらに質問が追加されているものもあることから、文書による調査依頼に対し間切吏員が文書で回答したというものではなく、質問者が直接間切まで行って調査を行なっていることがわかる。「明治十七年沖縄県予算調書」

には、沖縄県吏員の「巡回旅費」や「証人呼出旅費」が見える。[45] 西村捨三は、明治十六年度の巡察使として滋賀県に赴いている。[46] 現地に赴いての問答式調査は、この経験から着想されたものであろうか。「明治十七年旧慣調査書」は、編纂課によって、当初から企図されていた「旧規取調」と宮田直次郎の指摘を受けた調査の成果ではないかと推察される。田村浩の『琉球共産村落の研究』末尾に収録されている「琉球史料」目録には、「首里旧慣調　今西参事官　一八八四」の記載が見える。那覇役所長などを務めた今西相一であろう。明治十七年の『官員録』には今西相一の名はなく、明治十八年の『官員録』に初めて那覇役所長今西相一の名が見える。[47] おそらく、直接今西相一が明治十七年の旧慣調査に携わったことを示しているのではなく、丸岡莞爾知事時代に今西が整理に関わったことを示しているのであろう。

明治初期日本の統治・法体系の整備

明治政府の成立から明治二十年代初頭までは、日本が近代国家として確立していく揺籃期であった。大島美津子は、「維新から明治二十年代に至る時期の地方統治の第一の特徴は、短期間に度重なる制度改正や統治方針の変革が行なわれた事であった」と述べている。[48] この時期の地方統治で画期をなすのは、一八七八（明治十一）年の「郡区町村編成法」「府県会規則」「地方税規則」、いわゆる「三新法」の制定であろう。[49] 三新法の制定は、「固有の旧慣との乖離を反省して、地方の実情をふまえた組織化へと方向転換を図った」とされ、[50]『生活共同体としての村』の多くは、この制度的改革と行政上の地位の法認を契機に、公選戸長の職務遂行を支える村規約を制定」[51] していった。すなわち、三新法の制定以降、明治政府は各地域の旧慣尊重的な政策基調へと転換していったのである。上地一郎は、三新法の起稿は、琉球処分官としていわゆる「廃藩置県」を強行した松田道之であることを指摘しつつ、「琉球処分と旧慣存置政策は、地域住民を国民国家の下に摩擦なく包摂しようとする三新法体制の延長線上に位置づけられるべきものである」と述べている。[52]

一八八一（明治十四）年七月、参議大隈重信と伊藤博文連名による「登記法取調ノ議」が太政官に上申され[53]、八月、内務省に登記法取調掛が設置されている。[54] 内務省の登記法取調掛は、一八八四（明治十七）年に廃止され、登記法の調査は司法省の登記制度取調委員会に引き継がれているが、「司法大輔岩村通峻《ママ》らが参加したらしい」[55]。「岩村通峻《ママ》」は、第二代沖縄県令岩村通俊と同一人物であろう。岩村は、一八八三（明治十六）年十二月二十一日に沖縄県令を解任されているが、「旧慣温存という置県以来の明治政府の方針を、確固不動のもの」にしたといわれている。[56] 岩村の旧慣温存策は、全国的な旧慣尊重路線の反映であろう。

この時期、全国的に「『公証偽造等ノ犯罪ガ年一年ニ増加』して『明治十八年頃ニハ其管理者タル戸長及戸長役場ノ筆生等二重公証ヲ為シタル件数ハ三百件以上ニモ上ツテ』おり、それがために『当時地所建物船舶等ノ売買譲与質入書入公証信用ト云フモノハ地ヲ払フニ至ツタ』のであった」[57]。登記法は、一八八六（明治十九）年八月十三日に公布され、その第一条には、「地所建物船舶ノ売買譲与質入書入ノ登記ヲ請ントスル者ハ本法ニ従ヒ地所建物ハ其所在地船舶ハ其定繋場ノ登記所ニ登記ヲ請フ可シ」と規定された。[58]「明治十七年旧慣調査書」の「地所並墓地売買譲与ノ事」や「書入・質入・金銀貸借ノ事」、「海岸船舶漁業等取締方ノ事」の項は、当時の日本社会における問題意識（不動産登記法制定をめぐる議論）が反映されている。

明治十七年は、「地租改正条例」が廃止され、「地租条例」が制定された年でもある。[59] 同年九月、大蔵省は「主秘乾第三十七号」をもって「地租検査手続」を内達し、翌年から地押調査がはじまった。[60]

明治十七年旧慣調査と民事慣例類集・シマの話（佐喜真興英）

明治期の調査のなかで、司法省が行なった一八七六（明治九）年の『民事慣例類集』調査と一八七八（明治十一）

年から一八八〇（明治十三）年の『全国民事慣例類集』調査は、「民法典編纂の材料に供せんが為」の大規模な地方慣例調査であった[61]。

「明治十七年旧慣調査書」は『民事慣例類集』との類似性がある。黒木三郎は、『南島村内法』の解説のなかで「本土においては、『民事慣例類集』のような調査資料はあるが、近代民法の下においては、それはあくまで旧慣であった」と述べている[62]。『民事慣例類集』は、一八七七（明治十）年司法省から刊行されているが、その調査は一八七六（明治九）年に行なわれている[63]。また、一八七八（明治十一）年から一八七九（明治十二）年にかけても調査が行なわれ、一八八〇（明治十三）年に『全国民事慣例類集』が同じく司法省から刊行された[64]。この調査の発端をつくったのは、御雇い外国人ヒルの提言であったといわれている[65]。

「民事慣例類集」の編纂と琉球・沖縄の旧慣調査がどのように連動していたかは、明確でない。しかし、『全国民事慣例類集』の凡例には、「琉球国ハ他日採録スル所アルベシ」とあり、生田精の『畿道巡回日記』にも、「他日幸得百余日之間。経甲斐飛驒。到能登。航隠岐壱岐。遂及琉球」とある[66]。「民事慣例類集」の射程は琉球をもとらえていたが実現しなかった。

『民事慣例類集』と「明治十七年旧慣調査書」の直接的な関連は不明であるが、内容構成が似ており、「明治十七年旧慣調査書」は民法策定に向けた同時期の日本社会における旧慣調査の影響を少なからず受けていると考えられる。『民事慣例類集』と「明治十七年旧慣調査書」は、佐喜真興英『シマの話』の構成とも類似性がある。佐喜真興英は、一九二一（大正十）年東京帝国大学法学部を卒業し、福岡や岡山の地裁で判事を歴任した法律家である[67]。佐喜真は、帝大時代穂積陳重に私淑し、その法律進化論に強く影響をうけたといわれる[68]。「シマの話」には、後に「法社会学」と呼ばれるようになる学問領域が含まれていることが窺知できることに着目しておきたい[69]。

明治十七年旧慣調査書の史料的性格と内法

史料の伝存状況と史料的性格

「明治十七年旧慣調査書」は、調査当時の原本は存在しない。田代安定が収集した資料（以下、「田代本」という）は写本であり、随所に誤写と思われる箇所がある。筆者は田代の真筆を見ていないが、誤写が多いことから第三者に筆写させたものと考えられる。また、田代がどこに収蔵されていたものを筆写したのか、明確でない。しかし、田代本が現在もっとも史料的価値が高い。田代本の次に史料的価値が高く内容が豊富なものは、鳥越憲三郎の『沖縄庶民生活史』に収録されているものである。活字化され利用しやすいが、誤植または誤写と思われる箇所もあり、また原本を再編集しているため原史料の体裁への復元が困難である。同書の基になったと思われる鳥越の原稿が、沖縄県公文書館沖縄史料編集室に収蔵されており、原稿と活字本との校合も今後必要であろう。田村浩の資料は、活字化され『琉球共産村落の研究』に収録されている。田村資料は、間切単位での紹介はなく、一部しか記述されていない。しかし、同書末尾には、沖縄県庁の書庫で確認した目録が記されており、田村資料の調査によっては、活字化されている資料以外の「明治十七年旧慣調査書」が発見される可能性もある。もし、目録の資料が残されているとすれば、沖縄全域の調査書が揃うことになる。柳田國男の収集した資料は、成城大学の柳田文庫のなかの「宮古島近古文書」の一部である。これも、柳田が直接筆写したものではなく、第三者に筆写させたものである。

以上のように、「明治十七年旧慣調査書」は活字本と写本が残されているが、写本も研究者自身が筆写したものではない。「内法」など周辺史料との比較校訂を行なうことが求められている。しかし、すべての項目が内法の内容と重なるわけではない。また、「県史内法」自体も底本についてはその原本を確認していない。底本と推定される沖縄県立図書館所蔵の「沖縄県旧慣間切村内法」（以下、「県図内法」という）には奥付がなく、いつ、誰が（どのような機関が）発行したのか不明で、「県図内法」にも単純な誤りと見られる箇所が少なくない。『沖縄県史』第十四巻収録の「県史内法」も「県図内法」もテキストとしては、適切とはいえない。「内法」自体に綿密な校訂作業が望まれており、「明治十七年旧慣調査書」は「内法」校訂にとっても貴重な史料といえる。

明治十七年旧慣調査書と内法

一八八四（明治十七）年の全県的な旧慣調査とほぼ同じころ、「未納税徴収内法取調書」（以下「明治十七年内法」と称す）が成立している。明治十七年の内法は、与那城間切（明治十七年十一月四日）、北谷間切（十一月二十五日）、浦添間切（九月二十四日）のものが残っており[70]、間切の地頭代から中頭郡役所に報告されている。「明治十七年内法」は、その名称から明らかなように、宮田直次郎が急ぐべき課題として指摘した租税滞納問題が反映されており、明治十七年の旧慣調査の延長線上に「明治十七年内法」は成立している。「明治十七年内法」のあと、一八八五（明治十八）年十一月九日、沖縄県乙第七十七号御達が発され、沖縄県全域において内法の調査・届出（成文化）がはじまった[71]。その後、乙第八十四号（同年十一月、日付不明）、乙第三十九号（明治二十年八月）が出され、内法調査は継続された。その過程で、内法は変更されている。現在、『沖縄県史』第十四巻や『南島村内法』で確認できる内法は、変更後の内法がほとんどである。

金武間切を事例に、「明治十七年旧慣調査書」と内法の関係を検討してみたい[72]。

第三条　間切内ヘ租税未納者アルトキハ、其処分法ハ如何。

答　間切内ヘ租税未納者アルトキハ、取納座ヨリ主任ノ捌理ヲ召喚シテ拘留シ、尚延滞スルトキハ、地頭代ヲ召喚、厳責シテ平等所ノ座牢ニ入リ、皆納ノ上放免セラル。番所ニ於テハ、他ノ捌理其村屋ニ至リ、村吏ト未納者トヲ督責シ、若シ貧窶ニシテ皆納ノ見込ナキ者ハ、親戚・与中、或ハ一村ヲシテ、一時負担上納セシムルノ旧慣ナリ。

第四条　諸上納延期セシ村吏等ヘ、科料申付ル等ノ事アリヤ。

答　諸上納皆済ノ後、下知〔役〕・検者以下ノ吏員番所ニ相集リテ祝宴ヲ張ル。其時上納延期セシ村吏ヲシテ庭中ニ座セシメ、呵責シテ、将来ヲ戒シムルノミ。別ニ科料申付ル等ノ事ナシ。

第五条　百姓地ニ係ル租税未納者アルトキハ、其処分法ハ如何。

答　八箇村トモ、其親族ヘ分担上納セシム。若シ親族貧窶ニシテ代納スルコト能ハザレバ、本人ノ家屋家財ヲ売却シ、尚不足スルトキハ、与中又ハ一村ヘ協議シ、本人ハ勿論、兄弟妻子ヲモ身売シ、人ノ僕婢トナシテ上納セシムルノ旧慣ナリ。

第六条　本人ノ家屋家財ヲ売却シ、且兄弟妻子ニ至ル迄身売シテ、尚不足スルトキハ如何。

答　八箇村トモ、従兄弟迄ノ親族中、親疎ト貧富トニ依リ、其不足ヲ分担セシムルヲ例トス。若シ親戚ニテ分担スルコト能ハザレバ、与中又ハ一村ヨリ負担上納スルノ内法ナリト雖ドモ、一家ノ未納ニ付テハ、是迄与中一村ヨリ負担セシ事ナシ。

第七条　前二条ノ取計ラヒヲ為サズ、一村ノ共有金穀ヲ以テ、一時未納者ヘ取替置等ノ事アリヤ。

答　八箇村トモ、未納者ヘ一村共有ノ金穀ヲ貸与セシ事ナク、年々各村ヨリ番所ヘ身売人ノ有無ヲ届出テ、若シ貢租ノ未納又ハ父兄疾等ノ為ニ身売シ、其情状憫察スベキ者アレバ、間切内ヘ協議シ、各村製造過ノ砂糖代価ノ内ヨリ、身売高ノ金ヲ給シテ、帰宅セシムルノ旧慣ナリ。

第八条　貢租未納者ノ地所ヲ取揚ゲ、更ニ他人ヘ配当ス等ノ事アリヤ。

答　八箇村トモ未納者赤貧又ハ鰥寡《かんか》孤独ニシテ、到底諸上納皆済ノ見込ナキ者ハ、村吏協議ノ上、予テ配当シタル耕地ヲ取揚ゲ、村内ニテ人選シ、更ニ配与スルヲ例トス。

金武間切の「明治十七年旧慣調査書」の「租税未納ノ部」の一部（百姓地に係る部分）を示した。六条の条文からなる。同様な内容は、金武間切の内法にもあるが、間切内法三条と各村内法一条のみとなっている。

第百五条　村方ニ諸上納モノ日限通リ不相納トキハ、科銭拾銭申付、其上頭・組頭番所へ詰込サセ、皆納ノ之上差帰シ、若詰居半ニ逃去ルトキハ、科銭四拾銭申付候事

第百六条　村方ニ於テ諸上納物不納ノトキハ、催促トシテ他村之頭々差遣シ、手間賃壱人ニ付弐拾銭宛、不納者へ科銭トシテ申付候事

第百九条　各村ニ於テ貢租並ニ公費未納ノトキハ、担当ノ捌吏・文子、其村へ催促セシメ、完納能ハサルトキハ、当高ノ銭該村人民ノ家財・畜類引揚、日限ヲ与へ期限経過ノ後ハ、公売ノ上未納金ニ充テ、又村方ニ於テハ未納者ノ家財・畜類ハ勿論親類・与中ノ財産引揚売却シテ、其金ヲ相償ヘシ。若シ、本人爾後未納ノ患アルモノ又ハ無資力ノ者ハ、村中協議ノ上、持地引揚候事。[73]〔間切内法〕

第三十九条　地人中ニ於テ貢租其他上納物未納致ス時ハ、掟・頭ニテ、本人ノ拒ミ又ハ不在ト雖トモ、直ニ作毛・家財・畜類引揚ケ売払、未納ニ差向ケ、残余アレハ本人ニ還付シ、若シ不足ヲ生スル時ハ、妻子ヲ為売、親類ニ及ホシ、夫ニテ不足スル時ハ与中・村中・間切中ニ及ホスヘシ。但、以後未納ノ患アルモノハ、現地引揚、他へ掛替候事。[74]〔各村内法〕

「明治十七年旧慣調査書」の第三条の前半〔①王府の取納座は、担当「捌理」を呼び出し、拘留する。②なお延滞が続くときは、「地頭代」を呼び出し（王府の取納奉行か）、厳しくしかり「平等所」の座敷牢に入れる〕は、王府の取納奉行の間切役人に対する処分で、後半は間切番所の処分である。後半〔③間切番所では、拘留されている「捌理」以外の者が「村屋」（村番所）に行き、村の役人と未納者を督責する。④貧窮で皆納の見込みがない者は、親戚や与《くみ》、あるいは村で一時立て替えて上納させる〕は、間切内法の第百五条と第百六条に対応するものであろう。内法の文脈から、担当「捌理」が拘留されているのは間切番所だと考えられる。間切内法では滞納者に対して、科銭の賦課が記されていることが特徴である。「明治十七年旧慣調査書」の第五条から第八条は、間切内法百九条および各村内法第三十九条に対応するものであるが、「明治十七年旧慣調査書」の方が詳細である。

このように、「明治十七年旧慣調査書」と内法には対応関係が見られ、また内法にない慣行が記されているところもあり、内法研究という観点からも「明治十七年旧慣調査書」の意義は大きい。鳥越憲三郎は、『沖縄庶民生活史』[75]に収録している「明治十七年旧慣調査書」に、しばしば内法を注記している。

明治二十一年の旧慣調査

一八八八（明治二十一）年の旧慣調査書は、いまのところ宮古島の事例しか確認できず、また全県的にこのような旧慣調査が行なわれたことを確認できる史料は見つかっていない。「明治二十一年宮古島旧慣調査書」は、成城大学柳田文庫所蔵の「宮古島近古文書」のなかに収録されているもので、『明治期宮古島の旧慣調査資料』で紹介され、解説が加えられている。[76]「明治十七年旧慣調査書」と同じような形式で類似項目の設問と回答からなっており、「明治十七年宮古島旧慣調査書」の補完的な性格をもっている。設問内容に宮古島独自のものは少なく、このような照会は各島、各郡役所あてに出されたのではないかと思われる。末尾に「右ハ、廿一年七月九日、習第一号、習慣法取調委員山下属ノ照会ニ対シ、仝月十二日、宮往第百八十二号ヲ以廻答相成候第一科丙号往復綴ヨリ抜萃ス」とある。内法の調査・届出がなされたあとも、「習慣法取調委員」が配置され、旧慣調査が行なわれていたことは注目に値する。

おわりに——明治十七年旧慣調査書の意義

利光三津夫は『民事慣例類集　附　畿道巡回日記』の解説のなかで、同書が沖縄をカバーしていないことをなげき、「明治初年の沖縄には、わが国古代史を解明する上に、貴重なる慣習が豊富に伝承されていたはずである。〔生田〕精の調査が、中道にして廃せられたことは、惜しみて余りありといわざるをえない」と述べている。『民事慣例類集』や『全国民事慣例類集』の調査は、沖縄まで及ぶことはなかったが、「明治十七年旧慣調査書」はその沖縄版ともいえる内容となっている。近代沖縄史研究の史料としてのみならず、民俗学や法史学の観点からも貴重である。

佐喜真興英は、「シマの話」の中で、村《シマ》について次のように述べている。

> 島《ママ》の結合は極めて強固であつた。島《ママ》の人々は些細な事まで共同な行動に出でた。シマの語にはシマの人々でないと到底理解し得ない程神秘的な意味が含まれていた。各島には一種の型があつてシマ人は殆ど例外なく此型にはまつた。〔中略〕島人が他島人を輕視し憎悪したのは全く自己の島に対して有する懐しい眞のシマ意識の表現に他ならなかつた。島内に於ける島人の平和な眞の意味の一心同體的生活は、今日から殆ど想像もつかぬ程であつた。[77]

村《シマ》は、村の祭祀から貢租負担まで、神秘的一心同体的生活によって成り立っており、村はパトリそのものであった。したがって、ある意味では村は村人自身でもあり、村に出自を持つ者にとって村の歴史は大きな関心事となるのである。しかし、村レベルの史料は少なく、村を対象としつつ厖大な業績を残してきた民俗学も神事や祭祀研究に重きが置かれ、慣習や社会生活レベルの研究は少ない。

近年、「共同体」について再考していく機運がみられ[78]、東南アジアの共同体を視野においた沖縄の村落共同体研究も見られる[79]。既述のように「明治十七年旧慣調書」は、史料の伝存のあり方から周到な史料批判を要する史料であることが確認できるが、それにもかかわらず、間切や村へ県庁の職員が直接赴き、間切や村の役人から直接聞き取りをした史料である。このような史料は、この時期にほとんど存在せず、旧慣期の間切や村レベルの慣習や行政を知ることのできる史料だということができる。

注

（1）植民地や占領地における旧慣調査については、本書第Ⅱ部第9章を参照されたい。
（2）これらの調査は、植民地統治あるいは占領地統治の必要性から生まれたものであるが、太田朝敷は、一九〇二（明治三十五）年六月二日の『琉球新報』で旧慣期の沖縄について「沖縄は決して日本の新領土にあらず、我輩沖縄県人も亦決して爾は思はざるなり、然れども政府は慥かに新領土を以て沖縄に擬せり」と述べ、新領土（台湾）政策と沖縄でとられた政策が類似していることを指摘している（『太田朝敷選集』上巻、一九九三年、琉球新報社、二六六頁）。また、春山明哲も沖縄の旧慣調査と台湾旧慣調査の類似性を指摘している（「台湾旧慣調査と立法問題」『新沖縄文学』第六〇号、一九八四年、沖縄タイムス社、八〇頁）。
（3）岩波講座『「帝国」日本の学知』第一巻〔「帝国」編成の系譜〕、岩波書店、二〇〇六年、「編集にあたって」ⅰ頁。
（4）拙稿「近代沖縄における旧慣調査とその背景」『地域研究』第五号、沖縄大学地域研究所、二〇〇九年。本書第Ⅱ部第4章に改稿して収録。
（5）内法の成立、成文化の過程については、本書第Ⅱ部第6章を参照されたい。

（6）この史料は、収録されている本により様々な呼称が付されているが、本書では、時代背景を理解しやすくするため「明治十七年旧慣調査書」と称する。
（7）田村浩『琉球共産村落の研究』至言社、一九七七年。
（8）鳥越憲三郎『沖縄庶民生活史』雄山閣、一九七一年。
（9）『沖縄市史』第二巻沖縄市教育委員会、一九八四年、三二六および三七一頁。
（10）『伊江村史』下巻、伊江村役場、一九八〇年。
（11）『宜野座村誌』宜野座村役場、一九八八年。
（12）前掲、注（7）田村『共産村落の研究』四八八頁。
（13）長谷部言人「田代安定氏について」田代安定『沖縄結縄考』至言社、一九七七年、二頁。
（14）同前。
（15）同前、解説Ⅳ〔執筆者、野口武徳〕。なお野口武徳は、『南島研究の歳月』（未来社、一九八〇年）の「田代安定」の項でも明治十七年来島説を展開している（六頁）。
（16）前掲、注（13）『沖縄結縄考』二―三頁。なお、近代沖縄と田代安定との関わり、歴史的位置づけ、収集資料については、三木健「田代安定と近代八重山」『虹』十四〜十九号、一九七一―一九七二年（後に『八重山近代民衆史』三一書房に収録、一九八〇年）および齋藤郁子「田代安定の学問と資料」（『沖縄文化研究』法政大学沖縄文化研究所、二〇〇六年）に詳しい。
（17）前掲、注（13）田代『沖縄結縄考』八頁。
（18）同前、七頁。
（19）前掲、注（11）『宜野座村誌』五五頁。
（20）同前、五六頁。
（21）「沖縄地方旧慣問答書」にみる『性・産・家族』」『沖縄女性史研究』創刊号、沖縄県教育委員会、一九九七年、六八頁。
（22）『沖縄県史』別巻（沖縄県教育委員会、一九七七年）三五五頁。田代安定についての研究には、三木健「田代安定」『伝統と近代』第二十五号（一九七四年）三木健「田代安定と近代八重山」（前掲）、野口武徳「前掲『沖縄結縄考』解説」、「田代安定研究会」（文責、宮平真弥・輝広志『法政大学沖縄文化研究所所報』第五十六号、二〇〇五年）、宮平真弥・輝広志「田代安定研究の現状と課題」『法政大学沖縄文化研究所所報』第五十七号（二〇〇五年）などがある。
（23）前掲、注（7）田村『共産村落の研究』二九〇―二九四頁。

(24)同前、二九五—三〇三頁。
(25)同前、三八八—三九二頁。
(26)同前、三九二—三九五頁。
(27)同前、四〇八—四一二頁。
(28)同前、解説（与那国暹）。
(29)同前、一頁。
(30)伊敷勝美・恩河尚・儀間淳一・齋藤郁子・平良勝保・輝広志「明治期宮古島の旧慣調査資料　解題」『宮古島市史資料集1　明治期宮古島の旧慣調査資料』宮古島市教育委員会、二〇〇八年五月。
(31)『民俗学研究所紀要』第二十六集、成城大学民俗学研究所、二〇〇二年、一七六頁。なお、『南島文献解題』（成城大学民俗学研究所編、砂子屋書房、一九九九年）にも、真喜志瑤子による解題がある。
(32)田中水絵「N・ネフスキーの宮古研究の道程——論文「宮古における病封じ」を中心に」『沖縄文化』通巻一〇〇号、沖縄文化協会、二〇〇六年。
(33)『民俗学研究所紀要』第三十一集別冊、成城大学民俗学研究所、二〇〇七年所収。
(34)前掲、注（8）鳥越『庶民生活史』。
(35)前掲、注（10）『伊江村史』下巻。
(36)同前、一〇〇頁。
(37)『沖縄県史料』近代3、沖縄県教育委員会、一九八〇年、八八頁。
(38)同前、三三八頁。
(39)同前、三四五頁。
(40)『沖縄県史』第十三巻、琉球政府、一九六六年、二四二頁。
(41)同前、五二〇頁。
(42)同前、五二四頁。
(43)『近世地方経済史料』第十巻、吉川弘文館、一九六八年、二二一—二二五頁。
(44)菊山正昭「琉球処分と沖縄県統治機構の創設」『明治国家の形成と司法制度』御茶の水書房、一九九三年、三五五頁。
(45)前掲、注（40）『県史』第十三巻、二四三頁。

(46) 我部政男編『〈明治十五年、明治十六年〉地方巡察復命書』(下)、三一書房、一九八一年、解題、七四頁。
(47) 沖縄県公文書館沖縄史料編集室蔵『官員録』。
(48) 大島美津子『明治国家と地域社会』岩波書店、一九九四年、二頁。
(49) 同前、一一〇頁、および神谷力『家と村の法史研究』御茶の水書房、一九九三年、四五七―四九七頁参照。
(50) 前掲、注(48)大島『明治国家と地域社会』一〇八頁。
(51) 前掲、注(49)神谷『家と村の法史研究』四五七頁。
(52) 上地一郎「沖縄明治期の旧慣存置政策に関する一考察」『早稲田大学法学会誌』第五三巻、一一頁。
(53) 奥田晴樹『日本の近代的土地所有』弘文堂、二〇〇一年、一二八頁。
(54) 福島正夫「旧登記法の制定とその意義」日本司法書士協会編『不動産登記制度の歴史と展望』有斐閣、一九八六年、二八頁。
(55) 同前、二九頁。
(56)『沖縄県史』第一巻、沖縄県教育委員会、一九七六年、二〇一頁。
(57) 前掲、注(54)福島論文『不動産登記制度の歴史と展望』二二一―二三頁。
(58) 前掲、注(53)奥田『日本の近代的土地所有』一二九頁。
(59) 塚田利和『地租改正と地籍調査の研究』御茶の水書房、一九八六年、一二五頁。
(60) 同前、一三〇頁。
(61) 手塚豊・利光三津夫編著『民事慣例類集　附　畿道巡回日記』慶應義塾大学法学会、一九六九年、三頁。『民事慣例類集』の調査は、江藤新平司法卿の跡を継いだ大木喬任司法卿のもとで行なわれたが、大木は民法典の編纂作業にあたって慣習を重視した(福島正夫「明治初年における西欧法の継受と日本の法および法学」『日本法とアジア(仁井田陞博士追悼論文集)』勁草書房、一九七〇年)。
(62) 黒木三郎「解説」、奥野彦六郎『南島村内法』至言社、一九七七年、九頁。
(63) 前掲、注(61)手塚・利光編『民事慣例類集　附　畿道巡回日記』、および竹内治彦「明治期慣行調査にみる『慣行』と『近代』――民事慣例類集調査と調査者生田精の思想を中心に」(川合隆男編『近代日本社会調査史(1)』慶応通信、一九八九年)を参照。
(64) 同前。
(65) 前掲、注(61)手塚豊「司法省御雇外国人ヒルの意見書」手塚・利光編『民事慣例類集』。

(66) 同前、注（61）二七二頁。なお、同書所収、利光三津夫「『民事慣例類集』『全国民事慣例類集』の編輯とその編者達」を参照。

(67) 稲福日出夫「『郷土愛について』――二人の生涯の覚え書」『沖縄法政研究』創刊号、沖縄国際大学沖縄法政研究所、一九九九年。

(68) 前掲稲福論文、および同「佐喜真興英の中学時代と作品二題」『沖縄法政研究』第五号（二〇〇三年）、同『ヤーコプ・グリム　郷土愛について――埋もれた法の探訪者の生涯』（東洋企画、二〇〇六年）を参照。

(69) 戦後の法社会学の形成に大きな役割をはたした末弘巌太郎は、一九一二年に東京帝大を卒業（『末弘著作集Ⅰ・法学入門』日本評論社、一九五二年、テキストは一九八三年第二版第七刷）、一九一七年に海外留学に出、一九二〇年に日本に戻っている（川島武宜「末弘巌太郎先生の法学理論」『川島武宜著作集』第一巻、岩波書店、一九八三年、三三二頁）。佐喜真は、一九二一年の卒業であり、末弘と佐喜真との接点が伺える（田里雅湖氏のご教示による）。

(70) 『近世地方経済史料』第十巻、吉川弘文館、一九五八年、一六三―一六五頁。

(71) 『沖縄県令達類纂』上巻「明治三十九年版」（沖縄県立図書館蔵）、一三五―一三六頁。同書によれば乙第七十七号は、「各間切島及ヒ村方ニ於テ、旧藩中執行候内法或ハ村約束等ノ義、詳細取調、過料等ニ係ル米銭遣払ニ至ル迄都テ、取捨増減ナク列記シ、迅速可届出、此旨相達候事」となっている。

(72) 前掲、注（11）『宜野座村誌』五七―五八頁。

(73) 『沖縄県史』第十四巻、琉球政府、一九六五年、三六六頁。

(74) 前掲、注（62）奥野『村内法』一三六頁。なお、前掲、注（73）『県史』第十四巻に収録されている「金武間切各村内法」第四十条（三七〇頁）にも同内容の条文があるが、史料的価値は『南島村内法』が高いと判断して、典拠として採用した。

(75) 前掲、注（8）鳥越『庶民生活史』。

(76) 前掲、注（30）『宮古島市史資料集1　明治期宮古島の旧慣調査資料』。

(77) 『シマの話』郷土研究社、大正十四年、三―五頁。テキストとして使用したのは、一九七〇年琉球史料復刻頒布会が発行した『佐喜真興英全集』。なお、引用にあたって、パソコンの字体があるかぎり旧漢字を使用したが一部は新漢字になおした。

(78) 小野塚知二・沼尻晃伸編『大塚久雄「共同体の基礎理論」を読み直す』（日本経済評論社、二〇〇七年）および鈴木龍也・富野暉一郎編著『コモンズ論再考』（晃洋書房、二〇〇六年）、恩田守雄『互助社会論――ユイ、モヤイ、テツダイの民俗社会学』（世界思想社、二〇〇六年）等を参照。

（79）桜井由躬雄は『ベトナム村落の形成』（創文社、一九八七年）のなかで、ベトナムの村落および村落共有田の性格と沖縄の地割慣行との共通性に着目している。最近、上地一郎は「共同体と土地の利用――沖縄の地割制度への法社会学的アプローチ」（『沖縄法政研究』第八号、沖縄国際大学沖縄法政研究所、二〇〇五年）のなかで、ジェームス・C・スコット『モーラル・エコノミー　東南アジアの農民叛乱と生存維持』（高橋彰訳、勁草書房、一九九九年）やクリフォード・ギアーツ『インボリューション――内に向かう発展』（池本幸生訳、NTT出版、二〇〇一年）に言及しつつ、沖縄の地割制度について検討している。

第6章

内法の起源と近代の内法調査・届出（成文化）

はじめに

近代沖縄における内法を考察するにあたって、奥野彦六郎『南島村内法』は決定的な古典といってよいであろう。[1]奥野彦六郎は、内法について、次のように述べている。[2]

官通達のままの意味が濃いもの（前示寛政年間規定〔杣山取締内法を指す〕と云うのに相当するであろう）もあり、同(1)に掲げる明治十八年以降民が届出て成文化した内法もあり〔『南島村内法』所収「(1)民の届出内法」〕、その他にも民自ら実行していた不文のものもある。〔中略〕そこで同じく内法と云つても官の統治基準を定めたもののないしは官から民に統治上要求・指示する意味の官治法もあり、民自らムラの圏の統治上相互的に要求する自治規範もある。

奥野は内法を、①官の通達の意味が濃いもの、②明治十八年以降成文化されたもの、③シマ人自ら実行していた不文のものに分類している。そして、「前者〔官から民に統治上要求・指示する意味の官治法〕は広い統括圏の一部としてムラの圏の安宗を目ざしておる一方、後者は元来ムラの圏の平安・安定の方から内外を観ておると云える。それは本質上区別せられるべきものであり、私がここで村内法として著眼するのも後者である」と述べている。[3]また、『村内法はムラ人として自覚的・自主的に、総体的に不安・不平なき度に要求ないし作用することを本旨とする平安・安定の基準』と言うことができる」と述べており、[4]②と③の内法を民衆（村人）が自覚的に形成してきた法として位置づけていると考えられる。

本章では、一八八五（明治十八）年、沖縄県乙第七十七号達以降に調査・届出された内法を主に検討対象とする。「山林取締内法」や「砂糖取締内法」、奥野のいう③の不文の内法については、検討から除くことにする。

基本的テキストとして、『沖縄県史』第十四巻[5]に収録されている「沖縄県旧慣間切内法」（以下「旧慣間切内法」という）と奥野彦六郎『南島村内法』に収録されている成文化内法を活用する。また、新たに発掘した「琉球内法存廃ニ関スル臨時調査書類」（長崎控訴院検事局旧所蔵、この写本は祭魚堂文庫にもあり、「琉球内法取調書」となっている）、「沖縄県裁判事務規程並管内裁判所権限ニ関スル文書」（長崎控訴院検事局旧所蔵）、「沖縄内法取調書」（沖縄県立図書館郷土資料室所蔵）を活用する。

内法に関する研究は、「沖縄旧慣地方制度」のような旧慣調査書を除けば、戦前に一木喜徳郎「史料　沖縄旧慣内法[6]」（一八九七年・明治三十）、仲吉朝助『杣山制度論』（一九〇六年・明治三十九）、田村浩『琉球共産村落の研究』（一九二七年・昭和二[7]）などがある。[8]戦後は、奥野彦六郎『南島村内法』（一九五一年）や同『沖縄婚姻史』（一九七八年[9]）、鳥越憲三郎『沖縄庶民生活史』（一九七一年[10]）が体系的な著書としてあり、論文に宮城栄昌「置県前後の沖縄県における法律の施行について[11]」、崎浜秀明「琉球科律と村内法序説[12]」、黒木三郎「〈南島村内法〉解説[13]」、石尾芳久「沖縄の内法について[14]」、江守五夫「日本婚姻史の沖縄の地位[15]」などがある。近年の研究には、田里修「沖縄における土地制度の沿革と問題点[16]」、同「越来間切の内法関係資料（解説[17]）」、同「美里間切の内法資料（解説[18]）」、江守五夫「沖縄における祭祀継承に関する社会問題――法社会学＝民族学的レポート[19]」、上野重義「沖縄における旧慣間切内法・村内法の類型的考察[20]」、上地一郎「沖縄の村落共同体に関する予備的考察（一）――村落慣習法と村の集会を中心に[21]」、同「沖縄の村落共同体に関する予備的考察（二・完）――村落慣習法と村の集会を中心に[22]」、同「沖縄明治期の旧慣存置政策に関する一考察[23]」、同「沖縄の村落共同体――旧慣土地制度を中心に[24]」、同「共同体と土地利用――沖縄の地割制度への法社会学的アプローチ[25]」などがある。[26]これらの研究に学びつつ、近代の内法調査・届出（成文化）過程を考察してみたい。

内法の語義と起源

内法の語義

「内法」とは、国法に対応する用語と考えられる。仲吉朝助編「琉球産業制度資料」の「六月廿五日読谷山間切開墾地に於て仲吉朝愛談話」には、次のように記される。[27]

一　山奉行又は船改奉行及び船改筆者に於て、犯罪を発見する時は、国法に拠りて処罰す（中略）。山奉行発見のものにして情状軽きものは、下知役、検者、山筆者に引渡して、間切内法に拠りて処分せしむ。間切吏員又は山筆者に於て発見するものは、間切内法にて処分するを例とするも、情状重きものは山奉行に上申して国法の処分を受けしむ。

村に於て発見する時は、村内法に拠りて処分す。

国法、間切内法、村内法の中、何れかの処分を受く時は、他の二法の処分は受けず。

仲吉朝愛は、処分権によって間切内法・村内法と国法を区別している。間切内法・村内法とは、間切内の法、村内の法という意であろう。すなわち、管轄の範囲が間切または村と限定されているものが内法で、国法の対語としての呼称といえる。「沖縄県森林視察復命書」（一九〇三年・明治三十六）は、内法の概要を次のように説明している。[28]

　科律其他行政命令ヲ以テ定メタル罰則ノ外、更ニ刑事法制ノ一部ニ類シ、民事及行政法規ヲモ交ヘタル公私ノ法域明瞭ナラザル一種ノ旧慣法アリ。之ヲ内法ト云フ。而シテ、内法ニハ間切ヲ法域トスル間切内法、村ヲ法域トスル村内法ノ二種アリ。之ニ定メタル主ナル事項ハ、風俗取締ニ関スルモノ、山林取締ニ関スルモノ、砂糖取締ニ関スルモノ、貢租公費ノ怠納ニ関スルモノ等ニシテ、各地其規程ヲ異ニシ、且其起因沿革ニ至リテハ信憑スヘキ書契ナキヲ以テ、茲ニ之ヲ説明スルヲ得スト雖トモ、要ハ各種ノ行政命令励行上取締ノ為メ、特ニ設ケタルモノニ外ナラサルヘシ。

内法は、刑事法制と民事／行政法制によって構成され、法域によって「間切内法」と「村内法」に分かれるとしている。そして、公法、私法という法域が不分明であると指摘する。

内法の起源

「内法」という用語について、奥野彦六郎は次のように述べている。(29)

　曩《さき》に古琉球の法制断片と命名して法曹会雑誌に投稿した際、内法なる語は廃藩置県後の新造語らしいと記して置いたのはかなり卓見のつもりであったが、尚其の後とも注意して居たところ、此の度東京尚侯爵邸所蔵の旧藩時代の文書から漸く内法なる語を一個発見するに至ったから、内法なる語は旧藩時代から藩庁の方では用いられた事もあるが一般には余り知られて居なかったと訂正するの外はないのである。向後も細小の点迄万全を期する事は殆ど不可能であろうと思う。

「内法」という用語は、管見では咸豊四（一八五四）年の「恩納間切締向條々并諸上納物割付定」に見える用法がもっとも古い。これには、「事々に応、間切内法之科定組立、惣地頭方入調部免印押、不守之者は涯々其科申付、以来共締向厳重行届候様可被取計候」とあり[30]、あるいはこの時期に各間切へ同様な示達が出され、間切内法が成立したのであろうか。咸豊九（一八五九）年三月二十七日の「南風原間切惣耕作当日記」にも、「右者田地奉行より御咎目被仰置候処、段々御断ヶに付、間切内法取行、何分之首尾申上候様被仰渡候に付」云々という記事が見える[31]。間切レベルの文書に「内法」と語が見えており、近世末期には一般に知られていたといえよう。

先述のように、内法は国法に対応する用語であり、間切あるいは村内においてのみ適用される法である。内法の起源について、「沖縄旧慣地方制度」（一八九三年・明治二十六）は次のように記す[32]。

> 内法ノ起因及沿革ハ、拠ルヘキ書類ナキニヨリ詳ナラスト雖トモ、案スルニ学事、農務等怠慢ノモノ或ハ風俗ヲ紊スモノ等ニシテ、行蹟科律ニ触レサルモノ亦仮令科律ニ触ルヽモノト雖トモ、貢租、公費ノ未納者及風水山、抱護山、其他杣山仕立木盗伐者或ハ作毛盗ノ如キ罪科軽キモノ、取締ノ為メ起因シタルモノナルヘシ／而シテ杣山取締内法ハ乾隆十六年（宝暦元年）〔宝暦元年は一七五一年〕辛未九月ニ規定、又首里、那覇、各間切、離島ノ内法ハ今ヲ去ル九十余年前即チ嘉慶年間（寛政年間）ノ比、規定シタルモノナラン乎。其処罰方法ニ於テモ時々村中集会協議ヲ遂ケ、所犯ノ軽重、人情等ヲ酌量シ、処罰スルモノニシテ、予メ規定シタル法則ナシ

また、「一木書記官取調書」（一八九四年）は次のように記す[33]。

内法ノ起源及沿革ハ、徴スヘキノ旧記ナシト雖トモ、農務ニ怠慢ナル者、風俗ヲ紊ス者等、其行為科律ニ触レサルモノ及科律ニ触ル、モ罪科軽クシテ、特別ノ取締ノ目的ヲ達スル能ハサルモノ、為ニ設タルモノ、如ク、而シテ杣山取締内法ハ宝暦年間（今ヲ距ル百四十余年）、砂糖取締内法ハ其後藩庁ニ於テ之ヲ設ケ、爾来間切・村ニ於テモ之ニ模倣シ、吏員人民ト協議シ各種ノ内法ヲ設ケ、検者・下知役ノ認可ヲ受ケ施行セルモノニシテ、其起源ハ寛政年間（今ヲ距ル九十余年）〔寛政年間は一七八九〜一八〇〇年〕ニ在ルヘシト云フ

「沖縄旧慣地方制度」、「一木書記官取調書」とも、ほぼ同様なことを記している。「沖縄旧慣地方制度」は、「其処罰方法ニ於テモ時々村中集会協議ヲ遂ケ、所犯ノ軽重、人情等ヲ酌量シ、処罰スルモノニシテ、予メ規定シタル法則ナシ」と付記し、その処罰方法は柔軟であるとしている。「山林取締内法」および「砂糖取締内法」の起源については、おおむね「沖縄旧慣地方制度」及び「一木書記官取調書」のとおりであろう。しかし、「旧慣間切内法」や『南島村内法』収録の成文化内法、「琉球内法存廃ニ関スル臨時調査書類」、「沖縄県裁判事務規程並管内裁判所権限ニ関スル文書」、「沖縄内法取調書」には、公務に関することや農務・風紀に関する取締条項がかなりの部分を占めており、山林取締内法および砂糖取締内法の起源と、間切内法や村内法の起源を同一視するわけにはいかない。「沖縄旧慣地方制度」には「島尻、中頭、国頭、離島」の内法「要領」が記され、また田村浩『琉球共産村落の研究』には、内法の種類が分類されている。内法の概要を表にして示したものが**表6-1**である。

田村浩の分類は、公務・農務・風紀に着目すると「間切公事帳」に由来すると思われるものも少なくない。田村浩は、「内法規定ガ公事帳ノ訓令ト其ノ様式並ビニ事項同一ナルモノ多シ」と指摘している。[34] 田里修も「これらの間切内法は、おそらく『間切公事帳』（一七三五年）やその後に出された『(仮) 間切公事科定』（一七四四年頃か?）等を基にしたものと思われる」と指摘している。[35]「間切公事帳」は、雍正十三（一七三五）年に成立している。[36] 田

表6－1　旧慣地方制度と共産村落の研究・間切内法の比較表

沖縄旧慣地方制度「要領」	琉球共産村落の研究	明治十九年小禄間切内法
番所取締ノ部	風俗取締ノ内法	番所取締ノ件
各村取締ノ部	貢租ニ関スル内法	番所ヨリ各村取締ノ件
田畑、屋敷、山野取締ノ部	備荒貯蓄ニ関スル内法	貢租及公費取締ノ件
貢租及公費取締ノ部	居所移転ノ内法	所俗取締ノ件
諸上納物払通請取書並貯米諸帳面差出ノ部	土地ニ関スル内法	身売人模合貸金畜類売買取締ノ件
所俗取締ノ部	勧農ニ関スル内法	諸取締ノ件
身売人、模合、貸金家畜類売買取締ノ部	（山林取締内法）	
諸取締ノ部／海中取締ノ部		
間切原番取締ノ部		
砂糖製造並密売取締ノ部		
居住人牛、馬、野牛口銭徴収ノ部		
杣山取締ノ部		
遊興取締ノ部		

＊明治十九年小禄間切内法は、沖縄県立図書館郷土資料室所蔵「沖縄内法取調書」。

里修は「間切公事帳」の成立について、次のように述べている。[37]

間切公事帳の成立を考える際に最も重要な出来事は、一七二八年の代官制の廃止と取納奉行の設置であろう。〔中略〕羽地の頃〔十七世紀後半〕から十八世紀にかけて、間切行政に多く関っていた惣地頭・脇地頭及び代官に替わり、取納奉行を中心として、取納座の監督の下で、地頭代以下の百姓身分のさばくり達が、間切の公事を担うようになったということである。そのことによって地頭や代官達の非法を防ぐことが出来ると共に、間切の行政・公事を担う農民層によって王府への上納を確保することが出来る様になったのである。／取納奉行(取納座)の設置(一七二八年)と間切公事帳の成立(一七三五年)は、この様に王府の地方(農村)支配の変化と共に必然的に成立したものであった。

この公事帳をもとに、さらに科罰等が定められていった。公務・農務・風紀に関する科罰規程は、管見でもっとも古く見られるのは、「美里間切科定之条々」である。[38]「美里間切科定条々」は、乾隆十三(一七四八)年、検者／両惣地頭から美里間切の役人衆(さばくり)宛に出されたもので、「耕作方／さはくり中并掟々／番毎さはくり方／蔵当方」に関する科罰規程が設けられている。このような科罰規程が、近世末期に内法と呼ばれるようになったのではないだろうか。「間切科定」が間切内法の起源だとすると、「旧慣地方制度」や一木喜徳郎の「嘉慶年間(寛政年間)」説より古いことになる。

近世末期になると、近代内法の原型となったと考えられる「締向條々」あるいは「条々」と呼ばれた規定が登場する。先に紹介した、「恩納間切締向條々并諸上納物割付定」、「東恩納村締向条々」[39]、「羽地間切万定方之条々并勘定方之条々」[40]、「農事御取締帳写(今帰仁間切)」[41]がそれである。これらの「条々」が科罰規程を伴うことによって近世末期に「内法」へと転化していったと考えられるのである。

近代の内法調査・届出

近代内法の成文化過程については、近年では、上地一郎「沖縄明治期の旧慣存置政策に関する一考察」（前掲）が詳細に論じており、内法研究を進展させた。同論文では、一八八一（明治十四）年の沖縄県令訓令と県番外第十三号（本文は後掲）による山林取締内法[42]や一八八五（明治十八）年の県乙第十一号[43]による砂糖取締内法についても、多く言及されているが、本章では、一八八五年の沖縄県乙第七十七号御達による内法の調査・届出（成文化）の過程に焦点をしぼることにしたい。

明治十四年の村規約

日本社会では、一八七八（明治十一）年の、いわゆる「三新法」の制定を機に多くの村規約が制定されていったことは、第5章で述べた。沖縄県でも、村規約が制定されたことが次の史料で確認できる。[44]

規　約

人身売買及其類似之所業致サザル為、規約ヲ設クル。左ノ如シ

一、人身売買致間敷事

一、人身ヲ引当トシ金穀貸借等、致間敷事

一、金穀ヲ貸付ケ人ヲ抑留使役スル等、致間敷事

一、雇人（下男女）ヲ雇入ルルハ、壱ヶ年宛タルヘキコト
　但、壱ヶ年分ニ過ル雇質ヲ貸借セサル様、注意スヘシ。然レトモ、壱ヶ年ノ後双方和談ノ上、重テ雇入ハ差支無之事
一、人之子女ヲ金談（銭カ）上ヨリ養女ノ名目ヲ付シ、娼妓芸妓ノ所業致サセ間敷事
一、前五ヶ条ノ外タリトモ、人身売買同様ノ所業ハ一切致間敷事
右之条々予テ確守可致ハ、不及申儀ニ候得共、猶又村中申合頭立候者ヨリ、時々注意ヲ加ヘ、且タトヒ何様之貧困ニ相逼候共違背致間敷、依テ親川村一同連印致置候也。
　明治十四年三月
　　　　　　　　　　与頭　伊差川権助　㊞
　　　　　　　　　　同　……
　　　　　　　　　外八名
右規約ノ儀、事実相違無之付、連印候也。
　明治十四年三月
　　　　　　　　　　夫地頭　……㊞
　　　　　　　　　　耕作当　……
　　　　　　　　　　同　……
右規約書差出候ニ付、詳細取調候処、事ノ確明有之仍テ連証致候
　明治十四年三月　番所詰
　　　　　　　　　　地頭代　……
　　　　　　　　　　首里大屋子　……

大　掟……

南風掟……

西　掟……

右之通堅相守可申候。仍テ連印致候也

明治十四年三月

この規約は、親川村（羽地間切）の人身売買を禁止する規約であるが、一八八一（明治十四）年三月三十日付の沖縄県番外第十三号から他の村にも村規約があったことをうかがうことができる。番外第十三号には、次のように記されている。(45)

当県ノ義ハ、各間切等村内規約ニテ山林取荒候者、各自見当候節ハ、予テ造リ置シ木札ヲ渡シ、次犯者モ有之迄ハ所持致サセ、其木札所持候間ハ、日々幾許ノ謝金ヲ出サセ候ニ付、前犯者モ後犯者ヲ探訪セシ為メ故ラ《ママ》ニ山林等ヲ巡視候習慣有之、山林取締上大ニ有益ノ具ト相成候。仍テ前顕警吏ニテ取押ヘ候者ハ、法令ニ依リ処分可致ハ勿論ニ候ヘ共、民間ニテ習慣規約ニ依リ処置候モノハ、警吏ニテハ妨ケス、法令規約並《なみ》ニ相行レ候様可相心得、此旨内諭候事〔傍点は引用者〕。

番外第十三号は、杣山の荒廃問題を指摘しつつ、「習慣規約」による処罰の有効性に着目している。ここに記される「規約」は、山林取締内法であろう。また、「習慣規約」は、成文化される以前の内法であろう。しかし、「規約」という語が使用されていることに着目したい。沖縄県番外第十三号は、明治十四年三月三十日付で、親川村の規約は明治十四年三月である。沖縄県番外第十三号は、規約が各村で作成されつつある状況をふまえて、山林取締内法や成文化される以前の内法を「規約」と称したのであろう。なお、親川村の規約は、内容から見て、自主的な規約とはいいがたい。人身売買は、一八七二（明治五）年の太政官布告第二九五号によって禁止されている[46]。文言も、沖縄の近世的な用法とは異なっており、沖縄県の意向によって、各村で作成されたのであろう。親川村の規約の存在は、当初沖縄県は日本各地の村規約にならって、内法を村規約化していくことを構想していた可能性をうかがわせる。

明治十七年の内法

『近世地方経済史料』第十巻に一八八四（明治十七）年の「未納税徴収内法取調書」が収録されている。一八八四年は、全県的な旧慣調査が行なわれた年である（第5章参照）。この旧慣調査には、同年に来沖した宮田直次郎が急ぐべき課題として指摘した租税滞納問題が反映されている。

「未納税徴収内法取調書」は、与那城間切[47]（明治十七年十一月四日）、北谷間切[48]（十一月二十五日）、浦添間切[49]（九月二十四日）のものが残っており、居住人（住居人）と地人（百姓）の租税滞納の際の対応方法が記されている。末尾には、「右記載之通、慣行相違無御座候也」とあり、地頭代から中頭郡役所に報告されている。一八八五（明治十八）年の乙第七十七号御達による内法届出以前に、内法の調査があったことは、着目に値する。「沖縄県旧慣間切内法」に収録されている中頭郡の間切内法は、すべて租税の滞納処分に関する条項だけになっているが[50]、明治十七年に報告したものがベースになったのであろう（内容はほぼ同じだが表現はかなり違う）。「未納税徴収内法取調書」の条項は、同年に明治政府から派遣された宮田直次郎が、「急施ヲ必要ト相考候事」として「租税ヲ滞納スルモノ多ク[51]」と指摘していることに対応しており、沖縄県の意向を強く反映したものとなっている。「未納税徴収内法取調書」は、「明治十七年旧慣調査書」をふまえて間切の慣行的内法を「内法」として整備したものと考えられる。美里間切の「明治十七年旧慣調査書」は、田村浩の『琉球共産村落の研究』に一部が収録されており、以下のような設問がある。(52)

問　凡ソ身ヲ売ルハ、貢租欠納ニ係ルヤ

答　身ヲ売ルハ、貧困ニシテ負債ヲ償却スル能ハザルカ又貢租欠納ノ時ナリ

〔以下略〕

なお、『沖縄県史』第十四巻所収の「旧慣間切内法」の中頭地域の内法と『南島村内法』所収の中頭地域の内法とはだいぶ内容が違う（後で詳述する）。

「沖縄県裁判事務規程並管内裁判所権限ニ関スル文書」（以下「裁判事務規程」という）には、一八八四（明治十七）年七月二十七日付の大里間切の山林取締内法があり、同年十二月二十三日付で西村県令の認可を受けている。

明治十八年の内法調査

一八八五（明治十八）年十一月九日、沖縄県乙第七十七号達が発され、内法の調査・届出（成文化）がはじまった。乙第七十七号達は、次のとおりである。(53)

各間切島及ヒ村方ニ於テ、旧藩中執行候内法或ハ村約束等ノ義、詳細取調、過料等ニ係ル米銭遣払ニ至ル迄都テ、取捨増減ナク列記シ、迅速可届出、此旨相達候事

同じ頃、乙第八十四号「間切内法取扱届出ノ件」（同年十一月、日付不明）が出されているが、[54] 内容は不明である。乙第八十四号は、一八八七（明治二十）年九月八日、取消となっている。[55]『南島村内法』所収の久米島の項に「昨十八年乙第七十七号、仝八十四号御達ニ依リ仲里、具志川両間切ヨリ別紙ノ通届書候ニ付、此段副申仕候也／明治十九年三月九日」という文言がみえる。[56] 沖縄県乙第七十七号達は、すべての間切・島へ達されたと思われるが、一八八五（明治十八）年から一八八六（明治十九）年にかけて成立した内法で、確認できるのは、次表の通りである（**表6－2**）。

表6－2　沖縄県乙第七十七号御達内法調査年表

年	月日	事項	地域	備考
明治18	12月3日	首里三平等内法	那覇	南島259頁　沖縄内法取調書
	12月17日	浦添間切内法	中頭	南島213頁
	12月21日	与那城間切内法	中頭	南島214頁
	12月21日	西村内法	那覇	南島268頁　沖縄内法取調書
	12月22日	読谷山間切内法	中頭	南島227頁
	12月22日	那覇各村内法	那覇	沖縄内法取調書（南島261頁では、12月23日）
	12月25日	美里間切内法	中頭	南島216頁
	12月25日	中城間切内法	中頭	南島228頁
	12月25日	勝連間切内法	中頭	南島231頁

	12月25日	泊村内法	那覇	南島263頁　沖縄内法取調書
	12月25日	泉崎村内法	那覇	南島270頁　沖縄内法取調書
	12月26日	具志川間切内法	中頭	南島224頁　沖縄内法取調書
	12月28日	越来間切内法	中頭	南島228頁
	？	西原間切内法	中頭	南島230頁中頭地域は明治19年1月14日に中頭役所長より県報告のため明治18年と推定。以下同
	？	北谷間切内法	中頭	南島230頁
	？	宜野湾間切内法	中頭	南島231頁
明治19	2月10日	宮古島内法	先島	南島285頁　沖縄内法取調書
	2月20日	久米仲里間切内法	周辺離島	南島283頁
	2月21日	久米具志川間切内法	周辺離島	南島282頁
	3月12日	伊平屋島内法	周辺離島	南島271頁　沖縄内法取調書
	4月25日	八重山島内法	先島	南島286頁　沖縄内法取調書
	4月25日	座間味間切内法	周辺離島	南島273頁　沖縄内法取調書
	5月3日	渡嘉敷間切内法（県史）	周辺離島	沖縄内法取調書（南島272頁は9月3日、県史317頁は9月11日）
	6月12日	追調／宜野湾間切	中頭	南島235頁
	6月12日	追調／浦添間切	中頭	南島236頁
	6月14日	追調／中城間切	中頭	南島234頁
	6月17日	追調／西原間切	中頭	南島235頁

6月24日	追調／美里間切	中頭	南島233頁
6月28日	追調／与那城間切	中頭	南島233頁
7月1日	追調／越来間切（追加訂正なし）	中頭	南島237頁
7月8日	追調／具志川間切（追加訂正なし）	中頭	南島237頁
9月00日	南風原間切内法	島尻	事務規程
9月10日	小禄間切内法	島尻	沖縄内法取調書
12月10日	今帰仁間切内法（県史は明治20年11月）	国頭	南島163頁、県史434頁（各村内法は20年11月）
12月11日	大宜味間切内法	国頭	南島192頁
12月13日	国頭間切内法（県史は明治20年12月）	国頭	南島195頁、県史399頁
12月13日	金武間切内法	国頭	南島142頁『琉球共産村落の研究』
12月13日	名護間切内法	国頭	南島208頁、県史345頁
12月14日	本部間切内法	国頭	南島183頁
12月15日	羽地間切内法	国頭	南島150頁
12月21日	久志間切内法（県史は明治25年）	国頭	南島157頁
12月23日	恩納間切内法	国頭	南島171頁　沖縄内法取調書

明治20	2月3日	伊江島内法	国頭	『伊江村史』下巻

凡例
（1）首里は、学校内法を含む。
（2）日付は、原則として間切から郡役所に提出された日を採用した。
（3）南島は『南島村内法』、県史は『沖縄県史』第十四巻。
（4）「事務規程」は、「沖縄県裁判事務規程並管内裁判所権限ニ関スル文書」。
（5）「沖縄内法取調書」は、沖縄県立図書館郷土資料室蔵。

那覇地域や中頭地域は、年内に報告されており、対応が早い。周辺離島や先島は、二〜四カ月遅れている。国頭地域は、一年以上遅れているが、理由はよくわからない。中頭役所は、「中達第三一号御達ニ依リ」、再度遺漏がないか追加調査報告を求めている。[57] 乙第七十七号達に基づく島尻地域の調査・届出は、「沖縄県旧慣間切内法」にも『南島村内法』にもないが、「沖縄内法取調書」に小禄間切の内法が収録されており、また「裁判事務規程」にも南風原間切の内法が収録されている。南風原間切の内法の冒頭には、次のように記されている。

旧藩中内法ノ儀ニ付御届

客年乙第七十七号御達ニ依リ、当間切各村ニ於テ旧藩中執行候内法及過料金遣払方別紙之通御坐候。此段御届仕候也。

南風原間切地頭代

明治十九年九月　仲里盛平

「沖縄内法取調書」の小禄間切の内法は、明治十九年九月十日の届出となっており、『南島村内法』所収「真壁間切」の項にも「各村内法之義、曩キニ取調届出ノ上執行致来候処、明治二十年八月乙第三九号御達ニ拠リ更ニ詳細取調候」[58]とあることから、「十八年乙第七十七号、仝八十四号御達」による「取調届出」は、島尻地域においてもなされていたことが確認できる。南風原間切の乙第七十七号達に基づく内法は、「番所取締ノ件／番所ヨリ各村取締ノ件／貢租及公費取締ノ件／所俗取締ノ件／身売人・模合・貸金・畜類売買取締ノ件／諸取締ノ件」の全七十五条からなり、村内法と間切内法の区別はない。「明治十七年旧慣調査書」の構成内容とよく似ており、内法の成立事情をうかがうことができる（構成内容の問題については、次章で詳しく述べる）。

明治二十年の内法調査

一八八七（明治二十）年にも「乙第三九号御達」が出され、内法調査が行なわれている。「裁判事務規程」には、次の文書が収録されている。

旧藩中内法執行ノ義ニ付伺写
当間切及各村内法之義、曩キニ届出ノ上施行致来候得共、此際更ニ詳細取調認可ヲ得施行候様乙第三九号御達ニ拠リ別紙ノ通取調候条、執行候様御認可被成下度、此段相伺候也
知念間切地頭代
明治廿年九月廿七日
具志堅作十
島尻役所長　今西相一殿

乙第三十九号達の内容は、不明であるが、「更ニ詳細取調」とあることから、沖縄県乙第七十七号達および第八十四号達に基づく内法のあと、さらに再度、調査・届出を求めたものであるといえる。同様な文書は、大里間切の

ものも収録されており、十一月十四日の日付となっている。おそらく、他の間切も、乙第三十九号達に対しては、同年中に届け出たと思われる。しかし、『南島村内法』に収録されている「明治二十年八月乙第三九号御達ニ拠リ[59]」届出された島尻地域の内法は、摩文仁間切、東風平間切、大里間切の項に届出の日付があるが、いずれも一八九〇（明治二十三）年三月の届出となっている（表6－3参照）。

表6－3　一八八七（明治二十）年内法調査関係年表

年	月日	事項	備考
明治20	8月00日	明治二十年八月乙第三九号御達ニ拠リ更ニ詳細取調候	南島248頁
	8月12日	沖縄県訓令第二三号／藩政ノ頃ニ在テ、間切及村内法ノ義ハ、旧検者下知役ニ於テ認可施行シ、藩庁カ公然認テ施行セシメ候義ニ無之、科律上ヨリ之ヲ一個ノ私約ト認メ取扱候義ニ付、示〔爾〕後旧検者下知役ノ取扱振ニ傚ヒ、役所長ニ於テ認可ヲ与フヘシ／但、認可済ノ上ハ、届出候義ト心得ヘシ	南島276頁
	9月8日	県達甲第二四号／仝十八年十一月乙第八十四号間切内法取扱届出ノ件取消	令達類纂
	9月27日	旧藩中内法執行ノ義ニ付伺写／当間切及各村内法之義、曩キニ届出ノ上施行致来候得共、此際更ニ詳細取調認可ヲ得施行候様乙第三九号御達ニ拠リ別紙ノ通取調候条、執行候様御認可被成下度、此段相伺候也／知念間切地頭代	事務規程
	10月00日	仲里・具志川両間切諸事取締旧慣内法	南島275頁、県史314頁
	11月14日	内法之義ニ付届／間切及村内法之義曩キニ取調御届出之上執行致来候処、今般乙第三九号御達ニ拠リ、更ニ別冊之通リ詳細取調候条、此段御届ニ及候也／大里間切地頭代	事務規程
	11月00日	今帰仁間切各村内法	県史434頁

	12月	国頭間切内法		県史399頁
	12月00日	今帰仁間切各村内法		県史440頁
明治21	6月14日	県訓令第1号／間切及村内法之儀ハ、従来之慣行トハ乍申、該法条項中ニハ今日ニ於テ或間敷苛酷之事項有之候ニ付、之カ執行ヲ為スニ当リ、充分注意ヲ加ヘ、背理又ハ、人情ニ憚ル等ノ儀無之様、酌量執行候様心掛ヘシ		令達類纂
	8月9日	村内法私擅執行者取締ニ付伺間切内法設方ノ義伺／旧藩間切内法施行方ノ義ハ夫々経伺之上処分可致義候処、是迄手続ヲ尽サス村限リ私カニ取行候処モ有之、取締上甚タ差支ヲ来シ候ニ付、自今私擅ニテ執行候村有之節ハ、其村夫地頭下知人（村限リノ内下知人共）掟及惣頭（惣頭居ラサル村ノ惣聞ヲ云フ）・耕作当・山当壱人ニ付金拾銭以上五円以下ノ範囲内ニテ事ノ軽重ニヨリ処分候様致度、右内法取行候例ハ無之候得共、藩政中ニ於テハ取締ニ差支フルヲ以テ処分法ヲ設ケサルヲ得サル場合ハ、其当時ノ下知役検者及間切役々吟味ノ上執行候旧例ニヨリ今般九ヶ間切一島協議ノ上相伺候条、御認可被下度候也／（地頭代連名略）／国頭役所長朝武士干城	事務規定	
	8月14日	村内法私擅執行方取締法之義ニ付伺／間切内法ノ義ハ役所長ヘ経伺之上夫々執行可致義ニ候処、村限リ私カニ処分スル処モ有之ニ付、若シ私擅執行セルトキハ、村吏惣頭等間切内法ニテ処断之義別紙写ノ通各地頭代ヨリ伺出候。右村限リ私ニ執行セシトキノ内法ハ従前施行セシ慣例無之、然ルニ是迄村限リ私ニ不当ノ処分ヲ行ヒ、之レカ為メ往々役所ヘ苦情ヲ申出、取締上甚タ差支候。尤、藩政中ニ於テハ曽テ処分セシ例ナキモ、時ニ臨ミテ取締上施行セサルヲ得サル場合ハ、其当時ノ下知役・検者・間切吏員協議之上執行スル慣行ニ有之候条、申出通村限□擅行ノ弊ヲ防ク為メ認可致可然哉、此段相伺候也／明治二十一年八月一四日国頭役所長朝武士干城／沖縄県知事福原実殿	事務規定	

	8月21日	齋藤属／従前存来ノ外必要上内法増設之義、別紙之通リ国頭役所ヨリ伺出候ニ付、審案スルニ右ハ参照之通藩政時代ニ於テ取締上必要ヲ生候節ハ増設致候旧慣ニ付、伺之通リ御差許相成候テモ差支ヘ無之様被存候ニ付、指令案左ニ相伺候也／書面伺之通／但苛酷ノ所為無之様施行上精々注意致スヘシ／廿一年八月廿一日　知事	事務規定
明治22	9月26日	曩キニ当間切山林内法及進達置候処其他当間切番所及各村取締内法共御参考之為メ別紙及進達候也／知念間切駐在所／明治廿二年九月廿六日巡査芝宮蘇十郎／那覇警察署御中	事務規定
	11月18日	小禄間切番所内法壱冊別紙写及ヒ御送付候也／小禄間切駐在所／明治廿二年十一月十八日巡査津留尚政／那覇警察署長／警部橋口軍六	事務規定
明治23	00月00日	本部間切各村内法	南島336頁
	3月8日	摩文仁間切内法	南島247頁
	3月9日	東風平間切村内法	南島255頁
	3月9日	東風平間切内法	経済史料9　133頁
	3月9日	大里間切内法	南島258頁
	3月9日	豊見城間切内法	南島239頁

凡例は、表6－2を踏襲。新たな文献名「経済史料9」は、『近世地方経済史料』第九巻（一九五八年、吉川弘文館）、「令達類纂」は、『沖縄県令達類纂』上下巻（明治三十九年）。不明の月日は「00」と表記した。

なぜ、明治二十年中に一度は調査・届出された内法が、明治二十三年になって「明治二十年八月乙第三九号御達ニ拠リ」と再度の届出要求がなされたのであろうか。

「裁判事務規程」所収の、明治二十年十一月十四日付の「大里間切地頭代　新嘉喜善助」名による「内法之義ニ付届」は、「番所取締ノ件／西原十ヶ村取締ノ件／田畑山野取締ノ件／諸取締ノ件」の全七十四条からなっている。間切内法と村内法の区別はない。『南島村内法』収録の大里間切「各村内方」と較べると、構成から条文まで、まったく別の内法になっているのである。「裁判事務規程」所収の明治二十二年九月二十六日の知念間切の内法は、「番所取締ノ件／番所ヨリ各村取締ノ件」の全五十二条からなり、大里間切の内法同様に間切内法と村内法の区別はない。乙第七十七号達に基づく南風原間切の内法と構成がよく似ている。

すなわち、一八八七（明治二十）年十一月の届出から一八九〇（明治二十三）年の再届出までに内法の調整が行なわれた可能性が高いのである。「裁判事務規程」に収録されている明治二十二年の知念間切内法は、その調整過程の届出だと考えられる。「沖縄県旧慣間切内法」の島尻地域の内法には、成立年が記されていないが、『南島村内法』所収の村内法と条文がほぼ一致することから、一八九〇年に再び届出されたものと考えられる。

明治二十三年の内法調査

「琉球内法存廃ニ関スル臨時調査書類」は、丸岡莞爾知事の時代、一八九〇（明治二十三）年に成立した調査報告書である。その構成は、次のようになっている。

表紙
目録
緒言（仮称）
凡例（仮称）
内法類纂

廃置ノ目録
一　山林田野内法
一　風俗内法
一　吏員内法
一　租税内法
一　道路内法
一　河海内法
一　雑項内法

符号
間切・島内法改廃状況（仮称）
内法職務章程部類取調書
内法規約編入部類取調書
内法廃棄部類取調書
本県各間切各村内法ニシテ現行刑法ニ抵触スル箇所左ノ如シ
参照

表紙によれば、所蔵機関は「長崎控訴院検事局」となっている。「琉球内法存廃ニ関スル臨時調査書類」（以下「内法臨時調査書類」という）は、いかなる事情によって成立したのであろうか。

大きな背景として、前年に「大日本帝国憲法」（以下「明治憲法」という）が成立したことが挙げられるであろう。

「明治憲法」は、一八八六（明治十九）年秋頃から検討が始められ、一八八九（明治二十二）年二月十一日紀元節の日に公布された[60]。「内法臨時調査書類」のなかに、たとえば「憲法第廿七条、日本臣民ハ、其所有権ヲ侵サル事ナシ」とあるように、地方制度と憲法の整合性を検討することも、調査の目的であったと考えられる。一八九〇（明治二十三）年は、「旧民法典」が公布された年でもあった[61]。

「内法臨時調査書類」の「緒言（仮称）」と「凡例（仮称）」は、つぎのとおりである。

那覇各村及各間切村内法取調候処、該内法中憲法、現行法律・布告・公達、其他本県制定ノ諸規則并ニ本県違警罪等ノ明文ニ抵触スルモノ多々有之、且ツ、此他種々奇ナル内法等アリテ、之ヲ全廃スルモ不可ナキモノ、様被存候へ共、将来本県ニ於テモ、自治制布カル、ノ場合ナキモ難計ト被存候ニ付テハ、法律・規則ニ抵触セサル限リハ、少シク今日於テハ奇観アルモ、此旧慣ヲ存シ置キ、他日自治制施行セラル、当リ、大ニ隣保団結、益々各村ノ権利ヲ保護シ、且ツ、村民幸福得ルノ端緒トモ相成ルヘキモノト被存候ニ付、別記取調書ノ如ク、存廃シ可然被相考候。而シテ、取捨存廃ハ別紙甲乙丙ノ取調書三冊御一覧ノ上、尚ホ御下命次第、更ニ再調可仕候。　謹白

明治廿三年八月三十日　臨時取調委員

武林哲馬

徳屋穎伸

本県、各間切及各村内法調査ヲナスヘキノ命ヲ蒙リ、別冊ノ如ク調査シ、之ヲ分テ三トナス。一ヲ法律令文ニ抵触スルモノトシ、二ヲ吏員ノ職務章程ニ入ルヘキモノトシ、三ヲ規約トス。其法律令文ニ抵触スルモノハ、

上欄ニ内法ノ成文ヲ掲ケ、中欄ニ法律令文ヲ載セ、下欄ニ理由ヲ記ス。其廃スルヲ可ト考フルモノハ、下欄ニ理由ヲ記ス。其吏員ノ職務ニ係ルモノ及内法ノ保存スヘシト認ムルモノハ、各別之ヲ記ス。其別項ニ間切各村名ヲ記スルハ、抄出ノ拠ル所ヲ明ニス。其内法ヲ改テ規約トナスハ、内法ノ文字ヲ先当ヲ欠クニ似タルヲ以テ、仮ニ此名称ヲ設クルノミ。而シテ記載ノ方法、煩ヲ省キ、簡ニ従ヒ、其異ナルモノ、ミヲ挙ク故ニ、一条項ニシテ或ハ、各間切、各村ニ通行スルモノアリト雖トモ、主旨大同ノモノハ、文字ノ小異ニ拘ラス、其一ヲ記スルニ止メ、敢テ悉ク載セス。以テ、閲覧ニ便ニス。庶幾ハ、之ヲ諒セヨ。

明治廿三年八月三十日　臨時調査委員

緒言に「該内法中憲法、現行法律・布告・公達、其他本県制定ノ諸規則并ニ本県違警罪等ノ明文ニ抵触スルモノ多々有之」とあり、近代日本の法令整備が進むにしたがって、内法との整合性が問題となりつつあることが、調査の契機となっている。また、「法律・規則ニ抵触セサル限リハ、少シク今日於テハ奇観アルモ、此旧慣ヲ存シ置キ、他日自治制施行セラル、当リ、大ニ隣保団結、益々各村ノ権利ヲ保護シ、且ツ、村民幸福得ルノ端緒トモ相成ルヘキモノト被存候」とあり、内法の調査研究は、将来の自治展開に役立つという発想がある。

同年は、「沖縄県土地処分地租改正法」（案）が準備された年でもあった[62]。時の沖縄県知事丸岡莞爾は、旧慣書類調査を積極的にすすめ、「三百数十冊におよぶ『旧慣調査書類』を編纂した[63]」といわれる。丸岡知事のこのような姿勢も、「内法臨時調査書類」成立の背景にあるといえよう。

緒言の武林哲馬は、明治二十三年の「沖縄県職員録」（那覇市歴史博物館）によれば、「那覇警察署　警部　五等（上）保安課長、文官普通試験委員」、徳屋穎伸は、「那覇警察署　警部補　九等」となっている。

「租税内法」の一部を紹介すると**表6-4**のとおりである。「廃」と記された条項や「必要ナシ」と記された条項も、

表6-4　「琉球内法存廃ニ関スル臨時調査書類」中「租税内法」の抜粋

内法	適応	理由	別項
一　貢租及民費不納ノ者ハ本人ノ拒否ニ不拘、家財引揚公売シ不納金ニ充テ、尚ホ不足分ハ親類・与中ニ弁償セシム 　但、后来未納ノ者（患）アルモノハ、持地引揚他ニ掛替ヲナス	憲法第廿七条、日本臣民ハ其所有権ヲ侵サルヽコトナシ公益ノ必要ナル処分ハ法律ノ定ムル所ニ依ル	内法ニ依リ権利ヲ□フヘカラス	粟国島
一　各村ニ於テ貢租并公費等未納ノトキ、担当ノ捌吏・文子其村へ督促トシテ差越、完納スル能ハサルトキハ、当高ノ金額担当村吏或ハ村民ノ家財・畜類引揚ケ、日限ヲ与へ期限経過候ハヽ、公売ノ上、未納金ニ充テ、残金アルトキ差帰候事 　但、捌吏・文子催促トシテ滞在中ノ諸入費ハ、該村ニ於弁償ノ事	廃	連帯責任ノ故ニナシ、故ニ廃シテ可也	小禄間切
一　人民ニ於テ貢租并公費等不納致ストキハ、掟・耕作当・山当等ニテ日限ニ（ヲ）定メ、証書差出サセ、若期限通皆納スル能ハサルトキハ、本人ノ拒ミ亦不在ヲ不問、直ニ家財畜類引揚ケ公売シ、未納金ニ充テ、残金アラハ本人へ返付シ、若シ否乏（不足）ヲ生スルトキハ妻子ヲ人ノ雇ニ差遣ヒ、又親類ニ及ホシ、尚ホ不足スルトキハ与中・村ニ及ホシ、但、以后未納ノ患ヒアル者ハ持地引揚ケ他へ掛換致候事 　但、請地・仕明地・旧地頭地ニ係ル公売未納者ハ、其地所貢租金払込ノ際直ニ夫ヨリ引去リ徴収候事	憲法第廿七条、日本臣民ハ其所有権ヲ侵サルヽコトナシ公益ノ為メ必要ナル処分ハ法律ノ定ムル所ニ依ル	内法ニ拠ルノ必要ナシ	小禄間切

「旧慣間切内法」とは文言はだいぶ違うが残されている。「旧慣間切内法」の粟国島内法第八条と最初の「粟国島」の内法の条文（**表6－4**）は、ほぼおなじである。(64) 二番目の小禄間切の内法は、「小禄間切内法」の第十四条に対応すると思われ、「旧慣間切内法」では次のようになっている。(65)

第十四条　各村ニ於テ貢租並公費未納ノトキハ、担当ノ捌吏文子其村ヘ催促トシテ差越、完納能ハサルトキハ当高ノ金額、担当ノ村吏或ハ家財蓄類《ママ》引揚ケ、日限ヲ与ヘ期限経過ノ後ハ公売ノ上未納金ニ充テ、残金アルトキハ差帰シスヘシ（傍点は引用者）。

表現上の字句に若干の違いはあるが、文意はほぼ同じである（違う字句に傍点を付した）。しかし、三番目の条項は大きく違う。三番目の小禄間切の内法は、「小禄間切各村内法」の第十条に対応すると思われ、「旧慣間切内法」では次のようになっている。(66)

第十条　貢租並公費其他上納物未納致ストキハ、掟・耕作当・山当ニテ日限ヲ定メ証文差出サセ、期限通皆納致サザルトキハ、本人ノ拒ミ又ハ不在ト雖トモ直チニ家財畜類引揚ケ公売シ、未納金ニ差向ケ、残金アレハ本人ニ返付シ、若シ不足ヲ生スルトキハ妻子ヲ雇ニ差遣ハシ、又親類ニ及ボシ夫レニテ不足スルトキハ組中・村中ニ及ホシ、他村他間切ノモノハ該村屋番所ニ通知シ、未納金額ヲ徴収スヘシ。
　但、知人《ママ》ニ於テ、以後未納ノ患アルトキハ、現地引揚ケ他ニ掛替候事。

逐一字句の違いは示さないが、冒頭の「人民ニ於テ」がなくなり、本文中の但し書きが、改行の但し書きになり、

表6－5　一八八九・一八九二（明治二十二・二十五）年内法調査関係年表

年	月日	事項	備考
明治22	12月20日	大里間切春秋原勝劣箇条	経済史料123頁
明治25	10月10日	真壁間切原勝負定	118頁
	10月10日	知念間切原勝劣定	121頁
	10月11日	玉城間切原勝負定	121頁
	10月14日	高嶺間切原勝劣間切内法	117頁
	10月14日	摩文仁間切原勝負定	119頁
	10月15日	兼城間切原勝負定	114頁
	10月15日	南風原間切原勝負定	127頁
	10月16日	小禄間切農事勝負定	113頁
	10月20日	佐敷間切原勝負御届	122頁
	10月22日	東風平間切原勝負定	117頁
	10月22日	喜屋武間切原勝負定	119頁
	10月26日	具志頭間切原勝負定	120頁
	00月00日	真和志間切春季農事勝負点書約定書	128頁

凡例は、表6－3を踏襲。

改行されていた但し書きがなくなっている。明治二十三年八月以降に簡素化されたのであろう。ちなみに『南島村内法』所収の「小禄間切村内法」は、「旧慣間切内法」とほぼ同じである[67]。同内法には、成立年月日が記されていない。

また、「廃置ノ目録」には、「那覇五ヶ村内法十六条　全廃」と記されている。「旧慣間切内法」に那覇の項がないのは、明治二十三年の「琉球内法存廃ニ関スル臨時調査」が影響していると思われる。

明治二十五年の内法調査とその後

一八九二（明治二十五）年にも、原勝負に関する内法と耕作に関する内法の調査が行なわれている（『近世地方経済史料』第九巻、**表6－5**、**6－6**）。原勝負に関する内法（**表6－5**）は、番所や地頭代から仲吉朝助宛に報告されているが、その内容は

「旧慣間切内法」の間切内法の文言とほとんど同じである。すなわち、明治二十年の乙第三十九号達により明治二十三年に成文化されたものとほぼ同じである。島尻地域しか記録が残されていない。

耕作に関する内法調査は、地頭代から島尻役所宛に報告されている（**表6-6**）。これも、島尻地域のみで「旧慣間切内法」の間切内法と村内法からの抽出報告となっている。島尻役所のみが行なったのであろうか。明治二十三年に島尻役所長が認可した内法とほとんど変わらないにもかかわらず、その二年後なぜ役所は報告を求めたのか、理由はよくわからない。認可した内法を島尻役所は、成文化内法として管理していたのであろうか。

この時期に、一部の内法は改定された。「旧慣間切内法」収録の久志間切内法は、「間切内法」が明治二十五年、「各村内法」が明治二十九年に改定されている（**表6-7**）。久志間切の内法は、明治十九年十二月二十八日に届出されている。[68] この内法は、「間切内法」と「村内法」の区分はなく、全八十六条からなる。明治十九年、いったん届け出たあと、「間切内法」と「村内法」に区分されているのである。『南島村内法』収録の国頭地域の明治十九年届出内法は、すべて「間切内法」と「村内法」の区別はない。しかし、「旧慣間切内法」に

表6-6　一八九二（明治二十五）年内法調査関係年表　1

年	月日	事項	備考
明治25	10月14日	小禄間切耕作上に関する間切内法	経済史料130頁
	10月14日	豊見城間切耕作上に関する間切内法	130頁
	10月14日	兼城間切耕作上に関する間切内法	132頁
	10月14日	高嶺間切耕作上に関する間切内法・村内法	140頁
	10月14日	玉城間切耕作上に関する番所内法・村内法	141頁
	10月15日	南風原間切耕作上に関する間切内法	136頁
	10月15日	喜屋武間切耕作上に関する間切内法	138頁
	10月20日	真壁間切耕作上に関する間切内法	137頁
	00月00日	東風平間切内法	133頁

収録されている国頭地域の内法は、すべて「間切内法」と「村内法」に区別されている。おそらく、国頭地域においては、久志間切と同じ頃に内法の改定があったと考えられる。

表6－7　一八九二（明治二十五）年内法調査関係年表　2

年	月　日	事　項	備　考
明治25	00月00日	久志間切内法	県史385頁
明治29	00月00日	久志間切各村内法	県史391頁

なお、本部間切については、明治二十三年渡久地署調の「本部間切各村内法」がある。(69)

奄美地域の「村法」

奄美地域にも「村法」と呼ばれるものがあった。一八七四（明治七）年に租税制度を主体とした「南島雑集」の調査が行なわれ、このなかで「各島村法」の調査も行なわれている。「各島村法」の「緒言」と目次は、次のとおりである。(70)なお、「各島村法」は、『連官史并各島村法』（沖縄県立図書館郷土資料室蔵）にも収録されている。

命ヲ稟テ大島・喜界島・徳之島・沖永良部島・与論島ノ五島ヲ巡視スル事十閲月、其風俗頗ル内地ニ異ナルヲ以、之ヲ復命スル一朝能ク言語ノ尽ス所ニ非ス故ニ、地誌及収税法等ノ諸書ヲ編ミ、代嘴トシテ之ヲ上申ス。今此書ハ、収税ニ関スル条欵ト民費割賦法トヲ除キ、各島慣行ノ例法実歴見開スル所、其部類ヲ以テ之ヲ登記シ以テ、他ノ諸書ニ脱漏スルモノヲ裨補セントス。

紀元二千五百三十四〔一八七四（明治七）年〕

目次は、次のようになっている。

簪之事
生死届ノ事
婚礼離縁之事
家督相続之事
養子之事
家屋新築之事
転居之事
学問之事
貸借之事
火難救援之事
遺失物処分之事
行旅逓送之事
日傭之事
年季拘之事
島中大祭之事
現用夫之事
田地割換之事
衣服之事

この調査は、第5章で紹介した『民事慣例類集』や「明治十七年沖縄県旧慣調査」とよく似ている。しかし、『民事慣例類集』は一八七六（明治九）年の調査であり、『民事慣例類集』の影響は考えられない。「南島雑集」は、地租改正を目前にした明治初期の慣行調査であり、同時期沖縄では「琉球藩雑記」が大蔵省によって調査されており、近代琉球（琉球藩期）の歴史的位置づけを考えるうえで貴重な史料である。また、沖縄の内法が沖縄県への届出という形を経ているために、沖縄県の政治的支配方針と絡んで集成されていったことを想起すれば、明治政府の役人が奄美地域の村法の実態を調査した史料として、沖縄の内法を考えるうえでも重要である。

租税滞納処分に見る内法の変遷

租税の滞納処分を事例に、近世から近代への内法の変遷を見ていきたい。

近世の租税滞納処分

近世中期、一七三五（雍正十三）年の「西原間切公事帳」には、租税の滞納処分について、次のように記されている。(71)

不作之時、上納不足仕者於有之は、親類并地之与合人数に差足置、返弁方漸々請取、身不売様に可肝煎旨、掟・村蔵当熟談仕候様に申付候事

（上納不足の者がいたときは、親類や与《くみ》に加算し、親類や与の者は分割で受け取り、身売りという事態にな

らないよう、掟や村蔵当は「熟談」するように）

この史料では分割と熟談がポイントであり、身売りはあくまでも例外的な手段と位置づけられている。近世後期になるまでは、家財・畜類を強制的に引き揚げ、売りに出すという記述は見られない。一八七四（同治十三）年の「宮古島諸村公事帳」には、次のように記されている。[72]

年貢未納者あるときは、役人筆者共自分差障候迚、不納の面々荒々敷取扱、家屋敷牛馬等自儘為致売払候ては、其身の禿迄にて無之、所中疲労之基、甚如何之事候間、右様非法之仕形於有之は、可及罪科候。尤、家財牛馬等屹と売払不申候て不叶時宜も候はゞ、在番・頭差図之上、程克可取計候也。

ここでは、「本人の了解がなく家屋敷や牛馬を売ったならば罪科になる」とされ、敢えて売らなければならない場合であっても、程良くやれ、と述べられている。

すなわち、近世末期になると、家財や牛馬の没収、身売りは想定されていたが、それはあくまでも例外的な処理であって、ケースによっては没収した役人が罰せられることもあったのである。このような状況は、一八五四（咸豊四）年の「圂納間切締向条々并諸上納物割付定」でも確認できる。しかし、未納者に対しては、近世中期の史料と比較して、やや厳しい言葉遣いとなっている。[73]

不意之什合に逢、上納物及不足、且病気其外、何歟差合等にて作職相後候者は、親類・与中并村中之者より補助候儀本意当然と申、古来之御趣法候処、右躰之心入更に無之、却ては地方質取高部之借渡、其外すかま銭

等相渡困窮之者共、礑《はた》と差禿候躰相見得候。禍福盛衰は運数之取掛、右様致補助候儀は専之事候処、無其儀件之次第本意忘却迄にて無之、御仕置之故障甚以不可然事候条、自今以後、右躰上納物及不足候者は、無利部下等にて相渡、返弁は時宜見合相請取、且作職相後候者は致加勢随分身上禿不相成様、可致補助旨、毎度丁寧可加下知事

前述のように、「恩納間切締向条々并諸上納物割付定」には内法制定の必要性も記されていることから、未納者に対しての取り扱いは、内法制定以後に厳しくなっていったのであろう。金城正篤は、『琉球処分』と農村問題」(74)という論文のなかで、近世末期農村の疲弊状況を明らかにしているが、未納者に対する取り扱いの変化は、そのような近世琉球一円の農村の疲弊がもたらしたものであろう(75)。

近代の滞納処分

一八八四（明治十七）年、未納税徴収に関する内法が調査されている（前述）。このときの記録は、与那城間切、北谷間切、浦添間切のものが残されている。与那城間切の「未納税徴収内法取調書」を紹介してみたい(76)。

一　住居人

但、未納者有之節は、村掟頭々共より督促致し、尚ほ延引いたし候ものは、何日迄に不相納候はば、畜類并所有品共引揚べく旨掛合致置き、弥其日限を誤る時は、掛合の通り処分致し、既納の上引上品返戻致し候。自然十四・五日間まで延滞候ものは、引揚けたる物品公売を以決算致し候。而して、人躰に依り二・三年打続き未納致し候ものは、現地作物共引揚、他人へ掛替致したり。

一　地人

但、未納之節は、間切よりは其村へ、村よりは其与へ、与よりは本人へ督促す。自然行届かさるものは、与中より本人親類中召喚、何日迄に相納させ候様、自然相違に及候はゞ、本人は勿論親類之家屋畜類所有品なるも引揚へく旨達置き、相違に及び候はゞ、本人家屋畜類所有品引揚け、尚不足を生ずる見込有之候はゞ、親類中之家屋畜類所有品共引揚け決算致し、若し亦不足を生する歟或は親類なきもの歟に於ては、与中或は村中負担を以て弁償させたり。

この内法の滞納処分で近世との相違点に着目すると、第一の相違点は、一定の猶予期間をおいて家財が押収され、公売に付されていることである（地人の項に「公売」はないが住居人の項に「公売」があり、北谷間切の「未納税徴収内法取調書」に「夫々公売」とある）。第二の相違点は、家財の押収が親類に及ぶことである。第三の相違点は、近世では想定されていた「身売り」がなくなっていることである。親類の家財押収が規定されており、近世より強権的な処分となっているが、「身売り」が想定されていないのは、人身売買は一八七二（明治五）年の太政官布告第二九五号によって禁止されており、沖縄でも一八八二（明治十五）年に村規約で禁止されているからである。滞納処分が、このような内法に変わったのは、第5章で述べたように租税の滞納問題が県治の重要課題になっていたからである。したがって、このような苛酷な取立が、村人の自生的な内法世界から生まれたと考えることはできない。

明治十八年十二月二十五日に届出された美里間切の内法には、

一、地人中租税未納ノ節ハ、畜類其他所有品引揚公売ヲ以テ弁償サセ、乍此上不害合候ハ、親類ヘ弁償親類ニテ

不相整候ハハ与中へ弁償与中ニテ不相整候ハ、村向へ弁償申付候事

一、居住人未納ノ節ハ、畜類其他所有品引揚候儀ハ、前條同斷致取扱、若シ又人躰ニ依リ両三度モ未納ヶ間敷候方ハ、現地諸作毛共引揚他人へ掛替候事(77)

とあり、親類の家財は公売の対象になっていない。成立年不詳の「沖縄県旧慣間切内法」の美里間切と与那城の内法では、次のようになっている(78)。

〈美里間切〉

一、地人ノ内、貢租上納未納ニ及ヒ度々督促致候テモ不相納トキハ、村頭番所へ詰居致サセ候上、間切吏員村入ヲ以テ未納者ノ畜類所有品ヲ差押へ置キ、已ニ納期日迄モ延滞ニ及候場合ニ立至リ候際ハ、止ムヲ得ス六ヶ村組ト称シテ各六ケ村ノ掟下知人頭等及ヒ間切吏員立会ノ上、右差押へ置キ候物品公売ヲ以テ決算致シ、自然質物ニテ不足ヲ生シ候節ハ、親族間柄ヲ逐テ弁償セシメ、親族迄ニテモ弁償スルコト能ハサル節ハ、与中或ハ村中ニテ弁償スル旧慣ナリ。

一、居住人へ浮掛叶未納ノ時ハ、村方ヨリ数回督促致シ、貢租皆済ノ期ニ至ルマテ不相納者ハ畜類所有品引揚、公売ヲ以テ決算致シ、尤モ人ニ依リ毎年未納ケ間敷村方ノ厄介ニ預リ候モノハ、現地引揚他人ニ掛替スル旧慣ナリ。

〈与那城間切〉

一、地人中貢租未納ノ節ハ、両三度督促ノ上、尚ホ遅滞ニ及候方ハ、畜類其他所有品引揚公売ヲ以テ貢租へ決算致シ、自然不足候ハ、親類へ弁償親類ニテ不相整候ハ、与中へ、与中ニテ不相整候ハ、村向へ、弁償申付候事

一、居住人叶米未納ノ節ハ、畜類其他所有品引揚候義ハ前条同断取扱ヒ、尤モ処分ヲ受クルコト再三度ニ及候方ハ、現地作物共引揚他人へ掛替候事
一、右両項ノ未納者三四ケ月以内ニ完納スルトキハ之ヲ宥免シ、五六ケ月以上ニ至リ完納セサルモノハ、第一項第二項ノ通リ処分実施致シ候事
一、地人居住人ヲ論セス総テ未納者屋敷地ヲ引揚スンバアルヘカラサルトキハ、本人村屋へ召喚何日限リ自己ニテ家屋取毀シ、地所引渡候様再三度申付ルト雖モ、苦情又ハ強情申出期限遷引スルモノハ地人中集会、直チニ其家屋取毀シ現地引揚ケ候事

明治十八年十二月二十六日の越来間切内法も、上記の内法と近い内容となっている。すなわち、内法の滞納処分は、一度は厳しくなったものの、やや緩やかになっている。これは、近代法思想の反映だと考えられ、役所レベルの県官僚の関与がうかがわれるのである。

明治十七年の「未納税徴収内法取調書」は、中頭地域のみが残っているため中頭地域を中心に見てきたが、島尻地域についても租税滞納処分の変遷を見てみたい。明治十九年九月十日の小禄間切の内法（沖縄内法取調書）では、貢租の滞納処分の条項は、次のようになっている。

第四十三条　地人中ニ貢租並公費其他上納物未納致ストキハ、掟頭ニテ日限ヲ定メ、証文差出サセ、期限通皆納不ルトキハ、本人ノ拒メ又ハ不在ト雖トモ直チニ家財畜類引揚ケ売払、未納差向ケ、残余アレハ本人ニ返付シ、若シ不足ワ生スルトキハ妻子ヲ為売、親類ニ及ホシ、夫レニテ不足スルトキハ、与中・村中・間切中ニ及ホシ、但、以後未納ノ患アルトキハ現地引揚ケ他ニ掛替致シ候事

第四十四条　百姓地及村持旧地頭地ノ内浮掛ケ叶米金不納スルトキハ、日限ヲ定メ証文入レサセ、日限通リ皆納能ハサルモノハ、本人ノ拒メ或ハ不在ト雖トモ、直ニ本人ノ家屋財産引揚ケ売却シ、残金アラハ本人ヘ還付シ、若シ不足タルトキハ保証人ヨリ弁償為致、但シ爾後未納ノ患アルトキハ現地引揚候事

明治二十三年に確定した「小禄間切各村内法」では、次のように変化している。(79)

第十条　貢租並公費其他上納物未納致ストキハ掟耕作当山当ニテ日限ヲ定メ証文差出サセ期限通皆納致サザルトキハ本人ノ拒ミ又ハ不在ト雖トモ直チニ家財畜類引揚ケ公売シ未納金ニ差向ケ残金アレハ本人ニ返付シ若シ不足ヲ生スルトキハ妻子ヲ雇ニ差遣ハシ又親類ニ及ボシ夫レニテ不足スルトキハ組中村中ニ及ホシ他村他間切ノモノハ該村屋番所ニ通知シ未納金額ヲ徴収スヘシ
但知（地）人中ニ於テ以後未納ノ患アルトキハ現地引揚ケ他ニ掛替候事
第十一条　百姓地及村持旧地頭地ノ内浮掛ケ叶米代金不納スルトキハ日限ヲ定メ証文入レサセ日限通リ皆納能ハサルモノハ本人ノ拒ミ或ハ不在ト雖トモ直チニ本人ノ家屋財産引揚ケ公売シ残金アラハ本人ニ還付シ若シ不足スルトキハ保証人ヨリ弁償為致但シ以後未納ノ患アルトキハ現地引揚候事

明治十九年内法の「若シ不足ヲ生スルトキハ妻子ヲ為売」が、明治二十三年村内法では「若シ不足ヲ生スルトキハ妻子ヲ雇ニ差遣ハシ親類ニ及ボシ」と変更され、近代法との整合性が図られている。

おわりに

内法は、国法に対応する呼称であり、適用地域が限定されている法といえる。「内法」という用語は、管見では咸豊四（一八五四）年の「恩納間切締向條々并諸上納物割付定」に見える用法がもっとも古い。奥野彦六郎は、内法は一般にはあまり知られていなかったと述べているが、近世末期の間切レベルの文書にすでにあらわれており、近世末期には一般に知られた用語であった。内法は、近世中期に成立した「間切公事帳」や「間切科定」に淵源があり、近世末期になって農村の疲弊が深刻化していくなかで内法が設けられた。

明治期になって、近世の支配層であった地頭がいなくなり、間切・村レベルの旧慣支配層の不正が相次ぎ、杣山の荒廃や租税の未納問題が焦眉の課題となった。村規約や杣山取締内法の成文化は、これらの課題をいかに解消するかという過程のなかで、準備されている。一八八四（明治十七）年の「未納税徴収内法取調書」は、同年に行なわれた宮田直次郎の旧慣調査と沖縄県による旧慣調査の過程の中で成立した。したがって、「未納税徴収内法取調書」は、自主的な内法というよりは、貢租未納問題の解決を迫られた地方役人層が出した政策ともいえる。このような流れのなかで、沖縄県乙第七十七号達および第八十四号達が発せられ、一八八五（明治十八）年から翌年にかけて内法調査・届出（成文化）が行なわれた。この内法は、一八八七（明治二十）年に再度提出が求められ、一八八九（明治二十二）年に再度届出された内法も、すぐに認可されることはなく、一八九〇（明治二十三）年にようやく確定した。しかし、国頭地域はその後も内法の調査・届出（成文化）作業は続いた。

近世末期に制定された「条々」などには、身売りの規定はあるが、有無を言わさない厳しい租税取り立ての条項はない。近代に入り、租税滞納処分については一度は厳しくなるが近代法思想が内法にも反映され、近代法の観点から身売り条項などの改変が行なわれている。近代内法の成立過程を見ていくと、内法そのものは近世琉球に起源を持ちつつも、沖縄県の関与や近代沖縄・日本の社会的・政治的動向が反映しており、届出という手続きによる調査であり、決して間切・村の全面的なイニシアチブによるものではないことがわかる。したがって、内法のある条項が近世に遡るとしても、それを残すことを沖縄県が認めたということを読み取らなければならない。

内法は、伝統的近世琉球、近代沖縄の間切・村社会の実態をどこまで反映しているのか、慎重な史料批判が必要とされる史料だといえる。しかしまた、内法史料が貴重な間切・村レベルの史料であることも明確となった。

注

（1）奥野彦六郎『南島村内法』至言社、一九七七年。脱稿は、「昭和二十六年秋」。
（2）同前、一三頁。
（3）同前。
（4）同前、三八頁。
（5）『沖縄県史』第十四巻、琉球政府、一九六五年。
（6）『法学協会雑誌』十五巻五号、法学協会、一八九七年。
（7）田村浩『琉球共産村落の研究』（テキストは、至言社、一九七七年）。
（8）なお、未見だが、市村光恵「沖縄県ニ於ケル内法ニ就テ」『京都法学雑会誌』第十二巻一号（京都法学会、一九一七年）がある。
（9）奥野彦六郎『沖縄婚姻史』国書刊行会、一九七八年。
（10）鳥越憲三郎『沖縄庶民生活史』雄山閣、一九七一年。
（11）日本大学法学会『法制史学の諸問題――布施弥平治博士古希記念論文集』巌南堂、一九七一年。
（12）叢書『わが沖縄』第五巻〈沖縄学の課題〉、木耳社、一九七二年。
（13）前掲、注（1）奥野『村内法』解説。
（14）石尾芳久『日本近世法の研究』木鐸社、一九七五年。

(15)『沖縄婚姻史』国書刊行会、一九七八年、解説。後に、江守五夫『家族の歴史民族学――東アジアと日本』（弘文堂、一九九〇年）に収録。
(16)『現代法社会学』青林書院、一九八九年。
(17)『沖縄市史』第二巻、沖縄市教育委員会、一九八四年、三七五頁。
(18)同前、八七八頁。
(19)有地亨・江守五夫編『青山道夫博士追悼記念論文集　家族と法の歴史』法律文化社、一九八一年。後に、江守五夫『家族の歴史民族学――東アジアと日本』（弘文堂、一九九〇年）に収録。
(20)『九州大学農学部学芸雑誌』第四十四巻第一・二号、九州大学農学部、一九八九年。
(21)『法研論集』第一〇四号、早稲田大学大学院法学研究科、二〇〇二年。
(22)『法研論集』第一〇五号、早稲田大学大学院法学研究科、二〇〇三年。
(23)『早稲田大学法学会誌』第五三巻、早稲田大学法学会、二〇〇三年。
(24)『研究彙報』第九号、東京大学東洋文化研究所松井研究室、二〇〇九年。
(25)『沖縄法政研究』第八号、沖縄国際大学沖縄法政研究所、二〇〇五年。
(26)短い史料解説・解題を加えると内法研究はさらに増える。高良倉吉「14　浦添間切の内法（解説）」（『浦添市史』第二巻資料編1、一九八一年、浦添市役所）、西原文雄「杣山内法取締実施願（解説）」、平良利夫「西原間切内法（解題）」（『西原町史』第二巻資料編1、一九八四年、西原町役場）、比嘉隆「『南島村内法』にみる内法関係史料」（『読谷村史』第三巻資料編2、読谷村役場、一九八八年）、田里修「23　貢租未納処分之部（解説）」（『嘉手納町史』資料編3、嘉手納町教育委員会、一九九六年）、恩河尚「北谷間切の内法（解説）」（『嘉手納町史』資料編3）、田里修「沖縄旧慣間切内法」解説、「南島村内法」解説、「内法処分明細表」解説（いずれも『豊見城村史』第九巻［文献資料編］豊見城村役所、一九九八年）など。また、内法そのものを直接的な研究対象とはしていないが、次の論考なども内法研究の一環としてとらえてよいと思われる。神田嘉延「沖縄の環境問題と自治公民館――開発をめぐる支配統制と地域民主主義の形成」（『鹿児島大学教育学部紀要』教育学科編、二〇〇〇年）、井谷泰彦「『方言札』と沖縄の村落共同体」（『南島史学』第六〇号、二〇〇二年）、小林文人「沖縄の集落自治と字公民館をめぐる法制」（『沖縄の字（集落）公民館研究』第二集、九州大学松田武雄研究室、二〇〇四年）。
(27)『近世地方経済史料』第九巻、吉川弘文館、一九五八年、二六一頁。
(28)『沖縄県史』第二十一巻、琉球政府、一九六八年、七五六頁。

(29) 奥野彦六郎『沖縄人事法制史』至言社、一九七七年、九頁。
(30) 前掲、注(27)『経済史料』第九巻、三三六頁。この点については、小野まさ子氏よりご教示を受けた。記して感謝するものである。
(31) 同前、七四頁。
(32) 前掲、注(28)『県史』第二十一巻、一二六頁。大蔵省編『沖縄法制史』にも、内法の起源について言及があるが、「沖縄旧慣地方制度」と同様なことが記されている。
(33) 前掲、注(5)『県史』第十四巻、四九五頁。
(34) 前掲、注(7)田村『共産村落の研究』四二七頁。
(35) 前掲、注(26)『豊見城市史』四四五頁。
(36) 田里修「公事帳について」刊行委員会編『琉球の歴史と文化』本邦書籍、一九八五年。なお、同「近世琉球における地方支配に関する一考察」刊行委員会編『球陽論叢』(ひるぎ社、一九八六年)、同「間切公事帳について」『間切公事帳の世界』(沖縄市教育委員会、一九八七年)参照。
(37) 前掲、注(36)田里「間切公事帳について」『間切公事帳の世界』一九—二二頁。
(38) 京都大学蔵「琉球資料」。前掲、注(17)『沖縄市史』第二巻に翻刻されている。
(39) 前掲、注(27)『経済史料』第九巻、三一一頁。
(40) 同前、三九〇頁。
(41)『沖縄県史料　前近代6』沖縄県教育委員会、一九八九年、一五九頁。
(42)「沖縄県森林視察復命書」によれば、「山林取締内法」について、「杣山取締ノ義、従来、間切内法有之候処、近来緩漫ニ付シ、取締不相立趣ニ相聞候条、現今改正ヲ要スヘキ件ニハ朱書ヲ付シ、更ニ認可ヲ受ケ厳重取締致スヘシ」(前掲、注(28)『沖縄県史』第二十一巻、七五八頁)とある。
(43)「役所・番所(砂糖産出セサル役所番所ヲ除ク)／砂糖取締之儀、従来間切内法有之候処、近来緩漫ニ付シ、取締不相立趣ニ相聞候条、現今改正ヲ要スヘキ件々ハ朱書ヲ付シ、更ニ認可ヲ受ケ厳重取締致スヘシ、此旨相達候事」『沖縄県令達類纂』上巻、明治三十九年版、沖縄県知事官房文書係、一九〇六年、四二三頁。
(44) 田村浩「沖縄の地割制度について」より重引(『沖縄の村落共同体論』至言社、一九七九年、三一—三二頁)。同論文では、「間切規約書」と記されているが、「親川村」の規約であることが明らかであるため、村規約とした。句読点は引用者。なお、同史料は、前掲、注（7）田村『共産村落の研究』にも引用されている（三八五―三八六頁）。
(45) 前掲、注（43）『県令達類纂』上巻、四〇四頁。
(46) 日本近代法制史研究会編『日本近代法120講』法律文化社、一九九二年、一〇頁。
(47)『近世地方経済史料』第十巻、吉川弘文館、一九五八年、一六三―一六五頁。
(48) 同前、一六四―一六五頁。
(49) 同前、一六五頁。
(50) 前掲、注（5）『県史』第十四巻、三二三―三二七頁参照。
(51) 同前。
(52) 前掲、注（7）田村『共産村落の研究』三八八頁。
(53) 前掲、注（43）『令達類纂』上巻、一三五―一三六頁。
(54)『沖縄県令達類纂』下巻、一九〇六年、附録、四頁。
(55) 同前。
(56) 前掲、注（1）奥野『村内法』二七五頁。
(57) 同前、二三七頁。
(58) 同前、二四八頁。
(59) 同前、二四八頁。
(60) 前掲、注（46）『近代法120講』八六―八七頁。
(61) 中村菊男『近代日本の法的形成』有信堂、一九五六年、一二四頁。
(62) 田里修「明治二十三（一八九〇）年地租改正案（解説）」『宜野湾市史』第四巻資料編3、宜野湾市、一九八五年、三八六頁。
(63) 西里喜行「丸岡莞爾」『沖縄県史』別巻、沖縄県教育委員会、一九七七年、五一一頁。また、『旧慣調査書類』の内容やその後については、輝広志「『琉球史料』の史料学的研究」『琉球列島における社会的、文化的ネットワークの形成と変容に関する総合的研究』（平成十三年度～平成十五年度科学研究費補助金（B）（2）研究成果報告書、一九九四年、研究代表者安江孝司）に詳しい。
(64) 前掲、注（5）『県史』第十四巻、三一八頁。
(65) 同前、二五八頁。

(66)同前、二六二頁。
(67)前掲、注（1）奥野『村内法』二三八頁、および前掲、注（5）『県史』第十四巻、二五八、二六〇頁。
(68)前掲、注（1）奥野『村内法』一五七頁。
(69)前掲、注（1）奥野『村内法』三三六頁。
(70)松下志朗編『奄美資料集成』南方新社、二〇〇六年、五三七—五三八頁。引用にあたって、旧漢字を新漢字に代えた。
(71)前掲、注（47）『経済史料』第十巻、一六一頁。
(72)同前、一六二頁。
(73)前掲、注（27）『経済史料』第九巻、三一九—三二〇頁。
(74)金城正篤『琉球処分論』沖縄タイムス社、一九七八年所収。なお、初出は、一九七〇年、『近代沖縄の歴史と民衆』。他に、田港朝昭「近世末期沖縄農村についての一考察」『琉球大学教育学部紀要』第八集（琉球大学教育学部、一九六五年）、同「近世末期沖縄農村の構造と変容（一）」『沖縄歴史研究』第十一号（沖縄歴史研究会、一九七四年）を参照。
(75)先島については、拙稿「近世末期先島名子の増大をめぐる諸問題」『地域と文化』二〇号、ひるぎ、一九八三年、および『子年の飢饉』に関する覚書」『沖縄文化』通巻六十六号、沖縄文化協会、一九八六年。
(76)前掲、注（47）『経済史料』第十巻、一六三—一六四頁。
(77)前掲、注（1）奥野『村内法』二一七頁。
(78)前掲、注（5）『県史』第十四巻、三二五—三二六頁および三二六—三二七頁。
(79)同前、二六〇頁。

第7章

内法史料の伝存状況と内法の史料的性格

はじめに

内法史料のなかで、これまでよく知られ、利用されてきたのは、『沖縄県史』第十四巻収録の「沖縄県旧慣間切内法」（「間切内法」と「各村内法」が収録）と『南島村内法』に収録されている「村内法」（「民の届出内法」）である。しかし、沖縄全域を見るならば、「沖縄県旧慣間切内法」（以下、「旧慣間切内法」という）の「村内法」と『南島村内法』収録の「村内法」とは同じではない。島尻地域の「旧慣間切内法」に収録されている「各村内法」と『南島村内法』収録の「村内法」は、おおむね一致するが、「旧慣間切内法」に収録されている「間切内法」は『南島村内法』には収録されていない。中頭地域の内法は、「旧慣間切内法」、『南島村内法』、いずれにも「間切内法」と「各村内法」の区別はないが、内法の収録項目数が違う。国頭地域の内法は、「旧慣間切内法」と『南島村内法』とでは大きな違いがある。

これまでの内法研究は、この二つの史料に大きく依拠してきた。しかし、「旧慣間切内法」と『南島村内法』以外にも、多くの未活字の内法史料が存在する。内法研究のための基礎的作業として、内法史料の伝存状況を整理し、内法の地域的特徴や内法史料の史料的性格について考えてみたい。

内法史料の伝存状況

内法史料一覧

未活字を含めた内法史料は、管見によれば、次のとおりである（**表7－1**）。

表7–1　近代内法関係史料

No.	史料名	成立年	伝存状況	備考
1	沖縄県旧慣間切内法	不詳	活字	県史一四　山城善三所蔵　大蔵省所蔵本（未見、黒木解説）
2	沖縄県旧慣地方制度	一八九三年	活字	沖縄県内務部　沖縄県史二一　阿波連之智旧蔵
3	沖縄県令達類纂	一九〇六年	活字	那覇市歴史博物館所蔵（旧横内家資料）
4	近世地方経済史料	一九二四年	活字	一九五八年復刊　琉球産業制度資料
5	琉球共産村落の研究	一九二七年	活字	一九七七年復刊　琉球史料
6	南島村内法	一九五三年	活字	一九七七年復刊　那覇地方裁判所旧蔵史料
7	沖縄庶民生活史	一九七一年	活字	部分収録。南島、間切内法とも違う条文がある
8	琉球内法存廃ニ関スル臨時調査書類	一八九〇年	未活字	法務省資料　複写本浦添市立図書館沖縄学研究室所蔵
9	琉球内法取調書	一八九〇年	未活字	祭魚堂文庫蔵　複写本沖縄県立図書館所蔵
10	沖縄県裁判事務規程並管内裁判所権限ニ関スル文書	一八九三年	未活字	法務省資料　複写本田里修所蔵
11	沖縄内法取調書	不詳	未活字	沖縄県立図書館蔵郷土資料室所蔵

＊黒木解説は、『南島村内法』巻末の黒木三郎の解説。

それぞれの史料について、簡単な説明を加えておきたい（「琉球内法存廃ニ関スル臨時調査書類」については、第6章で紹介したので省く）。

沖縄県旧慣間切内法　「旧慣間切内法」は、すでに述べたように『沖縄県史』第十四巻に収録されている。(1) その底本は、同書の凡例によれば「山城善三氏蔵」となっている。底本の原本は直接確認できなかったが、沖縄県立図書館に「沖縄縣舊慣間切内法」と題するマイクロ複製本がある。その末尾には「原本所蔵　ハワイ大学ハミルトン図書館（サカマキコレクション宝玲文庫）／※この複製本は、法政大学沖縄文化研究所所蔵の複製本をマイクロフィルム撮影したものである。／作成　沖縄県立図書館／複製　㈲沖縄マイクロセンター／一九九五年十一月」とある。法政大学沖縄文化研究所以前の旧蔵者の名前は見あたらなかったが、『沖縄県史』第十四巻と比較したところ、内容と構成が一致したので、『沖縄県史』第十四巻の底本と同一であると考えられる。

「旧慣間切内法」には、先島を除く全間切と周辺離島の内法が収録されている。各間切の内法は、「間切内法」と「各村内法」に分けられている。周辺離島の内法は、「島内法」のみであるが、伊平屋島は例外で「島内法」と「各村内法」に分かれている。

「旧慣間切内法」は、活字本であるが、刊行年や刊行機関が記された奥付はない。また、活字の基となった底本も記されていない。したがって、史料としてどこまで信頼できるのか、検討そのものができない。「旧慣間切内法」は、『沖縄県史』に収録されたということで、一定の信頼を得、多くの研究者に活用されてきたが、条文の脱落があるうえ活字以前の典拠史料の根拠と年代が判らない。第6章で検討したように、成文化内法は変遷を重ねてきたことをふまえれば、「旧慣間切内法」は、慎重な史料批判が必要な史料といえよう。

沖縄県旧慣地方制度　首里、那覇、泊村の内法が記され、「島尻、中頭、国頭、離島内法ハ其種類夥多ナルヲ以テ左ノ如ク部門ヲ別ツ」と一括で記されている。[2] 次に久米島、「宮古島、八重山島」（一括）、制裁、効力が記されている。「間切内法」「村内法」の区別はない。一八八五（明治十八）年の沖縄県乙第七十七号達による収集内法を基本にしているように見える。

沖縄県令達類纂　一九〇六（明治三十九）年に沖縄県から刊行された。「第二類制度第六章」が「内法」となっている。同書については、青嶋敏「〈資料〉明治三十九年版『沖縄県令達類纂』（上下巻）所収令達一覧」が内容を詳しく紹介している。(3)

近世地方経済史料　仲吉朝助が収集した「琉球産業制度資料」を収録したもので、一八八四（明治十七）年の内法や一八九二（明治二十五）年に収集した「原勝負其他農事慣例」や「農事に関する間切、村内法」の内法が収録されている。(4)明治二十五年収集の内法は、島尻地域が主で「旧慣間切内法」とほぼ同じ内容である。

琉球共産村落の研究　「明治十九年ノ成文内法」が分析されている。(5)「旧慣間切内法」には、同時期の内法が収録されていないので、貴重である。また、一八八六（明治十九）年の金武間切内法が全文収録されている。さらに、同書刊行時点で機能していた「津波部落内法」「津波婦女会内法」が収録されている。

南島村内法　著者の奥野彦六郎が那覇地方裁判所に勤務していたときの収集史料である。(6)「間切内法」は、本部のものしか収録されていない。また、国頭地域の内法は、一八八六（明治十九）年のもので、「旧慣間切内法」収録の国頭地域の内法は明治二十三年以降に成立したと考えられることから、内法の変遷過程を知るうえで貴重である。

沖縄庶民生活史　「明治十七年旧慣調査書」の名護間切・本部間切・恩納間切・伊江島の取調書が収録されているが、その解説に内法が引用されている。(7)引用内法の典拠は不明だが、「旧慣間切内法」や『南島村内法』にも収録されていない条項がある。一八八五（明治十八）年の沖縄県乙第七十七号達による収集内法ではないかと考えられる。

沖縄県裁判事務規程並管内裁判所権限ニ関スル文書　「沖縄県裁判事務規程並管内裁判所権限ニ関スル文書」は、沖縄県立図書館に複写本がある。表題に「明治廿三年」、「特別保存記録　（保存□《損欠》第一八号）ノ二　長崎控訴院検事局」と記されている。また、付箋らしきものに「司法省　特殊記録」の文字がある。中頃に「明治廿六年二月写之／那覇地方裁判所検事局雑書綴／長崎控訴院検事局」と題する中表紙があり、内法関係の史料が含まれる。一八九一（明治二十四）年の「浦添間切内法」、「越来間切内法」、「西原間切内法」、「北谷間切内法」、「勝連間切内法」、「与那城間切内法」、年代不明の「小禄間切内法」（部分）、「豊見城間切内法」（部分）がある。また、「明治廿六年写之／所轄間切内法」の中表紙の部には、「豊見城間切番所内法」、「（豊見城）間切内法」、「（豊見城間切）各村内法」「南風原間切内法」（明治十九年）、「大里間切内法」（明治二十年）、「知念間切内法」（明治二十年）、「小禄間切内法」（明治二十二年）、「西村内法」（明治二十三年）が収録されている。内法の変遷を知ることが出来る貴重な史料である。

琉球内法取調書　「琉球内法取調書」は、「琉球内法存廃ニ関スル臨時調査書類」の異本である。すなわち、「琉球内法存廃ニ関スル臨時調査書類」の写しが、「琉球内法取調書」と名付けられたものである。写しであるが、保存状況がよく、文字が鮮明であるため、「琉球内法存廃ニ関スル臨時調査書類」と校合するにあたって貴重である。

沖縄内法取調書　「沖縄内法取調書」は、沖縄県の罫紙が用いられ、表紙に「笑古」（真境名安興の雅号）が記されている。字体も、楷書、行書、草書からなり、幾人かの手によって筆写されたものと考えられる。明治十八年の久茂地村、久米村、若狭村、東村、西村、泉崎村、泊村の内法、明治十九年の伊平屋島、渡嘉敷間切、座間味間切、明治十八年の首里三平等、明治十九年の小禄間切、明治十八年の具志川間切、明治十九年の恩納間切、宮古島、八重山島の内法からなる。一八八五（明治十八）年十一月九日の沖縄県乙第七十七号御達による届出・収集にかかる内法である。

地域ごとの内法一覧

「旧慣間切内法」をベースに、各間切ごとの内法の残存状況を整理したのが**表7－2**である。

内法一覧表を作成してみると、「旧慣間切内法」収録の大部分が成立年不明である。成立年が記されているのは、

表7－2　内法一覧表

沖縄県旧慣間切内法	南島村内法	裁判事務規程	沖縄内法取調書	備考
・小禄間切内法　27条		明治22・11・18　73条		
小禄間切各村内法　32条	成立年不詳　27条	明治23・9・7　37条	明治19・9・10　72条	
・豊見城間切内法　27条		明治23・3・8　27条		
豊見城間切各村内法　32条	明治23・3・9　32条（「村中風俗取締契約書」が附属）	明治23・3・8　32条		
・兼城間切内法　27条				
兼城間切各村内法　36条	成立年不詳　35条			
・東風平間切内法　27条				
東風平間切各村内法　32条	明治23・3・9　32条			
・高嶺間切内法　26条				
高嶺間切各村内法　38条	成立年不詳　37条			
・真壁間切内法　27条				
真壁間切各村内法　32条	明治23・3・8　32条			
・喜屋武間切内法　27条				
喜屋武間切各村内法　31条	成立年不詳　32条			
・摩文仁間切内法　27条				
摩文仁間切各村内法　32条	成立年不詳　32条			

・具志頭間切内法　27条				
具志頭間切各村内法　32条	成立年不詳　32条			
・玉城間切内法　27条				
玉城間切各村内法　33条	成立年不詳　33条			
・知念間切内法　27条				
知念間切各村内法　34条	成立年不詳　32条	明治20・9・27　52条		
・佐敷間切内法　27条				
佐敷間切各村内法　32条	成立年不詳　34条	明治19　73条		
・大里間切内法　27条				
大里間切各村内法　32条	明治23・3・9　32条	明治20・11・14　74条		
・南風原間切内法　27条				
南風原間切各村内法　32条	明治23・3・9　32条	明治19・9　75条		
・真和志間切内法　36条				
真和志間切各村内法　48条	成立年不詳　48条			
・久米島仲里、具志川両間切諸事取締旧慣内法 総則７条 科定目32条　明治20・10	諸事旧慣取締内法総則　明治20・10 ７＋３条　諸事旧慣取締内法総則７条　科定目32条			
・渡嘉敷間切内法　34条	明治19・9（5）・3　1条		明治19・5・3　1条	

附山林内法施行ノ儀ニ付願7条				
明治18・9・11				
・座間味間切内法　1条	明治19・4・25　1条		明治19・4・25　1条	
・粟国島内法　78条	ナシ			
・渡名喜島内法　9条	ナシ			
・伊平屋島内法　9条				
伊平屋島各村内法　15条	明治19・3・12　7条	明治19・3・12　8条		
・鳥島内法10条	ナシ			
・浦添間切　2条	明治18・12・17　5条			
	追調　明治19・6・12	明治24・8・3　2条		
		1条訂正		
・西原間切　2条	成立年不詳　4条	2条追加		
	追調　明治19・6・12	明治24・8・3　2条		
・宜野湾間切　2条	ナシ			
	追調　明治19・6・12			
・中城間切　4条	明治18・12・25　9条			
	追調　明治19・6・14			
・北谷間切　1条	成立年不詳　3条			
・読谷山間切　4条	明治18・12・22　10条			

・越来間切　3条	明治18・12・28　7条			
・美里間切　2条	明治18・12・25　19条	明治24・8・3		
	追調　明治19・6・24			
・具志川間切　2条	明治18・12・26　40条		明治18・12・26　39条	
・勝連間切　5条	明治18・12・25　3条			
・与那城間切　4条	明治18・12・21　4条	明治24・8・3　1条		
	追調　明治19・6・28	明治24・8・3		
・中頭郡11ヶ間切製糖取締内法21項	ナシ	1条訂正		
・名護間切内法　104条				
名護間切各村内法　123条明治19・12・13	明治19・12・13　123条			
・恩納間切内法　118条				
恩納間切各村内法　53条	明治19・12・23　104条		明治19・12・23　104条	
・金武間切内法　122条				＊1
金武間切各村内法　96条	明治19・12・13　91条			
・久志間切内法　159条　明治25				
久志間切各村内法　86条　明治29	明治19・12・21　86条			
・国頭間切内法　125条　明治20・12				
国頭間切各村内法　107条	明治19・12・13　20条			

＊2	•大宜味間切津波村内法　7条 大宜味間切（塩屋、古前田、田港、渡野喜屋）四ヶ村内法　7条 大宜味間切根路銘村内法　14条 大宜味間切（大宜味、饒波、大兼久）三ヶ村内法　9条 大宜味間切喜如嘉村内法　13条 大宜味間切（親田、見里、屋嘉比）三ヶ村内法　6条	明治19・12・11　109条		
	•羽地間切内法　129条 羽地間切各村内法　109条	明治19・12・15　109条		
	•今帰仁間切内法　114条　明治20・11 今帰仁間切各村内法　90条　明治20・12	明治19・12・10　88条		
	•本部間切内法　124条	（成立年不詳、本部間切内法　125条　これは「本部間切公事帳」そのものではないかと考えられる）		
	本部間切各村内法　106条	明治19・12・14　106条 明治23年渡久地署調104条		
＊3	•伊江島内法　44条 伊江島各村内法　22条			

	・〔首里〕三平学校等内法　2条 〔首里〕各村内法　8条　明治18・12・3 ・那覇（久茂地／久米／若狭／東）10条　明治18・12・23 ・泊村　42条　明治18・12・25 ・西村　16条　明治18・12・21 ・泉崎村　13条　明治18・12・25 ・宮古島　12条　明治19・2・10 ・八重山島10条　明治19・4	明治23・3・9　16条	三平学校等内法 2条 各村内法 8条　明治18・12・3 ・那覇（久茂地／久米／若狭／東）10条　明治18・12・23 ・泊村　42条　明治18・12・25 ・西村　16条＋3条　明治18・12・21 ・泉崎村　12条　明治18・12・25 明治19・2・10　12条 明治19・4　9条	

備考欄

＊1　金武間切の内法は、明治19年12月13日のものが、田村浩『琉球共産村落の研究』に収録されている。

＊2　『南島村内法』大宜味間切の内法は「大宜味間切当塩屋外拾五ヶ村ニ於テ執行候内法約束取調書」。

＊3　伊江島の内法は、明治20年2月3日のものが、鳥越憲三郎資料のなかにあり、『伊江村史』下巻に収録されている。全44条。

久米島の内法と「名護間切各村内法」（明治十九年十二月十三日）、「久志間切内法」（明治二十五年）、「久志間切各村内法」（明治二十九年）、「国頭間切内法」（明治二十年十二月）、「今帰仁間切内法」（明治二十年十一月）、「今帰仁間切各村内法」（明治二十年十二月）のみである。久米島を除けば国頭地域の内法のみである。『南島村内法』収録の内法も、同様に大部分が成立年がわからない。しかし、他の内法史料に収録されている内法と比較することによって、ある程度成立年を想定することができる。

おおむね、一八八五（明治十八）年の乙第七十七号達と乙第八十四号達にもとづく調査・届出内法と、明治二十年の乙第三十九号達にもとづく調査・届出内法、乙第三十九号達にもとづく明治二十三年以後の調査・届出内法に分けられる。

明治十八年と明治二十年の内法調査・届出の特徴

明治十八年乙第七十七号達と乙第八十四号達による調査・届出内法

第6章で明らかにしたように、内法の調査は何度も行なわれている。租税滞納処分に関する内法を事例に、調査のつど内法が変わってきていることを指摘した。以下の内法は、明治十八年の沖縄県乙第七十七号達および乙第八十四号達にもとづく内法の調査・届出である（第6章参照）。

表7-3に見るように、明治十八年から明治十九年にかけての調査・届出は、おおむね沖縄県全域にわたってなされていた。この時期の内法は、沖縄県乙第七十七号達および乙第八十四号達による調査・届出であるが、総称する場合は、「乙七十七号内法」としたい。国頭地域の内法は島尻・中頭地域の内法とは別の特色があるので、後に地域的特色の検討で言及したい。ここでは、島尻・中頭の内法の特色を見ていく。

表７－３　一八八五（明治十八）年乙第77号達と乙第84号達による調査・届出内法一覧と分類項

南風原間切（明治19・09）	佐敷間切（明治19）	小禄間切（明治19・09・10）	具志川間切（明治18・12・26）	美里間切（明治18・12・25）	明治17年旧慣調査書（参考）
番所取締ノ件 14条	番所取締ノ件 13条	番所取締ノ件 14条	租税未納之部 1条	租税取締ノ部 2条	貢租取扱ノ部 租税未納ノ事
番所ヨリ各村取締ノ件 21条	番所ヨリ各村取締ノ件 21条	番所ヨリ各村取締ノ件 20条	田畑取締ノ部 3条	田畑取締ノ部	
田畑山野取締ノ件 10条	番所ヨリ各村取締ノ件 8条	田畑山野取締ノ件 8条	山野取締之部 4条	山野取締ノ部 4条	官民有山林ニ関スル栽培伐採ノ事
貢租及公費取締ノ件 3条	貢租及公費取締ノ件 3条	貢租及公費取締ノ件 3条	竹并同シ子菓物取締之部 1条		
所俗取締ノ件 8条	所俗取締ノ件 8条	所俗取締ノ件 8条	原勝負取締之部 1条	春秋原勝負ノ部 1条	各農事勤惰賞罰並作物競争ノ事
身売人模合貸金畜類売買取締ノ件 3条	身売人模合貸金畜類売買取締ノ件 3条	身売人模合貸金畜類売買取締ノ件 3条	砂糖取締ノ部 4条	砂糖取締ノ部 4条	砂糖取締ノ事
諸取締ノ件 16条	諸取締ノ件 17条	諸取締ノ件 16条	百姓地並私有地叶野(掛)ノ部 1条		
			喧嘩口論ノ部 1条		
			淫行取締ノ部 1条		
			杣山取締之部 6条		
			吏員取締ノ部 1条	間切吏員職務ニ関スル部 1条	吏員ノ事 吏員旅費ノ事
			間切御物私用候者取扱ノ部 1条	間切公金私用スル者取扱ノ部 1条	上納金穀或ハ共有金穀ヲ私用スル事
			婚姻之部 1条	婚姻ノ部 3条	

			模合法様ノ部 1条		模合ノ部
			居住人牛馬羊口米銭之部 1条		
			金貸付ノ部 1条	〈追調〉 （金貸付ノ部）	書入・質入・金銀貸借ノ事
			人身買入之部 1条	〈追調〉人身売買ノ部 1条	人身売買
			（杣山取締之部） 9条		地所ノ事 寄留人ノ事 所遣ノ事 村負債ノ部 地所並墓地売買譲与ノ事 戒罰ノ事 農事ノ部 跡相続ノ事 付届ノ部 礼ノ部 遊戯 旅立 道路橋梁ノ修繕架設ノ事 海岸船舶漁業取締方ノ事

凡例
（1）南風原・佐敷間切内法は、「裁判事務規程」。
（2）小禄・具志川間切内法は、「沖縄内法取調書」。
（3）美里間切内法は、『南島村内法』。比較を容易にするため、配列は具志川間切に合わせて並べ替えた。
（4）明治17年旧慣調査書は、第5章参照。条項は、具志川間切に合わせて並べ替えた。
（5）比較を容易にするため条文数を入れた。

島尻地域の内法は、調査・届出の分類項が一致しており、統一的な調査が行なわれたことがわかる。中頭も、おおむね項目は一致する。具志川間切にあって、美里間切にない分類項は、美里間切の調査・届出には当初からなかったということを示すとは、必ずしもいえない。中頭地域の内法は、第5章で検討した「明治十七年旧慣調査書」

の内容と似ており、内法の成立に「明治十七年旧慣調査書」が大きな影響を与えたことが確認できる。

島尻地域の内法の分類項は、中頭地域の分類項に較べて少ないが、全条文は島尻地域の方が多い。たとえば小禄間切内法（「沖縄内法取調書」所収）では、具志川間切内法の「吏員取締ノ部」は「番所取締ノ件」に網羅されており、「間切御物私用候者取扱ノ部」は「番所取締ノ件」の第九条、「原勝負取締之部」は「番所ヨリ各村取締ノ件」の第二十三条、「喧嘩口論ノ部」は「所俗取締ノ件」の第四十六条、「婚姻之部」は「所俗取締ノ件」の第四十八条に収録されており、中頭地域の方が詳細という訳ではない。島尻・中頭地域ともおおむね同様な内法の調査・届出が行なわれているが、表に見られるように、島尻地域の方が条文が多く詳細である。中頭地域は、条文の数は少ないが、分類項の設定が「明治十七年旧慣調査書」の設定と近いことが特徴的である。

この時期の内法には島尻・中頭両地域とも「間切内法」と「村内法」の区別はない。小禄間切を例に「旧慣間切内法」と較べてみると、「番所取締ノ件」と「番所ヨリ各村取締ノ件」が「間切内法」とされ、「田畑山野取締ノ件」以降が「村内法」となっている。

「旧慣間切内法」は、「乙七十七号内法」と較べると大幅に加除修正が行なわれている。修正の対象とならず、「旧慣間切内法」に収録されなかった条項には、たとえば次のような条項がある（「沖縄内法取調書」小禄間切の例）。

第一条　地頭代以下役々文子ハ毎日出頭、各村掟・惣耕作当・惣山当・夫地頭ハ、月ニ六度出頭、各出頭簿ニ記載シ、月ノ終ニ臨テ番毎捌吏文子ヲ以テ、勤星ヲ勘定シ、又暇ナク闕席ノ者ハ科銭拾銭申付候事

第十条　諸続並モノ延滞スルトキハ、役々ハ弐拾銭ノ科銭申付、文子ハ勤星十日消除候事

第十四条　番所備付ノ道具等ノ内失却、又ハ窃取ラレタルトキハ、其当時ノ番毎へ弁償致サセ候事

第二十四条　惣耕作当ハ各村ノ田畑ヲ巡視シ、不行届ノ村ハ、耕作当一人ニ付科銭弐拾銭宛申付候事

「旧慣間切内法」では、右のような条項が消えている。「乙第七十七号内法」は、より近世的な内容を含んでいたといえる。

乙第三十九号達と明治二十年の調査・届出

明治二十年八月（日付は不明）、沖縄県乙第三十九号により、再度内法の届出が求められている（第6章参照）。この年は、「藩政ノ頃ニ在テ、間切及村内法ノ義ハ、旧検者下知役ニ於テ認可施行シ、藩庁カ公然認テ施行セシメ候義ニ無之、科律上ヨリ之ヲ一個ノ私約ト認メ取扱候義ニ付、示（爾）後旧検者下知役ノ取扱振ニ倣ヒ、役所長ニ於テ認可ヲ与フベシ」(8)とする内法私約説が県訓令二十三号によって示された年でもある（八月十二日）。この直後の九月八日、県達甲第二十四号によって「全十八年十一月乙第八十四号間切内法取扱届出ノ件取消」がされている(9)。おそらく、乙第三十九号達との整合性をはかるために出されたのであろう。

この時期に成立した内法には、大里間切、知念間切、小禄間切、今帰仁間切、国頭間切の内法がある。国頭地域の内法については、後述の地域的特色で取りあげるので、ここでは島尻地域を中心に検討してみたい。この頃の島尻地域の内法の一覧と分類項は**表7-4**の通りである。小禄間切は、明治二十二年のものだが、明治二十年に調査・届出されたものが明治二十二年に筆写されたものと考えられる。明治二十年から明治二十二年成立の内法を「乙三十九号内法」と総称することにしたい。

知念間切の内法が特異な構成となっているが、おおむね「乙七十七号内法」と同じ内容となっている。この時点でも、「間切内法」と「村内法」の区別はない。小禄間切を事例に、内容の変化について見ていきたい。小禄間切の「乙七十七号内法」は、「番所ヨリ各村取締ノ件」が一条増えている。第二十二条に、次の条文が追加されてい

表７－４　一八八七（明治二十）年島尻内法一覧と分類項

大里間切（明治20・11・1）	知念間切（明治20・09・27）	小禄間切（明治22・11・18）	小禄間切（参考）（明治19・09・10）
番所取締ノ件 14条	番所取締ノ件 13条	番所取締之件 14条	番所取締ノ件 14条
西原外十ヶ村取締ノ件 21条	番所ヨリ各村取締ノ件 39条　14～52条	番所ヨリ各村取締ノ件 21条	番所ヨリ各村取締ノ件 20条
田畑山野取締ノ件 8条	（田畑山野取締ノ件）（37～52条）	田畑山野取締ノ件 8条　36～42条（43条欠）	田畑山野取締ノ件 8条
貢租公費取締ノ件 3条		（貢租公費取締ノ件）（44～46条、条文欠）	貢租及公費取締ノ件 3条
所俗取締ノ件 8条		所轄（俗）取締ノ件 8条	所俗取締ノ件 8条
身売人模合貸金畜類売買取締ノ件 3条7		身売人模合貸金畜類売買取締ノ件 3条	身売人模合貸金畜類売買取締ノ件 3条
諸取締ノ件 17条		諸取締ノ件 16条	諸取締ノ件 16条

凡例　（1）大里間切・知念間切・小禄間切、いずれも「裁判事務規程」。
（2）小禄間切内法（参照）は、「沖縄内法取調書」。

る（以下、一条ずつずれる）。

番所ヨリ各村へ村次ノ公文ヲ取込、送付不致、且ツ返戻スヘキ公文返戻不致トキハ、科銭四拾銭申付候事

同条は、「旧慣間切内法」に収録されている「小禄間切内法」の第十三条となっている。同条はまた、南風原間切と佐敷間切の「乙七十七号内法」にも収録されており、遺漏を補ったものであろう。なお、成立の年月日はわからないが、この時期の成立と考えられる「豊見城番所内法」全三十七条が、「裁判事務規程」に収録されており、「（番所取締ノ件）」十四条（分類項名はない、筆者が内容を勘案し付した）、「番所ヨリ各村取締ノ件」二十三条、計三十七条からなっている。この「豊見城番所内法」にも、同条は第二十二条として挿入されている。

小禄間切の「乙七十七号内法」を「乙三十九号内法」と比較してみると、表記上の違いは若干みられるが、第二十二条の挿入を除けば、大きな違いは見られない。

この「乙三十九号内法」は、すぐに認可されることはなかったようである。乙第三十九号達に基づく島尻地域の内法は、最終的には明治二十三年に確定する。『南島村内法』収録の島尻地域の内法は、ほとんどが明治二十三年三月の成立となっている（第6章参照）。「沖縄県旧慣間切内法」所収の島尻地域の内法は、『南島村内法』所収の内法と一致するため、明治二十三年三月に成立した内法が収録されていると考えられる。

内法の地域的特徴

首里・那覇、島尻、中頭、国頭、先島の内法の地域的特徴について、見ていきたい。

首里・那覇

首里の内法は、明治十八年十二月三日付で、真和志村役場、赤平村役場、金城村役場、当蔵村役場、桃原村役場、赤田村役場、それぞれの主取と汀志良次村の主取代理筆者の名で届出されている。「三平等学校等内法」二条と「各村内法」八条からなる。「三平等学校内法」は、学校維持費用の徴収規程である。「各村内法」には、火事の際に、二十才以上四十才以下の者が駆けつけなかったら科銭が科されることになっている。また、「各村内法」にも学校に関する条項が二条あることが特徴である。

那覇の内法は、久茂地、久米村、若狭町、東村「村中面々万事正道相嗜一統習俗善美成立候様ニトノ心掛専要ニ候仍テ締向左ノ通リ」以下九条（火事の際の対応が四条）、「泊村旧藩中内法調」以下四十二条、西村「旧藩中村方ニ於テ取行候内法並村約束取調左ノ如シ」以下十六条（タイトルはないが火事の時の対応が三条）、泉崎村「旧藩中当村ニ於テ取締内法左ノ如シ」以下十二条からなる。いずれも、主取によって届出されている。泊村の内法が、もっとも多い。火事の際の対応が記されているところに、町方の内法の特徴がみられる。

以上の記述は「沖縄内法取調書」に基づくが、首里・那覇の内法は「旧慣間切内法」には収録されていない。

島尻

島尻地域の内法は、「間切内法」と「村内法」に分かれていることが特徴である。これまで述べてきたように、「乙七十七号内法」では、「間切内法」と「村内法」または「各村内法」の区別はない。明治二十三年内法は、「乙七十七号内法」や「乙三十九号内法」と較べて、内容的にも大規模な変更が加えられていることも島尻地域内法の特徴である。

島尻地域の「乙七十七号内法」の特徴については、先に若干の検討を行なった。ここでは、夫婦の離縁条項をとりあげて、その特徴を見ていきたい。小禄間切の「乙七十七号内法」（「沖縄内法取調書」）には、離縁条項が次のように記されている。

第五十条　妻離別ノ節身代銭ノ義ハ、双方和談上離別シタルモノハ返金ニ及ハス。又、自分勝手ニ帰家シタルモノハ、速カニ返納セシメ、若シ延引スルトキハ、其親兄弟ノ財産・蓄《ママ》類引揚売払、当高ノ分ハ受取候事

明治二十二年の小禄間切内法（「裁判事務規程」）も同様な記述になっている。

しかし、明治二十三年の小禄間切内法では、次のようになっている。(10)

第十四条　妻離別ノ節、印形（身代カ）銭ノ義、夫ヨリ離別セシムル時ハ、夫ノ損ナリ。自分勝手ニ離別スルモノハ、廿日以内ニ返納セシム可シ。若シ、日限経過候ハヾ、其親兄弟親類ノ財産畜類引揚ケ公売シ、当高ノ金員請取候事

明治十九年には、和談か妻が一方的に家を出て行くことが想定されているが、明治二十三年には、「夫ヨリ離別セシムルトキハ」と夫からの一方的な離縁が想定されている。「旧慣間切内法」所収の島尻地域の十五間切のうち、八間切は前者のパターンであり、七間切は後者のパターンである。

日本近世社会の離縁は「庶民の場合は、夫から離縁状（離別状・去状）を渡すことが要件であった。離縁状なしの再婚は原則として処罰された。〔中略〕近年の研究では、夫の横暴さを含んではいるが、それはむしろ妻には何の

落度もなく、夫側に責任のあることの表現であって、妻側から離縁が請求されたような場合も多く含まれていると考えられている」とされ[11]、一方的な離縁は少なかった。明治四年の戸籍法によって壬申戸籍が作成されるが、「壬申戸籍の戸主は、尊卑、親疎の家族秩序の上に君臨する長であり、尊属を含む家族員を統制する地位」であったといわれる[12]。近代の戸籍法の誤解が内法の一方的離縁条項を生み出した可能性もある。

「旧慣間切内法」所収の国頭地域の村内法では、恩納間切と大宜味間切、伊江島を除く（離縁条項がない）、六間切で明治十九年小禄間切内法と同様な記述となっている。久志間切の村内法は、「旧慣間切内法」の小禄間切村内法と同じく、和談が想定されておらず、「夫方ヨリ追出シ候時ハ[13]」と夫からの一方的離縁が想定されている。「旧慣間切内法」所収の久志間切村内法は、明治二十九年の成立である（**表7-2**参照）。明治三十一年の旧民法八一三条では、「夫婦ノ一方ハ左ノ場合ニ限リ離婚ノ訴提起スルコトヲ得」と離婚の要件が設けられており[14]、まだ妻の地位は低かったとはいえ、夫からの一方的な離婚は認められていない。

明治二十三年に「琉球内法存廃ニ関スル臨時調査」が行なわれ、同年八月の「琉球内法存廃ニ関スル臨時調査書類」が作成されているが、島尻地域の内法の調査・届出が明治二十三年三月であることをかんがみれば、改廃にあたって「内法臨時調査」の影響もあったとも考えられる。

中頭

中頭地域の内法の特徴については、先にも少し言及したが、ここでは中頭地域の、各間切の分類項ごとの伝存状況を確認しておきたい。

表7-5からわかることは、「旧慣間切内法」は、勝連間切を除いて、租税の滞納処分に関する分類項のみになっており、『南島村内法』の分類項の伝存状況にはかなりのバラツキがあることであろう。また、伝存史料によっ

表7－5　間切ごとの分類項の伝存状況

間切名	沖縄県旧慣間切内法	南島村内法	裁判事務規程
浦添間切	・地税怠納者処分ノ部	・村方ノ下知又ハ約束等違反者処分之部 ・人身売買ノ部 ・居住人牛馬羊口銭ノ部 〈追調〉 ・村方ノ下知或ハ約束等違反者処分ノ部 ・地租未納者処分ノ部	・地税滞納者処分之部 ・田畑取締ノ部 ・村方ノ下知或ハ約束等違反者処分之部
西原間切	・地税怠滞納者処分ノ部	・村方ノ下知又ハ約束等違反者処分ノ部 ・密淫ノ部 ・喧嘩口論ノ部 ・婚姻ノ部 〈追調〉 ・村方ノ下知又ハ約束等違反者処分之部	・人身売買之部
宜野湾間切	・租税怠納者処分之部	〈追調〉 ・間切村御物私用スルモノ処分ノ部 ・村方ノ下知又ハ約束等違反者処分之部	
中城間切	・租税怠納者処分ノ部	・婚姻ノ部 ・密淫ノ部 ・葬礼之時合力ノ部 ・喧嘩口論ノ部 ・杣山取締ノ部 〈追調〉 ・喧嘩口論ノ部	

北谷間切	・地税怠納ニ関スル間切内法	・婚礼ノ時身代金之部 ・淫事之部 ・喧咜口論之部	・貢租未納処分之部
読谷山間切	・租税怠納者処分ノ部	・春秋原勝劣取締ノ部 ・貢税未納処分ノ部 ・間切村公金私用スル（者）取扱ノ部 ・人身売買ノ部 ・婚姻ノ部 ・遊行取締ノ部 ・喧嘩並ニ淫事ノ部	
越来間切	・貢租怠納者処分ノ部	・（項目名ナシ） ・婚姻ノ部 ・人身売買ノ部 ・百姓持地ノ内叶掛並私有地叶掛ノ部 ・喧嘩口論ノ部 ・密淫取締ノ部	・人身売買之部
美里間切	・租税怠納者処分ノ部	・租税取締ノ部 ・間切吏員職務ニ関スル部 ・田畑取締ノ部 ・山林取締ノ部 ・春秋原勝負ノ部 ・砂糖取締ノ部 ・間切公金私用スル者取扱ノ部 ・婚姻ノ部 〈追調〉 ・（金貸付ノ部） ・人身売買ノ部	

具志川間切	・租税怠納処分之部	・租税未納処分ノ部 ・田畑取締ノ部 ・山野取締ノ部 ・竹并同シ子菓物取締ノ部 ・原勝劣取締ノ部 ・砂糖取締ノ部 ・吏員取締ノ部 ・間切村物私用スル者取扱ノ部 ・婚姻之部 ・模合法様ノ部 ・居住人牛馬羊口銭之部 ・金貸付ノ部 ・人身買入ノ部 ・百姓地並私有地叶罫（掛）ノ部 ・喧嘩口論ノ部 ・淫行取締ノ部 ・杣山取締ノ部	
勝連間切	・租税怠納者処分内法 ・間切公金私用スル者取扱ノ部	・婚姻ノ部 ・密淫ノ部	・密淫之部
与那城間切	・租税怠納者処分ノ部	・人身売買ノ部 ・婚姻ノ部 ・淫行者取締ノ部 ・喧嘩口論ノ部〈追調〉 ・間切村公金私用スルモノ分ノ部左ノ通訂正	・間切村公金私用スルモノ処分之ノ部

てもバラツキがある。既存の史料は、調査・届出の全分類項を収録していない可能性が高いのである。たとえば**表7－6**を見れば、宜野湾間切は、明治十八年の調査・届出は、残存していないのであるが、明治十九年六月十二日の追加調査でけ、「間切村御物私用スルモノ処分ノ部左ノ通訂正」[15]とあり、「間切村御物私用スルモノ処分ノ部」は先に調査・届出されていたことは明らかである。また、浦添間切の「地租未納者処分ノ部」も、明治十八年の調査・届出には収録されていないが、「第二項ノ次、左ノ二項追加」とある。[16]

各間切とも分類項ごとに調査・届出が行なわれたと考えた方が妥当なように思われる。そこで、具志川間切の分類項をベースに、分類項を復元しつつ伝存状況を確認してみたい（**表7－6**）。

表7－6から推定すると、もともと、中頭地域の内法は、二十一の分類項あるいは二十に近い分類項からなっていたのではないだろうか。具志川間切の内法が最も多くの分類項からなるが、具志川間切の内法も全分類項が収録されているとは、言い難い。なぜ、このようなバラツキのある伝存状況が生じたのかよくわからず、中頭地域の内法復元は、かなり困難であるといえよう。しかし、島尻地域と同様に、明治二十三年「琉球内法存廃ニ関スル臨時調査書類」の読み込みによっては、新しい情報が加わる可能性がある。

中頭地域の内法には、よくわからないことが多い。今後の課題として、次の四点を示しておきたい。

①「旧慣間切内法」の中頭地域の内法には、なぜ租税の滞納処分に関する条項しかないのか。

②なぜ中頭地域のみまとまった内法史料が存在しないのか。

③なぜ、明治十八年以降改定された形跡がないのか。

④明治十七年の租税滞納処分に関する内法は、現在のところ浦添間切・与那城間切のみで、中頭地域に限られているが、乙第七十七号達以前に、滞納処分に関する内法ができたという歴史的な経緯とどのように関係があるのか。

表7−6　分類項ごとの伝存状況

分類項（具志川間切）	浦添間切			与那城間切			美里間切			読谷山間切			越来間切			中城間切			西原間切			北谷間切			勝連間切			宜野湾間切		
1　租税未納之部	◎	○	◎ ○		○		○	○		○	○			○			○			○	○		○			○			○	
2　田畑取締ノ部			○				○																							
3　山野取締之部							○																							
4　竹并同シ子菓物取締之部																														
5　原勝負取締之部							○			○																				
6　砂糖取締ノ部							○																							
7　百姓地並私有地叶罫（掛）ノ部													○																	
8　喧嘩口論ノ部				○						○			○			◎ ○			○			○			○					
9　淫行取締ノ部				○						○			○			○			○			○			○		○			
10　杣山取締之部																○														
11　吏員取締ノ部																														
12　間切御物私用候者取扱ノ部				◎		○	○			○																		◎		
13　婚姻之部				○			○			○			○			○			○			○			○					
14　模合法様ノ部																														
15　居住人牛馬羊口米銭之部	○																													
16　金貸付ノ部							◎																							
17　人身買入之部	○			○			◎			○			○					○			○									
18　村方ノ下知又ハ約束等違反者処分之部	◎ ○		○																◎ ○									◎		
19　遊行取締ノ部										○																				
20　仮称〈地割〉													○																	
21　葬礼之時合力ノ部																○														

凡例　（1）各間切1列目は、『南島村内法』。二重丸は、追調の部分があることを示す。
（2）2列目は、「沖縄県旧慣間切内法」。
（3）3列目は、「裁判事務規程」。二重丸は、重複を示す。

今後の課題としたい。

国頭

国頭地域の内法は、中頭・島尻地域の内法とは、趣を異にする。まず、成立年がはっきりしている内法を、成立年順に示してみたい。

表７−７　国頭内法の成立一覧

	内法名称	旧慣間切内法	南島村内法	その他	備考
1	今帰仁間切各村内法		明治19・12・10　88条		
2	大宜味間切各村内法		明治19・12・11　109条		
3	名護間切各村内法	明治19・12・13　123条	明治19・12・13　123条		
4	金武間切各村内法		明治19・12・13　91条	明治19・12・13　91条	琉球共産村落の研究
5	国頭間切各村内法		明治19・12・13　20条		
6	本部間切各村内法		明治19・12・14　106条		
7	羽地間切各村内法		明治19・12・15　109条		
8	久志間切各村内法		明治19・12・21　86条		
9	恩納間切各村内法		明治19・12・23　104条	明治19・12・23　104条	沖縄内法取調書
10	伊江島内法			明治20・2・3　44条	伊江村史
11	今帰仁間切内法	明治20・11　114条			

12	今帰仁間切各村内法	明治20・12　90条			
13	国頭間切内法	明治20・12　125条			
14	本部間切各村内法		明治23　106条		渡久地署調
15	久志間切内法	明治25　159条			
16	久志間切各村内法	明治29　86条			

凡例（1）名称は各間切若干の違いがあるが、各村内法で統一した。
（2）その他は、備考に典拠を示した。

以下、いくつかの事例を検討してみたい。『南島村内法』の今帰仁間切の内法は、八十八条からなるが、「旧慣間切内法」の村内法は、九十条からなる。末尾に、祭礼等の奢侈にならないよう戒めた条項と、身売り条項が加わっている。「旧慣間切内法」の「今帰仁間切各村内法」は、明治二十年十二月の成立である。[17]第6章で明らかにしたように、明治十四年には村規約が成立し、「人身売買」が禁止されている。しかし、国頭地域では、明治二十九年成立[18]の「久志間切各村内法」でも、身売り条項（十五条）が残っている。島尻地域では、明治二十三年の内法から身売りの表現は、「雇ニ差遣ハシ[19]」となっている（第Ⅱ部第6章参照）。中頭役所発の明治二十四年八月十三日付「中進第一一七号」には、「当地方各間切村内法中身売、又ハ人身売買トアルヲ奉公ト改正致度旨申出候ニ付、認可致置候此段及御届候也[20]」とあり、中頭地域でも身売りは「奉公」に変えられている。

大宜味間切は、明治十九年の「当塩屋外拾五ヶ村ニ於テ執行候内法約束取調書」（全一〇九条）が『南島村内法』に収録されているが、「旧慣間切内法」には「間切内法」、間切単位の「各村内法」は収録されておらず、以下の内法が収録されている。

大宜味間切津波村内法（七条）
大宜味間切（塩屋、古前田、田港、渡野喜屋）四ヶ村内法（七条）
大宜味間切根路銘村内法（十四条）
大宜味間切（大宜味、饒波、大兼久）三ヶ村内法（九条）
大宜味間切喜如嘉村内法（十三条）
大宜味間切（親田、見里、屋嘉比）三ヶ村内法（六条）

大宜味間切は、明治二十六年の「沖縄旧慣地方制度」によれば、大宜味、津波、渡野喜屋、田港、屋古前田、塩屋、根路銘、大兼久、饒波、喜如嘉、一名代、根謝銘、城、見里、親田、屋嘉比の十六村からなっている[21]。一名代、根謝銘、城の三村の内法がない（「古前田」は、「屋古前田」の誤記または誤植と判断）。この三村は、明治三十六年合併して謝名城村となるが[22]、あるいは、同村の立地から見ると喜如嘉村の内法が適用されたのかも知れない。いずれにしても、「旧慣間切内法」所収の大宜味間切の内法は特異な構成となっている。

「名護間切各村内法」は、「旧慣間切内法」では、成立年月日は明治十九年十二月十三日となっている。これは、『南島村内法』所収の間切内法と同じ日付であり、第六十八条を除けば大きな違いはない。この違いは、おそらく「旧慣間切内法」の脱漏であろう。しかし、「旧慣間切内法」には、なぜ名護間切の明治十九年の内法が残されたのか、不明である。

『南島村内法』には、明治十九年の「当金武間切七ヶ村ニ於テ旧藩中執行候内法約束取調書」が収録されているが、『琉球共産村落の研究』にも収録されている。この内法は、「旧慣間切内法」に収録されている「金武間切各村内法」（全九十六条）に引き継がれていっている。しかし、新たな条項が十二条加わり、七条の削除がある。内容の加除修正も行なわれている。

加除修正のなかには、時代が逆行しているような条項も見られる。

明治十九年の「当金武間切七ヶ村ニ於テ旧藩中執行候内法約束取調書」

第六十四条　農業方ノ義、至テ大切成物ニテ農務帳等被下候間、以來村耕作当ニテ百姓中引勵シ、毎昇時限リ爲致原出、帰宅ノ砌ハカヤ薪木抔持帰リ候様申諭置、若右様ノ働無之徒ニ罷帰リ候者ハ、屹度糺付科策拾ヲ宛申付候事[23]

「金武間切各村内法」

第六十六条　農業方ノ義ハ至テ大切ナル物ニテ農務帳等被下候上、毎々田地奉行御廻勤被仰付候得共、夫程励ノ躰不相見得甚タ不可然事候間、以来村耕作当ニテ百姓中引励、毎日卯ノ時限リ為致原出、帰宅ノ砌ハカヤ薪木可持帰候。若シ右様ノ働無之徒ニ罷帰リ候者ハ、屹ト糺付科策拾ツ、申付候事[24]

明治二十三年以降の成立と見られる「金武間切各村内法」に、田地奉行の「御廻勤」が挿入されている。田地奉行の「御廻勤」は、国頭地域の他間切の項目にも見える。これらは、明治十九年の条項を引き継いだとも考えられるが、金武間切の場合、明治十九年の脱漏をわざわざ補わなければならない理由がわからない。

本部間切の内法は、明治十九年成立の「当渡久地村外十七ヶ村ニ於テ執行候内法約束取調書」が『南島村内法』に収録されているが、[25]同書の「官の通達内法等」のところに「明治二十三年渡久地署調」の「旧藩時代ニ於ケル本部間切各村内法」が収録されている。[26]これは、第六十四条の内法と内容はほぼ一致する。また、「官の通達内法等」には、成立年不詳の「本部間切内法」が収録されている。[27]「内法」という名称が付されているが、第何条というような記載スタイルではなく、「一、地頭代以下役々文子」という記載スタイルになっている。「官の通達内法等」に配置されていることや記載スタイルからみると、これは近世末期の「本部間切公事帳」の類ではないかと考えられる。内容は、「旧慣間切内法」の「本部間切内法」とおおむね一致する。

「旧慣間切内法」所収の「伊江島各村内法」は、二十二条からなるが、一条から二十二条までは、『伊江村史』所収の「内法取調書」（全四十四条、明治二十年二月三日、鳥越憲三郎収集史料）の一条から二十二条と同じである。(28)しかし、伊江村史所収の「内法取調書」の二十三条から四十四条はなぜか「旧慣間切内法」には収録されていない。

先島

先島の宮古島蔵元と八重山島蔵元からも、明治十八年十一月の乙七十七号に基づく内法が届出されているが、島尻地域や国頭地域の内法とはだいぶ違い、租税や行政に係る内容となっており、罰則規定もなく、村内法を成文化したものというより、役人の作文に近い。この届出の内容を見ると、沖縄県は内法の成文化を徹底しようとしたのか、不自然なものとなっている。しかし、奥野彦六郎が独自に収集した先島の不文の内法（『南島村内法』「一、先島方面の未分化の過程」他）の方に島尻地域や国頭地域の内法に近い内法が含まれている。

奥野彦六郎が「村内法はムラ人として自覚的・自主的に、総体的に不安・不平なき度に要求ないし作用することを本旨とする基準(29)」と内法制定に村人の主体性を積極的に認めようとしたのは、先島の不文の内法に沖縄本島地域の成文化内法と類似する部分を発見したからではないか、とも考えられる。

おわりに——内法調査資料の年代的・地域的特徴と史料的性格

本章では、内法の伝存状況を整理し、年代的特徴や地域的特徴を検討した。その結果、次のようなことがいえる。内法史料の年代的な特徴として、一八八五（明治十八）年の乙第七十七号達および第八十四号達により、同年から翌年に届出された内法には、間切内法、村内法という区別はなかった。島尻地域と中頭地域は、ほぼ似たようなフォーマットで調査が行なわれたと考えられるが、中頭地域の場合、残存状況にバラッキがあり、全体像をつかむことが困難である。国頭地域は、島尻・中頭地域の内法とは成立過程に大きな違いがある。この時期に届け出られた島尻地域の内法は、かなりの条項に修正と追加が行なわれ、一八九〇（明治二十三）年に間切内法と村内法に区分けされ、成立する。中頭地域は、この時期に届け出られた内法が残る。

一八八七（明治二十）年にも、乙第三十九号達によって内法の調査・届出がなされるが、このときに届け出られた島尻地域の内法は、乙第七十七号達および第八十四号達の内法とほとんど変化がない。この内法は、すぐに認可されることはなく、島尻地域の内法が最終的に確定するのは、一八九〇（明治二十三）年である。乙第三十九号達に基づく内法は、一八八九（明治二十二）年にも届け出られた形跡がある。

地域的な特徴としては、次のようなことがいえる。首里・那覇内法には、火事のとき駆けつけなければ処罰される条項があり、町方である特徴が出ている。首里には、学校に関する内法がある。総じて、町方の内法は条項が少ない。

島尻地域の内法は、年代的な変遷があることが特徴である。離縁条項に着目すると、一八八六（明治十九）年には「和談」か妻が一方的に家を出て行くケースの離縁しか想定されていなかったが、一八九〇（明治二十三）年になると、「夫ヨリ離縁セシムルトキハ」と夫からの一方的離縁が想定されている。日本社会における民法成立以前の前近代的法思想が反映された可能性がある。

中頭地域は、伝存史料によって分類項のバラツキがあるが、租税の滞納処分に関する条項はなぜかよく残っている。一八八五（明治十八）年の届出が残っているが、一八八六（明治十九）年に一部修正されている。一八八五年には、多くの分類項が届け出られたはずであるが、「旧慣間切内法」成立の時点では、租税滞納処分のみが残っており、中頭地域の内法にはよく分からない点が多い。

国頭地域の内法は、『南島村内法』には一八八六（明治十九）年に届け出られた内法が収録されているが、「旧慣間切内法」には成立年不詳が多い。一八八一（明治十四）年の村規約で身売りが禁止されているにもかかわらず、今帰仁間切では一八八七（明治二十）年に身売り条項が追加されている。国頭地域では、大宜味間切の内法が一八八六（明治十九）年の内法と「旧慣間切内法」とでは大きく変化している。金武間切の内法では、「旧慣間切内法」に一八八六年の内法にはなかった「田地奉行」の廻勤が挿入されている。本部間切は、『南島村内法』に、「間切公事帳」と思われるものが「間切内法」として収録されている。伊江島の内法は、『南島村内法』や「旧慣間切内法」には収録されていないが、『伊江村史』に鳥越憲三郎が収集した内法の一部が「内法取調書」として収録されている。

先島地域の内法は、罰則規定もなく、役人の作文に近い内容となっている。

収録されている内法の綿密な校合作業は、時間がなく十分にはできなかったが、内法の史料的性格の一端には触れることができた。以上の検討から、次のようなことがいえる。

内法史料は、同時代文書史料として残っておらず、沖縄県立図書館所蔵の「沖縄内法取調書」が最も信頼できる史料であるが、全年代と全地域の内法ではない。また、活字化されている史料には信頼できるテキストがなく、内法史料のテキストクリティーク作業が求められている。内法といっても、時代的に異なる内法があり、時代差のある内法は簡単に比較できない。内法の調査・届出は、地域により異なるフォーマットで行なわれており、沖縄全域の内法を比較検討するときには、慎重な史料批判が必要である。

内法史料は限られているが、これからの綿密なテキストクリティーク作業によっては、近代沖縄の間切や村研究のあらたな地平がひらかれる可能性がある。間切や村番所の史料がほとんど残っていない現状のなかでは、内法研究の意義は高い。

注

（1）『沖縄県史』第十四巻、琉球政府、一九六五年。
（2）『沖縄県史』第二十一巻、琉球政府、一九六八年、一二六―一三七頁。
（3）『社会科学論集』第四十四号、愛知教育大学地域社会システム講座、二〇〇六年。
（4）『近世地方経済史料』第十巻、吉川弘文館、一九五八年、一一三―一四二頁。
（5）田村浩『琉球共産村落の研究』至言社、一九七七年。
（6）奥野彦六郎『南島村内法』至言社、一九七七年。
（7）鳥越憲三郎『沖縄庶民生活史』雄山閣、一九七一年。
（8）前掲、注（6）奥野『村内法』二七六頁。
（9）『沖縄県令達類纂』下巻、明治三十九年版、沖縄県知事官房文書係、一九〇六年、附録。
（10）前掲、注（6）奥野『村内法』。
（11）牧英正／藤原明久編『日本法制史』青林書房、一九九三年、二一六頁。執筆者は鎌田浩。
（12）同前、二七八頁。
（13）前掲、注（1）『県史』第十四巻、三八八頁。
（14）日本近代法制史研究会編『日本近代法一二〇講』法律文化社、一九九二年、一三八頁。執筆者は白石玲子。
（15）前掲、注（6）奥野『村内法』二三四頁。
（16）前掲、注（6）奥野『村内法』二三六頁。

(17) 前掲、注(1)『県史』第十四巻、四四〇頁。
(18) 前掲、注(1)『県史』第十四巻、三九一頁。
(19) 前掲、注(6)奥野『村内法』一三八頁。
(20) 前掲、注(6)奥野『村内法』一二一頁。
(21) 前掲、注(2)『沖縄県史』第二十一巻、二七―二八頁。
(22)『角川日本地名辞典　47　沖縄県』角川書店、一九八六年、三九八頁。
(23) 前掲、注(6)奥野『村内法』一三八頁。
(24) 前掲、注(1)『県史』第十四巻、三七一頁。
(25) 前掲、注(6)奥野『村内法』一七五―一八四頁。
(26) 同前、三三六―三四九頁。
(27) 同前、三二一―三三五頁。
(28)『伊江村史』下巻、伊江村役場、一九八〇年、一一五―一二二頁。
(29) 前掲、注(6)奥野『村内法』三八頁。

第8章

内法と地域社会（村《むら》）

——生成する内法と制裁処分

はじめに

「内法」は、役所（沖縄県）に届けられ、認可された内法と不文の内法がある。奥野彦六郎『南島村内法』(1)や『沖縄県史』第十四巻(2)に収録されている成文化された内法は、役所に届けられた内法である。

内法は、近代以前からあった(3)。しかし、内法は継続性のある慣習とその時々の村人《むら》や村役人の協議によって決まるのであり、流動的であった。近代の国民国家は国民を創出したが、国民の創出は法による国民のコントロールを前提としていた。したがって国民国家は、国民が可視化できる法を必要としていた。沖縄県における内法の成文化も、旧慣の実態を可視化するためにとられた措置であったが、内法は旧慣のすべてではなく、内法の成文化は旧慣の調査と連動して行なわれた。

内法は、「間切内法」と「各村内法」から成り立っており、本章では、区別を要する場合には、それぞれ「間切内法」「各村内法」と称することにする。成文化（間切毎の均一化）の過程で「各村内法」に採用されなかった村独自の不文の内法については、「むら内法」という。また、仮に成文化されていたとしても、地域の役所（沖縄県）に届出されず、村独自のものも「むら内法」として把握する。

本章では「各村内法」と不文・成文を問わず村独自の内法を主に検討の対象とし、近代沖縄の村を中心とした地域社会を見ていきたい。

成文内法の届出・制定と更新される不文のむら内法

成文内法の届出・制定とその当事者

一八八五（明治十八）年十一月九日、沖縄県は乙第七十七号達を発し、各間切や島および村における内法の実態を文書にして届け出るよう指示をした。これによって内法の成文化がはじまるのであるが、最初届出された内法は、沖縄県のイメージしていたものとは大きな相違があり、何度も書き替えられている。[4] 明治二十三年頃に、内法としての一定のまとまりを見せるが、成文化されない内法も多くあった。

一八七三（同治十二）年の国頭羽地間切の風水関係文書では、「村惣中吟味」という語句が見え、[5] 村レベルの各戸の集会があったことを知ることができる。また、一八九四（明治二十七）年に来沖した一木喜徳郎も「地方ニ依リ古来間切又ハ村ニ人民ノ集会ヲ為スノ慣行アルモノアリ」と述べている。[6]

このように、むら内法は村人の集会で基本的には決められた。したがって、村ごとに違った内法があったと思われるが、内法成文化の過程で、間切内法と各村とも一定の共通性をもった内法（各村内法）が定められることになった。

届出・成文「各村内法」のとりまとめ協議は、首里、那覇地域では、村役場主取また村役所主取、村主取が中心となり、島尻地域では村掟が中心となって行なわれた。[7] 沖縄本島周辺離島および中頭地域では、役所（沖縄県）への届出書面には地頭代の名しか見えず、とりまとめ協議が行なわれた形跡がない。先島は、届出書面には頭名のみがある。国頭地域の場合は、村レベルの役人が集まって協議したことが、届出書面末尾に記されている。名護間切と恩納間切の届出書面には具体的な役職名が記されている（**表8－1、2**）。[8] 国頭地域の他の間切は、内法協議にかかわった人数が記されている（**表8－3**）。各間切とも、村役人のほとんどが協議に参加したとみられる。

表8－1　名護間切内法協議役職者

村名	山当	耕作当	惣代人	掟	下知人	夫地頭	役職人数	備考
喜瀬村	○	○	○		○	○	5	下知人惣山当兼務
幸喜村	○	○	○		○	○	5	下知人惣耕作当兼務
許田村	○	○	○	○	○		5	下知人大兼久村夫地頭兼務
数久田村	○	○	○	○	○		5	
世冨慶村	○	○	○	○	○		5	下知人首里大屋子兼務
東江村	○	○	○	○	○	○	6	掟は仮掟
城村	○	○	○		○	○	5	
大兼久村	○	○	○	○	○	○	6	
宮里村	○	○	○	○	○		5	下知人惣山当兼務
宇茂佐村	○	○	○	○	○		5	下知人城村夫地頭兼務／夫地頭は代理
屋部村	○	○	○	○	○		5	
山入端村	○	○	○	○	○	○	6	
安和村	○	○	○	○	○		5	

表8－2　恩納間切内法協議役職者

村名	役職名 山当	耕作当	惣頭	掟	下知人	夫地頭	役職人数	備考
恩納村	○	○	○	○	○		5	
谷茶村	○	○	○			○	4	
富着村	○	○	○			○	4	
前兼久村	○	○	○	○	○		5	掟は仮掟
仲泊村	○	○	○	○	○		5	
山田村	○	○	○	○			4	
真栄田村	○	○	○	○			4	
瀬良垣村	○	○	○		○	○	5	
安富祖村	○	○	○	○	○○		6	下知人は2人
名嘉真村	○	○	○	○			4	
計10カ村							46	

表8－3　内法協議にかかわった人数と代表者

間切名	人数	代表役職名
金武間切	48	耕作当
羽地間切	130	掟
久志間切	117	耕作当
今帰仁間切	111	下知人
恩納間切	46	
本部間切	117	耕作当
大宜味間切	74	山当
国頭間切	不明	
名護間切	68	

国頭地域の村内法に地域ごとに若干のバリエーションが見られるのは、このような多人数による協議が影響したと考えられる。しかし間切の間でも情報交換が行なわれたと思われ、多くの部分は共通している。

成文「間切内法」の変更は地頭代等の協議によって行なわれた。「沖縄県裁判事務規程並管内裁判所権限ニ関スル文書」には、各間切の地頭代の協議によって行なわれたことを示す次の文書が収録されている。

村内法私擅執行者取締ニ付、間切内法設方ノ義伺

〔前半省略〕藩政中ニ於テハ、取締ニ差支フルヲ以テ新ニ処分法ヲ設ケサルヲ得サル場合ハ、其当時下知役・検者及間切役々吟味ノ上執行候旧例ニヨリ、今般九ヶ間切一島協議之上相伺候条、御認可被下度候也。

明治二十一年八月九日

大宜味間切／地頭代　嵩原久平
今帰仁間切／仝　大城清助
国頭間切／仝　大城親長
久志間切／仝　奥間金三郎
羽地間切／仝　喜屋武新太
本部間切／仝　金城利助
名護間切／仝　玉城栄伊
金武間切／仝　仲間亀真
恩納間切／仝　山城武夫
伊江島／仝　山城良臣

国頭郡長　朝武士干城殿

内法の届出制は、いつまで続いたのであろうか。終期は、不明である。『沖縄県令達類纂』上巻（明治三十九年版）には、明治二十六年八月十二日付の県訓令二十三号が収録されている。(9)

藩政ノ頃ニ在テ間切及村内法ノ義ハ、旧検者・下知役ニ於テ認可施行シ、藩庁カ公然認テ施行セシメ候義ニ無之、科律上ヨリ之ヲ一個ノ私約ト認メ取扱候義ニ付、爾後検者・下知役ノ取扱振ニ倣ヒ、役所長ニ於テ認可ヲ与ヘシ。／但、認可済ノ上届出候義ト心得ヘシ。／右訓令ス。

この訓令には、『沖縄県令達類纂』を活用していた者による×印が記されており、ある時期廃止されたことを伺わせる。おそらく、一九〇八（明治四十一）年の「沖縄県及島嶼町村制」の施行によって、新しく町村という行政単位が出来たときに廃止されたものと思われる（『沖縄県令達類纂』の明治四十四年版にはない）。しかし、その後もおおむね明治十八年から明治二十三年にかけて成文化された内法「各村内法」は生きていたのである。田村浩は内法制定について、「琉球ノ内法ハ、古代社会ノ慣習及ビ訓令示達ノ慣行ニヨリテ発達シタルモニシテ、村落団体ノ不文規約ナリ。〔中略〕不文規約ナルガ故ニ、其ノ制度ニ関シテ、元ヨリ人民集会ノ決議ニヨリ、検者、下知役ノ認可ヲ受ケザルアリ」と記している(10)。村人の集会の決議で内法を決め、なかには下知役や検者の認可を受けていない内法もあったことを指摘している。

また、大正末期から昭和初期の間切（当時は村《そん》）内法とむら内法制定・更新手続きについて、たとえば大宜味村では、次のように定めている(11)。

1　町村ノ内法

村《そん》内法ハ、村《そん》〔村《そん》役場〕当局ニ於テ原案ヲ作成シ、各字区長ヲ招集シテ、遂条審議ノ上、多数決ニヨリ決定ス。

制定・改正・廃止等方法ハ、同一ナリ。

右ニヨリ決定セルモノハ、各字区長ハ各字ニ於テ人民集会ヲ催シ、其ノ旨ヲ伝ヘテ、以テ其ノ実行ヲ期ス

２　字内法、青年会内法、婦女会内法等ハ、何レモ其ノ制定改廃ニ当リテ、字内法ニアリテハ字評議員、青年会内法ニアリテハ〔中略〕其ノ内法毎ニ人民（会員）集会ヲ求メ、協議多数決ニヨリ決ス

すなわち、内法は、一定程度継続性のある慣習と、その時の村人や村役人の協議によって決まるのであり、時代の思想や要求を反映した流動的なものであったことが諒解できるであろう。

生成するむら内法

成文化されなかった内法のうち、その後も村で機能した「約束事」が不文のむら内法である。「各村内法」成文化の後も、村人の集会はその後も続いており、不文のむら内法は明治十八年以降も生成と消滅をくり返していた。田村浩は、大正末期の大宜味村のむら内法制定方法を「其ノ内法毎ニ人民（会員）集会ヲ求メ、協議多数決ニヨリ決ス」と紹介している。「津波部落内法」は、成文化され、同氏の著書に収録されているが（後述）、新聞資料等で生成する不文のむら内法を見ていきたい。

①大宜味間切喜如嘉村の事例　『琉球新報』（明治三十二年一月十九日付）には、大宜味間切の喜如嘉村の風俗改良策が次のように紹介されている。(12)

大宜味間切喜如嘉村の重も立たる人々主唱者となりて、風俗改良策を講したるに、其の協議の結果は

一、村内道路に放歌をなす事

二、路頭に於て三味線を弾き、男女打集ひて夜遊ひをなす事

三、刺文を施す事
の右三点を厳禁し、悪風改良しては如何と衆議に訪ひしに、挙村の人々皆々大賛成に就き、一の規約を立て、規約違反のものは村内法を以てドシドシ罰金する事に協議一決し〔条文の改行と「トシトシ」に濁点を引用者が付した〕。

②宜野湾間切の事例　同紙同年一月二十一日付は、宜野湾間切懇親説話会における風俗改良に係る討議内容を紹介している。大みだしの項目のみを紹介しておきたい。[13]

討議
一、生徒の傘を廃して久葉笠蓑に改めしむるの可否／右可決〔略〕
二、葬式の習慣改正の件／右は左の件々を可決し以後実行すること〔略〕
三、出産祝の習慣改良の件／左の件々を決議す〔略〕
四、欠席生徒督責規約を各村に設しむる件／右は可決し、左の規約書を村頭に提出し規約設立方を依頼す〔略〕
五、犬の飼養を制止する様、各村事務所に依頼すること〔略〕
六、本会の決議事項を毎会各村事務所に配付するの可否／可決〔略〕
七、男女夜遊を廃せしむるの件／右は時機早きにより後廻しとすること
八、九、十、〔略〕
十一、旧例正月十六日祭を改良するの件／右は否決
十二、欠席生徒の督促料処分法を各村一定するの可否／右は各村にて徴収せし金額を一所に集め、各村出席の優劣に比例して配分し、其の分配金は再び各村に於て其の村中出席優等なる生徒に、金品を以て給与することにす

③大里間切与那原村の事例　同紙同年十月二十一日付は、与那原村における芝居見物禁止の規約を紹介している。(14)

過日来、大里間切与那原村に於て、其筋の許可を得て芝居を興行せしに、村民及び寄留人共は大に之を嫌悪し、一同申合せの上、見物禁止の規約を結びたる由なるが、其の趣意は芝居見物を気随気儘に放任するに於ては、自然小女・処女等が身を誤り風俗紊乱の媒介となり、其の余弊、実に由々敷事なれば云々との意味合にて、其の規約に背き、芝居を見物するものは、金三円の科料を徴収する事に協議一決し、其の取締の為め村中の若もの共七・八人宛、毎日毎晩交番にて目配をなせしに、案に違はず三・四名の処女連は、科料の罠に罹りしより、若もの共の喜び一方ならず、其の科料金もて泡盛酒・豚抔の御馳走を拵へ、飲みつ、食ひつ、大騒ぎをなしたるより〔中略〕右の如き議決をなせしは、該役者共が良家の娘抔を喰ひ荒らすより、斯くの如き議決をなしたりと云ひ、又或は村の若もの共が飲み喰ひ主義より、斯の如き決議をなしたりと云ひ、孰れが真なるや保証し難し

④羽地間切呉我村の事例　同紙明治三十三年九月七日付は、呉我村の婚姻に関するトラブルについて、次のように述べている。(15)

当間切の風俗として、妻を娶るには夫方より妻方に金穀を贈るを例とす。頃日、我部祖河村の某家の娘、隣家男某と慇懃を通し、終に正式の結婚を為すに至りたり。左れは例に依りて妻方より金穀の贈物を請求したるに、夫方に於ては之に応ずるの余財なかりしものか、之に《ママ》拒み、且つ夫は為めに新婚の恋女房を直ちに離縁し

たり。しかば妻方に於ては更に妻の日雇賃を請求したるに、妻の日雇賃とは是迄の慣例になき事なれば、是れ亦た拒絶したるに、妻方に於ては承知せず是非とも日雇賃を貰はねばならぬとて、昨今双方とも悶着中に、村中にて大評判となれり／当間切呉我村に於ては、妻を娶り又は離婚する事は甚だ無造作にして、且つ、男子の意次第にて、己れの妻を他人の妻と交換する事は、恰も博労の牛馬を彼地、此地に休憩せしむるが如し。禽獣と相去る遠からず。何とか、此蛮風を矯正したきものなり

「羽地間切各村内法」には、村外の者との婚姻の条項はあるが、村内の婚姻に関する条項はない。この事例は、新たに生成した不文法ではなく、以前からの村の不文法と考えられる。「各村内法」には取り上げられなかった不文のむら内法を確認できる事例である。

すべての生成するむら内法を紹介することはできないが、一九一六（大正五）年、十月二十日の『琉球新報』に、沖縄県の首里警察署長に赴任した松原一一が、既存の内法をも批判しつつ、新たに生成する不条理な内法の事例を紹介している。[16]

今少しく予の職務上取扱った実例に付、如何に其の処分が盲目的に且不条理なるものなるかを挙示しよう

（其の一）**同盟罷耕と交際止**　昨年六月中、中城村字当間の開墾地は、字民一切同盟して耕作を止むること、若し之に反する者あらば罰金何々に処す、と決議し、現耕作者の雇人等が主命に依り、野面に出ると暴行を加へたり。甚だしきは、隣字の者をも罷耕に引入れむが為、右決議に従はしめ、反之者は交際止にすると脅迫した事実もある。事の原因は該地所は元尚家所有たりしを、同村某資産家に分筆売却したるに胚胎しては居るが、其の点に付ては余り抗争もせずして、只管現所有者、現耕作に対抗し威嚇せむが為に、如此行動に出るのであ

る。結果は当職厳諭の末、直に決議を取消して旧に恢復した

（其の二）**交際止と罰金**　本年七月中、宜野湾村字大謝名に於て、村長派と非村長派とに分れ軋轢した際、偶々村長派少人数なるを奇貨とし、多数派は村長派と交際止の決議を為し、之に背くものは十円の罰金に処すと附加したるが為、字内忽ち反目側耳の景勢となり、嫁娶破談となり、或は雇傭者の解雇とならむとするもの、農耕薪水の助力は断絶し、単に少数派の不幸たらざるのみならず、多数派の不幸をも醞醸するの傾向を生じ、亦公安を害する虞あるを以て、主謀者に厳諭取消を命じたる為、今日は較々平安なるを得て居る。

（其の三）**不法極まる罰金**　本年八月中、浦添村字西原の一貧寡婦が、同字某山林に於て落散れる松枯枝六本（極めて些細のものなりきを）拾ひ取りたるを、内法に依り窃盗と為し、罰金五円に処し、亦右山林の所有者が他にも窃盗嫌疑者あるも、其の何人なるや判明せずと明言するや、そは字の面目に関する言語なりとて、罰金十六円に処したる事実あり。不法極まれたるを以て頃日、厳諭の上罰金を返還せしめたり

（其の四）**馬手間の蛮風**　本年八月中、中城村字屋宜に於て、同字内某婦人が浦添村西原に嫁したればとて、馬手間と称し金四十円を徴したる事実あり。厳諭の結果、返還せしめたり

（其の五）**同上**　本年九月中、浦添村字仲間に於て、某々方の娘他村に嫁したりとて、例の馬手間を六十円、三十円、廿円の差を以て徴収したる事実あるを以て、厳諭の結果返還せしむ

以上は、松原署長の内法に関する論述の一部ではあるが、ここでもむら内法の生成過程を伺うことができる。一八九七（明治三十）年、「沖縄県間切島吏員規程」が公布、翌年施行され、間切番所は間切役所と名称を変え、地頭代は間切長となった。この規程によって、従来の地方役人は撤廃され、間切長のほか、収入役、書記、村頭が置かれ、その人事権もすべて県知事が掌握することになった。これ以降、「間切内法」は大きな意味を持たなくなり、「各

村内法」についても、その改定や条項追加などの内容変更には、ほとんど役所や県は関与しなかったと思われる。

成文化されたむら内法

玉城間切奥武村の内法

『琉球新報』（明治三十五年十二月一日、同二十三日）に、玉城間切の奥武村の内法が紹介されている。[17] 成文化された「各村内法」は、その成立過程から、いわば官制内法に近い性格をもっているが、奥武村のむら内法は、成文化内法の影響を受けつつも、奥武村内のみに適用される独自の内法である。全文を示してみたい。

奥武村内法

	条文	備考
1	一井川にて女共沐浴する者は、日科銭申付候事	
2	一原々よりイモ、カズラ並山野へ聊爾致し候方は、日科銭申付候。／但ミーイモは、五つ六つ程は差免、道具持参にて堀取候方は日科銭申付候事	
3	一鶏は夫婦銅立差免候事／但三羽以上飼立候方は、日科銭申付候事	
4	一莚類、井川円内にて洗ひ候方は、日科銭申付候事	
5	一井川円内にて土イモ洗ひ候方は、日科銭申付候事／但、潮にて洗ひ、井川円内にてゆすぎ候方は差免候事	
6	一抱護より枯木、鎌持参にて薪木取候方は差免候事／但、ヲノ鋸等持参候方は日科銭申付候事	
7	一葉・薪木は壱荷□、青葉拾葉程は差免、拾葉以上は日科銭申付候事	
8	一村出口より砂持入候方は、日科銭申付候事／但、宇浜崎並与那原より持入候方は、差免候事	

9 一観音堂山並イリ御嶽東りの御嶽より鎌持参にて新木取候方は、日科銭申付候事

10 〔一〕井川の側へ払除カラ持入候方は、日科銭申付候事

11 一犬飼立候方は、日科銭申付候事／但、薬用として薬取集候間は耕作当案内の上、差免候事

12 一村内より炬松燃付候方は、日科銭申付候事／但、急用の際は差免候事

13 一祝其他入用に付、焼酎三舛以上は耕作当案内上は差免、下〔不〕案内の方は日科銭申付候事／但、何か急用の場合は案内なくも差免候事

14 一井川円内にて土髪を洗ひ候方は、日科銭申付候事／但、潮にて洗ひゆすぎ候方は差免候事

15 一肥料クリ船盗乗候方は、料〔科〕金二円申付、其上違犯の者は、時の吟味次第の事

16 一荻喰ひ候方は、九歳内は差免、十歳よりは日科銭申付候事

17 〔一〕放馬にて諸作毛に聊爾致させ、日科銭人に見当てられ、馬主へ引渡の際、馬主の家内まで参らす道中にて、馬主相逢引渡仕候とも、日科銭申付候事／但、放馬探索の為め道中にて他人誰そ相逢放馬相成居処、見当は無之候哉と相尋、証拠人有之候はは日科銭差免候事

18 一右、放馬日科銭人に見当てられ馬主家内迄引率し候上は、たとへ証拠人有之候共、日科銭申付候事

19 一夜中放馬にて諸作毛に聊爾致させ、翌朝太陽上るまで捜索無之方は、日科銭申付候事

20 一昼中、他人のクリ舟案内なく借入候方は、時の協議次第科金申付候事

21 一夜中、右舟主案内なく借入候方は、日科銭申付事／但、村役目並筆算人は勿論、誰そ御用携帯の際は案内なく借入候共、此限にあらす

22 一正月・誕牛祝に付、招待の時六十一歳は金十銭酒代、八十五歳並八十八歳祝の時は金二十銭持参の事

23 一七月盆祭並年回の時、飯・其他の馳走物を他に送らさる事

24 一家造の時、葺日手加勢人は一度の飯、葺細工は二度の飯を与ふる事／但、他へ之を送らさる事

25 一五月四日、爬竜舟勝負の時は、御客へ飯を差出さざる事

26 一正月年頭の重箱は、蓋掛け限りの事／但、此時亭主より飯を差出すことを禁す

27 一村事務所へ役目外、他人故なく出入するを禁す

28 一生徒出席取締として出席の優劣に依り褒賞を給与する事／但、二日以内の欠席者に之を給する事

「各村内法」第5条と類似

29　一毎月二名の頭と佐事にて、毎朝生徒渡すこと／但、其手当として生徒賞励費の残額より役目の見込次第、支給する事
30　一右賞励費は、毎月生徒に給する二銭宛より徴収候事
31　一村近傍にて、毛遊又は放歌等なすものは、日科銭申付候事
32　一祝事の時、病者或は老人には飯肴を送るも差支なし
33　一渡舟奥武門より小港へ乗渡の上は、乗込人数の内、歳弟十五歳以上の者共、歳兄の方より指名して直に乗戻の事／但、之に違犯する者は日科銭申付候事
34　一婚姻祝儀の時、明治三十三年一月よりは、御馳走の内大吸物は禁止の事
35　一同時、男は中皿に盛合御馳走の事
36　一同時、男の家内へ酒代金六銭持参の事
37　一同時、女の家内へ同上金拾銭の事
38　一同時、知人の方より送られし際は、右同参銭の事
39　一同時、男女の家は、親類中より手叶人相雇候女共へ、家内へ送物として肴相与へ候儀、禁止の事
40　一同時、他村御客へは、以前の通り御馳走候共、不相構候事
41　一右点々の日科銭申付けらる其当日は、金二銭其翌日より三十日迄は一日金二厘、三十一日には重科として金十銭徴収し、又三十二日よりは最初の通り一日金二厘つゝ、後違犯者出るまでは両三年も持通し候事

右之点々人民中協議の上相定候也
人　民　中

奥武村（島）は、玉城間切に属する村で、海岸百五十メートルほど沖合にある離島である。一九〇三（明治三十六）年時点で、一二八戸、人口六〇六人の集落となっており[18]。漁業が盛んな集落である。奥武村のむら内法は「玉城各村内法」と類似する条文が一項目だけで、ほとんどが離島・漁村という特徴をふまえた村独自の内法となって

いる。

このような独自の内法の存在ゆえか、一九〇七（明治四十）年五月二十三日から五月二十六日にかけて四回にわたって「本県模範村奥武島の景況」が紹介され、漁業に関する分配法が次のように絶賛されている。(19)

〔前略〕漁業に関する収穫分配法の理想的なるに至り、今本村慣行の漁利分配法を述ぶれば、漁舟の所有者、他の漁夫と同乗して出漁したる場合に於て、其漁獲物の価格は之を平等に三分し、船主は船主たるの故を以て、特別の利益を収むる事なし。只、鱶漁に限り船主は僅少なる特別利益を享受するの例外あるのみ。

漁高の分配は良慣行として紹介されているが、内法とは呼ばない村独自の慣行は、他の場合でも多くあったと思われる。前掲のむら内法は、表題は「摸《きまり》」となっており、「奥武村内法」のタイトルを付けたのは新聞社の方である。

大宜味村《そん》津波村《むら》の内法

田村浩は、大正八年の大宜味村津波村《むら》の成文内法である「津波村部落内法」、「牛札取締内法」、「津波村婦女会内法」を紹介している。(20)ここでは「津波村部落内法」、「牛札取締内法」を見ていきたい。

表8－4に、一九一九（大正八）年の大宜味村字津波（通称：津波部落）の成文内法を示した。下欄に、明治三十年～明治四十一年までの間の成立と見られる「津波村内法」を示した。一見して明らかなように、単純な比較が出来ないほど変化している。「第一項　津波部落内法」の第十四条に、「本内法ハ、後来必要ニ応シ改正スルコトアルヘシ」とあり、むら内法は随時変化していったと考えられるのである。

表8－4　大正期の津波むら内法と明治中期の津波村内法

大正期大宜味村津波むら内法	明治中期（30年頃か？）大宜味間切津波むら内法
第一項　津波部落内法	
一　国頭郡大宜味郡津波内法、青年会内法（共通）、婦女会内法ニシテ大正八年以降改革制定セラレタルモノ左ノ如シ	
改　正	
原札取締内法	大宜味津波村内法／壱日ニ科米参合宛／附
第一条　本内法ハ原札取締内法ト称ス	一　人之家内へ踏入有物並飼立畜類且屋敷内原々へ作立ノ萩（荻）其外諸作物又者津口々々へ仕出置候山工盗取候者ハ本行之科米可申付事
節二条　本内法ハ当字民ノ勧善懲悪ヲ以テ目的トス	一　他人ノ田方へセーガニ田ンナ魚小類ノ出物取得方トシテ踏入作へ致怪我候者ハ前条同断之事
第三条　本内法ノ執行ハ、字青年年会ノ責任トス。但、重大ナル事件アル場合ハ、当学戸主ノ承諾ヲ得ルコト	一　他人畠方ヨリ唐芋カツラ壱本ニモ苅取又ハ畠ニテモ参本以上苅取候者ハ前条同断之事
第四条　本内法ハ当字民ニシテ十一歳ヨリノ者ニ行フモノトス	一　焼酎之儀村協議相決シ候直成ヨリ代金上ゲニテ売払候者科米前条同断之事
第五条　本内法ノ犯人ト認ムルニハ犯則ニ準スヘシ。該犯則ナキモノハ、其ノ時ノ審議ニヨルヘシ。	一　他人ノ原ヨリ草苅ノ砌草ニ唐芋カツラ而已ナラズ諸作毛ノ壱翠ニテモ入交苅取候者ハ前条同断之事
第六条　犯人ト認メタルモノニハ原札ヲ渡ス	一　唐芋カツラ各原境目ヨリ越入候等者苅取候テ者相済候得共他人ノ原内へ壱手壱足ニテモ押シ入苅取候者ハ前条同断ノ事
第七条　原札ヲ受取リタルモノハ、其ノ当日ヨリ、次ノ犯人発見スル前日迄一日ニ付、科金拾銭宛納ムヘシ	
第八条　科金ハ、犯人所在ノ原頭ニテ毎日徴収シ、之ヲ管保人ニ納付スヘシ	

第九条　次ノ犯人ハ、札引渡ノ時ハ、科金全部ヲ即時ニ納ムヘシ。若シ、延滞ノ時ハ、其ノ期間ノ科金ハ、前犯人ノ負担トス

第十条　科金ハ、当字青年会ノ費用ニ充ツルコト

第十一条　犯人両方相争ヒ、事実ヲ判明シ得サル時ハ、青年会ノ役員会、若シクハ、青年総会ヲ仰クヘシ

第十二条　役員会ニ於テ決定シタル時ハ金壱円、総会ニ於テ決定シタルトキハ、金参円宛敗者ヨリ納ムル事

第十三条　本内法ヲ遵守セザル者ハ、字青年会並ニ戸主会ニ於テ処置スルコト

第十四条　本内法ハ、後来必要ニ応シ改正スルコトアルヘシ

犯　則

第一項　他人ノ所有物ヲ盗ミ、若シクハ損害ヲ加ヘタル者、但、甘藷蔓二株、芭蕉葉二株以下ハ免除ス

第二項　稲植付当時ヨリ、苅取首尾マテ、他人ノ囲地ニ踏ミ入リ、又ハ稲圃ノ水ヲ妨害シタルモノ

第三項　川面溝海際ノ如キ堤防、又ハ地面家屋等ノ保護用材ヲ盗ミ取リタルモノ

第四項　当字担当内ノ杣山内ヨリ、松木ヲ伐採シタルモノ

第五項　当字共有地、保安林、他人ノ所有地ニアル樹木樹枝ヲ伐採シタルモノ

第六項　浮水ニア〔カの誤カ〕ニク」ヲ敷キ張ルモノ

※「カニク」＝砂か？〔引用者〕

第七項　地面ノ境界ニ侵入シ、他人ニ損害ヲ加ヘタルモノ

第八項　病死シタル獣類ヲ食用トシテ売却シタル者。但、当字外ノ人ナルトキハ、当人ヲ宿泊セシメタル家主ヲ犯人ト認ム

第九項　夜間字内通行ノ時ニ、松明ノ如キ失火ノ虞アルモノヲ使用スルモノ

第十項　人ノ飲料用水ノ井、又ハ川等ニ毒物、若シクハ汚物ヲ捨置クモノ

第十一項　他人ノ所有地ニアル阿旦葉並阿苗、子竹、トラチヾキ等ヲ盗ミ取ルモノ、但川面路道ノ掃除ハ免除ス

第十二項　他人ノ所有権アル地面ヨリ蘇鉄ノ実、又ハ蜜柑ヲ窃取シタルモノ

第十三項　他人ノ所有権アル地面ノ「大マーム」畑ヨリ草ヲ苅取ルモノ

第十四項　当字担当杣山内ヨリ、伊豆〔集カ〕木、伊久木、槇等ハ、許可ヲ得テ伐リ取ルモノトス。但、許可ヲ得ハ、自家用並薪炭用ハ、其ノ限ニ非ス

第十五項　甘蔗ハ、私有・他有ノ別ナク、食フコトヲ禁ス／但、製糖用外ノ甘蔗「屋フーギ」、又ハ砂糖製造人ハ、砂糖製造場ニ於テ味スルコト／又ハ製糖終リ、車ヲ倒シタル後、一ヶ年内ハ所有者ニ限リ、食フコトヲ許ス

第十六項　正月元日ノ門松ハ、字共有地ノ中山ヨリハ松木ノ心ヲ坂ラス、枝ヨリ取ルコトヲ許ス

第二項　牛札取締内法

第一条　本内法ハ、手札《ママ》取締内法ト称ス

第二条　本内法ニ項目ナキモノハ、凡テ原札取締内法ニ準スヘシ

第三条　本内法ヲ犯シタルモノハ、牛札ヲ渡スモノトス

第四条　牛札ヲ受取リタルモノハ、一日ニ付科金弐拾銭宛納ムヘシ

第五条　犯人ノ認定ハ、左記ノ犯則ニ準スヘシ

犯　則

第一項　中原川、上原川ノ如キ直接公衆ノ飲料用水ノ近接ニ牛馬ヲ繫キ置クモノ、又ハ牛馬ヲ引連レテ草ヲ食ハシ居ルモノ

第二項　墓敷地内、又ハ島上原猪垣内ノ他人ノ所有地に、牛馬ヲ繫キ草ヲ食ハシタリスルモノ。但特別ノ事情アル場合ハ、其ノ限ニアラス

第三項　牛馬ヲ野原其ノ他ニ放チ、他人ノ諸作物並保護用ノ草木ニ損害ヲ為シタルモノ	
第四項　稲植付当時ヨリ、苅リ取ル迄、畦及小溝ヨリ牛馬ヲ引連レ、草ヲ食スモノ、又ハ　田倒田ニ牛馬ヲ引連レテ草ヲ食ハスモノ	
第五項　諸青田トナリテヨリ苅リ取ル迄、田圃道ヲ引入レル時ハ、牛ノ口「シブオーダ」ヲハメサル事	
第六項　牛小屋ヨリ一定ノ場所ニ至ル途中ニテ油断ヲナシ、牛ニ草ヲ与ヘサルモノ	
第七項　犢（子牛）出産後二日以内ニ、其ノ旨ヲ届出サルモノ	
第八項　犢ニシテ産出後六十日未満ノモノハ免除トス	
制定廃止ナシ　　　　以　上	

内法違反の事例

内法違反の制裁処分の報告

奥野彦六郎の『南島村内法』に明治二十七年から明治二十九年にかけてのむら内法による処分制裁（科罰・科金）の事例が収録されている。また、一八九九（明治三十二）年二月、沖縄県は各役所長宛に各警察署長と「島尻十五ヶ間切及五島各番所」宛に内法による制裁処分の報告を求めるよう通知した。[21] 報告は、以下のようになっている（並び順）。

①明治廿七年中各島並各間切内法及村内法処分明細取調表（中頭地域のみ）

②明治二十七年中／内法及村内法処分明細取調表（宮古のみ）

③明治二十八年中各島並各間切内法及村内法処分明細取調表
④明治二十八年中／内法及村内法処分明細取調表（宮古）
⑤明治二十九年中各島ヨリ各間切／内法及村内法処分明細取調表（中頭地域と島尻地域の真和志間切のみ含む）
⑥明治二十九年中各島並各間切／内法及村内法処分明細取調表（名護間切のみ）
⑦明治廿九年中／内法及村内法処分明細取調表（宮古のみ）
⑧明治廿九年分各島各間切内法及村内法処分明細取調表（八重山、大浜間切のみ）
⑨明治二十九年中（廿八、廿七年）間切内法及村内法処分明細取調表（玉城間切）
⑩明治自廿七年至廿九年間切内法及村内法処分明細取調表（小禄間切）
⑪明治自廿七年至廿九年豊見城間切内法処分明細取調表
⑫明治廿九年中（廿八、廿七年）渡嘉敷間切内法及村内法処分明細取調表
⑬明治廿九年中（廿八、廿七年）兼城間切内法処分明細取調表
⑭明治廿九年中（廿八、廿七年）真壁間切内法及村内法処分明細取調表
⑮明治廿九年中（廿八、廿七年）東風平間切内法及村内法処分明細取調表
　＊明治三十年二月二十五日の報告も含まれる。
⑯明治廿九年中（廿八、廿七年）具志頭間切内法及村内法処分明細取調表
⑰明治廿九年中（廿八、廿七年）真和志間切内法及村内法処分明細取調表

中頭地域は、詳細な報告がなされ、量も多いが、浦添、宜野湾、西原、中城の四間切のみで、北谷、越来、勝連、与那城、美里、具志川、読谷山、七間切の報告はない。また、国頭地域の報告は名護間切のみで他の間切の報告はない。

表 8-5　島尻地域と沖縄本島周辺離島の報告状況（1894・1895 年）

No.	村名	地域	報告状況
1	小禄	島尻地域	報告あり
2	豊見城	島尻地域	報告あり
3	兼城	島尻地域	報告あり
4	東風平	島尻地域	報告あり
5	高嶺	島尻地域	報告なし
6	真壁	島尻地域	報告あり
7	喜屋武	島尻地域	違反事例なし
8	摩文仁	島尻地域	報告なし
9	具志頭	島尻地域	報告あり
10	玉城	島尻地域	報告あり
11	知念	島尻地域	報告なし
12	佐敷	島尻地域	違反事例なし
13	大里	島尻地域	違反事例なし
14	南風原	島尻地域	違反事例なし
15	真和志	島尻地域	報告あり
16	仲里	久米島	違反事例なし
17	具志川	久米島	報告なし
18	渡嘉敷	慶良間	報告あり
19	座間味	慶良間	違反事例なし
20	栗国島		違反事例なし
21	渡名喜島		違反事例なし
22	伊平屋島	伊是名 伊平屋	違反事例なし

島尻地域と沖縄本島周辺離島の報告状況と内容

島尻地域と沖縄本島周辺離島の報告状況は、**表8－5**のとおりである。喜屋武間切、大里間切、伊平屋島、南風原間切、佐敷間切、座間味間切、仲里間切、渡名喜島、栗国島は違反事例がないと報告されているが、具志川間切（久米島）と知念間切、摩文仁間切、高嶺間切は報告がない。報告がある地域も量的に少ない。したがって、中頭地域の四間切以外は実態を十分に反映しているのか疑問がある。

島尻地域の内法違反事例と件数を示すと**表8－6**の通りである。内法の種類が明記されているケースが多いのが特徴である。後述するように、中頭地域では、内法の種類は記されていないが、内容から見て島尻地域と同様に村内法違反と思われるケースが圧倒的に多い。内法による取り締まりは、村内の利害関係の調整的側面が見られる。

中頭地域の制裁処分報告事例

次に、最も事例の豊富な中頭地域の事例を紹介したい。**表8－7**は、最も事例が多くまとまっている中頭地域の違反、制裁処分の事例を表にしたものである。

これによると、違反事例の一位は七十二件の「芋蔓を刈り取る」で、二位は五十件の「甘蔗を採食」、三位は四十四件の「山野の蘇鉄葉を刈り取る」

表 8-6　島尻地域の内法違反事例

分類記号	違反事例		玉城間切	小禄間切	兼城間切1	真壁間切	東風平間切	兼城間切2	具志頭間切	真和志間切	計
ア	貢糖の品位が同じでない砂糖を樽詰めした	間切内法（砂糖取締内法）	2	5		3	9		1		20
イ	仕明地附属の山野を願いなしに開墾	間切内法（砂糖取締内法）	1								1
ウ	第 12 項	山林取締内法		1							1
エ	百姓地各持地山野より山野を願いなしに開墾				1						1
オ	原勝劣のとき藺田草取り除き不行届			1	2						3
カ	砂糖販売のとき売標を貼付せず				1						1
キ	小松並蘇鉄苗植え付け方不行届						8				8
ク	若芽刈り取る	むら内法	1								1
ケ	不明	砂糖取締内法		1							1
コ	第 3 項	砂糖取締内法		1							1
サ	自分持地山野より山野を願いなしに開墾、浮き石割り取り							2			2
シ	自分持地・百姓畑方より願いなしに石採掘							1			1
ス	百姓地各持地山野より山野を願いなしに開墾							1			1
セ	松木無断伐採					1					1
ソ	部内東風平村共有地小作事件不服						1				1
タ	村内法 11 条（上納不足）	むら内法								5	5
チ	村内法 19 条	むら内法								3	3
ツ	不明									2	2
	計		4	9	4	4	18	4	1	11	55

である。一位と二位は、食用や家畜の餌を入手するためであろう。十月から十二月までは青草の入手が困難になる。蘇鉄葉を刈り取ることが三位となっている点がやや不思議である。火の焚き付けや緑肥にされたのであろうか。

違反事例は、二十七事例であるが、その内二十件が盗みの類である。その他、泉に係る違反事例二件(汚濁と水汲器の毀損)、口張糖一件（質の悪い糖を隠すため上部に上質な糖を詰めるという偽装）、馬賃徴収一件（他村に嫁ぐ者があるとき夫となる者から金品を徴収）、他村の者と通じ私生児をもうけた者一件、原勝負の手入れ不足二件、とな

表 8-7　中頭地域内法処分明細分析表

分類記号	違反事例	明治 27 年中各島並間切内法及村内法明細取調表								明治 28 年				明治 29 年				
		浦添間切		宜野湾間切		中城間切		西原間切		浦添間切	宜野湾間切	中城間切	西原間切	浦添間切	宜野湾間切	中城間切	西原間切	計
ア	田畑の穀物を窃取	5	注 1							4		1		3	7	1		21
イ	野菜類を窃取	5				2				4		2		3		2		18
ウ	山野の蘇鉄葉を刈り取る	5	注 2			9	注 5			4		8		5		13		44
エ	立茅を刈り取る	5		1		5	注 5	1		4		7		2		5		30
オ	甘蔗を採食	1		1		14	注 7			1	5	17		1		10		50
カ	他の草生地より草を刈り取る										2		1	2				5
キ	許可を得ずして有(百)姓地の樹木を伐採			1								1			1			3
ク	許可を得ずして地内の樹木を伐採			1			注 6						1		1			3
ケ	口張糖（これは樽底に粗品を容れ樽口に精品を詰めしもの）をなす			1		1		1							1			4
コ	芋蔓を刈り取る			1	注 3						14	22			15	20		72
サ	甘藷を採食			14	注 4	24	注 7									1		39
シ	他村に結婚せしに付馬賃として			9		3					1							13
ス	井泉を汚濁			2							6				4			12
セ	他村人と密通し私生児を挙げる			5											1			6
ソ	作物の害をなす			1							1				2	1		5
タ	畑の作物を窃取			1		1					2	1	1			1		7
チ	田野産物を窃取											1				1	1	3
ツ	松葉を刈り取る					2						3				2		7
テ	アダン葉を刈り取る					1						2				4		7
ト	原勝負の際仕立て不足により					2							2					4
ナ	立茅を刈り取る					2												2
ニ	甘蔗を採食し、田野産物を窃取							1										1
ヌ	原勝負の際仕立て不足により							2									2	4
ネ	水汲み器を害す										1							1
ノ	芋葉を摘み取る											1						1
ハ	甘蔗を刈り取る															2		2
ヒ	原野の草木を窃取																3	3
	計	21		38		66		5		17	32	66	5	16	32	63	6	367

凡例　明治 27 年の内法処分明細の整理にあたって、複数の違反事例が 1 件とされているケースもあったため、以下のような史料操作を行なった。なお、明治 28 年、明治 29 年もほぼ同様な処理をしたが、煩雑になるため敢えて示さなかった。

注 1「田畑の穀物及び野菜類を窃取」を 2 項に分けた。

注 2「山野の蘇鉄葉及び芽（茅）を刈り取る」4 件を加えた。

注 3「芋蔓を窃取」「蕃諸蔓を刈り取る」を同分類とした。

注 4「甘藷を窃取」を同分類とした。

注 5「茅を刈り取る」および「許可なく樹木を伐採し及び茅・蘇鉄葉等を窃取」「立茅を刈り取り又はアダン葉並びに蘇鉄葉を刈り取る」を同分類とした。

注 6「許可なく樹木を伐採し及び茅・蘇鉄葉等を窃取」を加えた。

注 7「蕃諸蔓を刈り取り、甘蔗を菜食」を同分類とした。

っている。実質的には、六種類の違反事例となっており、道徳律的なもので処分された事例は、他村の者と通じ私生児をもうけた者が処分を受けた例だけである。しかし、管見によれば、他村の者と通じ私生児をもうけた者を処罰する条項は、中頭地域はもちろん他の地域でも確認できない。中頭のほとんどの間切では、淫行を禁止する条項があるが、これが適用されたものと考えられる（淫行禁止条項は中頭地域以外では見られない）。

国頭地域と先島の内法違反事例

先述のように、国頭地域は名護間切の報告しか収録されていない。名護間切の内法違反として対象となった条項は、「間切内法第八十五条　私ニ墓造築又は《ママ》区域ヲ広メタルモノ」の一つで、件数は明治二十九年の五件のみで、「明治二十八年二十七年ハ処分者ナシ」となっている。[22]

宮古島の内法違反事例は、「官林盗伐」のみである。明治二十七年七件、明治二十八年六件、明治二十九年十五件となっている。[23]八重山島は、明治二十九年の大浜間切の違反事例二件のみである。違反内容は、「禁止木槇木六本盗伐」「同廿五本盗伐」で、「明治廿七八《ママ》年ハ内法ニテ処分セシモノ無之ニ依リ省略セリ」と記されている。[24]内容的には、宮古島の「官林盗伐」とほとんど同義であろう。しかしながら、「沖縄県旧慣間切内法」には、先島の内法は収録されておらず、『南島村内法』に収録されている先島の内法にも違反に該当する条文はない。

おわりに

成文化内法（「旧慣間切内法」、『南島村内法』）の成立過程を検討し、成文化内法に関与した階層は地方役人層であることを明らかにした。奥野彦六郎は、「自然法則に制約されて平安・安定の方向・度合の作用の方、基準の方に向い、民の心またそれを自覚的に反映し、自主的に作用しだして法を構成したのではあるまいか」と述べているが[25]、この奥野の内法理解は成文化内法をさして述べているのではない。奥野は成文化内法について、「旧藩の官からムラに通達した統治基準・徳教と相通ずるものも少なくなく」と述べ[26]、成文化内法の「民の心」との乖離については気がついている。しかし、明治政府（日本）による琉球（沖縄）統治との関連性については言及していない。

むら内法は、内法の成文化後も新たに生成し、また変化した。このような生成と変化は、村の自治的機能が近代でも生きていたことに由来する。島嶼町村制の施行以降は、むら内法も成文化（記録）されたと思われるが、村外に公表する義務はないのであり、成文化された内法を追跡することは困難である。しかし、明治期の新聞資料などからその一部をかいま見ることができる。明治期に生成し変化していった内法は、風俗改良運動が取り込まれているなど、初期内法の官製的な一面は薄れるものの、自主的に時勢を取り込んでおり国策と無縁ではなかった。明治二十七年から同三十年にかけての内法による処分事例を見ていくと、村内の利害の調整的な事例が多い。初期内法による違反事例だと考えられるが、『南島村内法』や「沖縄県旧慣間切内法」で該当条文を確認することはほとんど出来ない。風俗改良運動などの国策的内法の違反処分事例はほとんど確認できず、ある意味ではルーズに運用された。

本章で検討した「内法処分明細」は、明治期の村社会と民衆の姿を反映している。沖縄県の設置後、村社会は村内のみの完結した社会から、沖縄・日本の社会の変動とともに村社会も変化し、またむら内法も変化せざるを得なかった。村人にとって村は生活世界のすべてであったから、禁止事項と違反の制裁方法などから構成された内法に村人の行動は深いところで影響を受けていた。

注

（１）奥野彦六郎『南島村内法』至言社、一九七七年。

（２）『沖縄県史』第十四巻［資料編４　雑纂１］琉球政府、一九六五年。

（3）本書第Ⅱ部第6章。
（4）同前。
（5）『羽地間切真喜屋稲嶺風水日記』名護市教育委員会、二〇〇六年、一〇六頁。
（6）前掲、注（2）『県史』第十四巻、五二六頁。
（7）前掲、注（1）奥野『村内法』二三七―二七〇頁。
（8）前掲、注（1）奥野『村内法』、名護間切は二〇八―二一二頁、恩納間切は一七一―一七四頁。
（9）『沖縄県令達類纂』上巻、一三五頁。
（10）田村浩『琉球共産村落の研究』至言社、一九七七年、四二五頁。
（11）同前、四五八頁。
（12）『沖縄県史』第十九巻〔資料編9　新聞集成（社会文化）〕琉球政府、一九六九年、二三―二四頁。
（13）同前、二四―二六頁。
（14）同前、五一頁。
（15）同前、八二―八三頁。
（16）『沖縄県史』第十七巻〔資料編7　新聞資料集成（政治経済編）2〕琉球政府、一九六八年、七七三―七七四頁。
（17）前掲、注（12）『県史』第十九巻、一六六―一六七頁。
（18）『角川日本地名大辞典　47　沖縄県』角川書店、一九八六年、二〇七―二〇八頁。
（19）『沖縄県史』第十六巻〔資料編6　新聞集成（政治経済1）〕琉球政府、一九六七年、八四六―八五〇頁。
（20）前掲、注（10）田村『村落の研究』四五二―四五七頁。
（21）前掲、注（1）奥野『村内法』二八九頁。
（22）同前、三〇九―三一〇頁。
（23）同前、二九六、三〇三、三一〇頁。
（24）同前、三一一頁。
（25）同前、四頁。
（26）同前、二頁。

第9章

旧慣調査と東アジア

——旧慣・内法調査の意義

ここでは本書全体を通して得た知見を中心にまとめを行ない、東アジア[1]における旧慣調査を概観し、東アジア史における沖縄の旧慣・内法調査の意義を述べ、本章のまとめとしたい。

旧慣・内法調査

明治十七年旧慣調査と内法調査の歴史的意味

旧慣調査は、日本の旧植民地である台湾・朝鮮・南洋、実質的な植民地であった満州、占領地の中国華北農村でも行なわれている。琉球藩の設置から沖縄県の設置を経て、明治三十年代までの旧慣調査は、近代日本の植民地旧慣調査の先鞭をなすものであった。近代沖縄の植民地的側面を見逃してはならない。

明治政府の成立から明治二十年代初頭までは、日本が近代国家として確立していく揺籃期であった。この時期に、短期間に度重なる制度改正や統治方針の変革が行なわれた。地方統治で画期をなすのは、明治十一年の「郡区町村編成法」「府県会規則」「地方税規則」、いわゆる「三新法」の制定であろう。三新法の制定以降、明治政府は各地域の旧慣尊重的な政策基調へと転換していった。三新法の起稿は、琉球処分官として琉球国の併合を強行した松田道之であり、旧慣の尊重と旧慣調査は、「琉球国」を国民国家の下に摩擦なく包摂しようとした政策の一環と考えられる。

三新法に盛られた明治初期の旧慣・自治尊重的な政策基調は、松方デフレや自由民権運動の興隆にともない官治的・権力的なシステムに修正を余儀なくされ、沖縄では旧慣調査と内法の成文化（届出）が行なわれた。だが成文化内法は以前にも増して租税滞納問題に苛酷なものでもあった。明治十七年の税滞納や上納金穀流用などの調査を中心とした旧慣調査は、全国的な松方デフレの影響による地方財源確保の動きと軌を一つにするものでもあった。

租税滞納者を対象にした、成文化内法の端緒ともいうべき「未納税徴収内法取調書」が成立したのも、この年であった。

内法の語義と年代的・地域的特質

内法は、国法に対応する呼称であり、適用地域が限定されている法といえる。「内法」という用語は、一八五四年の「恩納間切締向條々并諸上納物割付定」に見える。内法は、近世末期の間切レベルの文書にすでにあらわれており、一般に知られた用語であった。内法は、近世中期に成立した「間切公事帳」や「間切科定」に淵源があり、近世末期になって農村の疲弊が深刻化していくなかで内法が設けられた。

明治期になって、旧来の支配層の権威が揺らいでいくなかで、杣山の荒廃や租税の未納問題が焦眉の課題となり、これらの課題をいかに解消するかという過程のなかで、村規約や杣山取締内法の成文化が準備された。一八八四年の「未納税徴収内法取調書」は、同年に行なわれた宮田直次郎の旧慣調査と沖縄県による旧慣調査の過程の中で成立した。「未納税徴収内法取調書」は、自主的な内法というよりは、貢租未納問題の解決を迫られた地方役人層が出した政策であろう。このような流れのなかで、沖縄県乙第七十七号達および第八十四号達が発せられ、一八八五年から翌年にかけて内法調査・届出（成文化）が行なわれた。この内法は、すぐに認可されることはなく、一八九〇年にある程度は確定したが、国頭地域の内法の調査・届出（成文化）は、その後も続いた。

内法は、伝統的近世琉球・近代沖縄の間切・村社会をどこまで反映しているのか、慎重な史料批判が必要とされる史料だといえる。しかしまた、内法史料が貴重な間切・村レベルの史料であることも明確となった。

内法史料の年代的な特徴として、次のようなことがいえる。一八八五年から翌年に届け出られた内法には、間切内法、村内法という区別はなかった。島尻地域と中頭地域は、若干内容の違うフォーマットで調査が行なわれており、国頭地域はさらに島尻・中頭地域とも違いがある。この時期に届け出られた島尻地域の内法は、かなりの条項に修正と追加が行なわれ、一八九〇年になって間切内法と村内法に区分けされる。中頭地域は、この時期に届け出られた内法が残る。

地域的な特徴としては、次のようなことがいえる。首里・那覇内法には、火事のとき駆けつけなければ処罰される条項があり、町方である特徴が出ている。首里には、学校に関する内法がある。総じて、町方の内法は条項が少ない。

島尻地域の内法は、年代的な変遷がある。また、一定のフォーマットによってよく整理されているが、離婚条項では、旧内法より、前近代的な法思想が反映されている。

中頭地域は、伝存条項に史料によって分類項のバラッキがあるが、租税の滞納処分に関する条項はなぜかよく残っている。一八八五年には、多くの分類項が届け出られたはずであるが、「旧慣間切内法」成立の時点では、租税滞納処分のみが残っており、中頭地域の内法にはよく分からない点が多い。

国頭地域の内法は、『南島村内法』には、多くは一八八六年に届け出られた内法が収録され、その後の内法も割合年代が記されているが、「旧慣間切内法」には成立年不詳が多い。一八八一年の羽地間切親川村の規約では身売り禁止が盛り込まれているが、一八八七年の今帰仁間切内法では身売り条項が追加されている。国頭地域では、一八八六年内法と「旧慣間切内法」とでは大きく変化している。金武間切の内法では、「旧慣間切内法」に一八八六年の内法にはなかった「田地奉行」の廻勤が挿入されている。国頭地域の内法は、内法の史料的性格を知るうえで重要である。

先島地域の内法は、罰則規定もなく、役人の作文に近い内容となっている。

近世末期に制定された「条々」などには、身売りの規定はあるが、有無を言わさない厳しい租税取り立ての条項はない。近代に入り、租税滞納処分については一度は厳しくなるが、近代法思想が内法にも反映され、その観点から身売り条項などの改変が行なわれている。

内法成文化の歴史的背景と内法の限界

近代内法の成立過程を見ていくと、内法そのものは近世琉球に起源を持ちつつも、沖縄県の関与や近代日本の社会的・政治的動向が反映されており、届出という手続きによる一種の調査といえる。決して間切・村の全面的なイニシアチブによるものではない。したがって、内法のある条項が近世に遡るとしても、それを残すことを沖縄県が認めたということを読み取らなければならない。喜舎場朝賢は、「凡そ自己に利益なるものは、百姓の利不利を問はず、旧慣と称して郡役所に伺ふ。自己に便利ならざるものは、善美の旧制と雖（も）、置て言はず」と、間切・村吏員を指弾している。

内法史料は、同時代文書史料として残っておらず、沖縄県立図書館所蔵の「沖縄内法取調書」が最も信頼できる史料であるが、全年代と全地域の内法ではない。また、活字化されている史料には信頼できるテキストがなく、内法史料のテキストクリティーク作業が求められている。内法といっても、時代的に異なる内法があり、時代差のある内法は簡単に比較できない。内法の調査・届出は、地域により異なるフォーマットで行なわれており、沖縄全域の内法を比較検討するときには、慎重な史料批判が必要である。

内法の残存形態や地域的バリエーションが濃いことを見ていくと、沖縄県による内法の成文化は、未完成に終わったともいえるのではないだろうか。ある意味では、成文化された内法の確定版は存在しない、と考えたほうがよいと思われる。成文化（沖縄県による一元的把握）を試み、その過程でいくつもの内法が作られ、その一部が写され現在に残ってきたといえるであろう。「旧慣間切内法」所収の内法は、成立年不明の内法が多くを占めており、体系的な内法調査の成果と見るべきではない。内法の一部は、現在でも公民館規約の中で生きているものもあると思われる。

旧慣・内法の静態的側面と動態的側面

旧慣や内法は、沖縄の静態的（伝統的）村落をあらわす史料としてしばしば引用されてきたが、近代に入ってから支配者の都合によって記録・成文化されたことを見逃してはならない。そこには、日本社会との文化接触による動態的変化もある。旧慣・内法史料は、静態的側面と動態的側面からの検討が必要であると思われる。静態的側面をみるにあたっても、静態的側面を「沖縄県」（明治政府）が残すことを選択した（同意した）という一面がある。近代沖縄においては、内法という名の伝統が近代的な装いのもとに新たに創造され、そしてまた旧慣が調査され、伝統の名において近代沖縄は創造されていったのである。しかし、明治政府の論理にもとづく法体系（地方統治体制）が整備されていくと、沖縄県の関与は薄くなり、内法はむらや民衆レベルのなかで沈伏し生き続け、内法に基づく処分は、警察官僚の取り締まりの対象となることもあった。

テレンス・レンジャーは、植民地後のアフリカ社会に関して「慣習法、慣習的土地所有権、慣習的政治組織などと呼ばれるものは、実際にはすべて、植民地下での法の成文化の際に創り出されたものであった」と述べている(2)。テレンス・レンジャーの指摘をふまえて、近代沖縄における間切や村の旧慣・内法調査を省みると、国内的な旧慣をめぐる調査研究の一環であると同時に、沖縄を近代日本に適合させていくための植民地的調査の性格を併せもっていることに気づく。西里喜行は、近代沖縄の旧慣期について、次のように述べている(3)。

旧慣温存政策の内容と特質から見た場合、明治政府は沖縄における唯一最大の「封建領主」として、かつ巧妙な中間搾取者として沖縄人民の上に君臨し、その代理人としての沖縄県庁は植民地における「総督府」的地位と性格を付与されていたといえよう。

西里喜行は、経済的側面から沖縄県庁の「総督府」的地位と性格を指摘している。まさに「総督府」的地位を利用して旧慣・内法を調査した沖縄県（明治政府）は、ある意味では、旧慣・内法（伝統）という名において、近代沖縄の設計を行なったともいえる。ボブズボウムは、次のように述べる(4)。

歴史家が関心を持つ中で、こうした意味での伝統の「創出」を経緯してない時代や地域はおそらくないだろう。しかしながら、それは「旧来の」伝統があてはまらない新たな伝統を生み出し、それに沿って「旧来の」伝統が案出された社会的型式を急激な社会変動が弱めるか、崩壊させるとき、あるいはそうした旧来の伝統とその制度的担い手や施行者がもはや充分な適応力や柔軟性を失ったと判明するか、さもなくば削除されるとき、〔新たな伝統の創出は〕最も頻繁に生じると考えるべきであろう。

東アジア植民地における旧慣調査概観

近代日本の植民地支配と沖縄経験

近年の研究では、「琉球処分」後の沖縄を植民地ないし植民地的ととらえる著作が見られる。たとえば、西川長夫は『植民地主義論』が書かれた一九五〇年、エメ・セゼールは世界が見える場所にいたと思う。私たちももういちど当時のエメ・セゼールの場所にたちもどって世界を見直してみる必要があるのではないだろうか。そのとき沖縄は、エメ・セゼールのいう意味での植民地という特色をいっそうはっきりと示すにちがいない。それも、二重の植民地、アメリカの植民地であり、アメリカの植民地である日本の植民地でもある沖縄」と述べる。[5] 小森陽一も『琉球処分』という名の植民地化」としてとらえている。[6] 上村英明も、「このふたつの地域〔沖縄と北海道〕が『植民地』として日本に一方的に併合されたことは、アイヌ民族や琉球・沖縄民族の視点に立てば明らかとなる」と述べる。[7] これらの著作では、植民地の概念は、文化史的視角を織り交ぜながら語られている。

明治政府は、「万国公法」の論理によって強制的に「琉球国」を併合したが、時の三司官池城親方は、オーストリア・プロシア・ロシア三国に支配されているポーランドを事例に「万国公法」の論理によっても「日清両属」は認められるはずだと反論している。[8] 沖縄県の設置（琉球国の併合）後の諸問題は、統治機構の成立過程や文化的・精神的支配の問題も含めて問い直さなければならないであろう。

琉球・沖縄の近代以降の歴史は、日本の植民地支配と重ね併せて考察する必要性を感じる。末廣昭は、「他者理解としての『学知』と『調査』」のなかで戦前「帝国日本」が行なったアジア調査研究を、①文献調査・資料収集、②物産・兵要地誌調査、③旧慣・慣行調査（民族調査を含む）、④市場・経済事情調査、⑤経済計画立案のための調査、⑥華僑・華人調査の六つに分類している。[9] 沖縄の旧慣・内法調査は、③の旧慣・慣行調査に該当すると思われるが、末廣論文では沖縄は視野に入っていない。沖縄はさておくとしても、朝鮮における旧慣調査も視野に入っていない。

旧慣調査は、沖縄だけでなく旧植民地の台湾・朝鮮、また実質的な植民地であった満州でも行なわれている。さらに、占領地の中国華北農村の旧慣調査も行なわれている。大江志乃夫は「北海道・沖縄・小笠原は、前近代植民地であるが、憲法上『本土』『内地』であり、近代植民地と区別されて考察されるべきであろう。しかし、これら前近代植民地への統治政策が台湾領有以後の植民地統治政策の策定に大きな影響を与えている事実は無視できない」と述べている。[10]また、春山明哲は、「台湾旧慣調査と立法問題」のなかで、次のように述べている。[11]

方法論的側面では、台湾旧慣調査と類似の事例との比較が必要であろう。ひとつには、台湾に続く「満州」、「関東州」の旧慣調査、さらには「支那慣行調査」との比較。ふたつには、一層重要なものとして日本統治下朝鮮の旧慣調査を挙げねばならない。朝鮮では、岡松と同様な役割を梅謙次郎が果たし、臨時台湾旧慣調査会と似た組織として法典調査局があった。また、「類似」とは言えないかも知れないが、明治一二年の「琉球処分」以後の沖縄における旧慣問題も参考になると思われる。

戦前の「沖縄県」および一九七二年アメリカの施政権返還後の「沖縄県」は、「憲法上『本土』『内地』」であるのかも知れないが、併合の過程をみても、現代においても、基地問題を典型として沖縄に対する日本社会の差別的・抑圧的構造には大きな変化はない。近代沖縄の研究は、日本の植民地研究に資することが大きいと思う。

近代日本の植民地旧慣調査

内国植民地・半植民地的地域と旧慣調査　田中彰は、「北海道も沖縄も内国植民地である」と明確に述べる。[12]また、比嘉春潮は、「社会制度のなかでも慣習化したもの、経済的利益に関するものは、第二次大戦まで残存していた。差別的支配による半植民地の時代といってよ」いと述べている。[13]内国植民地や半植民地的な地域としては、北海道のほか、小笠原や千島をあげることができる。内国植民地論や半植民地論は本書の直接的なテーマではないが、今後の課題として、植民地旧慣調査との関係で短く言及しておきたい。[14]

北海道については、先住民としてのアイヌ民族が対象となるべきだが、小熊英二によれば、「当時の文献類には北海道を『植民地』と形容しているものが多数見られるが、アイヌはさほど主要な言及対象となっていない[15]。アイヌ民族については、一八五四年、江戸幕府函館奉行所による「安政元年蝦夷地調査」があり、「アイヌを幕府支配下の民である『御百姓』に近づける」政策がとられている[16]。そのため、この時期の旧慣調査が少ないのであろう。

小笠原諸島については、一八七五（明治八）年十一月、内務・外務・大蔵・海軍四省の官吏団が来島、調査を開始した。石原俊は、調査の結果について「十二月十九には、〔中略〕四省卿宛てて大部の復命書を送付した。この復命書には、二つの『付属書』が添付されている。このうち『事情調書』は主に移住者の社会的経済的状況に関する調査報告であり、『着手方略見込書』は主にこの島々で法の導入と開発をすすめていくための諸提案を中心としている」という[17]。また、高江洲昌哉が伊豆諸島や日本の周辺島嶼域の統治過程について詳述している[18]。

台湾における旧慣調査　台湾の旧慣調査は、一九〇〇（明治三十三）年岡松参太郎らによって開始され、一九二二（大正十一）年に最終報告を出すまで、約二十年にわたって行なわれた[19]。その間、一九〇一年、政府機関として「臨時台湾旧慣調査会」が設置された[20]。また、岡松参太郎の旧慣調査とは別に早い時期（一八九八年・明治三十一）から土地調査事業も行なわれている[21]。この事業の中心となった祝辰巳《いわいたつみ》は、沖縄県収税長として「沖縄県旧慣租税制度」をまとめた人物であった[22]。さらに、一九〇三年からは、祝辰巳を中心として『台湾統計協会雑誌』も刊行され、統計調査も展開された[23]。又吉盛清は、台湾の植民地支配の展開は、沖縄の旧慣期に官僚として活躍した人物によって担われたことを明らかにしている[24]。なお、小熊英二によれば、岡松の旧慣調査以前に、イギリス人カークウッドによる台湾統治機構プランがあった[25]。イギリスは、すでに台湾で一定の利権を獲得しており、旧慣研究の蓄積があったと思われる[26]。

なお、台湾の旧慣調査については、近年刊行された春山明哲『近代日本と台湾――霧社事件・植民地統治政策の研究』に詳述されている[27]。

朝鮮における旧慣調査　朝鮮の旧慣調査は統監府時代（一九〇五―一〇年）にはじまる。朝鮮における近代法典整備は、統監府時代の一九〇七年、日本人法務補佐官が任命されたことにはじまる。[28]朝鮮における土地調査事業については、全雲聖・上野重義「植民地下における土地調査事業とその性格」[29]や宮嶋博史の『朝鮮土地調査事業史の研究』という詳細な研究があり、[30]日本による土地制度の調査が統監府時代から行なわれていた。また山路勝彦は、「朝鮮総督府も積極的に民事慣習などの慣習調査に乗りだす。早稲田大学教授であった小田通敏は総督府の委嘱を受けて、『朝鮮部落調査予察報告第一冊』（一九二三年）、『朝鮮部落調査報告第一冊火田民在住支那人』（一九二四年）など多数の報告書を著している。総督府の官房文書課には調査係がおかれ、善生永助や村山智順などが嘱託として実態調査に邁進した」と述べている。[31]

満州・華北・南洋における旧慣調査　満州旧慣調査は、満鉄調査部によって行なわれた。満鉄調査部は、一九〇七（明治四十）年四月に設置され、台湾旧慣調査の中心的人物であった岡松参太郎が調査部長として招かれたという。[32]占領地の中国華北農村旧慣調査は、一九三九（昭和十四）年から一九四四（昭和十九）年にかけて、法学者末弘厳太郎を中心に行なわれた。[33]

太平洋問題調査会の委嘱をうけ、一九三二（昭和七）年から一九三四（昭和九）年にかけて「南洋群島」を調査した矢内原忠雄の調査活動も、広くは植民地旧慣調査に位置づけられるであろう。矢内原は、その成果を一九三五（昭和十）年『南洋群島の研究』として刊行している。[34]このほかに南洋庁は、『南洋群島々民旧慣調査報告書』（一九三九年）、『南洋群島に於ける旧俗旧慣』（一九三九年）を出版している。[35]

おわりに――日本近代法学のフロンティア・近代沖縄

植民地における旧慣調査は、植民地統治あるいは占領地統治の必要性から生まれたものであるが、太田朝敷は、一九〇二（明治三十五）年六月三日の『琉球新報』で旧慣期の沖縄について「沖縄は決して日本の新領土にあらず、我輩沖縄県人も亦決して爾く思はざるなり。然れども政府は慥かに新領土を以て沖縄に擬せり」と述べ[36]、新領土〔台湾〕政策と沖縄でとられた政策が類似していることを指摘している。

植民地研究は、近代日本の姿を映す鏡としての機能を持っている。沖縄の旧慣・内法調査と近代日本の東アジア植民地・占領地における慣行調査との比較研究は、今後の課題であろう。沖縄の旧慣調査は、植民地旧慣調査の先鞭をなしたともいえる。後に著名な憲法学者となる一木喜徳郎が沖縄の旧慣調査に従事し、また法学者・政治家として活躍した俵孫一が沖縄県の土地整理で活躍している。

ポストコロニアル批評による法社会学の成立過程を検討した久保秀雄は、「普遍主義に立つ近代法支配の拡大には、現実には、周辺的な他者を特定の領域国家・政治体制へと動員・統合していく働きかけが伴っていた。そのフロンティアでは、慣行調査に関する法社会学的研究が、オリエンタリズムの知が機能していた」と述べる[37]。いわゆる沖縄の「旧慣温存期」は、日本法域のまったく枠外にあり、「周辺的な他者」沖縄を日本という「特定の領域国家・政治体制へと動員・統合していく働きかけ」の手法として、旧慣調査や内法の成文化（届出）がなされていった。そういう意味では、近代沖縄は、まさに日本近代法学のフロンティアであったといえよう。フロンティアとは、国家の周縁部にあるエリアのことである[38]。フロンティアが拡大していく過程が植民地の獲得過程であり、大陸の侵略過程であった。ここに、植民地や占領地における旧慣調査と近代沖縄における旧慣調査が決して無縁ではないことをあらためて確認することができる。そして、日本型オリエンタリズムは長く沖縄に影響を与え、近代沖縄の歴史研究にも大きく影響を与えてきた（第Ⅰ部第1章参照）。

注

（1）東アジアの地域概念については、中国・朝鮮・日本をさすことが多い。本書ではベトナムは直接の対象とはなっていないが、筆者はベトナムを含む漢字文化圏をイメージしている（荒野泰典「近代日本における『東アジア』の発見」『「東アジア」の時代性』渓水社、二〇〇五年を参照）。
（2）エリック・ボブズボウム／テレンス・レンジャー編『創られた伝統』前川啓治・梶原景昭他訳、紀伊国屋書店、一九九二年、三八一頁。
（3）西里喜行『沖縄近代史研究——旧慣温存期の諸問題』沖縄時事出版、一九八一年、八四頁。
（4）前掲、注（2）ボブズボウム他編『創られた伝統』一四頁。
（5）西川長夫『〈新〉植民地主義論——グローバル化時代の植民地主義を問う』平凡社、二〇〇六年、一三〇—一三一頁。
（6）小森陽一『ポストコロニアル』平凡社、二〇〇一年、三二—三三頁。
（7）上村英明『先住民族の「近代史」』平凡社、二〇〇一年、一四九頁。
（8）西里喜行「琉球救国運動と日本・清国」『沖縄文化研究』第十三号、法政大学沖縄文化研究所、一九八七年、三六頁。万国公法と両属の論理については、真栄平房昭「幕末・維新期における琉球の位置」『明治維新とアジア』（吉川弘文館、二〇〇一年）を参照した。
（9）岩波講座『「帝国」日本の学知』第六巻、岩波書店、二〇〇六年、四頁。
（10）岩波講座『近代日本と植民地1　植民地帝国日本』岩波書店、一九九二年、六頁。
（11）春山明哲「台湾旧慣調査と立法問題」『新沖縄文学』第六〇号、沖縄タイムス社、一九八四年、八〇頁。
（12）田中彰『北海道と明治維新——辺境からの視座』北海道大学出版会、二〇〇〇年、一七五頁。
（13）比嘉春潮「屈辱の暦からの脱却」『比嘉春潮全集』第二巻、沖縄タイムス社、一九七三年、二七四頁。
（14）内国植民地論や半植民地論については、秋山勝「植民地的体験と沖縄近代」『沖縄大学地域研究所年報』第六号（沖縄大学地域研究所、一九九五年）が詳しく論述している。

(15) 小熊英二『〈日本人〉の境界——沖縄・アイヌ・台湾・朝鮮　植民地支配から復帰運動まで』新曜社、一九九八年、五六頁。
(16) 檜皮瑞樹「幕末維新期のアイヌ観と統治策」久留島浩・趙景達編『国民国家の比較史』有志舎、二〇一〇年、二七二頁。
(17) 石原俊『近代日本と小笠原諸島——移動民の島々と帝国』平凡社、二〇〇七年、二三九—二四〇頁。
(18) 高江洲昌哉『近代日本の地方統治と「島嶼」』ゆまに書房、二〇〇九年参照。
(19) 石田眞「戦前の慣行調査が『法整備支援』に問いかけるもの」『比較法研究の新段階——法の継受と移植の理論』早稲田大学比較法研究所、二〇〇三年。川島武宜「岡松参太郎博士の台湾旧慣調査と華北農村慣行調査の末弘厳太郎博士」『川島武宜著作集』第六巻、勁草書房、一九九五年。
(20) 中生勝美「ドイツ比較法学派と台湾旧慣調査」『歴史と民族における結婚と家族——江守五夫先生古稀記念論文集』第一書房、二〇〇〇年、三七六頁。
(21) 江丙坤『台湾地租改正の研究』東京大学出版会、一九七四年、および前掲、注（11）春山「台湾旧慣調査と立法問題」『新沖縄文学』第六〇号。
(22) 又吉盛清『日本植民地下の台湾と沖縄』あき書房、一九九〇年、二七頁。
(23) 高橋益代「『台湾統計協会雑誌』総目次解題」（Discussion Paper Series No. 89、二〇〇五年）、「日治期台湾の統計制度調査史（稿）」（Discussion Paper Series No. 153、二〇〇六年）。
(24) 前掲、注（22）又吉『台湾と沖縄』。
(25) 前掲、注（15）小熊『〈日本人〉の境界』七八頁。
(26) 藤波潔「イギリスの台湾産樟脳貿易に対する天津条約適用問題」『沖縄国際大学社会文化研究』第六巻第一号、沖縄国際大学、二〇〇三年参照。
(27) 春山明哲『近代日本と台湾——霧社事件・植民地統治政策の研究』二〇〇八年、藤原書店。
(28) 李英美『韓国司法制度と梅謙次郎』法政大学出版局、二〇〇五年参照。
(29)『九大農学芸誌』第四三巻第三・四号、九州大学農学部、一九八七年。
(30) 宮嶋博史『朝鮮土地調査事業史の研究』東京大学東洋文化研究所紀要別冊、汲古書院、一九九一年。
(31) 山路勝彦『近代日本の海外学術調査』山川出版社、二〇〇六年、三一頁。
(32) 前掲、注（19）、石田論文。
(33) 同前、および同石田「植民地支配と日本の法社会学——華北農村慣行調査における末弘厳太郎の場合」『比較法学』第三六巻一号（早稲田大学比較法学研究所、二〇〇〇年）、久保秀雄「近代法のフロンティアにおける『文化的他者』についての知（一）（二）」『法学論叢』第一五三巻第四号、第五号（京都大学法学会、二〇〇三年）、川島武宜「中国農村慣行調査と法社会学——とくに末弘博士の法社会学理論を中心として」前掲、注（19）『川島武宜著作集』第六巻。
(34) 矢内原忠雄『南方群島の研究』昭和十年、岩波書店（テキストは昭和十七年第五刷を使用した）。
(35) 前掲、注（31）山路『海外学術調査』三四頁。
(36)『太田朝敷選集』上巻、琉球新報社、一九九三年、二六六頁。
(37) 前掲、注（33）久保「近代法のフロンティアにおける『文化的他者』についての知（二）」『法学論叢』第一五三巻第五号、一一二頁。
(38) 古城利明「フロンティアとしての沖縄」『法学新法』一〇八巻三号、二〇〇一年、中央大学、四一九頁。

〈資料〉　旧琉球藩租税法

史料解説――祝辰巳と沖縄・台湾

沖縄県収税長として「沖縄県旧慣租税制度」をまとめた祝辰巳《いわいたつみ》が、「澎月生」のペンネームで戦前台湾の雑誌『財海』第十六号（明治四十年十月五日）、同第十七号（明治四十年十一月五日）に「旧琉球藩租税法」を書いている。祝辰巳は、『沖縄大百科事典』や『沖縄県史』別巻（沖縄近代史辞典）にも立項されておらず、その人物像は意外に知られていない。「旧琉球藩租税法」の紹介と合わせて、祝辰巳の人となりについても記してみたい。

「沖縄法制史」の緒言に「明治廿七年三月二十八日祝辰巳沖縄県収税長ニ任シ尋テ税法調査ヲ命セラレ」とあり(1)、「沖縄県旧慣租税制度」は、祝辰巳が中心となってまとめたと見られる。「沖縄県旧慣租税制度」の原稿と思われる「琉球藩課税法」も残されている。祝は、前年帝大を卒業し大蔵省に採用されたばかりであった。明治二十八年の「官員録」沖縄県の項には、「収税長七等 文官普通試験委員主任収入官吏従七 祝辰巳」とある。活字版「沖縄県旧慣租税制度」には、祝辰巳の名は見えないが、ガリ刷版「沖縄県旧慣租税制度」には次のような祝辰巳の緒言がある。

緒言

本県ニ於ケル現行租税ハ、新旧二種ノ制度ヨリ成レルモノニシテ、其新税則ニ基ケルモノハ所得税（但シ全体ニ施行セラル・アラス、官府ヨリ受クル俸給・手当・年金・恩給金ニ付キ、課税セラルノミ）・鉱業税・酒類出港税及船税ノ四種アリ（煙草税ハ税則施行地ニ輸送ノ場合ノミ実施ス）。而シテ、旧藩以来ノ制度ニ拠レルモノハ、地租・船税及焼酎税ノ三種アリ。前四種ニ関スル賦課徴収ノ事ハ、夫々法律命令ノ明文ニ拠リ略《ほ》ボ内地一般ノ取扱ニ為セルモノナルガ故ニ、之ヲ略シ、本篇ハ専ラ旧藩以来ノ制度ニ拠レル、後三種ノ租税ニ就テ説明セリ。藩制中租税制度ノ紛雑セルハ、独リ本県ノミニ止マラズ、各藩何レノ処ニ於テモ同一ノ事ナルガ如シ。然ルニ、本県ハ廃藩以来今日ニ至ル迄旧慣存置ノ方針ニ基キテ賦課徴収ノ事ヲ行ヒ来リタリト雖《いえど》モ、時勢ノ進歩ニ伴ヒ、止ムヲ得ザルノ変更ハ数回経過シ来レルコトナレバ、目下新旧分子ノ混和シタル一種ノ制度ヲ現出スルニ至リ、益々復雑《ママ》ニ陥リ、容易ニ其真相ヲ窺ヒ知ルコト能ハザルモノトナレリ。不肖、本県ニ赴任シテ日尚ホ浅ク、未《いま》ダ精密ノ研究ヲ積ムノ遑《いとま》ナシ。而シテ、時勢ノ必要ハ、充分研究ノ余裕ヲ与ヘズ。今、茲《ここ》ニ筆ヲ執リテ、其ノ大体ヲ序《あらわ》シ、参考ノ資ニ供セント欲ス。唯《た》ダ、原制ノ復雑セルト、旧記ノ現存セルモノ少シト、不肖ガ渉猟ノ浅キトハ、未ダ之ヲ以テ尽サヾルモノアルコトハ、予《あらかじ》メ注意ヲ乞フ処トス。

付言、本書ノ編述ニ付テハ、沖縄県収税属永井貞義、同高尾亮作、同小石原充、同川畑徹志四氏ノ賛助ヲ受ケタル処、甚ダ多シトス。茲ニ付記シテ感謝ノ意ヲ表ス。

明治二十八年三月　　祝　辰巳

「旧琉球藩租税法」の論文内容の構成をみると、「沖縄県旧慣租税制度」の構成と大部違う。「沖縄県旧慣租税制度」を完成した後に、発表の予定もなく、職務の必要からいわばメモのような形で記録したものではないかと思われる。「旧琉球藩租税法」の冒頭には、「文庫の内の虫干せばやと、或る日の事、種々の書き物など取り出せし中に、旧琉球藩租税法筆記なる一編は已れ先年、彼の島に在て租税の賦課徴収に脂を絞りし当時の俤《おもかげ》、座《むし》ろ昔日のことなど偲ばれて、なつかしさの情に堪へず、其儘字句も原文通り、『財海』の余白に掲載を乞ふことゝせり」と記されている。内容構成や文章表現の一部が、「仁尾主税官復命書」（『沖縄県史』第二十一巻）に似ており、仁尾惟茂主税官に資料を提供した可能性もある。

祝辰巳は、一八九六年、台湾に民政が施行されると、四月三十日、台湾総督府民政局事務官に転じ、赴任と同時に財務部関税課長に任じられている。[2] 祝辰巳を沖縄・台湾に関係する人物としてはじめて紹介したのは、又吉盛清である。又吉は、『日本植民地下の台湾と沖縄』のなかで、次のように述べている。[3]

祝は、一八九六年（明治二十九）に台湾総督府の関税課長から、財務局長、専売局長、殖産局長兼臨時台湾糖務局長になったが、その前歴は、一八九四年（明治二十七）三月、日清戦争前の沖縄で、沖縄県収税長を務めたことがあり、当時は大蔵省からの税法調査の依頼を受けて、一八九五年（明治二十八）三月に、『沖縄県旧慣租税制度』及び『参照』、『参照2』の著書を刊行している。

江丙坤は、「台湾財政自立計画は、まさにこの二人（祝と中村是公）で企画立案され、二人の手で完成された」と述べている。[4] また、祝辰巳は主計課長時代、上司の後藤新平の求めに応じ「台湾の形勢について」を提出し、さらに後藤と組んで台湾地租改正予算と台湾事業公債法案を国会で通過させ[5]、一九〇六年、専任の殖産局長を半年ほど務めたあと、後藤新平の後を受け民政局長官になっている。[6] 祝辰巳は、台湾植民地支配の基礎を築いた人物の一人といえる。しかし、明治四十一（一九〇八）年、民政局長官在職中、四十三歳で急逝した。

祝辰巳は、台湾ではセンサス（戸口調査＝統計）でも活躍した。『台湾統計協会雑誌』第六十九号（明治四十四年十月）にかつて祝の部下だった水科七三郎が寄せた「懐旧録」には、次のように述べられている。[7]

故祝部長閣下ハ極メテ真面目ノ人ナリ。高潔ノ人ナリ。精励ノ人ナリ。公平ノ人ナリ。要スルニ頭脳明晰□静ニシテ、品性高キヒトナリ。故ニ其ノ言行ニ師トスベキ点、畏敬スベキ点少ナカラズ。余ハ台湾ニ就官セントスル当初ヨリ屡々接見スルノ光栄ヲ有シ、臨時戸口調査ニ就テハ初メ財務局長トシテ、戸口調査部主事トシテ、又部長トシテ、台湾『せんさす』ニ深キ関係ヲ有セラレタルノミナラズ、余ハ専売局長トシテ、調査部長トシテ、之ヲ戴キタル、尚記憶ニ新ナル所ナリ。噫、天何ノ無情ゾ一朝ニシテ此ノ偉人ヲ脱去セントハ、（略）

そして、水科が三度も校正し作成した戸口調査報告の誤りを、何カ所も見抜いた逸話を明かし、慚愧に堪えきれず、辞職しかないと思ったほどであったというエピソードを紹介している。

祝辰巳は、『台湾協会会報』にも積極的に寄稿している。

「台湾歳計の経歴及三種の専売制度について」『台湾協会会報』第十六・十七・十八号（明治三十三年一月～三月）
「台湾財政の過去及現在」同第五十二・五十三・五十四・五十五号（明治三十六年一月～四月）
「台湾財政弁妄」同五十八・五十九・六十号（明治三十六年七月～九月）
「台湾の土地調査」同六十四号（明治三十七年一月）
「台湾貨幣制度沿革」同第七十四・七十七号（明治三十七年十一月、同三十八年二月）

注

（1）金城朝永校訂『校訂　沖縄法制史』。
（2）江丙坤『台湾地租改正の研究』東京大学出版会、一九七四年、六三頁。
（3）又吉盛清『日本植民地下の台湾と沖縄』沖縄あき書房、一九九〇年、一五二頁。
（4）前掲、注（2）江『台湾地租改正の研究』六三頁。
（5）同前、「第一節、二　地租改正法の決定」七七―八三頁。
（6）岡本真希子『植民地官僚の政治史――朝鮮・台湾総督府と帝国日本』三元社、二〇〇八年、三八二―三八三頁。
（7）『台湾統計協会雑誌』第六十九号、八九頁。

謝辞

紹介した『財海』所収の資料をはじめ『台湾協会会報』の祝辰巳関係記事は、沖縄大学又吉盛清教授より提供を受けました。また、『台湾統計協会雑誌』第六十九号、水科七三郎「懐旧録」は、元一橋大学経済研究所日本経済統計情報センター専門職員高橋益代氏より提供を受けました。さらに『財海』の発行月日、号数の確認については、早稲田大学の勝方＝稲福恵子教授を介して、多くの先生方の手をわずらわせました。さらにまた、久部良和子さん（国立劇場おきなわ）を介して台湾大学図書館にお世話になりました。記して、深く感謝申し上げます。

史料本文

文庫の内の虫干せばやと、或る日の事、種々の書き物など取り出せし中に、旧琉球藩租税法筆記なる一編は己れ先年、彼の島に在て租税の賦課徴収に脂を絞りし当時の俤《おもかげ》、座《むし》ろ昔日のことなど偲ばれて、なつかしさの情に堪へず、其儘字句も原文通り、『財海』の余白に掲載を乞ふことゝせり、大方読者諸君には、格別の価値もなかるべしと雖《いえども》、己れの為には歴史の一部として子々孫々に伝ふべきもの、

琉球は琉球三歩支那三歩

ヤットガットで鹿児島が四歩

と歌ひしは昔のこと、今は大日本帝国のシカも真ン中此真ン中なる琉球に、斯《こ》んな税法ありて、国庫の一部を補ひ居りしと思へば、税吏として一読の興味はあるべし、否、土地整理局の基礎をなしたる卵子と思へば中々以て下には置けぬ心地ぞする。

澎　月　生　識

地租の部

検地のこと

是は慶長十五年旧鹿児島藩の検地にして、其後寛永十二年盛増《もりまし》と唱へ、草高一石に付同七升三合六勺五才の当りを以て増高を命じ、又同年上木高と唱へ唐苧敷、芭蕉敷、藺敷地の類をもて草高に結び、彼是合して現今の総高とす、其後享保十二年に至り、寛永度の例に拠り盛増のことを発令せしに、人民困難等の故を以て草高は据置、之に代るに掛増米の令を以て、則《すなわち》重《かさみ》出米《しゅつまい》（重出米の事は末に記す）中含蓄する所の盛増出米之《こ》れなり、蓋《けだ》し右両度の盛増は元鹿児島藩の要求に因りしと云ふ。

田畑反別及草高の事

是は右慶長年度の検地帳及び寛永年度増高に付、書改めたる名寄帳を以て根拠とす、又石盛の如きは村々に依り、多少の異同ありと雖、大概左の如し、

上田　十六　　中田　十四　　下田　十二

上畑　〇八　　中畑　〇六　　下畑　〇四

屋敷地　〇八

右は慶長年度石盛の大概にして、田方は分米、畑方は分大豆を以て草高とし、且つ之に寛永年度の増高当りを加ふ、又同年度の上木高の内、藺敷の類は田方、唐苧敷、芭蕉敷の類は畑方に准じて草高に結ぶ、但し其石盛の如きは地位に因て悉く異同あり。

地租の事

是は慶長検地の際、村々とも田畑の善悪、村柄の盛衰、人民の多寡等を一々斟酌して、田畑は高一名〔石誤カ〕に付若十（凡七斗五升五六合より二斗一升位迄）畑方同断貢雑穀若干（凡二斗五升位より九合迄但し雑穀とは重に麦下大豆の二品なり）と取極《とりきめ》たるものにして、其頃の旧記はなしと雖、其以後書改たる名寄帳に記載有之《これあり》、概略四公六民の無年季永定免にして凶年ありと雖、貢租の減額を聴かず、又豊年たりと雖、敢て貢額の外を取らざる旧慣なり、但し検地帳及び名寄帳中、田畑の名称を異にして、課税法も随て聊か異なるものあり、之を左に掲ぐ

百姓地　　之は普通の耕地にして、則官有地なり、課税の方法前記の如し。

仕明請地　之は人民労力を以て海浜或は山野等を開拓し則人民一個の所有地を云ふ、但税法前に同じ。

仕明知行　之は其性質仕明請地同様にして、知行の名称ある所以のものは、士族の所有に因て也、而して其仕明知行に限り、上納高の内重出米及反米（反米とは旧藩中元鹿児島へ上納米を草高一石に付米一斗一升四才の当りを以て差向る米筋を云ふ）の分現納にして、其余は米雑石共代納（此の桝目の如きは石代納の条中に詳記せり）の旧例也。

請地　之は元百姓地より分裂するものなり、故に収税は一般と異なることなし、然れども人民一個の所有を云ふ、其分裂する原因たる不詳、蓋し往古其土地をして村民の員数に応じ分与せしを、漸々人口の減少に至るを以て、其土地普《あまね》く耕耘するに力なく、遂に官許を経て其地の幾分を他人に譲り其代金は官へ納入す、於茲《ここにおいて》人民一個の所有と云爾。

払請地　之は其原因請地に稍〃《やや》相似たり、然れども本島中独り具志川、北谷の両間切に限るものにして、一村困迫なるを以て貢納に力なく、依て其土地を売却せんことを情願《ママ》す、官之を許し、他人相当代価を以て買受、一個の所有とす、然れども耕耘は依然先きの村民にあるを以て、貢納運搬の労を省き、救助として米雑石共前項仕明知行同様の石代を以て官納せしむるの旧慣なり、蓋し地所売却代金は該村の共有に属せしと云ふ、之れ前項請地と異る所以なり。

地頭高　之は曩《さき》に士族へ給与せし地を云ふ、悉く官有地なり、而して該税法は往昔掛藩吏及村吏等立会検見し、以て将来上納高及び百姓作徳《ママ》、地頭所得等を区別せしものなり、

其凡例左の如し。

田高二十二石二斗七升八合九勺六才　地　頭　高

此茅五茅九十六茅《ママ》丸キ五束

内　四茅七十六丸キ五束　一丸キに付米五升回し

一茅二十丸キ　同　米四升回し

此正米高二十八石六斗二升五合

但茅とは稲草を云ふ、又一束は一人の片手に抱へ得る丈けの稲株、一丸キは十束、一茅は千束を云ふ

内

十一石六斗八升四勺二才　地租及口米公納

貢租一石当りの税率五斗一升四合代へ

一石一升三合二勺一才　　　重出米公納

田畑高に掛る（畑方重出米を田方に込めて田方の内より収納す）

九石五斗四升一合六勺八才　　百姓作得

之は耕耘者の所得となるものにして正米高の三分の一

六石三斗八升九合七夕《ママ》　　地頭所得

之は正米高の内より前行三口差引たる残米にして全く給与せられたる地頭の禄米なり

右は田方の例にして、畑方も亦麦下大豆等検見し、同様の算則を以て取極《き》めたるものなり

役地高　之は村吏の役地を云ふ、但し税法前項地頭高に同じ。

宮古島及右に属する島々は皆畑にして（聊か田方もあれとも前々田畑成の扱なり）貢額粟及白上中下布の四品、八重山島及右に属する島々は皆田（畑方もあれとも上に同しく畑田成の扱なり）にして、貢額は米及白上中下布の四品にして、無年季永定免なり、而して該税は寛永五年迄草高に賦課せしに、翌六年より人員賦課に更正す、其方法米粟は男白上布は女（何れも十五歳より五十歳迄）白中下布の二品は男女（年齢同上）へ割賦するものとし、其中より男女とも上、中、下、下下の四段に別つて賦課徴収す、仮令ば何十歳より何十歳迄は上位にして一人に付若干とするが如し、其以降人員の増減に拘はらず、年々定納なり。

掛増米穀の事

之は旧藩庁租税要法書類外の地租にして、其事由は士族采地の内、従事縄延又は切添地等の分、該士族と耕耘せる人民と熟談の上、相当の増米を極め、其段旧藩庁へ届済の上、毎歳人民より士族へ請取来りしものにして、則旧藩引継書類中にも該石数等掲載せり。

起先区別の事

之は濫觴不詳、草高は免米を乗じ算出せしものを称して起しと云ふ、又之に一石に付一斗二升づゝ加へたるもの

は、則ち斗立《とだて》なるものにして、租税穀類渾《すべ》て斗立の掛らざるはなし又右に一斗六升づゝ加へたるものは、蔵役人心付（此事由末条に詳記す）までも籠りたる現桝にして、之を先《さ》きと云ふ（則ち一石二斗八升）又雑穀は缺補（此事末条に詳記す）三斗六升づゝ加へたるものを先きと云ふ。（即ち、一石六斗四升）

重出米粟の事

之は田畑高一石に付三升七合四勺二才を課せしものにして則三出米と称す、曰く賦米、曰く荒缺地出米《あれかけちしゅつまい》、曰く掛増米等是なり、其事由左の如し。

賦米　往昔鹿児島藩より藩知事京阪等へ往復する諸入費として、高一石に付一升四合九勺五才を一般に賦課せしに原由し、旧藩中も同様取立来りしものなり。

荒缺地出米　前々損地等の為め貢額の減少せしを以て、往昔其減額の分を一般へ割付、高一石に付一升七合七勺五才を課せしものなり。

掛増米　盛増出米とも云ふ、享保十二年より高一石に付四合七勺二才を課せり、其原由は検地の条に詳記す。

該重出米は素より田畑とも、米納の定めなりと雖、従来願済にて粟を以て納来たる村方あり、但米一石は粟一石の計算なり。

口米雑石の事

之は地租米及雑石の内、其地頭たる士族の所得米（即ち禄米）に当る分並に重出米を除くの外、渾て本租一石に付き口〔米脱カ〕二升づゝ取立るの旧例なり。

畑方雑石納の事

之は古来畑方本租雑穀高の内、三分一は下大豆、三分二は麦の定則にして（雑穀一石は麦下大豆とも一石つゝ也）該二種の石数の内、村々とも毎歳定石数ありて、粟、白大豆、本大豆、菜種《ママ》、小麦、小豆、黍、白藊豆、粟籾、黍籾等に成替り定納す、而して、右成替納及定石代納の石数を除き、残額は正麦及正下大豆納の慣例なり、該雑穀類は麦、下大豆との比例左の如し。

粟麦一石は　麦下大豆共二石

但粟と米とは同等の仕来也

菜種子一石は　麦下大豆共一石三斗五升

白葛豆白大豆一石は　同　一石二斗五升

本大豆一石は　同　一石一斗二升五合

黍小豆一石は　同　一石

粟籾黍籾一石は　同　一石

但粟籾黍籾と麦下大豆との比例は従来右の如しと雖右の分各其精品との比例は各籾二石を以て精品一石とす

石代納の事

之は出方貢米額の内、仕明知行高及払請地高の二種に掛る本租は従来斗立高を以て定石代納なり、又国頭地方及中頭地方美里間切の内九箇村、伊平屋島、伊江島、八重山島は他間切に比較、格外米性相劣るの故を以て、毎歳本島石代直段《ねだん》に三斗二升入一俵に付金三十銭安、則一石に付金九十三銭七厘五毛安を以て、定石代納の仕来なり、又右定石代の外正納すべき米員、該年不作其他の情実を以て、臨時石代納願出るときは、右米員は斗立及蔵役人心付等迄合算して、石代納を許可す、但国頭其他安直段の村々は臨時石代と雖、前記蔵役人心付等迄合算の上、安直段を以て取立るの慣例なり。

畑方貢麦及下大豆の内、定石代納二様あり。

其一は代請石代（安直段）と唱へ、該年第二種（一種二種直段の訳は該直段取極方の条に詳なり）石代直段に百姓心付として、一升に付金二厘安、則一石に付金二十銭安を以て本租斗立とも算計す、其濫觴不詳。

其二は地租の条に記せし所の仕明知行高及払請地高に掛る貢麦（此の二種に限り畑方は皆貢麦の租額也）にして、本租斗立該第一種石代直段を以て算出す、其他下大豆との正納すべき石数、臨時石代納願出るときは、前条の通斗立蔵役人心付及欠補等迄合計して第一種石代直段を以て取立るの旧慣なり。

石代直段取極方の事

之は毎歳米は八月十六日より九月四日迄（旧歴《ママ》七月初旬より中旬迄）二十日間、首里、那覇市中売買相場平均を以て算定す。

麦石代直段に二種あり。其一は普通直段、其二は安直段なり、該直段を定むるには毎歳四月十一日より同三十日迄（旧歴三月初旬より中旬迄）二十日間、首里、那覇《ママ》売買相場十日づゝ二通に平均し、其安直段より一石に付百姓心付二十銭を引去りたるを以て代受石代直段とし、高直段を以て普通石代直段とす。

下大豆石代直段も又二種あり、該年十一月一日より同月二十日迄（旧十月初旬より中旬迄）二十日間、首里、那覇市中売買相場を以てす、其安直段高直段の取極方は、渾て麦直段に同じ。

此他雑穀類は下大豆の相場を基とし、これに前記雑穀の条に記載せし品位の比例を以て、本大豆、白大豆、白藊豆、小豆の石代相場を算出す、但粟、麦、黍、菜種子は皆現納、然れども事故ありて石代納願出るときは、時価（即ち市中売買平均相場）を以て代納を許可するの慣例なり。

地租の部

代糖納の事

之は収納の方法二種あり、其一は米粟若干を以て砂糖若干に換納し、其二は石代納すべき金若干を以て砂糖若干に換納す、蓋し往昔よりの慣行なり、其詳細左の如し。

中頭地方の内、美里間切九箇村を除くの外、並島尻地方一般は、渾て貢米の内起米三斗七升五合を以て砂糖百斤に換へ又国頭地方の内、三間切及中頭地方の内、美里間切九箇村は米性不宜の故を以て、起米四斗一升六合六勺六六〔才誤カ〕を以て砂糖百斤に換納す、但何れも前々定納額なり。

伊江島及中頭地方の内、読谷山間切は、貧村の故を以て前前より願に因り、貢米の内各五十石づつ年限を以て代糖納を許可し、起粟四斗一升七勺八六〔才誤カ〕を以て砂糖百斤に換算（納《ママ》）す（買上糖額の内より）但し現今は明治十年より同十四年迄五箇年の年季中なり。

該代糖納ある村々、前項石代納の条に掲記せる麦、下大豆とも代受石代と唱ふる分、砂糖百斤に付延銭百八十貫文の定価、之を通貨一円に付延銭千六百貫文を以て算出し、金十一銭二厘五毛の当りを以て換納仕来れり、然るに明治十一年旧藩に於て右延銭の称相廃し、随て砂糖の価格も同年より前十箇年間市中砂糖売買相場の凡《およそ》平均を以て、更に百斤に付銅銭百六十貫文と改定し、之を通貨一円に付銅銭五十貫文を以て算出し、金三円二十銭の割を以て、十一年分より換納せしむ、但此代糖は年々石代直段の高下に寄《ママ》り、納額増減あるべき筈の処、右に拘はらず従来一間切毎砂糖（買砂糖のみ売砂糖は除く）の納額ありて、石代金員に照し精算の上、不足は現金を以て取立、過分の砂糖は下戻さずして、前記百斤に付金三円二十銭の割を以て金員にて下付するの慣行なり。

中頭、島尻両地方の内、北谷、越来、具志川、高嶺の四箇間切は、最も貧村なるを以て、旧藩庁にて手入場所と唱へ、救助の点より買揚糖額の内、年限を以て定数時価買上を許可せり。

右等の納額は渾て納額皆納迄は、新糖売買厳禁にして、定納せし間切より漸々売買を許可するの慣行なり。

反布納の事

之は八重山、宮古の両島は地租の条に記載せし如く、租額中に白上中下布の三品ありて、右の内毎歳旧藩より白紺細上布及縮布、木綿等の類、品位反数を極め、前年より之を該島へ注文し、以て前記の三品と換納せしむ、其方法白上布一疋に付八重山は代起米七斗五升、宮古は代起粟七斗、白中布一反八重山は代起米三斗一升五合八勺、宮古は代起粟二斗九升四合七勺八才、白下布一反八重山は代起米二斗五升、宮古は代起粟二斗の割を以て、各代米粟額を算定し而して之を換納せしむ、諸反布代米粟の合計と差引、過石は該島貢米粟の納額中より引去り下戻し、不足は現米粟を以て徴収す、蓋し右換納する所の反布も、従来品位限代米粟の定額あり、仮令ば其品位二十桝紺地細上布（一桝と唱ふるは堅糸四十筋）は一反に付代米粟何程、十五桝白細上布は一反に付何程と云ふが如く、各其代を異にす。右は往昔よりの慣例にして、反布納の起原、年度等渾て詳ならず。

久米島紬の儀、元来該島貢額は従来米員にして、其内より代米凡八九百石程は、毎歳旧藩より白紬縞紬の内、品位反数等相場相極め、前年より之を注文し、而して徴収の後、該反布代米高は該年貢米額の内より引去り下渡の慣例なり、但品等により代米の差違其他前条に同じ。

代真綿納の事

之は慶良間、渡名喜、粟国、伊平屋の四島より相納むるものにして、真綿一把此目方百目に付代起米粟共二斗五升の割を以て、往古より貢米に換納仕来りたり、尤も慶良間島は真綿五十二把八十四匁、渡名喜島は同九把六匁、粟国島は同百十三把十五匁、伊平屋島は同二百把、何れも年々貢米額の内より換納仕来りしに、伊平屋島は頻に養蚕の業相進みし故を以て、中古旧藩に於て換納の額を三百把に改定せしと云ふ、但往古の起原詳ならず。

缺補、雑穀及砂糖の事

是は往古より缺補として米、粟、粟籾、〔黍脱カ〕、黍籾の五品を除き、其余の貢納雑穀の内、実際官庫へ収納する分は、起二斗五升に付現桝九升、則一石に付三斗六升づつ、又直納と唱へ官庫に収入せずして、人民より直に士族禄米に渡す分は、起二斗五升に付現桝六升、則一石に付二斗四升づつ、又伊江島に限り官庫納直納とも、渾て起二斗五升に付五升七合、則一石に付二斗二升八合づつの割合を以て、毎俵籠石の上収納し、追て旧藩蔵役人に於て、藩庁へ本石精勘定の節、実地過石の分は、該蔵役人の所得と仕来りしと云ふ。

缺補砂糖は渾て桝目を以て砂糖に換る分（何斗何升何合を以て百斤に換るを云ふ）は樽の入実を論ぜず、一挺に付砂糖五斤づつ、又石代金を砂糖に換る分（金何円何十銭を以て砂糖に換るを云ふ）は百斤に付五斤六割《ママ》を以て、米糖と共に取立る。但其結果は前条に同じ。

蔵役人心付米穀の事

之は往古より蔵役人心付として、米及雑穀共渾て起二斗五升に付現桝四升、則一石に付一斗六升づつ、又宮古島、八重山島に限り起二斗五升に付二升、則一石に付八升づつ、毎俵込石の上収納す。但其結果は前条缺補に同じ。

俵入の事

之は米及雑穀の内、其種類と地方とに因て入実を異にすること左の如し。

貢米、粟、粟籾、黍、黍籾の五品は、一俵入実三斗二升にして、内二斗八升は本途斗立共、四升は蔵役人心付なり。

宮古島、八重山島は貢米粟に限り三斗入にして、内二斗八升は本途斗立共、二升は蔵役人心付なり。

雑穀の内、粟、粟籾、黍、黍籾を除くの外は、一俵四斗一升入にして、内二斗八升は本途斗立共、九升は缺補、四升は蔵役人心付なり。

右雑穀の内直納（其事由缺補の条に詳なり）の分は入実三斗八升にして、内二斗八升は本途斗立共、六升は缺補、四升は蔵役人心付なり。

伊江島に限り雑穀入実三斗七升七合にして、内二斗八升は本途斗立、五升七合は缺補、四升は蔵役人心付なり。

納期の事

中頭、国頭地方

米、粟、黍	九月三十日限	旧八月
麦	五月三十一日限	旧四月
大豆、小豆、白藊豆	十二月三十一日限	旧十一月
菜種子	四月三十一日限	旧三月

国頭地方

米、粟、黍	十一月三十日限	旧十月

麦　　　　　　　　七月三十一日限　旧六月
菜種子　　　　　　七月三十一日限　旧六月
大豆、小豆、白藊豆　翌年一月三十一日限旧十二月

右本島中其地方に依り納期の異なる所以のものは、地の遠近、運搬の便否、土地季候等に依て判定せしと云ふ、又此他属島等の如きは、更に一定の期無し、然りと雖其米穀収穫の期節《ママ》に至り、順風を待て貢船を発し収入するの成規なり。

砂糖は翌年一月より五月迄（旧十二月より翌年三四月頃に至る）皆納の例規なり。

租税未納処分の事

之は租税金穀共、納期を怠るあらば厳重督促し、該納期後一箇年を過れば、本税は二割半の利子相掛け取立る（仮令ば未納一石なれば利子二斗五升なり）の規則なり、然れども中古以来納期を愆《あやま》り、或は納期を完納し能はずして、官之を実施せし等のことなしと云ふ、其故は未納者あれば村吏に於て実際取調、全く本人の完納し能はざる分は、該親類若くは村中、間切等より弁納するの慣行あればなり。

雑税の部（現今畑租の部に入る）

夫賃米の事

之は其濫觴不詳。宮古、八重山島の人口に賦課し、一人に付起粟八合四四五九八二（此算法の出所不詳）を収入する方法にして、其人口は享保六年の調査員額に拠り、年々徴収し来れりと雖も右両島は絶海の孤島にして、米産に乏しく、且現夫を役すること不能、故に夫賃米の称呼あるも粟を以て収入す、然れども米納するものは勿論、年の凶歉《きょうけん》に際会し粟納方差支ある時は、納額半に至る迄、麦、下大豆、木綿花、同布、菜種、胡麻等を以て勝手代納することを許可し、又旧藩中は毎歳両島に反布、牛皮等の諸雑種を注文するときは、是亦引合を以て差引精算する慣行にして、其類目及引合相当額は、両島共規模帳と唱ふる例規帳に明記ありと雖、今其梗概を左に記す。

米一石起　　粟一石起
胡麻一石起　　同
麦、下大豆一石起　　同五斗起
菜種子一石起　　同六斗七升五合起
木綿一反　　石当りは地租同断に付略す
海鼠《なまこ》一粒　　粟七合五勺起
牛皮一斤　　同三升起
海馬《じゅごん》同　　同一升五合起
角俣同　　同五升三合二勺五才起

納期本租同様、収穫の期節に至り、順風を待ち那覇港より船舶を発し収入するの慣行なり。

夫役銭の事

之は濫觴不詳。旧藩政中三種に別ち人口に賦課するものは宝暦十五年に調査する所の各間切総人員中、有位（旧親雲上並に筑登之を云ふ）おゑか人（地頭代並捉等の各間切役人を云ふ）並男女十四歳以下五十一歳以上を除き、爾来人員の増減に関せず課し来る、而して第一種は一箇月五度使にて公役を勤むる者の外、総て一度使（男は銅銭一貫文此金二銭女は同五百文此金一銭づつ）徴収するものなり、然れども実際首里城より離隔の遠近如何に依り分合ひ有之、即ち島尻地方及中頭の中、首里城より五里以内の地を除き、中頭は九分夫、国頭は八分夫とし、其他各離島に至りては五分夫迄等差有之、而して十分夫は一貫文、九分夫は九百文収入の比例なり、以下之に傚ふ。

其第二種は請地高一石に付年銅銭一貫文（此金二銭）を課するものなり、而して右両夫役銭中より陰暦正月に至り、諸免夫（即ち家禄知行を有せしものは高十石に付男夫二人一箇月五度使の免夫あり又役知高に応じ前同断の免夫あるの類）を差引精算し、残額の分は各間切に相預、他日藩用買入糖、同樽用材木、竹等の諸需用に引当、差引するの慣行なりしに、置県後之を廃し現金を以て収入す、然れども離島中金納に差閊《さしつかえ》るものは旧慣通り、莚等の物品を以て代納するを免す。

其第三種は領地夫役銭にして、旧藩政中各間切を領有せしものは総地頭と唱へ、年一回其領内の夫を実使、又は夫銭を徴収し、尚其外村落を領有せしものは協〔脇〕地頭と唱へ、年二回其領村の夫を実使、又は夫銭を徴収し来りたる方法にして、前記二種夫役の外、更に年三回領主に役せらるゝものなりしに、置県後は一切之を廃し県庁に収入す。

納期十二年分は旧慣に依り、追て決定の積りなり。

船税の事

是は濫觴不詳。旧藩政中帆賃と唱へ来り、五反帆以上の反数に賦課する方法にして、一反に付月銅銭二百八十一文二分五厘（六《ママ》）を収入す、然れども宮古、八重山の両島に航行するときは、其月より帰港の月迄除税し、之に換ゆるに航海一往復一反に付銅銭九百三十七文五分（此金一銭七厘）を課す、但首里、那覇、久米、泊の四箇所居住者所有船にあらざれば税を課せず、蓋し各間切に属する船舶は、貢租運搬用に供する為なり、然れども若し宮古、八重山両島の中に往復するときは、亦一反につき《ママ》前文の税額を課し、新造船は翌月より収税し、解船破船は其月より免税す、右月税翌月六日以上延納するものは、月に其税額百分の三の利子を徴収す、蓋し船税に限り延納利子を追徴する所以は、常に諸港に航行し滞納者多ければなり。

納期十二年分は旧慣に依り、追て決定の積りなり。

焼酎税の事

是も濫觴不詳。戸数に賦課し月々収入するの方法にして、造石高に関はらず、米粟焼酎醸造する者は、一軒に付一箇月銅銭百貫文（此金二円）黍焼酎醸造する者は、一軒に付一箇月銅銭一貫八百七十五文（此金三銭八厘宛）収入す、新たに営業する者は翌月より収税し、廃業する者は其月より免税す。

納期毎月二十五日限り。

浮得税の事

濫觴不詳。但四種の収納あり、左の如し。

塩。　之は製塩場の良否に依り月税年税の区分あり、月税は塩十俵一升二合九勺九才（此算法出所不詳）にして、閏月のある年は一箇月分相増、年税は五十俵（此亦同断）なり。一俵は総て五升入にして計立なり、又現納あり、石代納あり、一石に付銅銭六十貫文（此金三銭八厘、昨十二年一月迄此金一円二十銭、同年二月以降）の相場を以て収入するの例規なり、蓋し石代納は元貧乏者に限り、年限を以て許可せしものなりと云ふ、又塩一石相場の斯く差違あるは、昨年二月に至り延銭（鍋銭）勘定を廃止し銅銭とし、従て最前賦課の雑税延銭一貫文は、直に銅銭一貫文に引直せしより、寛苛隔絶すること如斯。然りと雖旧藩用の雑物は各間切に賦課し、定価を以て上納せしめ、諸雑税銭を以て差引し、実際官庫より払出さゞるの慣行なりし故、今之を廃せしも人民の疾苦不影響のみならず、却て益する所多しとす、雑税中月税の分右同断、但延銭三十二文相当銅銭一文、延銭一貫六百文相当金一厘、銅銭五十文相当金一厘。

現塩納の分も、現品不足して代金納願出るときは、時価平均相場を以て代納を免す。

納期月税は其月限り、年税は十二月限り。

綿子。（真綿）　之は桑木一本に付、年綿子目方三匁二分を課せし方法にして、其後桑木の増減に関はらず、定手形帳に記載の数額を以て収入し来り、又米を以て代納するものは一把（百匁）につき米斗立二斗八升の引合にて、収入する例規なり、但綿子の産処は久米、伊平屋、慶良間、渡名喜島、粟国島に限り、納期十二月限り。

棕梠縄。　之は棕梠《しゅろ》一本に付年々棕梠皮十二枚を賦課し、又閏年には一箇月を増収せし方法にして（乾隆二十四年即ち宝暦九年に定手形帳面に記載の定数に拠る）其後木（本）数の増減に関はらず、定手形帳面に記載の定数に拠る、而して旧藩政中船手方の需用次第、縄として収入せしより因襲して、年々縄にて納入するに至る、又久高島は旧藩船方相勤めしを以て、上納棕梠縄高七十五斤一合二勺八才を免除し、又米を以て代納するものは、代米一石に付銅銭四百七十九貫七十二文の相場を以て、一斤の相場銅銭七貫二百二十五文を除せば、則代米の石数を得、現品不足にて代金納願出るときは、時価平均相場を製し代納を許可せし慣例なり、納期十二月限り。

金〔校訂者注〕　之は雑物に賦課せしものにて、茲に其例を揚げば、九年母木一本に付年銅銭五百文（此金一銭）橙木一本に付銅銭二百五十文（此金五厘）綱一キタ（一張なり）五百五十文（此金一銭一厘）繰船一艘一貫文（此金二銭）徴収するの方法にして、其後員数の増減に関はらず、定手形帳面通り収入し来れり、納期前同断。

校訂者注：「浮得税」は現物納が基本であるが、「金」の意味は、現物納はなく、金銭で納められているという意味であろう。

硫磺〔硫黄〕納の事

是は鳥島（那覇港より西方八十七里許あり鹿児島県徳之島に近し）に産出するものなり、旧藩政中清国に貢捧の為、往古は船舶並鉱夫を送り採取せし処追年移住人之あり、然れども五穀無之《これなく》、磽确《こうかく》の孤島に付、救助として年々麦百五十石、粟籾百五十石合計三百石、官船を以て回漕し、之を換ゆるに硫磺一万五千斤を上納せしめ、帰港の上、泊村に於て更に精製し貢物の用に供せり、而して又右に係る経費は一切官より支給し来りしに、清国貢船廃絶以後尚十一年分迄収入し来り、置県の節引継に相成居れり、十二月分より暫《しばら》く之を雑税中に組入置くものなり。

納期、夏季救助穀を回漕し、秋季硫磺を搭載帰港するの慣行なり。

注

収録にあたって、以下の点に手を加えた。

①旧漢字は新漢字に直した。②難解な漢字には、ふりがなを付した。③明らかな誤植は、本文中に〔　〕で修正した。また、脱字や誤字が推定されるときは、本文中に〔　脱カ〕〔　誤カ〕と示した。④句読点は原文の通りである。

第 5 章　1884（明治 17）年の沖縄県旧慣調査とその背景

第 6 章　内法の起源と近代の内法調査・届出（成文化）

第 7 章　内法史料の伝存状況と内法の史料的性格

第 8 章　内法と地域社会（村《むら》）――生成する内法と制裁処分

図表一覧

初出一覧

第１章　近代沖縄の成立――琉球国併合としての沖縄県設置　　書き下ろし

第２章　旧慣期の村《むら》と民衆

『沖縄県史　各論編　第5巻　近代』沖縄県教育委員会　2011年

第３章　地域から見た近代沖縄――西原間切（村《そん》）を中心に

『西原町史　第1巻　通史編Ⅰ』西原町役場、2011年

第４章　近代沖縄の旧慣調査とその背景

『地域研究』第5号、沖縄大学地域研究所、2009年（修士論文　序章）

第５章　1884（明治17）年の沖縄県旧慣調査とその背景

『沖縄文化研究』第35号、法政大学沖縄文化研究所、（修士論文　第1章）

第６章　内法の起源と近代の内法調査・届出（成文化）

『沖縄近代法の形成と展開――沖縄の特殊性と普遍性』研究代表者 田里修（沖縄大学）、2009年（修士論文　第2章）

第７章　内法史料の伝存状況と内法の史料的性格　　書き下ろし（修士論文　第3章）

第８章　内法と地域社会（村《むら》）――生成する内法と制裁処分　　書き下ろし

第９章　旧慣調査と東アジア――旧慣・内法調査の意義　　書き下ろし（修士論文　終章）

〈資料〉旧琉球藩租税法　　書き下ろし

※既発表論文については、本書収録にあたって以下のとおりの改稿および加筆・修正を行なった。第2章は、初出に若干の加筆修正を行なった。第3章は、初出を本書の視座に合わせ、一部書き改めた。第4章は、初出を大幅に書き改めた。第5章は、一部意足らずを修正した。第6章は、若干の字句の修正を行なったほか、初出を一部カットした（修士論文の体裁に戻した）。

あとがき

本書のタイトルは、出版社の意向もあって『近代日本最初の「植民地」沖縄と旧慣調査　1872-1908』としました。インパクトの強いタイトルとなっておりますが、近代沖縄の歴史的性格についての議論が深まればと思っています。

二十歳をすぎたばかりの頃、転勤先の名護市で、偶然比嘉春潮の『沖縄の歳月』（中公新書）を本屋で見付け購入したことが、沖縄の歴史（近代史）への関心の出発点となりました。父が遺した僅かな蔵書のなかに比嘉春潮が著した『沖縄の歴史』（沖縄タイムス社、一九六五年）があったため、父の遺言でも読むかのように何度もくり返し『沖縄の歳月』を読み返したことが思い出されます。同じ頃、島崎藤村や石川啄木の描く文学世界に魅せられて、日本近代史にも関心を抱くようになりましたが、沖縄近代史研究に取り組むまでには、ずいぶんと時間がかかりました。

本書は、二〇〇七年一月に沖縄大学大学院修士課程現代沖縄研究科（沖縄・東アジア研究）に提出した修士論文「近代沖縄における旧慣・内法調査の研究」を基礎に編まれました。「近代沖縄における旧慣・内法調査の研究」は、ありがたくも大学院の第一回「現代沖縄研究奨励賞」を授与され、将来の出版の助成として奨励金をいただきました。本来なら、直ちに刊行の準備に取りかかるべきでしたが、あと一本内法に関する論文を書きたかったことに加え、推敲に時間を掛けたかったこともあり遅々として進みませんでした。また、修士課程修了後、新『沖縄県史　近代　各論編』に執筆を依頼され引き受けたこと、『西原町史　第一巻　通史編Ⅰ』に近代の通史叙述を依頼され引き受けたこともあり、時間はどんどん過ぎていき今日にいたってしまいました。刊行が遅れ、沖縄大学・大学院の先生および関係者に対し申し訳なく思っております。

本書収録の論文執筆の過程では、多くの方々にお世話になりました。大学院で直接論文指導をしていただいた田里修先生には特に深く感謝を申し上げます。大学院では、新崎盛暉先生、金城正篤先生、又吉盛清先生、桜井国俊先生、屋嘉比収先生にお世話になりました。特に金城正篤先生の講義を受けることができたのは、とても嬉しかった出来事でした。わたしは、学部では法律専攻であったため、戦後の大学を卒業した歴史学プロパーの先生に大学(院)で講義を受けるのは初めての経験でした。昨年故人となった屋嘉比収先生との思い出も忘れがたいものがあります。屋嘉比先生は、同世代で若い頃からの知己であったこともあって、講義以外にも時々研究室を訪ねて教えを乞うたり、雑談を交わしたりしましたが、重篤な病気を抱えていたとは知りませんでした。快く対応してくれたことに深く感謝し、こころからご冥福をお祈りいたします。

二〇〇五年四月、沖縄大学大学院への進学は、田里修先生を代表者とする「平成十三〜十六年度科学研究費補助金基盤研究（A）」の「沖縄における近代法の形成と現代における法的諸問題」に研究協力者として参加したことが契機となりました。「法的諸問題」の研究会メンバーに、約十年間、多くの研究的刺激を受けたことが、本書につながったと考えています。「法的諸問題」メンバーの研究会は、その後「沖縄近代法の形成と展開――沖縄の特殊性と普遍性」、「沖縄近代法の構造と歴史的性格」とテーマを変えながらも今日まで続いています。お一人ひとりのお名前は列挙できませんが、研究会メンバーにあらためて感謝申し上げます。また、本書の基礎は、学部二年次（一九七九年）の新崎盛暉先生の「教養ゼミ社会科学入門」で築かれました。教養ゼミでは、大塚久雄『社会科学の方法』、内田義彦『社会認識のあゆみ』などをメンバーで読み、討論を行ないましたが、これに触発され、法社会学につながるような川島武宜『科学としての法律学』、末川博編『社会科学の道標』、渡辺洋三『法とは何か』などを当時読んだことが思い起こされます。

これまで、沖縄大学学部時代に島尻勝太郎先生から古文書を学び、本業のかたわら二十代後半から先島、特に宮古島の近世史の研究（人頭税や漂着船など）に取り組んできましたが、その成果は別の機会にまとめてみたいと思っています。このような研究活動ができたのは、職場の理解や東京の沖英寮を軸とした交友関係、沖縄文化協会、沖縄歴史研究会、沖縄県地域史協議会、宮古郷土史研究会、沖縄・八重山文化研究会等で琉球／沖縄史研究に関わる多くの先輩・友人との出会いがあり、彼ら先輩・友人たちの励ましと支えがあったからです。本書は、長年の琉球／沖縄史研究に関わる多くの先輩・友人との旧交のたまものでもあり、深く感謝いたしております。本文が長くなり、あとがきのスペースが限られているため、それぞれのお名前を挙げての御礼や旧交の思い出を記すことができない不義理をご海容ください。

最後になりますが、発行元の藤原書店を紹介していただいた東京の沖英寮時代（一九八〇年）以来の学兄波照間永吉氏（現沖縄県立芸術大学教授）、名もない著者の本の出版を快諾していただいた藤原書店の藤原良雄社長、本書を編集していただいた西泰志氏に深く感謝いたします。また、わたしの論文を丁寧に読み込み、誤字・脱字から論旨の不明瞭な点までを指摘し、本作りに関する助言をするなど、多岐にわたって援助してくれた畏友田場由美雄さんに深く感謝します。田場さんの丁寧な読み込みがなければ、本書が成ることはありえませんでした。

そして、我が家の近代史研究会で一緒に学び討論し、なおかつ原稿段階で校正を手伝ってくれた儀間（齊藤）淳一さん、ゲラの校正を手伝ってくれた恩河尚さん、修士論文作成に協力してくれた輝広志さん、齊藤郁子さん、伊敷勝美さんら研究会メンバーに感謝いたします。さらに、生涯の友として研究活動をともに励まし合い、精神的に支えてくれた上原孝三さんと金城善さん、資料を提供していただいた又吉盛清先生、元一橋大学経済研究所日本経済統計情報センター専門職員高橋益代様、資料探索にご協力いただいた早稲田大学教授勝方＝稲福恵子先生、久部良和子さん（国立劇場おきなわ）、装丁の原画を提供していただいた西原町立図書館、島尻先生亡き後、何くれとなく励まし指導してくれた西里喜行先生、波平勇夫先生、仲地哲夫先生の学恩、それぞれに深く感謝いたします。

さらにまた、わが家族たち（母トヨ、妻博子、長男理揮、二男泰之）の協力と、二十歳前の若いわたしに知性の大切さと学ぶ喜びを教えてくれた、兄とも慕う長嶺巌さんに感謝いたします。

本書を、不肖の教え子を学問の道に導いてくださった今は亡き島尻勝太郎先生と、比嘉春潮の『沖縄の歴史』を残してくれた亡き父実の霊前に捧げます

父の命日を目前にした　二〇一一年十月十七日

平良勝保

に

の

は

ひ

さ

し

か

き

く

け

こ

事項索引

本文と史料解説（注を含む、但し史料本文と図表、あとがきは除く）に登場する主な人名を対象とした。

人名索引

本文と史料解説（注を含む，但し史料本文と図表、あとがきは除く）に登場する主な人名を対象とした。

著者紹介

平良勝保（たいら・かつやす）

1954年沖縄県宮古島市（旧城辺町）生。専門領域は近世琉球史、近代沖縄史、先島史。2007年、沖縄大学大学院修士課程修了。1997年、第19回沖縄文化協会賞（比嘉春潮賞）受賞（沖縄文化協会）。2007年、第1回現代沖縄研究奨励賞受賞（沖縄大学大学院）。主な論文に、「咸豊3年宮古島におけるイギリス苦力貿易船の漂着事件」（『球陽論叢』、『球陽論叢』刊行委員会、1986年）、「いわゆる『宮古島旧記』について」（『浦添市立図書館紀要』第3号、浦添市立図書館、1991年）、「『人頭税』の呼称と『頭懸』の起源」（『沖縄文化』第30巻2号、通巻82号、沖縄文化協会、1994年）、「近世与那国の支配と貢納」（『沖縄芸術の科学』第16号、沖縄県立芸術大学附属研究所、2003年）、「近世先島の石高と貢租」（沖縄国際大学南島文化研究所編『近世琉球の租税制度と人頭税』、日本経済評論社、2003年）など。現在、沖縄文化協会／宮古島市史編集委員。

近代《きんだい》日本《にほん》最初《さいしょ》の「植民地《しょくみんち》」沖縄《おきなわ》と旧慣調査《きゅうかんちょうさ》　1872-1908

2011年11月30日　初版第1刷発行 ©

著　者　平良勝保
発行者　藤原良雄
発行所　株式会社　藤原書店

〒162-0041　東京都新宿区早稲田鶴巻町523
電　話　03（5272）0301
FAX　03（5272）0450
振　替　00160-4-17013
info@fujiwara-shoten.co.jp

印刷・製本　中央精版印刷

落丁本・乱丁本はお取替えいたします
定価はカバーに表示してあります

Printed in Japan
ISBN978-4-89434-829-5

台湾人による初の日台交渉史

台湾の歴史
（日台交渉の三百年）

殷允芃編
丸山勝訳

オランダ、鄭氏、清朝、日本……外来政権に翻弄され続けてきた移民社会・台湾の歴史を、台湾人自らの手で初めて描き出す。「親日」と言われる台湾が、その歴史において日本といかなる関係を結んできたのか。知られざる台湾を知るための必携の一冊。

四六上製　四四〇頁　三二〇〇円
（一九九六年一二月刊）
◇978-4-89434-054-1

中国vs台湾――その歴史的深層

中台関係史

山本　勲

中台関係の行方が日本の将来を左右し、中台関係の将来は日本の動向によって決まる――中台関係を知悉する現地取材体験の豊富なジャーナリストが歴史、政治、経済的側面から「攻防の歴史」を初めて描ききる。新時代の中台関係と東アジアの未来を展望した話題作。

四六上製　四四八頁　四二〇〇円
（一九九九年一月刊）
◇978-4-89434-118-0

近代日本理解の死角

近代日本と台湾
（霧社事件・植民地統治政策の研究）

春山明哲

「近代国家」建設期の日本にとって、初の「植民地」台湾とは何だったのか。台湾先住民族の抗日武装蜂起「霧社事件」と、原敬・後藤新平らの統治思想との両面から、日台関係の近代史を見つめ直し、台湾を合わせ鏡とした日本像に迫る。

A5上製　四一六頁　五六〇〇円
（二〇〇八年六月刊）
◇978-4-89434-635-2

中国民主化の原点

天安門事件から「08憲章」へ
（中国民主化のための闘いと希望）

劉暁波著　劉燕子編
横澤泰夫・及川淳子・劉燕子・蒋海波訳
序＝子安宣邦

「事件の忘却」が「日中友好」ではない。隣国、中国における「08憲章」発表と不屈の詩人の不当逮捕・投獄を我々はどう受けとめるか。

四六上製　三二〇頁　三六〇〇円
（二〇〇九年一二月刊）
◇978-4-89434-721-2

今、アジア認識を問う

「アジア」はどう語られてきたか
（近代日本のオリエンタリズム）

子安宣邦

脱亜を志向した近代日本は、欧米への対抗の中で「アジア」を語りだす。しかし、そこで語られた「アジア」は、脱亜論の裏返し、都合のよい他者像にすぎなかった。再び「アジア」が語られる今、過去の歴史を徹底検証する。

四六上製　二八八頁　三〇〇〇円
（二〇〇三年四月刊）
◇978-4-89434-335-1

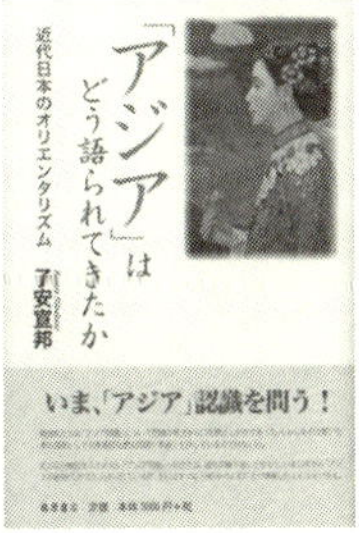

日韓近現代史の核心は、「日露戦争」にある

歴史の共有体としての東アジア
（日露戦争と日韓の歴史認識）

子安宣邦＋崔文衡

近現代における日本と朝鮮半島の関係を決定づけた「日露戦争」を軸に、「一国化した歴史」が見落とした歴史の盲点を衝く！　日韓の二人の同世代の碩学が、次世代に伝える渾身の「対話＝歴史」。

四六上製　二九六頁　三二〇〇円
（二〇〇七年六月刊）
◇978-4-89434-576-8

中国という「脅威」をめぐる屈折

近代日本の社会科学と東アジア

武藤秀太郎

欧米社会科学の定着は、近代日本の世界認識から何を失わせたのか？　田口卯吉、福澤諭吉から、福田徳三、河上肇、山田盛太郎、宇野弘蔵らに至るまで、その認識枠組みの変遷を「アジア」の位置付けという視点から追跡。東アジア地域のダイナミズムが見失われていった過程を検証する。

Ａ５上製　二六四頁　四八〇〇円
（二〇〇九年四月刊）
◇978-4-89434-683-3

「植民地」は、いかに消費されてきたか？

「戦後」というイデオロギー
（歴史／記憶／文化）

高榮蘭

幸徳秋水、島崎藤村、中野重治や、「植民地」作家・張赫宙、「在日」作家・金達寿らは、「非戦」「抵抗」「連帯」の文脈の中で、いかにして神話化されてきたのか。「戦後」の「弱い日本」幻想において不可視化されてきた多様な「記憶」のノイズの可能性を問う。

四六上製　三八四頁　四二〇〇円
（二〇一〇年六月刊）
◇978-4-89434-748-9

琉球文化の歴史を問い直す

別冊『環』⑥
琉球文化圏とは何か

〈対談〉**清《ちゅ》らの思想**　海勢頭豊＋岡部伊都子
〈寄稿〉高嶺朝一／来間泰男／宇井純／浦島悦子／安里英子／石垣金星／渡久地明／高江洲義英／松島泰勝／名護博／嘉手納安男／安里進／真久田正／豊見山和行／後田多敦／比嘉道子／又吉盛清／島袋まりあ／前利潔／下地和宏／石垣博孝／上勢頭芳徳／米城惠／比嘉政夫／西岡敏／波照間永吉／具志堅邦子／金城須美子／ルバース吟子／高嶺久枝／前嵩西一馬／多和田真助／川満信一／島袋純／高良勉／屋嘉比収／目取真俊／田仲康博／与那嶺功／米倉外昭／幸喜良秀／仲本瑩／宮城公子／西里喜行／比屋根照夫／伊佐眞一／石川友紀／中根学／真栄平房昭／三木健／宮城信勇／稲福日出夫／宮城晴美／由井晶子／新崎盛暉
〈シンポジウム〉岡部伊都子／川勝平太／松島泰勝／櫻井よしこ／上原美智子／我部政明／仲地博／大城常夫／高良勉

菊大並製　三九二頁　**三六〇〇円**
（二〇〇三年六月刊）
◇978-4-89434-343-6

いま、琉球人に訴える！

琉球の「自治」
松島泰勝

軍事基地だけではなく、開発・観光のあり方から問い直さなければ、琉球の平和と繁栄は訪れない。琉球と太平洋の島々を渡り歩いた経験をもつ琉球人の著者が、豊富なデータをもとにそれぞれの島が「自立」しうる道を模索し、世界の島嶼間ネットワークや独立運動をも検証する。琉球の「自治」は可能なのか!?

附録　関連年表・関連地図
四六上製　三五二頁　**二八〇〇円**
（二〇〇六年一〇月刊）
◇978-4-89434-540-9

沖縄から日本をひらくために

真振 *MABUI*
海勢頭豊

写真＝市毛實

沖縄に踏みとどまり魂（ＭＡＢＵＩ）を生きる姿が、本島や本土の多くの人々に深い感銘を与えてきた伝説のミュージシャン、初の半生の物語。喪われた日本人の心の源流である沖縄の、最も深い精神世界を語り下ろす。

＊ＣＤ付「月桃」「喜瀬武原」
Ｂ５変並製　一七六頁　**二八〇〇円**
（二〇〇三年六月刊）
◇978-4-89434-344-3

歴史から自立への道を探る

沖縄島嶼経済史
（一二世紀から現在まで）
松島泰勝

古琉球時代から現在までの沖縄経済思想史を初めて描ききる。沖縄が伝統的に持っていた「内発的発展論」と「海洋ネットワーク思想」の史的検証から、基地依存／援助依存をのりこえて沖縄が展望すべき未来を大胆に提言。

Ａ５上製　四六四頁　**五八〇〇円**
（二〇〇二年四月刊）
◇978-4-89434-281-1

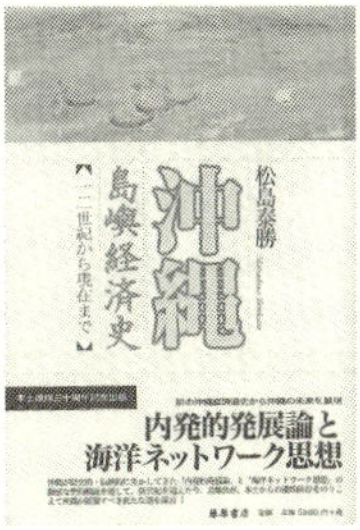

沖縄研究の「空白」を埋める

沖縄・一九三〇年代前後の研究

川平成雄

「ソテツ地獄」の大不況から戦時経済統制を経て、やがて戦争へと至る沖縄。その間に位置する一九三〇年前後。沖縄近代史のあらゆる矛盾が凝縮したこの激動期の実態に初めて迫り、従来の沖縄研究の「空白」を埋める必読の基礎文献。

A5上製クロス装函入　二八〇頁　**三八〇〇円**
（二〇〇四年一二月刊）
◇978-4-89434-428-0

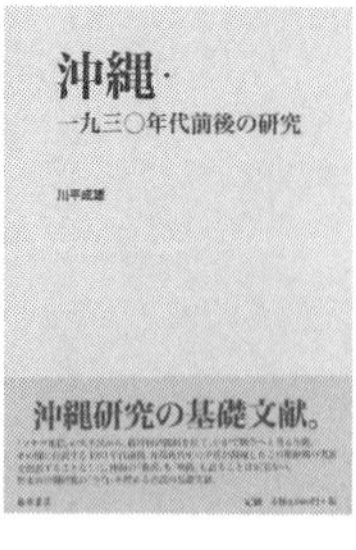

沖縄はいつまで本土の防波堤／捨石か

ドキュメント 沖縄 1945

毎日新聞編集局　玉木研二

三カ月に及ぶ沖縄戦と本土のさまざまな日々の断面を、この六十年間に集積された証言記録・調査資料・史実などを駆使して、日ごとに再現した「同時進行ドキュメント」。平和・協同ジャーナリスト基金大賞（基金賞）受賞の毎日新聞好評連載「戦後60年の原点」、待望の単行本化。

写真多数
四六並製　二〇〇頁　**一八〇〇円**
（二〇〇五年八月刊）
◇978-4-89434-470-9

二一世紀沖縄の将来像！

島嶼沖縄の内発的発展

〈経済・社会・文化〉

西川潤・松島泰勝・本浜秀彦編

アジア海域世界の要所に位置し、真の豊かさをもつ沖縄。本土依存型の開発を見直し、歴史的、文化的分析や現場の声を通して、一四人の著者がポスト振興開発期の沖縄を展望。内発的発展論をふまえた沖縄論の試み。

A5上製　三九二頁　**五五〇〇円**
（二〇一〇年三月刊）
◇978-4-89434-734-2

「沖縄問題」とは「日本の問題」だ

「沖縄問題」とは何か

〈「琉球処分」から基地問題まで〉

藤原書店編集部編

大城立裕／西里喜行／平恒次／松島泰勝／金城実／島袋マカト陽子／高良勉／石垣金星／増田寛也／下地和宏／海勢頭豊／岩下明裕／早尾貴紀／後田多敦／久岡学／前利潔／新元博文／西川潤／勝俣誠／川満信一／屋良朝博／真喜志好一／佐藤学／櫻田淳／中本義彦／三木健／上原成信／照屋みどり／武者小路公秀

四六上製　二八〇頁　**二八〇〇円**
（二〇一一年二月刊）
◇978-4-89434-786-1

一九九五年二月二十七日第三種郵便物認可　二〇一一年一一月一五日発行（毎月一回一五日発行）

月刊
機
2011
11
No. 236

発行所　株式会社 藤原書店©
〒一六二-〇〇四一　東京都新宿区早稲田鶴巻町五二三
電話　〇三・五二七二・〇三〇一（代）
FAX　〇三・五二七二・〇四五〇
◎本冊子表示の価格は消費税込の価格です。

編集兼発行人
藤原良雄
頒価 100円

日中の第一線の研究者が「辛亥革命」の世界史的位置づけを明らかにした初の成果

辛亥革命と日本

――辛亥革命百年記念出版――

神戸大学教授・王 柯

二〇一一年は「辛亥革命」一〇〇周年にあたる。孫文が中心になって起したといわれる辛亥革命とは何であったか。清朝打倒のクーデターか、新しい中国建設の幕開けか。小社刊『辛亥革命と日本』では、二十一世紀の成長センターとしてアジア地域が注目されるなか、「辛亥革命」を世界史的な流れの中で位置づけ、特に日本との関係において多くの事実、関係者の功績、かれらの真の意識を明らかにし、欧米が主導してきた二十世紀「近代」の問題点を今日の視点から再検討する。

編集部

●一一月号目次●

辛亥革命の歴史的意味

辛亥革命は、狭義では一九一一年十月十日の夜に武昌（長江によって三分された武漢市街地のひとつ）で一部の「新軍」が清朝に反旗を翻した蜂起から、一九一二年二月十二日の清朝皇帝（宣統帝溥儀）が退位詔書を出した日までの期間に、中国全国各地で起こった清朝支配を崩壊させた武装闘争を指す。

広義では、清朝末期からの一連の革命運動から、武昌蜂起を経て中国における共和制の確立までの期間を指す。革命は一夜にしてならず。本書は武昌蜂起自体に限定して研究するものではないため、後者の立場をとって、様々な側面から比較的長期間にわたる政治的思想的そして社会的な動きを見渡し、日本と辛亥革命との関係について検証するものである。

一見すると、辛亥革命は中国の一事件に過ぎないが、しかし辛亥革命は古代より続いて来た君主政治を終わらせ、中華民国というアジアにおける最初の共和国を樹立し、東アジアないし世界歴史の流れを変え、「アジアの近代」を始めたのである。辛亥革命の理念と成果は、それ以後の中国に大きな影響と発展の契機をもたらし、結局のところ、二十一世紀初頭からの中国およびアジアの爆発的発展にもつながるものとなった。

まさにそのためでもあるが、これまでの辛亥革命に関する研究は、「革命」の評価、とくに革命の中国またはアジア社会における意義にこだわる傾向にあった。それによって、辛亥革命の必要性と必然性、そしてそのアジア史、世界史に持つ意味はある程度明らかにされたとはいえ、多くの歴史の真実がなお明らかにされないままであり、研究の限界も感じられた。

▲王柯氏（1956- ）

辛亥革命までのアジア近代思想の流れの中、日本は重要な位置を占めており、また周知のように、多くの辛亥革命の主役は日本と何らかの関係をもち、また多くの日本人は様々な形で辛亥革命、ひいては中国の近代化の道程に加担していた。疑いなく、「日本」という要素がなければ、「革命」も異なる様相で展開されることになっただろう。

しかし残念ながら、日本と辛亥革命との関係についても、多くの真実が謎のベールに隠されたままであり、多くの研究は研究対象である辛亥革命と関係する日本側の主役の本当の狙いについて明言を避けながら進められた。「辛亥革命」にまつわる歴史学は、中国においても日本においても神聖かつ神秘的な雰囲気に包まれてきたようにさえ感じられる。

日本と辛亥革命とのかかわり

「日本」という視点から「辛亥革命」の歴史を考える際、二つのカテゴリーでさらに掘り下げる必要があると思う。

一つは、「革命」自体と日本との立体的政治関係である。具体的に言えば、辛亥革命およびその前後の中国の政治的動きに対して、日本の政府、軍部、政治家、そしてさまざまな日本の人々は、いかなる目的と動機でどのような役割を果たしたのかということである。とくにその目的と動機については、その役割を評価する上で、ひいては辛亥革命によってアジアことに中国を巡る国際政治の地図がいかに変化したかを理解する上で非常に重要であるため、避けてはならないことである。

もう一つのカテゴリーは、長いスパンで見た日本と辛亥革命との思想的連関である。これは辛亥革命自体に対する評価にもつながる問題であるが、具体的にいえば、辛亥革命の社会的基盤がどのように形成され、辛亥革命によって中国社会にいかなる変容が起こり、辛亥革命によって中国の「近代」がどのような道を歩むことになったのか、などにおいて日本は思想面でどのような手本を示したのか、ということである。むろん、これは辛亥革命によって切り開かれた中国の「近代」、そして十九世紀末から二十世紀初頭にかけてのアジアにおける「近代」思想の形成に対する近代日本の意義を明らかにする上でも非常に重要である。

本書は、まさにこのような考え方に基づいて企画されており、この作業の目的は、日中両国の関係の重要性を再確認するとともに、東アジア地域における「歴史」が様々な側面を同時にそして重層的に持つことを明らかにし、真の「歴史」の意義をより深く理解してもらうことにある。

各章の内容

第一章の「**辛亥革命と日本政府の反応**」は、日本政府と民間、西園寺内閣と桂内閣、軍部と外務省、陸軍と海軍、陸軍参謀本部第一部と第二部との辛亥革命に対する反応と対応すら異なっていたことを明らかにし、辛亥革命は、中国に対する列強外交の共同性を確認する場であり、列強間の国際協調体制を維持すべきか自主外交を推進すべきかという対立が日本政治の焦点となり、日本の対中国政策混迷の出発点でもあったと分析する。

第二章「**辛亥革命をめぐる日本民間の動き——青柳勝敏をはじめとする軍人グループの活動を中心として**」は、日本の予備役・退役軍人たちは「民間人」の身分で中国革命運動に関わり、政府の役人や正規軍の軍人たち、そして大陸浪人たちが腕を振るえない舞台に近代日本国家の国益のために暗躍していた事実を明らかにする。

第三章「**民権・政権・国権——中国革命と黒龍会**」は、内田良平の「対支私案」などの歴史資料を通じて、特に「満蒙独立運動」との関連性に注目し、辛亥革命時期の黒龍会の活動に対する孫文を始めとする中国の革命家たちの受け止め方を検証する。

第四章「**大陸浪人と辛亥革命——連帯の接点と性質を考える**」は、辛亥革命期の「大陸浪人」に焦点を絞り、アジア主義的連帯の思想原点と帰結点、大陸浪人と中国革命家を結びつけた基本接点になったのがナショナリズムに基づく近代国家建設であったので、連帯は成立した時からいつか終結・破綻を迎える必然的な要素を内包していたと指摘する。

第五章「**辛亥革命と日本華僑・留学生**」は、日本の華僑社会による革命支持に神戸華僑が顕著な役割を果たした原因を検証し、留学生は来日前にも革命と改良思想の影響を受け、来日後も同盟会などが発行する雑誌を通じて革命思想を受容し、彼らの革命思想が日本の大学教育の結果とは言えないと冷静に分析する。

第六章「**『国民教育』を目指して——清朝末期における視学制度の導入に見る日本の影響**」は、清朝政府が明治日本の「視学」制度を参考に「国家の教育に対する監督権の組織化」として成立させた近代視学制度、日本留学経験者の活躍を検証し、清朝の「国民皆学」の理念が中国社会の発展に貢献し、新式学堂建設はむしろ辛亥革命の土壌作りに貢献したと分析する。

第七章「**新名詞と辛亥革命期の中国——日本の影響を中心に**」は、日清戦争以後、日本語からの新名詞の受け入れと新知識の受容との関係などの視点から、日本は掛け替えのない近代知の提供者と指摘し、清朝の『国民必読課本』が「憲法、自治、国民、民主」等を中国社会に定着させたプロセスを検証する。

第八章「**二十世紀初頭浙江省における社会再編——辛亥革命時期の官僚、士紳**

と日本留学」は、「日本留学」という新たな社会階層の出現、浙江の地方自治運動が中国の憲政運動に与えた影響、「日本士官生」のグループが辛亥革命に果たした役割を通じて、中国地域社会の変容には日本からの影響もあったと分析する。

第九章「**孫中山と『徹底した民族主義』——近代的統一という幻想**」は、革命派も立憲派も新中国国家においては日本をモデルとする国民統合と富国強兵を達成すべく、新たに近代的態度をもつ中国人意識を全国民に植える使命感に燃え、孫文や黄興の思想と行動も日本の北海道開拓の影響を受けたことなど、新たな視点を提供する。

第一〇章「**地域と知域の重層——二十世紀知識人孫文にみる知域像**」は、著者の長年の問題関心と思考を凝集し「知域」という意味深いキーワードを取り上げ、辛亥革命期のアジアと世界、歴史周年記念にみる「記憶」の現在性、孫文の「知域」、孫文と南方熊楠との交流などに見る「知域」の交錯、などの角度から、時代思想と歴史との関係を、因果関係としてではなく両者の緊張として捉えようとした。知識と歴史とのフィードバック関係に関する著者の思考は、歴史学の神髄に迫る。

本書の最大の特徴は、いままでの先行研究の結果を吸収しながらもその結論に安易に付随せず、大量の第一次資料に基づいて様々な側面から詳細かつ綿密に検証し、独自の論点を出していることである。「辛亥革命と日本」という側面から、できるだけ多くの歴史の真実を読者と共有し、近代における日中両国の関係及びその意義について更に認識を深める一助となれば幸いである。

（おう・か／中国近現代史）

辛亥革命と日本

王柯＝編

A5上製　予三二〇頁　三七八〇円

リスト、ケインズが構想した「保護貿易」とは何か?

フリードリッヒ・リストの経済学批判

――リスト『経済学の国民的体系』序文・抄――

エマニュエル・トッド

自由貿易は経済不安を増大させる

自由貿易とそのすべての帰結を受け入れることは、全世界的な富裕と調和を招来することになるなどということは全く考えられない。不安定、不平等、貧困。この第二千年期の終わりにあって〔このテクストの刊行は一九九八年〕、グローバル化（世界化）された経済は、万人にとって祝祭であるわけではなく、不安が増大している。もし、支配的な理論が断言するように、各国経済の国ごとの制御調節がなければ、資源の最適な割当システムが産み出されるはずであるのなら、なぜ成長率が低下するのか。

先進国での若い世代の生活水準の下落をどうやって説明するのか。われわれの精神的安定を確保するために、東アジアの停滞と、第三世界の最も脆弱な諸国、とくにアフリカ諸国の経済の崩壊を、どのように説明したら良いのか。アメリカ合衆国の解消不能な貿易赤字は何を意味するのか。日本、中国、メキシコの工業製品を際限なく輸入し続けるこの自由貿易主義超大国の貿易赤字は。

理論に背反する事例はますます大きな堆積となっていき、われわれとしてはそれをどうすることもできない。しかしそれは、自由貿易主義の古典――スミス、セー、リカード――を読むだけでは、世界を正しく理解するのに十分でない、ということを強く示唆している。

保護貿易は考えられない？

しかし問題は、一つの観念、最小概念、もしかしたら単なるスローガンかも知れないもの、すなわち自由貿易を、分析し説明するということなのだから、われわれの反省の過程で、自由貿易の陰画的分身たる、保護というものに対面することになることは、予め分かっている。

しかしそうなると、次のように断言する者が出てくる。すなわち、実際には保護主義の理論家などというものは存在しない。自由貿易の結果はパッとしないかも知れないが、知的には他の追随を許さないのであるから、再検討の必要などはいささかもない。自由貿易が悪いのは認めるとしても、その反対物は、文字通り考えられないのであるから、それを適用するもしないも出来ない相談だ。

　このようなわけで、フランス最良の経済史学者の一人であるジャン＝シャルル・アスフンは、次のような根底的な非対称性の状況を定義する。すなわち、一方には理論がある。何世紀もの間、不断に精緻に仕上げられて来た、安定した理論たる自由貿易。対するにもう一方には、諸国政府の日々の細かな工夫によってなされる実践。それが一連の保護主義的措置をなす、というのである。

▲E・トッド氏（1951-　）

　アスランは、幼稚産業の保護についての部分的な理論を簡単に紹介するだけで済ませている。実際、その一節に言及し、通常はそれをフリードリッヒ・リストの作品に結びつける、というのが、経済学の教科書の慣行なのだ。

　フリードリッヒ・リストの名は、歴史の教科書にも登場するが、彼の『**経済学の国民的体系**』の内容はこれまで詳細に分析されたことはない。決してこの本の深さと理論的力強さは、認められていないのである。リストはしかしながら、権利要求を掲げるナショナリストにして俄仕立ての経済学者などというものとは、全く違う。古典派経済学の最も素晴らしい批判者の一人でかつてあったし、いまだにそうである。

　保護主義の理論が存在しないのは、奇妙な理論的不在である。しかしながら、もしわれわれが、一七七〇年から一八七〇年までの産業資本主義の出現に伴って交わされた、近代経済分析の創成期の論争の中に再び身を沈めてみるなら、目に入って来るのは、自由主義、社会主義、保護主義の間の三つ巴の闘争なのである。

　一七七六年に発表されたスミスの『諸国民の富』と、一八六七年のマルクスの『資本論』の第一巻の間に介在するのは、なるほど一八一七年のリカードの『経済学および課税の原理』の出版に違いないが、それだけでなく、一八四一年のリストの『経済学の国民的体系』もそうなのである。

（構成・編集部）

石崎晴己・訳

(Emmanuel Todd／歴史人口学)

企業の国際競争力は、企業の能力ではなく国家の政治力によって決定される

リベラルな保護主義に向けて

――「市場」を規定する政治――

中野剛志

国家の市場ルールへの介入

保護主義といえば、連想される代表的な政策手段は、関税である。しかし、八〇年代以降のグローバル化が進んだ世界では、自国の市場を防衛し、あるいは他国の市場を収奪するための主要な政策手段は、もはや関税ではなくなっている。

戦後のGATT（貿易と関税に関する一般協定）交渉の進展により、関税は既に相当程度引き下げられている上に、国際的な資本移動の自由化により、資本や企業は国境と関税を越えて容易に移動できるようになっている。このため、各国、特に欧米諸国は、自国経済の戦略的優位を高めるために、関税よりも強力な手段に訴えるようになった。

すなわち、国家は、経済学が想定するような市場のルールを維持するだけの「夜警」であることをやめ、市場のルールそのものを自国に有利になるように積極的に改変することを企てるようになったのである。こうして、世界経済は、市場というルールの中での企業間の経済競争ではなく、市場のルールの設定を巡る国家間の政治抗争の場へと変貌することとなった。

国際市場のルールが一定であれば、国際競争力の強化に成功した企業が生き残ることができる。努力した者が報われるという世界である。しかし、国際市場のルールが、企業の努力とは無関係に、政治の恣意的な裁量によって変更されてしまったら、これまで苦労して獲得してきた国際競争力が一瞬にして通用しなくなる。

そのような国際市場のルールの典型が、通貨の交換比率である為替である。例えば貿易相手国が通貨を切り下げ、自国通貨が切り上がれば、相手国は瞬時に国際競争力を獲得し、これまでの企業努力の結果である競争優位はあっという間に水泡に帰するだろう。

企業努力とは無関係に操作され得る市場のルールは、為替相場だけではない。国際会計基準、銀行の自己資本比率、規

格、各国の国内規制(独占禁止法、社会的規制、安全規制、環境規制など)も、市場の内部ではなく、市場の外部から企業の競争力を左右する要因である。

企業の国際競争力は国家の政治

八〇年代以降のグローバル化に伴い、アメリカの経済戦略の主眼は、市場の内部にいる企業の競争力を強化するアプローチから、市場のルール自体を自国企業に有利に変更するアプローチへと移行してきた。具体的には、一九八五年のプラザ合意によってドル安を誘導し、日米構造協議によって、日本国内の市場のルールを政治力によって変更しようとしてきたのである。その後も、アメリカをはじめとする先進諸国は、国際会計基準や国際金融規制の改変によって、自国に優位な市場のルールを設定しようとしてきた。企業の国際競争力を決定する最大の要因は、企業の能力ではなく、国家の政治力となったのである。

そもそも「市場」とは、主流派経済学者が想定するように、諸個人の自由な経済活動の産物ではなく、政治や国家から独立した領域でもない。「市場」とは、財やサービスの交換のルールという「制度」であり、その制度を設計し、維持するのは政治であり、国家である。

貨幣、私有財産制度、取引法制など、市場に不可欠なものはすべて、政治がなくては成立しえない。また、交換してはいけない財やサービスのルールを設定するのも政治である。

自由な経済活動は、政治が設定した「市場」という制度の範囲内においてのみ認められるのであって、自由な経済活動の総体が市場を創るのではない。市場という制度の中で行使される経済的自由は、制度によって許され、場合によっては、制度によって誘導された活動なのである。このように各主体の活動を誘導し、実質的に強制するような制度の体系としての「市場」を、経済社会学者ニール・フリグシュタインに従って「アーキテクチャ」と呼ぶなら、今日のアメリカの国際経済戦略は、市場という「アーキテクチャ」を自国に有利に改変しようとするものであると言える。TPPも、アメリカのアーキテクチャ戦略の一環であることは言うまでもない。

(構成・編集部)

(なかの・たけし/経済ナショナリズム)

アルジェリア戦争を支えた女闘士の愛と死の物語、邦訳刊行！

マグレブを代表する女性作家

持田明子

アシア・ジェバールについて

アシア・ジェバールは一九三六年、フランスの植民地であったアルジェリアの首都アルジェに近いシェルシェル（かつてセザレーと呼ばれた）に生まれ、十八歳までアルジェリアで過ごす。アルジェリア独立戦争開始直前の五四年十月、パリのフェヌロン高校に入学、翌五五年、女子高等師範学校（セーヴル校）にアルジェリア出身の女子として初めて入学し、歴史学を専攻。一九五七年、二〇歳のとき、アシア・ジェバールの筆名で最初の小説『渇き』を発表、アメリカで翻訳され、好評を博す。五八年夏から五九年の夏にかけて、チュニスに滞在し、ジャーナリストとしてＦＬＮ（アルジェリア民族解放戦線）のフランツ・ファノンに協力。五九年九月から三年間、ラバト大学（モロッコ）でマグレブ現代史を、六二年から六五年までアルジェ大学でアルジェリア近・現代史を、二〇〇一年からはニューヨーク大学（米国）でフランス・フランス語圏の文学を講じる。映像作家としても活躍し、七九年には、『シェヌア山の女たちのナウバ』がヴェネツィア・ビエンナーレで国際批評家賞を受賞、観客・報道関係者から熱狂的な支持を受ける。一方、執筆言語として選んだフランス語で、『居室のなかのアルジェの女たち』『愛、ファンタジア』『メディナから遠く離れて』『広大なり、牢獄は』『わたしに絶えず付きまとうあの声たち』などを始め、豊饒な創作活動を続けている。その間、モーリス・メーテルランク賞、ノイシュタット国際賞、マルグリット・ユルスナール賞など多くの賞を受賞、一九九九年には、ベルギー王立アカデミー会員に、二〇〇五年にはアカデミー・フランセーズ会員に選ばれる。

アルジェリア戦争とは

〈一八三〇年六月、フランス軍、アルジェに上陸。七月、アルジェ占領〉に端を発したアルジェリア征服戦争は、一八四七年、アブド・アルカーディルの降伏、翌四八年、フランスが憲法によりアルジェリアをフランス領の一部と宣言し、アルジェリアに三県（アルジェ、オラン、コンスタンティーヌ）を設置して終わり、その後、百余年におよぶ植民地時代が始まった。

一九五三年、ラオス、カンボジアが相ついでフランスから独立し、翌五四年五月、ヴェトナム北部のディエンビエンフーでフランス軍は歴史的敗北を喫した。その影響が波及し、同年一一月、ＦＬＮが蜂起し、アルジェリア独立戦争が勃発。五六年、活発化するＦＬＮのゲリラ活動に対し、フランス政府は大量派兵による強硬手段をとり、翌五七年、凄惨な「アルジェの戦い」に発展。アルジェリアが独立を果たすのは、五年後の六二年七月のことである。

▲アシア・ジェバール氏
（1936-　）

『墓のない女』について

本書は、今日、フランス語を表現言語とした、マグレブを代表する作家アシア・ジェバールの『墓のない女』（二〇〇二）を訳出したものである。

〈アルジェリアがフランスからの独立を求めて戦った時代に、古代ローマの遺跡が残る古都セザレーのヒロインだったズリハの生涯と死〉の物語が、深い象徴性を帯びたエクリチュールと独創性の際立つポリフォニックな作品構成で語られる。

物語の語り手は映像作家である。〈わたし〉は、一九七六年春、テレビ用のとあるドキュメンタリーを仕上げるためにアシスタントたちを伴って、自分の生まれた街シェルシェル——はるかな昔、マウレタニア王国の首都であったセザレーに戻ってくる、そして、この地に暮らしたズリハの情熱と悲劇的な物語を知る。

ズリハの生涯の真実を照らし出すために、語り手は、ズリハの周りにいた女たちから聴き取りを行い、いくつもの声を集める。これらの声の〈ポリフォニー〉が、女たちの涙やため息や身ぶりとともに、ズリハの生涯を再現する。

（後略　構成・編集部）

（もちだ・あきこ／フランス文学）

墓のない女
アシア・ジェバール　持田明子訳
四六上製　予二七二頁　二七三〇円

編集者、評論家として、書物をこよなく愛し、生み育ててきた知の舞台裏

書物への愛

粕谷一希

対話が至上の快楽

福田恆存に「一匹と九十九匹と」というエッセイがある。初期の短篇だが、私にはもっとも優れた文章と思われる。

――人間には最大多数の幸福を追究すべき九十九匹の世界がある。それは政治の世界の問題。しかしその九十九匹からはずれた一匹を問題にするのが文学である。

という趣旨の言葉であった。その意味でここに集められた対談は、すべて文学なのだろう。私は生涯九十九匹からはずれた一匹を問題にしてきたのかもしれない。しかし、この対談相手の人々と深められた対話を交わすときが私の至上の快楽である。

対談者との縁

最初の高橋英夫君は中学時代からの友人である。J・ホイジンガの『ホモ・ルーデンス』は彼と私の最初の共同作業である。彼と私が中央公論社の七階のプルニエで打ち合わせていると、林達夫さんがお見えになり、『ホモ・ルーデンス』の英訳本をパラパラと眺め、「これは私が翻訳のコーチをしてあげよう」と興奮ぎみにおっしゃった。

二番目の宮一穂君との対談は終始楽しかった。宮君は私が試験官のときの中央公論社の受験生で、答案の文章がズバ抜けていたが、その年は採用中止になった。翌年にもう一回試験があった。三井物産調査部に入っていた彼に電話で、「もう一度受けるか」と聞くと「受ける」という。意志の堅い人であった。

三番目の新保祐司君は私のところへ『内村鑑三』を送ってきた人。波多野精一の宗教哲学を考え込んでいた私だったので、「波多野精一をやらないか」と尋ねると、彼は即座に波多野精一論を書き上げた（『アステイオン』誌）。そのエッセイが私自身より深いと考え、それ以来のつき合いである。だからこの中では一番新しい友人である。

▲粕谷一希氏（1930-　）

四番目の平川祐弘君は旧制一高の同期、理科から比較文学に転科してきた。竹山道雄に見つかって息女と結婚した。私の友人たちには教養学科の人々が多い。私のような落第坊主は入れなかったが、竹山道雄という人のおかげで旧友たちとのつき合いが今日まで続いた。竹山さんの『中央公論』に書いた「昭和二十五年スト」という一文は圧巻で、今でももっともすぐれた学生ストの観察記である。

清水徹君も旧制文乙の同級生。若いうちはいわゆる仏文の秀才だったが、最近のヴァレリーや『書物について――その形而下学と形而上学』（岩波書店）といった書物で本来の彼が出てきたように思う。同学の夫人との共訳はすばらしい。

　森まゆみさんの存在は、在日英国人のポール・ウェイリー氏から教えられた。「いま、『谷根千』が面白い」という台詞に惹かれて、私も早速読んだ。氏はアーサー・ウェイリーの又甥である。『谷根千』は地域誌である。自分の生活のまわりを丹念に掘り返し、その歴史的相貌を浮きぼりにする。当り前のことだが、それが独創的といえるほど高いレベルを維持しながら、自分たちで商店街を売り歩き、その評判が圧倒的に高かったのである。森さんは『谷根千』を止め、今は大学教師をしているが、『谷根千』での活躍がすべての文章の基調をなしている。

　塩野七生氏は現在大家である。日本のメディアがそうした扱いをしている。『ローマ人の物語』が完結した時点で『波』（新潮社）で対談が企画され、伊藤幸人君のご厚意にしたがって彼女と対談したものを改めた。偶然の機会から知り合った彼女との交友も四十五年になる。私がしたことは、林達夫と萩原延壽を紹介したことぐらいだろうか。

　私はぶきっちょな人間である。時代はずれの企画が、多少なりとも、同好の士を獲られれば幸いである。（構成・編集部）

（かすや・かずき／評論家）

旧慣・内法の調査を通し、琉球／沖縄を歴史の主体として近代沖縄を捉え返す初の試み

帝国日本初の植民地・沖縄と「旧慣調査」1872-1908

平良勝保

琉球の近代日本への併合

本書は、一八七二（明治五）年の琉球藩王の冊封から一八七九（明治十二）年の沖縄県設置（琉球国の併合）を経て、沖縄県島嶼町村制が施行される一九〇八（明治四十一）年までが対象の中心となっている。沖縄は、一六〇九年薩摩藩の侵攻によって、国王が薩摩に連行され王国崩壊の危機に瀕したが、王国内の自立性回復努力によって明・清との朝貢関係も継続され、明治政府による琉球国の併合までは国家的機能を維持してきた。しかし、アヘン戦争を起点とするヨーロッパ勢力の軍事力を伴った東アジア進出以後、伝統的な東アジアの国際秩序が動揺し、崩壊・再編されていく過程で、琉球／沖縄は、「万国公法」の論理に呑み込まれ、「ミカドの国」の一部にされていった。

沖縄県の設置（琉球国の併合）以後、沖縄が明治国家体制に組みこまれていく過程は、他県とはおおきく変わっていた。その大きな特徴として、いわゆる「旧慣温存」がなされ、沖縄固有の社会が維持されることになったことをあげることができる。すなわち、近代日本とは異なった「法域」が設定されたのである。沖縄における日本近代法の受容過程は、他府県と大きく違い、それはあたかも植民地のごとき様相に彩られていた。

旧慣／内法とは何か

本書のメインテーマは、旧慣／内法の調査の研究である。「内法」とは、単純化していえば、日本の法体系とは別の間切（現在の市町村に相当）や村レベルの民衆生活の基を律する法といってよい。

「旧慣」という用語は、近代沖縄のなかで生まれたのではなく、近代日本の法制のなかで生まれた。一八六八（明治元）年八月の太政官布告、明治十年司法省刊行の『民事慣例類集』の凡例でも、「旧慣」の用語が見える。

沖縄近代史研究においては、「旧慣温存論争」といわれる安良城盛昭と西里喜

行との間で論争が起きたことはよく知られているところである。この論争は、単純化していえば経済的得失に重点が置かれた論争であったが、十分な結着をみないまま、その後旧慣温存期に関しては、長く研究の焦点があてられることはなかった。

沖縄県の「旧慣」については、税制のみならず「諸法度」すべて、すなわち統治システムそのものが旧慣のままとされた。このことから、『旧慣』とは旧来の農民統治・収取体系の総称」と理解されている（『沖縄県史』第二巻）。

▲平良勝保氏
（1954-　）

旧慣温存期の沖縄においては、日本の法体系とは違う「旧慣」や「内法」が社会を律していた。本書では、「近代琉球（琉球藩期）」と「旧慣期」前後の時期を射程に、経済的得失とは異なった観点からこの時期を理解し、民衆世界にせまる作業として、明治政府＝沖縄県による旧慣調査と内法の成文化過程とその展開について検討した。

著者は本書執筆にあたって、民衆世界に史（資）料を駆使して迫りたいと考えた。史（資）料渉猟の過程で、従来の研究史においては旧慣調査資料の発掘が不十分であり、内法についても史料批判がまったくなされていないことに気がついた。また、史（資）料を読み解くなかで、琉球／沖縄を歴史の主体として読み解かないと歴史の本質が見えないことを思い知らされた。

本書の研究史的意義は、第一に、琉球／沖縄を歴史の主体として近代沖縄をとらえなおし、旧慣・内法調査を帝国日本の東アジア侵略とからめて考察したこと、第二に、従来の歴史研究において史料批判を抜きに安易に内法史料が利用されてきたことに対し、内法成立の過程を解明し、従来の内法観を一新したことにある。それは、琉球／沖縄史のみならず、法社会学・法制史研究にも新たな視点を提供したのではないかと思っている。

（後略　構成・編集部）

（たいら・かつやす／琉球歴史研究家）

近代日本最初の植民地・沖縄と「旧慣調査」 1872-1908
平良勝保
A5上製　予三九二頁　七一四〇円

「骨のうたう」などで知られる竹内浩三。その決定版が刊行間近！

竹内浩三という存在とは？

竹内浩三とは

ああ　戦死やあわれ
兵隊の死ぬるや　あわれ
こらえきれないさびしさや
国のため
大君のため
死んでしまうや
その心や

（「骨のうたう」より）

詩「骨のうたう」は召集を前にした一人の学生の詩であるが、こんな言葉もある。「故国の人のよそよそしさや／自分の事務や女のみだしなみが大切で」「なれど　骨はききたかった／絶大な愛情のひびきをききたかった」――この絶叫の言葉は、時代を超え、「自分の事務」に埋没しながら「絶大な愛情」を求める人間の心を激しく打つ。

竹内浩三《こうぞう》は一九二一年、三重県宇治山田市に生まれた。中学時代は仲間と手作りのまんが回覧雑誌を作る。曰く、「マンガをよろこばない人は子供の心を失ったあわれな人だ」。文章もアイデアも、そして絵も、抜群にうまかった。既製の雑誌を模した手書きの「奥付」までついたまんが雑誌は、人間のおかしみと悲しみとを、天性の明るさで見事に照らし出している。

▲竹内浩三（1921-45）

四〇年、映画監督をめざして日本大学専門部映画科に入学し、東京で生活する。四二年十月、召集を受け三重県久居町にて入営。四三年茨城県西筑波飛行場に転属し、兵営でも小さな手帳に「筑波日記1・2」を書き続ける。「ぼくは、ぼくの手で、戦争を、ぼくの戦争がかきたい」。四四年十二月、フィリピンに向かい、公報では「四五年四月九日、比島バギオ北方一〇五二高地にて戦死」。

決定版の刊行

『竹内浩三全作品集 日本が見えない』（全一巻）は、小社より二〇〇一年に刊行された。表題の「日本が見えない」は、編者の小林察氏がこの全作品集を作るため遺品整理をしている時に発見した、ドイツ語の教科書の表紙ウラに逆さまに書き込まれていた詩片のタイトルである。「この空気／この音／オレは日本に帰ってきた／帰ってきた／オレの日本に帰ってきた／でも／オレには日本が見えない」。

『全作品集』は刊行されたが、その後も新しく遺稿が発見されつづけた。例えば、二〇〇三年一月には『培養土』という詩集アンソロジーの見返しや扉、白紙ページに記された、出征前の悲痛な思いの迫る詩篇群（『環』一二号掲載）。また二〇〇五年七月には、姉宛の最後の手紙や短篇「ある老人の独白」など（『環』二三号掲載）である。

これらの新発見の原稿もすべて含めた〈決定版〉が、来春、刊行予定である。

▲手作りのまんが雑誌の表紙

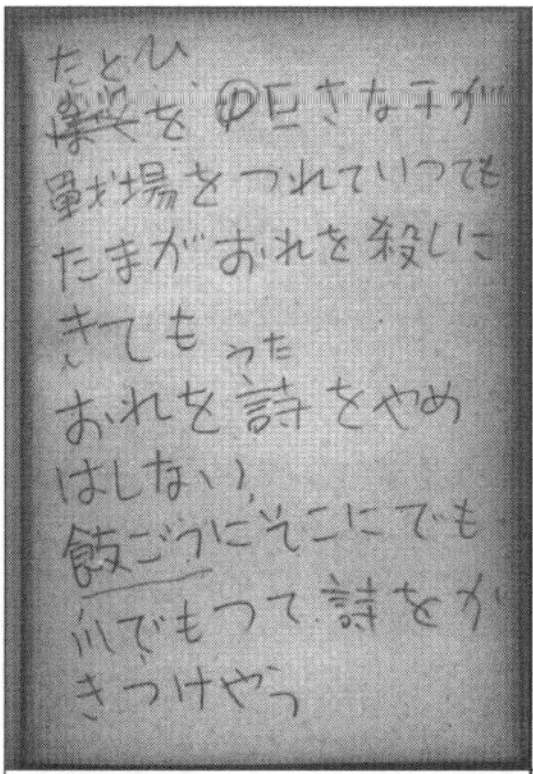

▲『培養土』に記された詩片

どう読まれてきたか

浩三は、「ウワハハハハと笑い出したら最後、もうしばらくは笑いが止まらぬという男」と同級生は書き残している。

「ほかに比べるもののない、心の奥底からの弾みがあり」（吉増剛造氏）「竹内浩三は弱さが忌避される時代に、それを書き続けた人物だった」（稲泉連氏）等々。

二十三歳で戦場で露と消えた一兵士が、今を生きる多くの若者たちにも、生きる勇気と希望を与えつづけているのは何故だろう？ こんな思いで本当に最後の〈決定版〉を製作中である。（記・編集部）

リレー連載　今、なぜ後藤新平か　74

後藤新平と鶴見祐輔

上品和馬

後藤の部下として補佐

一九二二年一一月、鶴見祐輔（一八八五—一九七三）は、師と仰ぐ新渡戸稲造（一八六二—一九三三）の媒酌によって、後藤新平（一八五七—一九二九）の長女・愛子と結婚した。このとき、後藤は五五歳、鶴見は二七歳であった。一高時代から雄弁家として名高かった鶴見は、帝大卒業後の十四年間を官界に過ごしたが、その間ずっと後藤の部下として彼を補佐した。例えば、後藤が指揮した「東亜英文旅行案内」を執筆するためにアジア各国を視察して回ったり、「東京市政調査会」設立のために、アメリカの政治学・歴史学・都市問題の権威であるチャールズ・A・ビアード（一八七四—一九四八）を後藤に引き合わせたりした。

それぞれの発想

後藤も鶴見も、元々似たような帝国主義観を持っていた。しかし、国際関係に対する発想は異なっていた。

後藤にとって、台湾統治や満鉄を中心とする満州経営は、世界の文明化に貢献し、台湾、清国、ロシア、満州に利益をもたらし、ひいては日本の対外発展を可能にしようとするものであった。日中露という対立関係にあるものの中に共通の利益を見いだし、うまくコーディネートすることによって、この対立関係を新たな統合関係に変化させ、より高い次元で互いを活かそうと考えたのである。つまり、国際関係における「統合」に着目した。そして、彼が国際関係の要であると捉えていたのは、「通商」であった。

それとは対照をなすのが、国際関係の中の「対立」に着目した勢力均衡論であり、「外交」によって国際関係を処理していこうという考え方である。これは、国際関係におけるイデオロギーの力を積極的に評価するものであった。時代はこちらの方向へと流れていた。後藤の発想は、古くなりつつあったのである。

鶴見は、日本が、世界で最も隆盛しつつあったアメリカと協調することで、日本の活路を拓こうとした。政治家になる

▲前列右から三人目が後藤新平、左端の女性の膝に抱かれているのが鶴見和子、後列右より鶴見祐輔、後藤一蔵。

ために官界を去った彼は、アメリカ各地を回って、大衆に英語講演で訴えかけ、アメリカの世論を親日の方向へ変化させる「広報外交」を行った。これはイデオロギーを重視する発想であった。

　広報外交は、大衆の意見が国政に吸い上げられるような民主主義の国家でなければ有効ではなかった。その意味で、鶴見は、混乱する中国において広報外交を行う意義が見いだせなかった。

　また、鶴見自身の発想が脱亜入欧であり、中国に対して彼の目線が向いていなかった。この点でも、中国に対して統合関係にまで止揚していこうとする後藤の発想とは異なっていた。

自国中心主義を超えて

　後藤の没後、鶴見は「後藤が生きていたら、満州事変にどう対処しただろうか」と述べている。後藤の発想は、元来、経済的なものであって、軍事的なものではなかった。彼は基本的に中国の内政に介入することを好まなかったし、中国を日本のための原料供給基地にするという発想を持っていなかった。したがって、満州事変以降の日本の対中政策をよしとしたとは考えがたい。

　鶴見は、満州事変以降、日本の対中政策を擁護し、さらに第二次世界大戦中は戦争遂行内閣に寄り添い、その結果、戦後、約五年間の公職追放を受けた。

　台湾や満州を文明化することは、世界の文明国の一員たる日本の使命であると考えた後藤の行動には、ためらいが感じられない。しかし、彼は文明の普遍性を強く信じていたことで、人種差別や自国中心主義を超越していた。その点、鶴見の発想は、自国中心主義であり、日本の国益を重視していた。その相違に時代潮流が影響したことが、二人の行動を分けたと言えるかもしれない。

　ところで、後藤は癇癪もちであったが、女婿の鶴見にだけは落雷しなかった。もし落ちていたら、鶴見の代表的著書『正伝・後藤新平』は、いま存在していないかもしれない。

（うえしな・かずま／早稲田大学講師）

Le Monde

■連載・『ル・モンド』紙から世界を読む　104

キューバ　ベトナム

加藤晴久

ことし八五歳のフィデル・カストロに代わって、八〇歳の弟、ラウル・カストロが二〇〇八年から国家評議会議長として君臨しているキューバ。〇三年に長期刑を宣告されて投獄されていた政治犯たちが一〇年に釈放されたが、反体制派に対する弾圧は止まない。ただしその方法が変わった。逮捕や短期拘留を多用する。共産党や治安当局がその手先を使って反体制活動家を襲撃させる。ことし一月から八月のあいだに、二、二二一人が法的手続きを経ずに、逮捕・拘留された。この数字は一〇年同期のそれの倍である。八月二三、二四日には、ハバナの中心部で、自由を求めてデモをする女性たちが観光客の目の前で警察車両に次々に放り込まれた。知識人、美術家、芸能人への圧力も強化され、国外旅行を禁止されたり、イベントを中止させられたり、会場を閉鎖されたりしている。外国メディアも目の敵にされている。滞在許可証の更新や交付を拒否される記者が出ている。二〇年前からキューバに住み、妻はキューバ人、子どもも二人いるスペインの『エル・パイス』紙の記者も活動を禁止された。

一九八六年、ドイモイ（刷新）路線を採用して以来、とくにここ数年、経済発展いちじるしいベトナム。アメリカの人権団体ヒューマン・ライツ・ウォッチが、九月七日、「人間矯正列島——ベトナム南部の麻薬常習者収容所における強制労働と虐待」と題する一二六ページに及ぶ報告書を公表した。強制的あるいは自発的に入所した麻薬常習者たちはまともな治療を受けることなしに、強制労働に服させられ、規則違反者には拷問さえも加えられている。麻薬常習者だけでなく、「非社会的分子」も収容されているこの種の「強制労働キャンプ」が国内に一二三カ所存在する。

九月九日付の『ル・モンド』に載っていたふたつの記事を紹介した。

共産主義と民主主義が水と油の関係であることは二〇世紀の歴史が証明した。中国、北朝鮮、そしてキューバ、ベトナム。これら一党独裁の国にもいつか「アラブの春」が訪れるのだろうか。

（かとう・はるひさ／東京大学名誉教授）

リレー連載　いま「アジア」を観る　106

日本人は成熟できるか？

上田　篤

日本人はいまなお「四海孤島の純粋培養的鎖国主義」から脱却できないようだ。

昔イギリスに留学したとき、インドを始めとするかつてのイギリスの植民地四十数ヶ国の若者たちが、エリザベス女王の出席のもとにコモンウェルス（英連邦諸国）のオリンピックを行うのをみてびっくりした。良し悪しは別として「大東亜共栄圏のオリンピック」など日本人はかんがえることすらできないだろう。

これも昔わたしがインドに調査にでかけたとき、フランス文学者の桑原武夫さんがわたしに「イギリス人はインド人に金をやるとき、地べたに放り投げるんでっせ」といった。

だがそういう侮蔑的行為が許されるのも、背後にイギリス文化人類学の膨大な調査があるからだ。そもそも文化人類学は植民地支配の学問としてイギリスで発達したものだが、さきの「運動会」もその成果である。

これにたいし日本はどうか？　日本政府給費留学生として東南アジアからきた若者たちが大阪の日本語学校で勉強している近くに「コンチクショウ坂」なるものがある。若者たちは寮での朝礼のあと、安全のために指導員につきそわれてその坂を集団登校させられるのだが、そのときかれらは拳を振りあげて「コン、チク、ショウ、コン、チク、ショウ」と叫んで歩く。

そこにイギリスと日本の二つの国の文化の相違をみる。一方は「支配」のために相手国の文化を徹底的に調べあげて自分たちの「平和」をうるが、もう一方は「善意」から自国の文化を相手国におしつけて「反発」をかう。

かつてマッカーサーは「日本人の精神年齢は十二歳」といったが、「四海孤島」という地理的・文化的環境にあって日本人は、いまなお「相手国の文化を知ろうとしない」いわば「自己を相対化できない幼児」なのである。

とすると、問題は外国のことより、日本文化を真剣にかんがえなおすことではないか？

（うえだ・あつし／建築家・西郷義塾主宰）

連載　女性雑誌を読む　43

『ビアトリス』（一三）

尾形明子

伊藤野枝

一九一六年一一月一〇日の新聞各紙は、前日の事件を興奮状態で報じた。『東京朝日新聞』は「大杉栄　情婦に刺される　被害者は知名の社会主義者　凶行者は婦人記者神近市子　相州葉山日陰の茶屋の惨劇」と見出しをつけ、『読売新聞』は「事の起りの源」である伊藤野枝も、「加害者」の神近市子も『青鞜』の「新しい女」であったことを強調する。

『ビアトリス』は、ただちに一巻六号（一九一六年一二月）を特集号とした。これまでの表紙を一変し、白い表紙に朱で『ビアトリス』と記し、「大杉神近伊藤三氏の自由恋愛事件を論ず」のタイトルと目次を載せた。山田わか「恋愛の意義」岡田幸子「舵を誤まりし恋愛」生田花世「不自然なる恋愛の災禍」等の七本の感想が並ぶ。

その全員が、事件の原因は、社会主義者堀紫山の妹・保子と結婚していながら神近市子、伊藤野枝と関係し、それを「多角的自由恋愛」の実践と主張した大杉栄にあると指摘する。岡田幸子は「獣的恋愛」と切り捨て、生田花世は「人格を無視し、その霊魂を蹂躙」したと糾弾する。

『ビアトリス』の創刊は、野枝が出奔し『青鞜』を永久休刊にしたことにあったから、野枝よりも神近市子に同情が集まったのは当然だった。しかも野枝は長男を辻潤のもとに残し、生まれたばかりの子どもを里子に出していた。野枝の母性もまた槍玉に上がる。

事件三カ月前の『ビアトリス』（一巻三号）「女流作家の動静」に野枝の様子が語られている。（H）の署名は生田花世である。八月初めの夕暮れ、野枝は大杉栄とともに、突然、花世の家を訪れる。「非常に明るいいそいそとした声で話して、不思議な程柔らかな女性味を帯びた笑顔」で平塚らいてうの様子を聞いたり、『ビアトリス』を繰ったりしたという。らいてうの『元始、女性は太陽であった』に語られる「お子守」のような、「お茶屋の女中」のような、あるいは「すさんだ感じ」とは異なるイメージの野枝が、花世によって残されたことにほっとする。大杉三十一歳、神近二十八歳、野枝二十一歳だった。

（おがた・あきこ／近代日本文学研究家）

■連載・生きる言葉　55

塚本哲也『メッテルニヒ』（一）

粕谷一希

敵に寛容なことが平和に不可欠なことも、その外交から出てくる教訓であった。メッテルニヒの精神は現代にも力強く脈打っていたのである。

（塚本哲也『メッテルニヒ』文藝春秋刊　二〇〇九年一〇月、八頁）

塚本哲也は『毎日新聞』外報部の記者でながくウィーン特派員であった。彼がオーストリア留学生として本格的にドイツ語をマスターしたおかげで、彼のドイツ語は日本人として例外的にホンモノであり、抜群である。

政治部の記者として官邸記者クラブに詰めていたときに六〇年安保を経験し、安全保障条約を理解するためにはヨーロッパのＮＡＴＯがわからなければ駄目だと判断してオーストリア留学を志したという。彼は万事スローモーであるが、マスターしたことには確実な判断を下し、名文を書く。七年前に脳出血で老人ホームに入った後も、千枚の原稿を書き上げている。

私などは、コミュニズムと全学連は駄目だと判断したのは高校時代、猪木正道氏の『共産主義の系譜』『ドイツ共産党史』『ロシア革命史』の三部作を読んだときである。のち、林達夫氏の『共産主義的人間』を読み、鮮やかな手法に感動した。東大時代、私と同学年だった塚本君をわが党派に誘うと「ボクが折角洞《ほら》ヶ峠を決めこんでいるのに勘弁してくれよ」という答えが返ってきた。水戸高の先輩江戸英雄の娘さんと結婚したのだが、江戸さんに最初に会ったとき、彼は次のように言ったという。「貴方のような田舎者がよく社長になれたね」。

彼はトボケながら戦略家なのかもしれない。江戸さんは三井不動産の社長として令名をはせた方であるが、塚本君をすっかり気に入ってしまった。

エピソードをもう一つ。ウィーンから帰ってきたとき、「ボクは日本の新聞は読みたくない。興味があるのは塩野七生だけだ」と言うので、塩野さんが日本へ帰ってきたとき、二人を会わせた。塚本は相変わらず、モタモタとして口ごもっていると、塩野さんは「塚本さん、女に何を贈ると喜ぶか知っている？　身につけるモノよ」。

テキはもう一枚上手だった。　（続）

（かすや・かずき／評論家）

連載　風が吹く　45

「水たまりの王子」（I）

高 英男氏　5

山崎陽子

高英男さんのために初めて書いたシャンソン「ポケットの中」の評判がよかったので、次回作をという話が持ち上がった。嬉しかったが、当時、私は子どものミュージカルや、故遠藤周作氏主宰の素人劇団〝樹座〟の脚本に追われていた。

約束をなかなか果たせぬうちに、書くこと全てを中断しなければならない事件が起こった。それも〝樹座〟公演の当日であった。

留学中の長男が、不慮の事故で瀕死の重傷を負ったという知らせだった。幸い命はとりとめたが脊髄損傷で、今の医学では一生車椅子の生活になるという医師の宣告だった。何もかも振り捨てて息子の脚にならなければと思ったが、息子は信じられない若い力で、思いもかけぬ不幸を軽くクリアしてしまった。「明るさが取り柄の母親が嘆き悲しんでいたら、誰もが不幸な息子を持ったからというだろう。ぼくは不幸じゃないのだから迷惑だよ」と。

迷惑という言葉に背中を押され私は立ち直った。目の前で彼を見ている私は納得できても、日本にいる家族や、とりわけ悲嘆にくれていた姑の様子に、大きな支えになって下さったのが高さんだった。

たまたま息子が入院していた病院の本棚で、オスカー・ワイルドの「幸福の王子」を手にした。街の広場に立つ銅像の王子が、ルビーの目や刀飾りのサファイヤ、ついには全身を覆う金箔まで、燕に頼んで貧しい人々に恵んでしまう。燕は南の国に帰れず凍死し、全てを失った王子と共に炉の中に捨てられる。最後に王子の鉛の心臓と燕の死骸は天国へ……という今まで何気なく読んでいたこの話の「物を恵んで街中の人が幸せに」という箇所が胸にひっかかった。

私は息子のベッドの傍らで、車椅子の少女と中年のスリの話を書き上げた。車椅子だからって不幸せとはかぎらない……と言いたかったのである。姑に送った「水たまりの王子」というスリの一人語りは、姑から高さんの手に渡り高さんから手紙が届いた。「この作品、私にやらせて下さい」。思いもかけぬ成り行きだった。

（やまざき・ようこ／童話作家）

連載

帰林閑話　203

芥川と陸放翁

一海知義

芥川龍之介の中島汀（従姉の子）宛書簡（大正九年五月十八日付、岩波書店版全集第十九巻、一九九七年刊）にいう、

園林春已に空し
坡港雨新に足る
泥深くして黄犢健《すこやか》に
桑老いて柴楳熟す
豊年逋負少く
村社酒肉に饜《あ》く
微風酔を吹いて醒む
起つて和す飯牛の曲

作者放翁は陸游也陸放翁は范石湖、楊誠斎と共に宋末の三大詩宗と称せらる詩意は晩春初夏の候村家歳豊にして生計を楽めるを云ふ丁度今頃床がけにするに適当ならむ　筆者杏坪が頼杏坪なる事は御存知なるべし　以上

引用の詩は、一二〇一年、放翁七十七歳の作。詩題は、「三月十二日、児輩《じはい》出謁《しゅつえつ》し、孤《ひと》り北窓に坐す」。児輩は、息子。ここは第六子子布《しふ》。出謁は、役所に挨拶に行くこと。

詩と書簡の語注。坡港《はこう》は、船着き場。黄犢《こうとく》は、茶色の仔牛。柴楳《さいばい》は、紫椹《しじん》の誤写。紫色の桑の実。逋負《ほふ》は、税金の滞納。村社は、村祭。飯牛の曲は、牛飼《うしか》いの歌。春秋時代、斉《せい》の寧戚《ねいせき》が不遇な時にうたった歌だが、ここは農民の歌の意。陸游の游は、名。放翁は号。范石湖《はんせっこ》は、范成大（一一二六—九三）。楊誠斎《とうせいさい》は、楊万里（一一二七—一二〇六）。床がけは、床《とこ》の間《ま》に掛ける。筆者杏坪は、この詩を（あるいは画も）書いた頼杏坪《らいきょうへい》（頼山陽の叔父）。その詩（画）を書簡に同封したのだろう。

芥川が自ら漢詩を作っていたことについては、以前ある雑誌に書いた（「芥川と漢詩」、二玄社『書画船』四号、一九九七年十一月）。

一方で彼は、唐宋の詩人の作品を、書簡の中でしばしば引用している。詩人名を挙げれば、李白、杜甫、劉禹錫《りゅううしゃく》、賈島《かとう》、盧仝《ろどう》、蘇軾《そしょく》など。

芥川の文学と漢詩の関係については、なお論ずべきことが少なくないだろう。

（いっかい・ともよし／神戸大学名誉教授）

一〇月新刊

放射能汚染の現実にどう対応すべきか

環　学芸総合誌・季刊【歴史・環境・文明】　Vol.47　'11 秋号

〈特集〉原発と放射能除染—東日本大震災II
山田國廣／崎山比早子／後藤政志／吉岡斉／相良邦夫／田中優／井野博満／田中信一郎／大石芳野
〈短期連載〉被災地／被災者の「声なき声」②
港町・気仙沼の六カ月　熊谷達也他
〈寄稿〉松島泰勝　〈インタビュー〉大城立裕
〈シンポジウム〉片山善博／王柯＋佐藤優＋大城立裕＋松島泰勝／海勢頭豊ほか
〈小特集〉沖縄の「自治」——「琉球処分」から現在まで
〈鼎談〉「現代文明の危機　三・一一以後」
Ａ・ベルク＋中村桂子＋服部英二
〈寄稿〉「携帯電話・携帯電話基地局の危ない電磁波」　古庄弘枝
〈リレー連載〉チャールズ・ビーアドと日本4「危険な時代の幕開け」　開米潤
〈書評・書物の時空〉粕谷一希／辻井喬／住谷一彦／村上陽一郎／石川学／竹本研史
〈連載〉石牟礼道子／金子兜太／小島英記／平川祐弘／小倉和夫／尾形明子／河津聖恵／朴才暎／黒岩重人／能澤壽彦
菊大判　四二四頁　三七八〇円

啓蒙の世紀から性科学の誕生まで

快楽の歴史

Ａ・コルバン　尾河直哉訳

フロイト、フーコーの「性（セクシュアリテ）」概念に囚われずに、性科学が誕生する以前の言語空間の中で、医学・宗教・ポルノ文学の史料を丹念に読み解き、当時の性的快楽のありようと変遷を甦らせる、「感性の歴史家」アラン・コルバン初の〝性〟の歴史、完訳決定版！

Ａ５上製　六〇八頁（口絵八頁）　七一四〇円

〝最高の漢学者にしてジャーナリスト〟

内藤湖南への旅

粕谷一希

中国文明史の全体を視野に収めつつ、同時代中国の本質を見抜いていた漢学者（シノロジスト）にしてジャーナリストであった、京都学派の礎を築いた内藤湖南（一八六六—一九三四）。日本と中国との関係のあり方がますます問われている今、湖南の時代を射抜く透徹した仕事から、我々は何を学ぶことができるのか？

四六上製　三二〇頁　二九四〇円

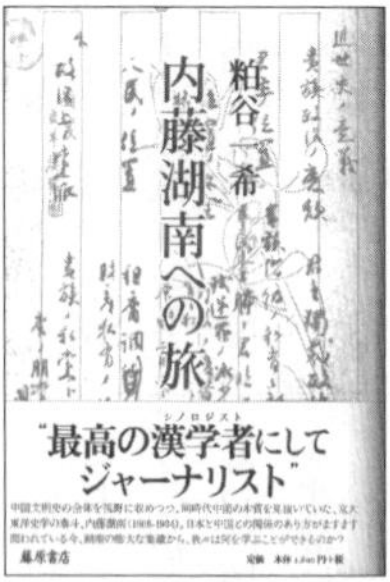

阪神・淡路大震災から東日本大震災まで

災害に負けない「居住福祉」

早川和男

各地での多数の具体例を交えながら、個別の住宅の防災対策のみならず、学校・公民館などの公共施設、地域コミュニティ、寺社・祭りなどの伝統文化、そして自然環境まで、防災・復興の根本条件としての「住まい方」の充実を訴える。日本を「居住福祉列島」に体質改善するための緊急提言！

四六判　二二四頁　二三一〇円

来日報告

E・トッド氏

仏の人類学者E・トッド氏が、九月二日〜一三日に京都大学グローバルＣＯＥ「親密圏と公共圏の再編成をめざすアジア拠点」と小社の招きで来日した。

今回の来日は、『アラブ革命はなぜ起きたか』の邦訳刊行と、研究の集大成たる『家族システムの起源Ｉ　ユーラシア』の仏国での刊行というタイミングと重なった。滞在中、青山学院大学・日本記者クラブ・日仏会館・京都大学でのシンポジウムや講演、各紙誌の取材をこなしたが、話題は、アラブの春、自由貿易批判、ユーロ危機から家族構造研究まで、一人の学者のテーマとは思えないほど多岐にわたり、氏の視野の広さを改めて印象づけた。

実はこれに先立つ八月上旬にも、氏は三神万里子氏と青森から南相馬まで東北被災地を訪れていた。最先端の製造業が集中立地する一方で、日本の中でも直系家族の典型を示す東北は、世界経済の現状と家族構造を分析する氏にとって特別な意味をもつ。「精神生活だけでなく研究の上でも、日本は私にとって極めて重要な対象となった」という言葉を残して帰国した。（記・編集部）

来日報告

D・ラフェリエール氏

『吾輩は日本作家である』ハイチ出身でケベックに亡命した作家、ダニー・ラフェリエール氏の著書である。にもかかわらずこれまで来日経験のなかったラフェリエール氏、この二〇一一年九月二九日〜十月九日が初来日であった。

小社からは今九月、氏の代表作『帰還の謎』、そして二〇一〇年一月のハイチ大震災に立ち会った経験をその瞬間から綴り始めた『ハイチ震災日記』の邦訳を同時刊行している。

十月一日は講演「アイデンティティと言語」（日仏会館）。三日、講演「ハイチとケベックのあいだで書くこと」（立教大学）。六日も同題で講演（東北大学）。八日は講演「私達を中心に全てが揺れている」（日仏学院）。

いずれの発言の場でも、芭蕉における簡潔な表現とその詩的精神への傾倒を語る氏は、自身の亡命にもあらゆる旅にもノスタルジーは否定し、「書く人間」としての眼差しを忘れない。「生きることは、書くこと」。

『吾輩は日本作家である』は小社より来春邦訳刊行予定である。乞ご期待。（記・編集部）

読者の声

戦場のエロイカ・シンフォニー■

▼ドナルド・キーンさんの平和思想が対談を通じて、よく語られている。エロイカ・シンフォニーを通じての、戦争と音楽と人間の話は、感動的。キーンさんの思想がよく分るすばらしい話題であった。

（宮城　**佐藤宏**　80歳）

▼なぜ戦争を起こしたか。あんなに完敗しているのにあそこ迄戦争継続したのか。戦後東京裁判に疑問あるも、国民が総括できているのかなぁ。

（埼玉　会社員　**若尾壽幸**　53歳）

▼D・キーン氏の全著作を入手。唯一の好きなアメリカ人であり、古典から現代文学まで凌駕する学識に敬意を表するのみ。

（静岡　**東海林恒俊**　79歳）

ミシュレ　フランス史VI■

▼ミシュレ『フランス史VI』9月末に落手いたしました。これでI～VI巻まで、全部取りそろえる事が出来、有難く存じております。著者の時代変遷の観察もすばらしく、又、大野・立川両先生の翻訳も流麗であり、すばらしい。貴社の出版物を手にする事は老齢の小生も有難く思います。

（東京　**久保田榮造**　86歳）

▼ミシュレの本をしっかりとよめます。たいへんありがとうございます。

（東京　教員　**脇山幸之**　58歳）

ウクライナの発見■

▼小川万海子さんがあとがきで感謝しておりますが、社長はじめ皆様に私からも立派な本として出版して下さったことに感謝しております。ご協力ありがとうございました。

（東京　**青木朱美**　78歳）

福島原発事故はなぜ起きたか■

▼放射能汚染除去が緊急な問題である。除染の方法、放射能測定機器のこと、体中の放射性元素の作用……、これらの問題について本を出版していただきたい。不可欠なのは近い分野の方に査読してもらってから出版して欲しい。例えば、測定機器のデータの再現性はバラバラである。放射線の生体への作用には定説が乏しい。誤った情報はむしろ有害である。

（宮城　東北大学名誉教授　**籏野昌弘**　81歳）

「二回半」読む■

▼橋本五郎氏には、テレビでの評論を通して親しんでおります。その公正・中立な評論に、ほぼ心酔状態です。今回初めて氏の書評集を読み、その並々ならぬ教養の広さと深さ、表現の巧みさに感銘しました。〈専門知識でも見識でも数段すぐれた著者に挑んでいる〉と、謙遜されておりますが〈ここに書評の苦しさがある〉という一言は、将来〝書評（もどき）〟を書いてみたいと密かに考える私にとって、大きな衝撃であると同時に、この上ない励みとなりました。『「二回半」読む』を教科書として、常に座右に置き、参考にしたいと思います。

（北海道　**村山功一**　67歳）

レッスンする人■

▼私にとってはなつかしくだきしめたくなる本でした。

（栃木　役者　**坂本長利**　82歳）

だから、イスタンブールはおもしろい■

▼詩的資料とする方向から言えば、やや散文的なきらいがあるものの、歴史・民族・宗教・文化・人間などを縦横に手さぐって取材記述した特徴は大変いい読みものと感心した。作者に会ってもっと別の面から話を聞いてみたいと心が動いた……

（高知　**片山和水**　77歳）

※みなさまのご感想・お便りをお待ちしています。お気軽に小社「読者の声」係まで、お送り下さい。掲載の方には粗品を進呈いたします。

書評日誌（九・三〇〜一〇・二三）

(書) 書評　(紹) 紹介　(記) 関連記事
(テ) 紹介、インタビュー

九・三〇　(書)週刊読書人「ジャポニズムのロシア」（「学術思想」／「全体的な見取り図として」／「ロシアにおけるジャポニズムの歴史の大きな流れを解説」／貝澤哉）

一〇・一　(書)改革者『二回半』読む」（「BOOK」／「生と死のはざまの格闘技」／井芹浩文）

一〇・二　(書)日本経済新聞「生の裏面」（「SUNDAY NIKKEI　読書」／「小説家の自己言及が主題の小説」／川村湊）

一〇・四　(紹)読売新聞「生の裏面」（「文化　文芸」／「韓国文学　台頭の予感」／金巻有美）

一〇・四／六　(記)NHKラジオ（山崎泰広）（「ラジオ深夜便」／「明日へのことば『車椅子は生活の場』」）

一〇・九　(書)日経新聞「モノが語る日本対外交易史」（「SUNDAY NIKKEI　読書」／「形態から観念まで俯瞰し叙述」／村井章介）

(書)日経新聞「フランス史Ⅵ」（「SUNDAY NIKKEI　読書」／「ミシュレ『フランス史』抄訳完結」）

一〇・一一　(書)朝日新聞「戦場のエロイカ・シンフォニー」（「読書」／「巨大な悲劇の中の一滴の救い」／後藤正治）

(書)朝日新聞「アラブ革命はなぜ起きたか」（「読書」／樋口大二）

一〇・一二　(書)エコノミスト「アラブ革命はなぜ起きたか」（「話題の本　Book Review」）

一〇・一三　(紹)北海道新聞「自由貿易は、民主主義を滅ぼす」（「今後の北海道を考える　TPP関連書籍特集」）

(書)聖教新聞「戦場のエロイカ・シンフォニー」（「読書」／「稀有の親日家が語る戦争体験」）

一〇・一四　(書)週刊金曜日「歴史と記憶」（「本箱」／白井基夫）

(記)東京新聞（夕刊）（金時鐘）（「あの人に迫る」／「声にならない声　現代詩が代弁を」／松岡等）

一〇・一五　(書)書道界「母」（「今月の本棚」）

(記)共同配信（エマニュエル・トッド）（「時のひと」／「アラブの春を予見したフランスの歴史人口学者」）

一〇・一六　(書)東京新聞「帰還の謎」「ハイチ震災日記」（「読書」／「うつろう祖国の再生を謳う」／小倉孝誠）

一〇・二三　(記)日経新聞（夕刊）（後藤新平）（「後藤新平に学ぶ『公』」／「青山佾さんに聞く」／藤巻秀樹）

一〇・二三　(書)読売新聞「生の裏面」（「よみうり堂　本」／「真実を表す野心作」／松山巌）

(書)日経新聞「ウクライナの発見」（「SUNDAY NIKKEI　読書」）

一〇月号　(記)東方（劉暁波）（「Book」／「劉暁波に関する四書――ノーベル平和賞受賞を祝す」／朝浩之）

一一月号　(紹)東京人「戦場のエロイカ・シンフォニー」（「東京つれづれ日誌」／川本三郎）

(記)アジア時報（エマニュエル・トッド）（「特報・討論会」／「九・一一、アメリカ、そしてアラブ革命」）

(書)食生活「ジャポニズムのロシア」（「書評一番出汁」／「他者の視点から内省し、ふたたび他者へ」）

十二月新刊

＊タイトルは仮題

内村鑑三生誕一五〇周年特別企画

別冊『環』⑱

内村鑑三 1861-1930

新保祐司編

Ⅰ　内村鑑三かく語りき
ロマ書の研究／武士道と基督教／何故に大文学は出ざるか／絶筆　他
Ⅱ　内村鑑三を語る
有島武郎／国木田独歩／正宗白鳥　他
Ⅲ　内村鑑三と近代日本
〈対談〉新保祐司＋山折哲雄〈寄稿〉渡辺京二／関根清三／鈴木範久／田尻祐一郎／猪木武徳／鶴見太郎　他

幻の名著、遂に完訳発刊！

ルーズベルトと日米開戦㊤

――その外観と現実――

チャールズ・A・ビーアド
開米潤・阿部直哉・鈴木恭子訳

一九四一年十二月八日、日本は遂に対米戦争に追い込まれる。米国を代表する政治・外交史家が、アメリカ合衆国という国家の根幹に照らしてルーズベルトの対日戦略を、資料を綿密にたどり徹底検証する。刊行後、「禁書」となった幻の大著。遂にわが国初の完訳決定版刊行。㊦は一月刊

なぜ日本は「人種差別撤廃」を唱えたのか

「人種差別撤廃」と日本外交

一九二〇年代の世界と駐米全権大使・埴原正直

埴原三鈴・中馬清福

一九一八年パリ講和会議で、欧米列強を前に人種差別撤廃を唱えた日本。駐米全権大使・埴原正直の生涯を通じて、第一次大戦の戦後処理の中で世界に先駆けて日本が訴えた「人種差別撤廃」の真の意義を検証する。

フランス的革命精神の系譜をたどる！

「民衆」の発見

ミシュレからペギーへ

大野一道

ミシュレからラマルチーヌ、キネ、ルルー、ラムネー、ペギーに到るフランス的革命精神の系譜を通して、「民衆」が自由に生きゆく新しい原理を、キリスト教を超えて追究した野心作。

「放射能除染マニュアル」、緊急出版

放射能除染マニュアル

一人一人の手で未来をひらくために

山田國廣

福島原発事故後の「除染」が始まったが、果たしてその方法は正しいのか!?　特に子供たちの放射能への被曝を少しでも減らすため、自ら現場に出て実証実験、試行錯誤、一軒一軒除染し駆け回る大学教授による、いま唯一の除染マニュアル。

11月の新刊

タイトルは仮題、定価は予価。

墓のない女 ＊
A・ジェバール　持田明子訳
四六上製　予二七二頁　二七三〇円

〈座談〉書物への愛 ＊
粕谷一希
高橋英夫／宮一穂／新保祐司／平川祐弘／清水徹／森まゆみ／塩野七生／W・ショーン
四六上製　三二〇頁　二九四〇円

自由貿易という幻想 ＊
リストとケインズから「保護貿易」を再考する
E・トッドほか
四六上製　二七二頁　二九四〇円

辛亥革命と日本 ＊辛亥革命百周年記念
王柯＝編
A5上製　予三二〇頁　三七八〇円

近代日本最初の植民地・沖縄と「旧慣調査」 1872-1908 ＊
平良勝保
A5上製　予三九二頁　七一四〇円

12月刊

ルーズベルトと日米開戦㊤ ＊
――その外観と現実――
C・A・ビーアド
開米潤・阿部直哉・鈴木恭子訳

好評既刊書

「人種差別撤廃」と日本外交 ＊
一九二〇年代の世界と
駐米全権大使・埴原正直
埴原三鈴・中馬清福

放射能除染マニュアル ＊
一人一人の手で未来をひらくために
山田國廣　緊急出版

別冊『環』⑱**内村鑑三** 1861-1930 ＊
新保祐司編　内村鑑三生誕一五〇周年記念

「民衆」の発見 ＊
ミシュレからペギーへ
大野一道

『環』 歴史・環境・文明 ㊼ 11・秋号 ＊
〈特集・原発と放射能除染――東日本大震災II〉
山田國廣／大石芳野／崎山比早子／吉岡斉／井野博満／後藤政志／熊谷達也　ほか
菊大判　四二四頁　三七八〇円

快楽の歴史 ＊
A・コルバン　尾河直哉訳　口絵八頁
A5上製　六〇八頁　七一四〇円

災害に負けない「居住福祉」 ＊
早川和男
四六上製　二二四頁　二三一〇円

内藤湖南への旅 ＊
粕谷一希
四六上製　三二〇頁　二九四〇円

フランス史（全6巻）　内容見本呈
J・ミシュレ　大野一道・立川孝一＝監修
6 19世紀――ナポレオンの世紀　完結
四六変上製　六二四頁　四八三〇円

アラブ革命はなぜ起きたか
デモグラフィーとデモクラシー
E・トッド　石崎晴己訳・解説
四六上製　一九二頁　二一〇〇円

ハイチ震災日記
私のまわりのすべてが揺れる
D・ラフェリエール　立花英裕訳
四六上製　二三二頁　二三一〇円

帰還の謎
D・ラフェリエール　小倉和子訳
四六上製　四〇〇頁　三七八〇円

社会思想史研究　35号
特集＝〈圏域〉の思想
社会思想史学会編
A5判　二五六頁　二五二〇円

戦場のエロイカ・シンフォニー
私が体験した日米戦
ドナルド・キーン　聞き手＝小池政行
四六上製　二一六頁　一五七五円

生の裏面
李承雨（イ・スンウ）　金順姫（キム・スニ）訳
四六変上製　三四四頁　二九四〇円

＊の商品は今号に紹介記事を掲載しております。併せてご覧戴ければ幸いです。

書店様へ

▼『東京・中日』『日経』に続き『読売』で松山巖さん、と書評が相次いだ『**生の裏面**』の著者、**李承雨**さんが先月来日。ノーベル賞作家ル・クレジオ氏も絶賛の韓国を代表する作家。『朝日』『日経』共同等各紙の取材記事近日掲載。ご期待下さい。▼二〇一〇年刊行の『**身体の歴史**』（全3巻）が第47回日本翻訳出版文化賞を受賞。▼9月末初来日した**ダニー・ラフェリエール氏**。『**帰還の謎**』『**ハイチ震災日記**』の10／16『東京・中日』書評に続き、『毎日』『読売』『日経』で書評、インタビュー記事掲載予定。▼10／9（日）『朝日』書評で大反響の**ドナルド・キーン**『**戦場のエロイカ・シンフォニー**』。今度は10／16（日）BS-TBSの二時間特番放送で更に大きな反響で、忽ち重版決定！▼世界金融の中心ウォール街で発生した反格差社会デモ。財政危機が深刻化する欧州に拡大する中、仏レギュラシオン学派の旗手である**ロベール・ボワイエ氏**が、12月上旬来日予定。5月に刊行し、『日経』はじめ各紙で大きく紹介された『**金融資本主義の崩壊**』を中心に大きく展開されては如何ですか？　（営業部）

ロベール・ボワイエ氏来日

一九七〇年代にフランスで誕生した経済学「レギュラシオン」。現代の資本主義を「調整」概念によって把握しようとするこの全く新しい経済理論の旗手、R・ボワイエ氏が早稲田大学の招きで来日する。最新刊はサブプライム危機を批判的に総括し、新しい金融システムと成長モデルを提唱した**『金融資本主義の崩壊』**。

〈講演予定〉（英語）

12／7（水）18時から　法政大学ボアソナード・タワー最上階「スカイホール」での講演（**ユーロ危機問題について**）

12／9（金）15時から　京都大学法経11教室での講演（**資本主義の多様性問題について**）

出版随想

▼日に日に自然災害が増えてきているように思えてならない。この数カ月を見ても、タイの大洪水、トルコ東部の大地震、ペルーの大地震……と枚挙に暇なしだ。この地球上に異変が起きてきているのは確かだ。三十八億年前に生命が誕生したといわれるが、ヒトは末端に属する生き物で、数十万年前に誕生したにすぎない。ヒト科の中でも人類は、とにかく頭脳の発達著しく、直立歩行して前足(手)が自由になるや道具を作ったり使ったりして武器をもった闘いをはじめ、又、言葉や文字を発明し、他者を支配するために次々と言語を作り出していった。しかも、他の動物より繁殖力が旺盛で、今では、七〇億とも百億ともいわれる程の数に増加していった。その上、ヒト以外の他の生き物を征服し、ペット化したり食したり殺戮に殺戮を重ね、今では年幾万種という種が消滅してきている。

▼今年の漁獲高〇万トンという表現が日常平気で使われる。魚を食用としての量としてしかみてない証拠だ。彼ら個々の生命《いのち》に思いを馳せることがない。今回の原発事故で海が放射能で汚染されると、今後当分の間三陸沖の美味い魚介類が食えない、と。しかし、彼ら魚介類の側からすると、「人間という奴らは自分達のことしか考えないどうしようもない奴等だ。自分達が〝安全だ、安全だ〟と国をあげて宣伝したものが実際は安全でなかった。しかも、そのツケは奴等どころか、我が輩らにも廻ってきている、いい加減にせい！」と叫び声を上げているに違いない。

▼ヒト科のチンパンジーやオランウータンやゴリラは、人間と較べてDNAは殆んど変わらない、といわれる。最近、製作された『猿の惑星　創世記』では、以前の『猿の惑星』と違って、つまり、猿が人間に替って人間を支配する物語ではなく、人間によって作られてゆく頭のいい猿が、決して人間によって飼いならされず、ペット化されず、醜い人間社会に染まらず、自分達の楽園を作ろうとする物語だ。人類は、この数十万年の間に、文明という自分達にとって便利で快適な社会を作り上げてきた。時速三〇〇キロを超すスピード列車や空をマッハ3で飛ぶジェット機。人間の手で制御できない兵器や原子力発電……。こういうテクノロジーに支配されているわれわれの生活は安全であるはずがないし、本当にわれわれが望んできた社会なのだろうか。（亮）